第四辑

文化旅游

● 红色记忆
● 山川胜迹
● 览胜怀古
● 古今纵谈
● 人物述林
● 艺苑鳞爪
● 往事漫忆
● 史迹寻踪

中卫文史资料

中国人民政治协商会议宁夏回族自治区中卫市委员会 编

黄河出版传媒集团
宁夏人民出版社

图书在版编目（CIP）数据

中卫文史资料．第四辑，文化旅游 / 中国人民政治
协商会议宁夏回族自治区中卫市委员会编．-- 银川：宁
夏人民出版社，2024.6. -- ISBN 978-7-227-08006-0

Ⅰ．K294.34；F592.743.4

中国国家版本馆 CIP 数据核字第 2024QS4924 号

中卫文史资料（第四辑　文化旅游）

中国人民政治协商会议宁夏回族自治区中卫市委员会　编

责任编辑　陈　晶
责任校对　杨敏媛
封面设计　伊　青
责任印制　侯　俊

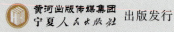 出版发行

出 版 人　薛文斌
地　　址　宁夏银川市北京东路 139 号出版大厦（750001）
网　　址　http://www.yrpubm.com
网上书店　http://www.hh-book.com
电子信箱　nxrmcbs@126.com
邮购电话　0951-5052104　5052106
经　　销　全国新华书店
印刷装订　宁夏银报智能印刷科技有限公司
印刷委托书号　（宁）0030552

开本　787 mm×1092 mm　1/16
印张　32.75
字数　460 千字
版次　2024 年 6 月第 1 版
印次　2024 年 6 月第 1 次印刷
书号　ISBN 978-7-227-08006-0
定价　86.00 元

序

中卫自然禀赋独特，人文历史深厚，既有塞上江南的纤巧秀美，又有高原大漠的粗犷辽阔；既有三万年前古人类留下的旧石器遗址，也有令当今世界瞩目的治沙成果。走遍中华大地，就一地一域而言，有山未必有水，有水未必有沙，有沙未必有绿洲，而沙、山、水、园林、绿洲的天作神合，唯中卫独具。这些独特的风物地貌，构成中卫绚丽多姿的自然景观，赋予中卫历史文化丰富独特的品质。

中卫是重要的边塞地区，历史上匈奴、鲜卑等多个游牧民族往来频繁，是农耕文化与游牧文化的交会地带。公元前221年，秦统一六国，大将蒙恬驱逐匈奴，取黄河南北千里，移民于此地，置北地郡。自此，中卫就成为历代王朝北部设防的前哨，军事战略地位十分重要。境内众多的古代城堡烽燧和横亘东西、分置南北的秦、汉、明代长城，都是中卫作为古代军事重镇的历史见证。王维是唐代诗人的代表，一曲《使至塞上》流传古今，"大漠孤烟直，长河落日圆"更是千古绝唱。

无疑，文化是一个地方的历史底蕴、审美情趣、价值取向以及人文精神的集中体现。中卫文化有着厚重的历史传承，在漫长的历史进程中，勤劳勇敢的先祖们创造了绚丽璀璨的古代文化，并且把这些文化代代传承下来，积淀成丰富多彩且独具地方特色的历史文化资源。

在旅游业被视为黄金产业的今天，文化作为旅游的灵魂，越来越被有识之士认识到。如何将文化和旅游紧密地融合在一起，相互支撑，相互发展，值得探索的地方很多。《中卫文史资料》(第四辑)就是一个探索和尝试，将文化和旅游更好地结合起来，既有文史资料"存史、资政、团结、育人"的特点，又能为经济建设添砖加瓦。中卫古代遗迹遗存众多，如沙坡头区的大麦地岩画、北山长城、买卖城遗址，海原县的菜园文化遗址、西安州古城遗址等，这些保存较好的遗址遗迹，伸展开来，就是一幅丰富的人文历史画卷，亦是今天人们洞悉历史的一个窗口。

中卫除了人文历史厚重，自然风光也独具魅力。黄河入中卫，从黑山峡到沙坡头之间，山势险峻，暗礁遍布，水流湍急，有"黄河小三峡"之称。沙坡头大漠风光和治沙成果享誉海内外，是一处吸引海内外游客的国家5A级景区。独特的自然风光，深厚的人文历史，是中卫的一笔宝贵财富。保护好、把握好、利用好这笔财富，是每个中卫人应该关心的一件大事，也是各级部门不可推卸的责任。海原南华山风光秀丽，是集黄土高原森林、草原、溪水、湿地、奇峰的复合生态系统，素有"母亲山""雪山""莲花山"之称，被称为"旱塬上的绿色明珠""黄土高原的翡翠"。寺口子以丹霞地貌和喀斯特地貌形成独特景观，以"险幽奇绝"著称。天景山和米钵山两山雄峙，仅通石径；青、黄二山横亘山野，逶迤起舞，峰峦叠翠，山势峻奇。

江山有更迭，往来成古今。祖先创造了文明，用积淀几千年的文化，为我们开掘了一条由历史通往现实的路。中华民族在这条路上奋斗了几千年，探索了几千年，及至中国共产党诞生，才找到了民族的前途，看到了民族的希望，经过先辈们前赴后继的流血牺牲和不屈不挠的奋斗，才走上了民族解放独立、人民平等幸福的和平之路。追溯中卫经济、政治、文化、社会和生态文明发展的进程，我们无不感念一代代先辈的劳动与创造，他们留给我们的是取之不尽、用之不竭的文化遗产和精神财富，留给我们的是传承和弘扬的重任。昨天已经过去，昨天也会成为历史。作为历史的参与者，我们是最权威的叙述者、见证者。我们悉心编辑作为文化旅游专辑的《中卫文史资料》（第四辑）并付梓的目的和意义也正在于此。

文以载道，史以鉴今。历史是一部教科书，"以铜为镜，可以正衣冠；以史为镜，可以知兴替；以人为镜，可以明得失。"文史资料需要在史料丛林中采集，是为社会主义现代化建设和爱国主义教育、革命传统教育、国情教育提供真实的一条重要途径。因此，在征稿和采集过程中，我们尽量将视野放得开阔悠远，以亲历、亲闻、亲见为原则，力求书中所叙述的每件事都真实，为读者提供一个真实的历史环境、真实的历史景况。

编　者

2024 年 3 月

目　录

红色记忆

山川胜迹

览胜怀古

古今纵谈

人物述林

艺苑鳞爪

往事漫忆

史迹寻踪

红色记忆

红军井

海原华河希望小镇党群服务中心所在位置为哨关桥堡（现关桥村）清真大寺日站。1936年9月，中国工农红军西方野战军回今灵县双池头彭雷怀率领西征红军进驻清真大寺。1936年9月至11月彭德怀、徐海东、程子华皆在此居住。西征红军进驻后，面临的最大困难是吃生活用水。当时关桥堡有几口井，日水量不大，居民用水多是靠池储存的雪水和雨水。为了解决用水困难，红军到处寻找水源，终于在清真大寺东一口涌有多年的老井里淘出了清澈的甘泉。通过修道，老井成了垃里的车泉水养。缓解了关桥堡里军民的用水困难，红军撤走后，为地岁亲为了忆录对红军的深情厚谊，特舍拜将名为"红军井"。

中华大地上自从出现第一抹冲破黑暗的曙光，为了民族独立解放，志士仁人用热血浇铸了砸烂旧世界的镰刀锤头。在血与火的淬炼下，在生与死的考验下，他们前赴后继，英勇不屈，用生命实践了对信仰的诺言。

风起云涌的历史画卷中，我们看到他们面对敌人大义凛然的英勇，看到他们在枪林弹雨中不畏生死的从容，看到他们为了一个被红色照亮的中国义无反顾的身影……因为有了他们的血，历史的天空才这么绚烂，这么亮丽，这么凝重，让今天的我们享受着人间的祥和太平。

我们知道，哪有什么岁月静好，如果没有先烈们扛起民族复兴的大旗，没有后辈甘愿踏着烈士的足迹去守护祖国的安宁，我们能享受到今天的祥和安宁？面对历史的天空，凝望红日初升，我们由衷地向为新中国献出生命的先辈们致敬！

红军西征期间在海原李旺堡区建立的红色政权

李进兴

1936 年 6 月 16 日，左路红一军团在曲子、阜城战斗胜利后，代理军团长左权、聂荣臻率红一方面军红一军团于 6 月 21 日进驻李旺堡，指挥部设在李旺堡村南。红一军团在李旺堡周边构筑工事，对国民党军驻守的堡寨进行围攻。国民党政府命令附近驻扎的部队数次进攻红一军团，以解李旺堡之围，均无功而返。

其时，李旺堡这一地区的革命工作还很薄弱。红一军团在这一地区着手地方政权建设，做好统战工作。在炭山以南，李旺堡大道地区建立了 4 个乡自治政府，中心乡村的回民解放会均成立。

在建立地方政权的同时，因受少数不良分子的欺骗宣传，以及一些地主武装与被击散的零星反动武装扰乱，群众情绪低落，害怕红军走后敌人来杀头，离得远的村子没有武装保护或因武装少，不能工作。红军离开这一地区时，有一些民团总、保长，还有一些反革命分子，对群众进行残酷的压迫与摧残，抄了一些革命者的家，捉去了革命分子的家属等。在海原县韩府湾、七营、李旺堡一带，群众看到还有国民党军驻扎，表现出悲观失望情绪。

7 月 8 日，东北军骑兵第六师白凤翔部和国民党军三十五师骑兵团马培清部相配合，向李旺堡南边驻扎在七营镇的红军发动进攻，被红一军团在七营镇阎家沟设伏击退，俘敌一个团，俘获大批人马。为了团结抗日，红军将所有俘获人马与枪支全部送还。此前，左权将军曾给马培清两次写信，晓以团结抗日救国大义。马培清表示，只要红军不主动进攻，他们决不进攻红军。红一军团与东北军骑兵第六师十六团商谈后达成口头协议，撤出南北大道要地黑城镇（今海原县三河镇），驻彭家庄（今固原市原州区彭堡镇），红三团进驻黑城镇。红军还组织特别小分队，专打土匪恶霸，保护群众的人身和财产安全，这让群众看到了建立红色政权的希望。

李旺堡自古以来是以商贸为主，兼顾农业的地区，贷款、贸易非常活跃。不论是官方还是民间，放高利贷盛行，由此导致经商者债台高筑，负债者占百分之八十。高利贷利息很高，最普遍最有名的是"驴儿打滚"的贷款方式，也就是利滚利。假若谁家困住了，借了放贷人的钱，到期还不上，如果一年不还，第二年两头牛三头驴四五十亩田地，以及你的房屋就不是你的了。在李旺堡附近，因"驴儿打滚"而滚得一无所有的人家很多。群众最痛恨这些放高利贷者，迫切要求取消这些放高利贷者不合理的压榨剥削方式。

进驻海原李旺堡地区的红军所属部队，严格按照党中央、中央军委《关于回民工作的指示》，在回民地区组织成立回民自治政府、联合会、解放会、抗日会，成立回民抗日军。尊重民族习俗，要求红军在民族区域工作必须遵守"三大禁条""四大注意"。红军及时派遣宣传队进入李旺堡地区，宣传红军、共产党、苏维埃政府的政策、法令、纪律。红军不拉兵，不纳粮，废捐税，人人平等。还请了些乡村的绅士、有威望的老年人帮助宣传。军团组织成立了回民训练队，在村子巷道两边墙上、堡墙上刷写宣传标语。红军成立"海原红军抗日游击队"，红一军团还从部队中挑选干部派去当队长，将缴获来的武器发给地方游击队员，保卫新生政权、开展反霸灭匪等斗争；协助正规红军抗击敌人，保护群众，镇压反革命；担任警戒、放哨、抬担架等任务。特别注意吸收当地积极分子（不拘泥于成分）和有威望的地方干部，耐心加以教育并分配他们适当的工作，让回族干部成为开拓新苏区的中坚力量。红军讨论制定了《债务处理暂行条例》，废除高利贷、苛捐杂税等，打击地主恶霸、为害一方的土匪等，街道上的经营秩序井然，商户们也不怕土匪来骚扰和乱收费收税了，都安心经营起商铺，生活日渐好了起来。

红军还在李旺堡附近建立了"列宁小学"进行扫盲，男女老少都可以参加，大力开展新文字运动，如识字——新文字、算术——珠算、文娱——歌舞、操练——打仗知识等，做到经商算账、写协议、诉讼等不求人。与群众的切身利益联系起来，启发群众的觉悟。红军帮助回民打扫街道和院子，还把在汉民区打土豪得来的粮食分给最穷苦的回民，这样就得到回民热烈的拥护。群众赞扬红军是"仁义之师"，还请红军洗澡，逢节日请红军吃全羊，把红军当成亲人。红军依靠群众摧毁了清水河一带反动地主武装，把军阀残酷统治下的这一地区变成了抗日救亡运动蓬勃发展的地区。有群众送子踊跃参加了红军，如穆家槽子的穆生成亲自送子当红军（其子后在朝鲜战场上牺牲）。

在李旺堡区穆家团庄村成立了回民解放会，主席马志清，同时成立了抗日红军支前站，李自美任支前站站长，李存仁、金以海为支前队成员。他们采取一打（打地主、土豪）、二征（征义务粮）、三借（向富裕人家借）、四买（用银圆或苏维埃货币购买）的办法，为红军筹粮、筹草、筹款，支援红军。将打土豪所得的羊只、皮毛，通过关系到白区进行贸易，再购买回粮食、布匹等。群众对红军发自内心地拥护和爱戴，自动捐赠粮食款物，将自己的布匹、棉花、羊毛、羊皮等生活必需品源源不断送到红军供给部低价卖给红军。李自美发动当地妇女帮助红军供给部打毛线、织毛袜、做手套、制作军服。支前站为了把分散筹集的数量颇多的粮食和物资集中起来运往供应地区，还组织许多人力，或肩挑、背扛，或牲口驮，把粮食、军械、布匹等物资运往前线或供应地点，或于红军行军处设立招待所（站），专门安排红军的茶水和住宿等。支前队经常向红军各驻地运送粮食，1936年11月的一天，支前运输队赶着毛驴、骡子从李旺堡、吊堡子运送粮食，途中遭敌机轰炸，李旺堡、吊堡子及高崖等地多人英勇牺牲，马英瑞、马汉章等众多队员身负重伤，牲畜大都被炸死。由于豫海县各级政府的大力工作，广大人民无限热爱和拥护红军，包括豫旺县在内，先后共筹得粮食6万余斤、银圆8万多块、二毛皮衣1000多件，换回棉花1000多斤、布2000多匹，保障了红军的供给。

9月20日，在梨花咀以西直到郑旗堡一带区域建立李旺堡区人民政府。至10月20日，豫海县回民自治政府成立大会前，李旺堡区选举产生代表43人，旁听阿訇2人、满拉1人，参加了在同心城清真大寺召开的豫海县回民自治政府成立大会。李旺堡区也由此成为豫海县回民自治政府管辖的一个巩固区。

11月中旬，红军撤离李旺堡地区，向陕甘宁根据地转移。在白色恐怖下，曾参加豫海县李旺堡区人民政府工作和游击队的人员有的被抓，有的被迫逃离，有的转入地下。

1936年6月，红一军团进入并开始酝酿成立李旺堡区，至11月中旬红军撤离，虽仅存在了6个多月时间，但在境内广泛开展党的民族宗教政策的宣传、教育，团结了各民族，特别是积极开展回族群众、民族宗教界人士、国民党军警等各界人士的统战工作，得到群众的热烈拥护和大力支持。开创了党的民族统战工作在民族地区的实践，促进了抗日民族统一战线的早日形成和人民政权的建立。做到了坚持党的领导、保障少数民族当家作主的权利，培养回族干部，帮助少数民族发展经济文化教育事业，加强和维护民族团结。这也是党的民族区域自治主张的初步探索和成功实践，为党在全国执政后推行民族政策积累了宝贵的经验。

王树声与俞学仁的故事

秦亚岚　李博颖

追忆历史，令人心潮澎湃；展望未来，使人热血沸腾。

这是一段发生在腾格里沙漠边缘到中卫境内的红色历史，也是一段应该被后人知晓的红色记忆。

1999 年，根据杨琼程报告文学改编而拍摄的电影《生死腾格里》，用影像的形式，重拾了一段尘封的真实历史记忆，还原了 1936 年中国工农红军西路大军在河西走廊上那段异常惨烈的艰苦岁月。同时，也还原了一段中卫人民与红军将领之间的患难情谊。

杨琼程祖籍陕西蒲城，生长在中卫，年轻时的他对中国革命史颇感兴趣。他在著作《生死腾格里》一书的前言中写道："我不喜欢舞文弄墨，但爱好读书，不知道从什么时候开始，特别爱读一些与中国革命史有关的书籍，越读越爱读，越读越入迷，竟读了近千万字。"

1937 年，中国工农红军西路军血染河西走廊，烈士们长眠在祁连山下、大漠荒原，而幸存者却克服千难万险，奔赴延安，坚持革命，迎来了新中国的诞生。他们中有的成为共和国的元帅，有的是中国人民解放军的大将、上将……其中，王树声大将却在险境中幸遇中卫人俞学仁相助而脱离危难，另一些同志，也都先后途经中卫，奔赴革命圣地。

杨琼程告诉记者，从 1973 年第一次读到王树声大将和中卫人俞学仁的这段故事起，他便莫名想将这段历史挖掘出来，献给为新中国成立和宁夏解放而努力奋斗的人们。"红军将领与中卫人民生死与共、患难相依的一些珍闻轶事，至今并未为人所知。我们应深入挖掘，让后人知道这个发生在中卫的红色经典。"杨琼程说。从此以后他便开始不分日夜地挖掘、整理有关史料，在"害怕历史被埋没"的不甘之心的驱使下，他边研究整理史料边写成著作《生死腾格里》，并将它拍成了电影。

王树声（1905—1974 年），湖北麻城乘马岗人，历任红四军十一师师长、红二十五军七十三师师长、红四方面军副总指挥兼红三十一军军长、西路军副总指挥兼第九军军长等职务，中华人民共和国十大将之一。

俞学仁，又名俞兴仁、俞占海，宁夏中卫宣和堡（今中卫市沙坡头区宣和镇）人，曾在甘肃、内蒙古一带做些小生意，常年落脚在中卫东园谢滩村侄女家。

1936 年 10 月，红军三大主力会师后，为在政治上、军事上打开新局面，中共中央决定执行宁夏战役计划。后因种种复杂原因，中央决定放弃宁夏战役计划，命河西部队组成西路军进行西征。

西征途中，西路军于河西走廊腹地遭遇马家军骑兵，受挫祁连山，被迫分散行动。副总指挥王树声率领 400 多名红军战士组成的右支队向延安挺进，一行人在腾格里沙漠边缘又与马家军骑兵发生遭遇战。王树声不幸与其他同志走散，孤身一人走在沙漠里，劳累饥渴，最终昏倒在人迹罕至的腾格里沙漠。

在一望无际的沙漠中，王树声弹尽粮绝，举步维艰，幸遇俞学仁给他喂水、送吃的，把他从生死线上救了回来，并带他走出了沙漠，来到位于谢滩村的侄女家休息。

据谢滩村老人冯德玉回忆，在王树声身体好转以后，俞学仁把王树声装扮成驮盐脚夫，欲混过检查偷渡黄河，不料却被马家军的搜捕军警发现，将两人关在莫家楼（今中卫市沙坡头区柔远镇莫楼村）的中卫盐务局的一间废弃伙房里。幸运的是，伙房有天窗，王树声和俞学仁等到深夜军警熟睡时，便顺着柱子钻出天窗一路狂奔，等天亮军警发现后追赶时，两人早已渡过黄河。

淳朴、善良的俞学仁带着王树声过香山，走长山头，经过同心一路往东，在甘肃环县曲子镇找到了红军部队。分别时，王树声与俞学仁约定，等将来革命成功、新中国成立后定要在中卫再次相见。

解放后，寻找俞学仁成了王树声心头难以放下的情结。据王树声之女王宇红回忆，解放后她的父亲一直在寻找当年从腾格里沙漠的生死线上救回自己的恩公俞学仁，还拜托兰州军区及其他部队帮忙寻找，遗憾的是直到父亲过世，也没打听到俞学仁的下落。

"父亲临终前把寻觅恩公的任务托付给了母亲。父亲去世以后，母亲通过各种途径、托了好多人寻找恩人。"王宇红说，虽然多方寻找，可还是杳无音信，唯独在父亲的自传里清晰地写着："路经宁夏中卫县境敌人驻军关卡时，有老人名俞学仁（系中卫旋窝堡人）掩护并护送我到陕北固北县（老苏区）县委会。"

为何有名有姓有地址，王家两代人接力寻找这名老人半个多世纪却杳无音讯？

最后大家推测，王树声和俞学仁两人可能因为一南一北口音不同，当时俞学仁自我介绍的"宣和堡人俞学仁"，被王树声误听为"旋窝堡人俞学仁"，这才导致后来的寻找困难重重。

1999年7月，由杨琼程编写的《生死腾格里》著作和电影相继出版、公映，这让苦苦寻找父亲恩人的王宇红眼眶湿润，为了确认消息属实无误，王宇红没有第一时间来到中卫，而是通过各个渠道进行方方面面的确认。

"听到杨老找到了父亲的恩人，我的心里别提有多高兴了。如今总算是完成了父亲的遗愿。"王宇红说着，眼睛红了，"我父亲生前总是惦念俞老先生，心里一直放不下。到了晚年还在念叨，'我和俞学仁怕是没有见面的机会喽'。"王宇红回忆，1998 年母亲见到宁夏电影制片厂《生死腾格里》的创作组时，还特意拜托创作组成员杨琼程回去以后务必再帮忙寻找俞学仁一家人。

2017 年 6 月 21 日，由西路军总指挥徐向前之子徐小岩、副总指挥王树声之女王宇红等 5 位革命后代组成的西路军后代寻访考察团正式来到中卫，重走父辈革命路，寻访慰问恩人家属。

时隔 80 多年，王树声和俞学仁均已逝世，但跨越半个多世纪的寻恩之旅，终于在两代人的努力下完成。

"在受到王树声家人的嘱托以后，我印了很多寻人启事走村串巷地发。直到 1999 年 5 月，一个小区保安听说我寻找宣和俞姓人的事，给我了一点线索。于是我就找过去打听，结果这个人竟就是俞学仁的侄孙。"杨琼程说，"顺藤摸瓜，俞学仁的线索一点点被收集起来，最终证实当地人俞占海即为救助王树声将军的'旋窝堡人俞学仁'。"

1973 年，在解放军出版社出版的《红旗飘飘》一书中，提到王树声大将曾于 1937 年 6 月孤身闯进腾格里大沙漠，在九死一生的关键时刻，幸遇一位老人搭救，历尽千辛万苦，老人帮助他走出沙漠，并送他过黄河，走豫旺，一直陪送到陕北。

1984 年，中共中央党校出版社出版的《毛泽东与十大将领》一书中，《你回来就是胜利——毛泽东与王树声》一文载："王树声一路乞食，历经千辛万苦，风餐露宿，最后在一位好心而又理解红军的老大爷的帮助下，终于回到了陕甘宁边区。"

1991 年 12 月，宁夏人民出版社出版的《共和国将领珍闻奇事》一书中，《王树声死里逃生记》一文叙述："王树声在腾格里沙漠中昏死过去，第四天，王树声从昏迷中醒来，他睁开疲乏的双眼，发现他身边坐着一个 60 开外的老人，手里拿着水壶给他喂水……王树声一惊，遮掩着说：'老人家，我不是红军。'老人生气了，说：'是就是，为啥遮遮掩掩？我叫俞学仁，家住宁夏中卫县旋窝堡，一辈子做生意养家糊口……'王树声一看老人诚恳待人，就直说：'老人家，不瞒你说，我是红军，想到延安去……'老人听后，哈哈大笑说：'红军都是好人，是咱穷人的队伍，我一定把你带出腾格里大沙漠，豁出老命送你到延安去……'"

结合这一本革命历史书籍的记载，王树声在腾格里命悬一线被中卫人俞学仁相救的故事渐渐清晰地展现在人们眼前。这段跨世纪的接力寻找，寻回的不只是当年的救命之情，更是中卫人的一段骄傲事迹。而俞学仁，更是中卫人的骄傲。

腾格里沙漠之树　李旭竹／摄

铮铮铁骨的共产党员李天才

邢万莹

李天才，字达之。1908 年生，中宁石空镇人。10 岁读私塾，15 岁入枣园国民学校。他天资聪颖，学习勤奋，成绩优异，且喜练武功，深得老师看重。

1925 年 8 月，冯玉祥所属国民军第二师师长刘郁芬赴兰州代行甘肃督办之职时路过枣园，在该部做政治工作的宣侠父、钱清泉一路演讲，散发传单，提出"铲除军阀，打倒贪官污吏和土豪劣绅"的政治口号，李天才深受影响。

1926 年 9 月，五原誓师之后，冯玉祥国民军联军入甘援陕，解困西安城时又途经宁夏中宁枣园，军内共产党的宣传，又一次激发了李天才的进步之心。

1929 年春，李天才考入宁夏中学读书，与孙殿才相交甚笃，两人谈学习、谈思想、谈救国救民的道理，决心寻求时代的代表者——中国共产党，时刻准备为革命贡献自己的力量。

1930 年，原中共北平市委成员、组织部部长杜润芝到宁夏中学以教师为掩护重新组建了党在宁夏的组织。他们积极活动，加强与进步青年的联系，李天才靠拢党的组织，参与党的活动，1931 年光荣地加入了中国共产党。在党领导的宁中学潮、马仲英部的兵运，以及"宁安堡护路队兵暴"中，他立场坚定，表现突出。兵暴失败后，李天才被敌逮捕，在省城监狱关押中，虽遭严刑拷打，但始终没有暴露秘密，充分表现了一名共产党员的高贵品质。

1932年初，经党组织多方营救，李天才方被具保释放。获释后，他借助堂兄李天禄的关系，先在枣园小学教授语文。在教学中，鼓励学生要存大志，救民于水火之中。他给学生讲黄花岗"七十二烈士"，激发学生效法中国革命先烈爱国家、救民众，义无反顾，勇往直前，不怕流血牺牲的革命大无畏精神。宣传抗日，不做亡国奴，要救同胞、救兄弟，拿起武器，敢与鬼子拼搏，杀敌于战场之中，御敌于国门之外。

1932年3月，中共宁夏党组织的负责人杜润芝经杜斌丞等革命友人的营救，被释放出狱来到枣园李天才家，经商议，共同离宁赴兰州开辟新的革命天地。经友人介绍，李天才先在兰州百货税局工作，后随杜润芝等人又到甘肃靖远水泉发动了兵暴。由于兵暴失败，李天才在甘宁两省同时受到通缉，不得已，他只身回乡隐蔽几日，便化装成拉纤工，乘船到包头再转北平。

1932年，正是宁夏旅平学生会搞得红红火火的时候，李天才在北平西城大磨盘院中央公寓找到了宁夏籍的张子华、孙殿才等人。李天才住在他们的秘密联络点，白天深入工厂，联系工人建立赤色工会，晚上刷标语、散传单。

1933年初，为了唤起民众，团结抗日，北平市地下工会组织准备举行示威游行，揭露国民党河北省当局镇压保定师范青年学生的抗日爱国运动的罪行。李天才为了保护群众，避免特务和伪军警对散发传单学生的伤害，迅速指挥队伍疏散，使大家安全返回住所。同时，他还建立两个据点，和华北总工会办事处负责人饶漱石、秘书张子华保持联系。为了开展工作，防止被特务盯梢，他经常化装成拉洋车的，与工人生活在一起。一次外出工作，据点被特务盯住，里面接头的同志十分危险，他冒险闯进院内机警地大声喊道："老张，请客在东来顺，大家都在等你们。"用此法巧妙地把同志引走，干扰了特务的视线，保护了同志，保护了党组织。有时为避开警察追捕，他不是躲到寺庙神像后，就是在棺材死尸下隐藏，多次化险为夷。

1933年7月，察哈尔民众抗日同盟军屡屡打败敌人，收复了北方大片土地，军威大振，群众欢呼雀跃，李天才组织工人进行庆祝，还声援铁路工人的大罢工，以示坚持抗日、反对投降的决心。与此相反，蒋介石、汪精卫则采取卑劣手段，企图使冯玉祥解散同盟军，并派特务潜入工厂，破坏工人的抗日救国运动，搜捕共产党人。同年9月，李天才在北平门头沟遭敌逮捕，被关押到天津监狱。

李天才在狱中软硬不吃，表现了一名共产党员的崇高品质和英雄气节。一开始敌人用封官许愿的手法收买他，他严词拒绝。后来，敌人气急败坏，动用拔筋床、烙铁烫、赤身滚德国进口的铁钉床等酷刑，但李天才咬紧牙关，大义凛然，视死如归，不但不屈服，反而痛骂那些无耻的败类："中国工人有爱自己国家，反对帝国主义侵略，保卫国家主权的自由，何罪之有？你们这些汉奸、卖国贼，替日本侵略者镇压工人，犯下了滔天大罪，人民是不会饶恕你们的！"惨无人道的敌人费尽苦心，在一无所获的情况下，竟然采取向李天才的鼻孔里灌辣椒水的办法，毒害其致死，时年25岁。

李天才是一位具有铮铮铁骨的共产党员，他的革命事迹将永远彪炳史册。

马智俭为革命献出年轻生命

邢万莹

马智俭，1920 年生，宁夏海原县李俊乡人。其未降世，父已病故。3 岁时因生活无着，母亲带着 3 个孩子无法维持，便改嫁。为了减轻母亲负担，外祖父将最小的孙儿领回抚养。12 岁时，四叔收养了他。此时，马智俭学会了种地，起早贪黑，勤劳耕作，80 亩贫瘠的山地，落满他的脚印。由于地主老财压迫剥削，虽然不停地干活，到头来依旧衣不遮体，食不果腹，还负债累累，小小年纪便饱尝人间疾苦。

1935 年 8 月至 1936 年 11 月，红军长征在宁夏南部山区给各族群众留下非常好的印象。红军用严明纪律和实际行动所留下的革命影响，一直鼓舞着西海固地区人民。

1939 年 1 月至 1941 年 6 月，为了反抗国民党政府的残酷统治，海固地区爆发三次起义，震撼了国民党反动政府。由于起义都是从马智俭的家乡白崖发起，这个自幼就难得温饱的人自然就成了三次起义的拥护者和积极参与者。

1939 年 1 月 15 日，在马国瑞率领下，8000 余农民起义，有枪千余支。为了支持这次起义，"反蒋抗日，寻找民族出路"，年仅 19 岁的马智俭不但参与其中，还积极参加战斗。在攻打隆德县城战斗中，固原套马庄梁的伏击战，与国民党中央军九十七师五八二团展开的肉搏战中，他手持刀斧，勇敢冲杀，与其他弟兄一起，歼敌百余人。同年5月29日，海固地区第二次起义爆发。马国瑞给起义军命名为"崇义军"，自任司令。起义军首先决定消灭国民党驻军，提出"救国救民，受压迫的回汉人民是一家""官逼民反，打富济贫""五族共和，打倒蒋贼"等行动口号。这些口号的提出，对于自幼就受苦受难的马智俭来说非常亲切，也正是自己所想。所以，在其兄马智宽带领下，他在向小坡村的进攻中表现得十分勇敢与顽强，与同村农民一起活捉两个敌连长，俘敌、收缴枪械50余支。国民党政府对这次起义十分惊恐，为了镇压，调兵遣将，部署重兵，将起义军包围在泾源县白沿河一隅，用飞机大炮狂轰滥炸。起义军反抗十分勇猛，但由于武器不良且缺乏正规的军事训练，伤亡十分惨重。马国瑞在奋战中阵亡，群龙无首。马智俭和马智宽死里逃生，但刚到偏城老官湾就被国民党政府的自卫队抓住，交国民党八十一军关押在固原县三营镇集中营里，夜里，他二人将土墙凿开一洞潜回家中。尔后，马智俭被国民党政府抓去当兵，直到1940年冬才逃跑回来。

1941年5月3日，海固地区的第三次起义爆发。在起义之前，固原沙沟（今属西吉县）的马思义、冶巨仓、王德成征得马国璘同意，在二林沟起誓结盟，为发动第三次起义铺平道路。马智俭参加了这些活动，他们串联130余人，采取各种办法，除掉30多个作恶多端的反动保甲人员、恶霸和地痞。在马思义的领导下，马智俭先后经历了泉沟堖、天桥、大麻子山、张家川、圣女川、石蛤蟆堖等处的10多次战斗。每次战斗，他都冲锋在前，不怕死的精神鼓舞了其他起义的战友。

是年6月6日，第三次起义失败。起义军余部1000余人边打边撤，行至东海坝稍事休息，绕北山经芦子岘，准备进入地形复杂的南华山与敌周旋。但许多人沿途走散，到固原石岘子时形势更加险恶。马思义又一次提出进边区的主张，他流着泪说："现在只有进边区这一条路了，愿意去的跟我走，不愿意去的也不强迫，但要把马留下，让我们骑上冲出去……"话刚说完，人群一片哭声，许多人把马留下，相继散去。就在这生死攸关之时，马智俭却一如既往，毫不动摇地说："我发誓要推翻国民党反动派的统治，一定要到边区去。如果边区不收留，我把枪、马一交，给人下苦也要活下来斗争。"就这样，他毅然跟随马思义进入边区，从此走上中国共产党领导的革命道路。

1941年6月10日，第三次起义仅剩的230余人在马思义领导下，来到陕甘宁边区的环县。7月，这支队伍被命名为"陕甘宁边区联防司令部抗日回民骑兵团"，马思义任团长，留守陕甘宁边区，边训练，边学习，边生产。作为回民骑兵团的一名战士，马智俭革命热情高，干劲大，不怕艰难，刻苦训练，努力学习，在各方面都有很大长进，工作任务完成得也很出色，常常起早贪黑，练刺杀、练投弹、练马术，努力掌握杀敌本领。他在生产中也能吃苦，一天开荒1亩地，曾获得劳动模范光荣称号。马智俭原来不识字，但在部队里，一有间隙就学习，很快达到高小文化程度，同时组织上还送他到民族学院进修一年，并领取结业证书。

1946年6月，组织上决定将马智俭所在的部队改名为"陇东回民骑兵团"，任命他为排长。8月1日，为了迎接从中原突围出来的三五九旅，回民骑兵团奉命选派60名干部、战士随海固、陇南工委参加这次出击活动。马智俭跟随先头部队于9月3日出边区向陇南进击，沿途与国民党统治区的两支自卫队交战，取得胜利。11日，进至泾源县老龙潭。此为六盘山深谷之一，地势险要，气候多变，一时间大雨迷蒙，道路泥泞，部队陷入国民党新一旅、骑一旅和保三团共3000余兵力的包围之中，我方损失不小。

这次战斗中，马智俭带领全排战士担任阻击任务，掩护部队突围，打得英勇顽强。他们多次向敌人冲击，并取得一定胜利，但终因敌我双方力量悬殊，不得不撤退。在最后一次反冲锋时，为掩护战友撤退，马智俭奋不顾身勇猛向前。当敌军距他们越来越近，并猖狂地喊叫"缴枪不杀"时，马智俭却沉着地戏谑敌人说:"你上来取！"敌人信以为真，就在他们停止射击正要上来取枪时，马智俭与战友们突然猛烈射击敌人，敌人立即倒下，从而延缓了敌人进攻，掩护了大部队撤退。当敌人醒悟过来又一次疯狂还击之时，马智俭不幸中弹，壮烈牺牲，时年26岁。

人民的好儿子，回民骑兵团的好排长、好战士马智俭为祖国献出年轻的生命。缅怀先烈，勇往直前，他将永远活在人民心中。

不怕牺牲的共产主义战士王栋

邢万莹

王栋，原名王澄宇，又名王撑宇，参加革命后化名雷鸣。1914年生，1947年10月牺牲，中宁县鸣沙镇薛营村人。

王栋自幼读私塾，其父在天津经商。1933年，王栋于中宁县恩和高小毕业，1934年夏到北平上学。

王栋与张子华系表兄弟。此时，中共党员张子华正在北平从事党的地下活动。通过张子华安排，王栋考入北平文治中学上学。初到北平，王栋两眼一抹黑，加上离乡千里，心情十分不悦，而张子华出于责任感，常来和表弟王栋攀谈，并介绍进步书刊《生活》等让其阅读。从这些书，以及和张子华谈话中，王栋初步了解了世界革命形势，知道了苏联的一些情况，对旧中国的黑暗和国民党政府的反动本质逐渐有了新的认识，开始向往革命并对共产党产生敬仰之情。

1934年9月某一天，因情况有变，张子华匆匆告别王栋。没过几日，一天中午，王栋正在吃饭，突然闯进两人，将他拉到北平市第五区公安局，反复向他追问张子华的下落，王栋意识到这是特务，便一口咬定不知道。他被关了七八天，特务软硬兼施，得不到真凭实据便释放了他。

1936 年 5 月，王栋的父亲来到天津。他认为天津一带社会秩序混乱，日本浪人横行，在北平上学太危险，遂让王栋停学回家。为了继续深造，王栋没被这些所吓倒，10 月又返回北平，在朋友袁家节家中补习英文与数学。1937 年春，王栋转入铁路学院附属东方中学上高中，此时平津地区抗日情绪高昂，学生们也都集中进行军事训练。平津沦陷后，王栋到青岛、徐州等地，转而到了西安。

初到西安，王栋打听到张子华已调回延安，并被任命为中共中央统战部联络局副局长，于是他写信给张子华表达了自己对革命圣地延安的向往。同时，因思念母亲，1937 年底王栋回到中宁。其间，八路军西安办事处转来张子华的信，欢迎他到延安。王栋捧读来信后欣喜若狂，立即做好家人工作，于 1938 年 4 月约好友王世同一同踏上奔赴延安的征程。他们先到西安八路军办事处，被编入设在洛川的抗日军政大学第六大队学习，化名雷鸣。10 月，到延安抗大五大队敌工队学习，由于学习认真，成绩优异，对革命有着明确认识，政治觉悟也高，经周玉润介绍，于 1938 年 12 月加入中国共产党。

1939 年 4 月学习结束，组织上本欲让王栋到县上做行政工作，但他认为到前线直接跟敌人作战才能充分体现自己的理想与意志，经他再三要求，6 月被组织分配到内蒙古大青山骑兵支队工作，先后任一连副连长，游击队长，十一连代理连长、政治指导员等职。他立场坚定，旗帜鲜明，善于协调，团结同志，吃苦耐劳，作战勇敢，经受了各种严峻的考验。1943 年 1 月，王栋被调山西偏关抗大七分校参加整风时，时任校政委的李井泉赞扬说："雷鸣在大青山工作过程中，表现很好，肯吃苦，在那样残酷的斗争环境下没有动摇过。"

整风结束后，王栋被分配到晋绥军区一纵队三五八旅警卫连任政治指导员，1946 年任营长，后又升任副团长。

1947 年 3 月，蒋介石集聚大部队进攻延安之时，王栋所在部队跟随毛主席转战陕北，为保卫延安、保卫陕甘宁边区出了力。同年 10 月，王栋参加清涧战役，由于不避艰险，勇冲猛打，一马当先，深入阵地前沿，不幸中弹，光荣牺牲，时年33岁。

1952年1月15日，中国人民解放军西北军区政治部追认王栋为革命烈士。英雄的光辉业绩，永远昭示后人。

马少林为党的事业英勇就义

邢万莹

马少林，1905年生，宁夏中宁县白马乡彰恩村人。自幼家境贫苦，八九岁时给人放牧。后由于父亲积劳成疾，马少林便给有钱人当雇工。

宁夏虽处祖国西北边陲，但党在宁夏的革命活动始终没有停止，加上宁夏教育事业发展，一批有觉悟的青年纷纷走上了革命道路。

孙殿才系中宁县白马乡彰恩村人，1926年加入中国共产主义青年团，1930年加入中国共产党。1943年任陕甘宁边区三边地委统战部部长，后任中共宁夏工委书记，当时化名赵忠国。宁夏离三边并不遥远，所以，一些革命的信息也不断传到宁夏，当家乡人知道孙殿才在三边当部长、共产党为穷人翻身闹解放的时候，受到很大影响。马少林得知这些消息后，燃起到三边去参加革命的强烈愿望。

1943年，马少林以做生意为名，来到了定边，在党组织接头的地方"广发西"商店见到了彰恩村老乡杨学智，经杨学智引见，他见到了孙殿才。老乡见老乡，两眼泪汪汪，他们显得是那样亲切，马少林把经受的苦难、想法告诉孙殿才。孙殿才给他讲了许多革命道理，真是拨开乌云见太阳，他的眼界开阔了许多，一心要参加革命，跟共产党走。1944年，经孙殿才介绍，马少林加入中国共产党。

马少林入党后，在三边地委统战部做联络工作。为了掌握宁夏的情况，他经常来往于定边、灵武、吴忠、中宁等地，传递信息，搜集情报。不但与地方打交道，还多次到国民党宁夏军阀马鸿逵所率国民革命军第八十一军驻地中宁南营房等处，同孙殿才的亲戚、时任该军特务营司书的孙克仁和一〇三团少尉军需官张风元秘密联络。通过他们，获取不少军事情报。同时，他还启发、教育、引导孙克仁、张风元、张俊、柳洪4人弃暗投明，于1945年8月到定边参加革命。

1947年3月，国民党军队奉蒋介石之命，在胡宗南、刘勤等人带领下大举进攻延安。党中央决定撤离延安与敌在陕北周旋。此时，驻扎在三边地区的部队也均撤走，国民党敌特机关以为大势所趋，肆无忌惮地搜捕地下工作者。马少林在定边陈家大墩遭敌暂九师便衣特务何兆元、杨怀义逮捕，随即被押往吴忠警察局监狱。敌人用尽酷刑，拷打审讯，但马少林始终不承认自己是共产党员，更没泄露党的任何机密。连敌监狱长也说马少林是个硬骨头。7月，马少林被送到国民党宁夏军法处，敌人变本加厉地进一步施以酷刑，但他们从马少林口中仍然一无所获。特务何兆元、何永德、何洪寿为了邀功请赏，联名上书马鸿逵，证明马少林是共产党地下工作者，为孙殿才工作，要求枪杀马少林。

1947年10月16日，马少林在吴忠秦桥英勇就义，临行前，他高呼革命口号，大义凛然，毫不畏惧，在刑场周围的群众，无不被他的浩然正气所感动。

马少林烈士是中卫人民的骄傲，音容笑貌永远留在人们的心中，是我们学习的榜样。

追寻刘汉章烈士的足迹

刘继祖

1983 年，时任海原县民政局局长的杨文侠带着我二爷刘汉章烈士的遗像来找我父亲核实情况。父亲陪同杨局长拿着遗像前往村子里找二爷少时一起玩耍过的刘占英老爷爷辨认，老爷爷一看见二爷的遗像就激动地说："这不是咱们的'向儿'（二爷乳名）吗！"通过杨局长介绍，这时我们才知道二爷已于 1948 年 5 月 19 日在黑龙江饶河县西丰镇大规模军演中牺牲。时过境迁，父亲生前的愿望是想去二爷墓前看看，鉴于当时交通、信息不便，直到临终也未能如愿。父亲临终前把此事托付给了我，由于种种原因，去齐齐哈尔西满革命烈士陵园的事情一再被搁浅。但其英雄事迹却早已被收录于《东北解放战争烈士传》《海原县志》《海原史话》等书籍。直到 2017 年 8 月，宁夏六盘山高级中学老师高强（焦占宝烈士的外甥，焦占宝烈士是中卫宣和人，抗战后期，刘汉章烈士任新四军淮海军分区六团团长时，焦占宝是该团政委，两位同乡战友并肩作战，在淮泗大地取得声名远震的战绩，赢得当地人民的热爱，事迹详见《灌云县革命英烈传》《连云港市革命烈士传》等史料）把 2002 年原三十九军副军长韩曙将军（刘汉章烈士战友，刘汉章团长牺牲时他任该团参谋长）写给我们的亲笔信函交于我，从而坚定了我去齐齐哈尔祭奠二爷刘汉章烈士的决心。

为完成父亲遗愿，2017 年金秋十月，我怀着万分沉痛的心情乘坐火车，踏上北去的旅途。10 月 9 日凌晨，在中卫火车站乘坐从乌鲁木齐发往齐齐哈尔的直达列车，经过两天两夜长途旅程，在 11 日晚 9 点到达齐齐哈尔火车站。齐齐哈尔西满革命烈士陵园管理处主任吕士强带着部下来火车站接我，我当晚住进军政玖玖宾馆，安排食宿，受到热情接待。

12 日早上 9 时许，吕主任开车来宾馆接我。在去西满革命烈士陵园的路上，冥冥之中把我的思绪带进了硝烟弥漫的蹉跎岁月。为了中国人民的解放事业，老一辈无产阶级革命者为革命事业鞠躬尽瘁，抛头颅洒热血，一路北上抗击日寇，在枪林弹雨中不知洒了多少汗和泪，流了多少鲜血，一路的艰辛可想而知。当我还沉浸在战火纷飞年代时，车子不知不觉就来到西满革命烈士陵园展馆门前，修缮一新的陵墓排列有序，整个陵园在苍松翠柏掩映下，显得格外庄严肃穆。吕主任带着他的团队陪同我沿着宽敞整洁的水泥路，去二爷刘汉章烈士的墓前祭拜，还带我参观了整洁明亮的展览馆，一路上讲解员对二爷的英雄事迹进行详细讲述。

二爷刘汉章烈士于 1913 年出生于海原县李俊乡团结村梁庄自然村一个贫苦农民家中。幼小丧父，姐姐送人做童养媳，母亲带他给当地大地主郭彦海拉长工，经常挨打受骂，一次给地主家放羊时，跑丢了一只羊，竟被毒打一顿，最后被地主赶出家门。从此，母子二人只好沿街乞讨。

1936 年 9 月，中国共产党领导的中国工农红军主力部队红一方面军十五军团七十八师二三五团来到二爷当长工的红羊乡杨明村马场组。这支队伍纪律严明，对待穷人特别和蔼可亲，还宣传说是咱穷人的队伍，是为穷人打天下的，与昔日见到的国民党军队、土匪大不一样。二爷为了给母亲报仇，给自己报仇，毅然决然地参加了这支队伍。同年 10 月，二爷随部队西征至甘肃靖远县打拉池，又南下郭城驿地区，并在会宁城内参加庆祝红一、红四方面军胜利会师的联欢大会，尔后又北上打拉池一带休整。西安事变和平解决后，二爷随部队折回驿马关地区参加整训，开始了军事、政治、文化各方面的系统学习。其间，他到连部当了一段时间的通信员。1937 年 7 月 7 日，卢沟桥事变后，抗日战争全面爆发。二爷随部队在陕西省三原县桥底镇参加改编，被编入八路军一一五师三四四旅六八七团二营并提升为班长。平型关一仗，二爷立了功，政治和军事都经受住了一次新的考验。战后，组织上批准他加入中国共产党并提升为排长。

1938 年 1 月至 10 月，二爷随部队在平山县、上文都地区、洪子店开展阻击日军活动，并参加对向长乐村逃窜的日军苫米地旅团一部的战斗。战后六八九团受到一二九师刘伯承师长嘉奖。1939 年初，二爷随部队在晋东南的高平地区参加军政训练，他被提升为八十九团三营七连副连长。7 月，日军对晋东南抗日根据地进行大扫荡，二爷随部队在响堂铺一带阻击敌人，由于指挥果断，作战勇猛，被提升为三营七连连长。

1940 年 6 月下旬，二爷所在部队改编为八路军第四纵队四旅九团，奉命开辟淮上地区抗日根据地。他被提升为三营副营长。8 月，二爷带领三营一部分队伍在常家坟至凤台县一带活动，寻找歼敌战机。在一次进攻岳张集的战斗中，他带领战士们冲锋，自己跑在最前面，一面跑一面端着轻机枪向敌人扫射，子弹擦过他的身体乱飞。战后发现他的衣服被子弹射穿了 8 个窟窿，身体并无大碍，大家都夸赞他的勇敢。他却笑呵呵地用他常说的那句话回答大家："不怕死的就是打不死嘛！"1941 年 1 月皖南事变后，二爷所在的部队奉命改编为新四军第四师十旅二十九团。同年 6 月—9 月，他所在的二十九团曾进行洪泽湖战斗、上塘集战斗以及一些其他战斗。1942 年 6 月，二爷随部参加李小圩战斗，击溃了刚刚投降日军的伪军徐继泰部的主力。9 月，十旅调归在苏北抗日根据地坚持战斗的新四军三师指挥，奉命东进淮海区的钱集地区，在马头镇西渡运河时与国民党顽军遭遇并进行激战。此后，二爷调任淮海军分区特务营副营长，不久又升任营长，为保卫淮海军分区机关而转战于苏北广大地区。

1943年6月，二爷被抽调到淮海军分区二支队集训学习。8月下旬，日军对我根据地进行"扫荡"，他学习结束被派到淮海军分区二支队独立六团任副团长。9月，日伪军3000余人由此向南推进，受到我军各部队的袭扰和阻击。1944年初至4月底，二爷先后参加我军在淮海地区发动的年关攻势，以及史集、前集、徐溜、杨口等战斗，之后部队进行休整，二爷升任二支队独立团团长。

1945年3月，新四军军部命令三师组建独立旅增援皖江地区。二爷所在的二支队调归独立旅建制。4月初，独立旅在泗阳县北部的里仁集召开成立和誓师大会，会后即挥师南下。先走洪泽湖东部地区，过高良涧而西折，直抵京浦路西之红心铺，再向南推进，急行军到达滁县附近支援友军作战。又挺进江浦、全椒地区。于4月底到达皖江抗日根据地的含山、和县地区。6月底，二爷率部由柳河县出发，过中长路西进到通辽地区休整。7—8月，独立旅一团奉命在休整的同时沿通辽、大罕、大林车站一线监视敌人。其间，二爷与孙友梅同志自由恋爱结婚。1946年9月，二爷所在部队改编为东北民主联军第二纵队六师十六团，他仍然任副团长。10月，六师放弃通辽、开鲁，跋涉通过开鲁西南的沙漠地带，向彰武哈尔套街的敌人发起冲击，二爷带着一营从西北攻入敌人防御阵地，占领一所小学校。这时遇到敌人更加顽强的抵抗，二爷趴在学校的墙头上挥动着驳壳枪向敌人射击，突然一发子弹射来，从他的前胸打进去，从脊梁上穿出来，他负了重伤，被抬下火线。部队激战一天一夜，将守敌一个营全歼，战后立即向北转移。二爷躺在担架上昏迷不醒，被抬过辽河，一直抬到太平川，上了火车，最后来到齐齐哈尔陆军医院，动手术治疗。这次肺部的贯通伤使二爷在病榻上躺了一个月。

　　1947年元旦过后，二爷听说部队又要有大的战役行动，再也坐不住了，他不顾伤口刚刚愈合，身体还非常虚弱，不顾滴水成冰的严寒，不顾医生的劝阻，不顾妻子怀孕，提前赶回部队，参加了三下江南战役。1月上旬，二爷在吉林长岭、农安之间的伏龙泉一带追上部队。2月22日，随部队在德惠附近的马家屯、横道沟一带打援；2月25日，在布海车站西北的双庙子、林家窝铺、北三沟一带打援；3月5日，他又在松花江南岸沉着果断地指挥部队摆脱敌人的重兵包围；3月9日，他随部队进至昌图达家沟西北地区，10日，在怀德靠山屯西南与敌军接触，12日，赶到郭家屯以北的马家坨子、团山子一带，13日，与兄弟部队一起包围了农安县。后因战局变化，我军撤离农安，三下江南战役结束，二爷随部队进到大赉地区休整。

　　二爷伤愈归队前夕，接到部队通知，让他到双山部队驻地后直接去师部报到。到了师部他才知道自己被调任六师十七团团长。这时部队正在整训，他马上到团里了解部队情况，参加军事训练。当时正值7月酷暑天气，二爷经常下连队指导演习，与指战员们一起研究战术，在技术战术训练时亲自做示范动作，与各营、连、排的干部战士一起摸爬滚打，几乎每天都浸泡在汗水中。他也特别重视夜战，因为那是老红军的传统，是战胜敌人的法宝之一。他经常彻夜不眠地蹲在演习场上，指导部队演习夜战。他虽然不是政工干部，但很注意部队的思想动向，经常协助政委做战士的思想政治工作。他文化基础比较差，肯下功夫学习，整训期间更是把学习党的路线、方针、政策作为日常头等任务。经过两个月努力，他和部队在各方面都有很大提高。

　　我军秋季攻势于9月间发起。9月29日，二爷率部奉命奔袭昌图西辽河边的傅家屯、古榆树台地区，敌军闻风逃窜。10月1日，我二纵向昌图双庙子一线推进；15日，再绕道昌图八面城北上吉林梨树地区待机。11月3日，东移至新发堡地区，5日，转向黑林子地区休整，同时开展冬季大练兵。

1948年4月，六师进驻公主岭地区参加新式整军运动，二爷率团来到西丰镇进行整风和大规模的军事训练。部队整顿思想作风时，他整天泡在连队里和干部战士谈心，启发大家的思想觉悟，部队操练时以身作则做示范动作，部队演习时更是没日没夜地在各营各连进行指导。他在与团部里的同志谈心时说："我对新战术体会很差，这次练兵要很好地向大家学习。不然，就会落后于战士，落后于战争形势的发展……"为了钻研军事技术，他常常吃力地学习到深夜。练兵开始后，他用了几天几夜的时间，经过好几次彻底修改，写成了本团的练兵计划。对于识字不多的他，这需要多么坚强的毅力！这时，妻子带着不满周岁的孩子来部队探亲，他都没有抽出哪怕是一天的时间来与家人共享天伦之乐。5月19日，十七团进行联合演习，首先由一个营演习攻坚。他为了更清楚地观察部队的进攻动作，更方便地进行指导，趴在离假设的敌地堡很近的地方。营长王秀清带队进入假设出发阵地，发现团长的位置离他们就要进行重量级爆破的假设敌地堡太近了，就挥手向他大喊："团长，不要靠得那样近，危险！快离远些！"二爷摆摆手，坚定地命令道："开始行动！"自己还是趴在老位置上。部队开始动作了，战士们在火力掩护下冲上去实行爆破，"轰！"一声巨响，假设敌地堡坚固的顶盖被掀掉了。巨大的木料和大大小小的混凝土碎块向地堡四周散布开来，其中有一根大木重重地砸在了他的头上，在人们还没有看清时就无情地夺去了二爷年轻而宝贵的生命，享年三十五岁，这一刻定格在了1948年5月19日。

二爷英勇善战，有着"铁军猛将"光荣称号，他把最后一滴热血洒在了东北这片广袤的黑土地上。在他短暂人生的35个春秋里，谱写了一曲为中国人民解放事业而奋斗的气壮山河的光辉篇章，彰显了中华民族的英雄气概！他无愧于人民，无愧于生他养他的那片黄土地，无愧于家乡父老乡亲，无愧于父母，无愧于后辈儿孙。他有着12年军旅生涯，11年党龄。由一名士兵一步步走到了领导岗位，他的事迹可歌可泣！

"不怕死的人是打不死的！"这是他的口头禅，也是他经常教育干部战士的一句话，而且也是他的行动指南。经历过上百次战斗，几乎每次战斗他都冲在最前面。他的衣服被敌人的子弹打穿过数10个窟窿，他本人也6次负伤。直到牺牲时，他的身体里还嵌着一颗敌人的子弹。敌人的子弹虽然没能夺去他的生命，但像他这样几乎整天泡在枪林弹雨和其他种种危险工作中的人，牺牲是可能随时发生的。何况他的牺牲正是为了准备更好地打击敌人。正像二纵一位首长说的："刘汉章同志的死，和在战场上英勇厮杀的壮烈牺牲，是同等光荣的！"他的死，比泰山还重。

时隔半个多世纪，追寻亲人足迹，铭记历史，不忘初心，旨在传承其精神和永恒的纪念。我的亲人是一位顶天立地的人物，是一棵参天大树；他的英雄事迹将永放光芒，英名将流芳百世，激励世人。

侦察英雄冯中江烈士

万自义

冯中江生于 1966 年，1986 年 6 月在云南老山前线八里河东山战区执行侦察任务时牺牲，生前为原陆军第四十七集团军炮兵旅四营二连战士，是宁夏中卫市沙坡头区镇罗镇九塘村人。

对越自卫反击战是一场正义的保家卫国战争，在那段炮火连天、硝烟弥漫的岁月中，1985—1986 年，一支从西北走向滇东南边陲的英雄部队——中国人民解放军原陆军第四十七集团军在亚热带的丛林、山地上亮剑，数万将士在滇东南部的丛林山野间、河流高地上浴血奋战……这是自新中国成立后，陆军第四十七集团军从抗美援朝对美作战得胜凯旋，30 多年之后又经历一次对越自卫防御作战的锤炼，常胜军团，百战百胜。在那一场场战斗中，涌现出一批批英雄，塞上男儿、一等功臣、炮兵的"千里眼"侦察兵冯中江烈士就是其中的一位。

时光追溯到冯中江的青少年时代，在上学时，他就是一名爱学习、爱劳动、助人为乐的好少年。1980 年夏天，一场暴雨使九塘村前的马长沟洪水横溢，泥沙翻滚，5 岁的小男孩李彦升不慎掉入沟中，在洪水中拼命挣扎。在这危急时刻，路经这里的冯中江毫不犹豫地跳进水中，经过 20 多分钟的搏斗，将李彦升救上了岸。13 岁的冯中江见义勇为的行动，受到乡亲们的称赞。

1982 年，冯中江初中毕业回乡务农。1983 年加入中国共产主义青年团。在农村的两年时间里，他与父亲靠买来的一台手扶拖拉机，走南闯北跑运输、做生意，很快就积攒两万多元，家里的日子也富裕起来。1984 年 11 月，正在家里的日子越过越红火的时候，冯中江毅然报名参加中国人民解放军。他的父母不理解，但他说："家富不能忘记报国，好男儿志在四方，参军能锻炼自己，能得到金钱换不来的东西……"

冯中江的文化程度并不高，但他天资聪敏。入伍后，在新兵连集训，他勤学好钻研，新兵训练考核成绩优异，被分配到陆军第四十七野战军炮兵旅四营二连指挥排当了一名炮兵侦察兵。这个兵种使用的炮对镜、瞄准仪、测距计算仪等一系列仪器需要素质很高的士兵操作，他知道自己的不足，立志刻苦训练，在全团侦察兵技术比赛中获得第二名的好成绩，后来又成为兰州军区炮兵侦察兵的尖子。在兰州军区组织的炮兵侦察兵尖子集训班，军事指挥学院的一位资深炮兵教员与尖子兵分组进行比赛，在与冯中江比赛时，两人都不用测距计算仪，先后用望远镜和手指测距，得出的结果不分上下，教员连声夸他不简单。

冯中江是饮着黄河水长大的热血男儿。1985 年底，冯中江随部队赴滇边境参加对越自卫反击作战。到达云南边防前线后，他 4 次向营连领导请求到位于最危险的老山前线八里河东山战区的炮兵营前沿观察所执行侦察任务。他常冒着危险抵近目标侦察。

一次在前沿阵地侦察，他和班长张书涛发现前方有一排敌军炮管。为探清虚实，冯中江穿过开阔地爬向一片野草丛，架设器材观察，班长看这样很危险，命令他回来，但他硬是用剪刀将遮挡视线的野草区剪出两条宽 1 米、长 10 米的观察通道，看清了刚才发现的目标原来是伪装的，而在左、右、后方 1000 米处真正隐蔽着 3 个重型目标。冯中江立即报告，我方火炮很快摧毁敌大炮7门，引爆弹药10堆、粮库1座。

为了提高测量的准确性，冯中江把夜里测得物体的坐标记下来，白天再测；把用仪器测得的数据，再通过目测比较。经过刻苦努力，使侦察技术更加过硬，他还总结出"晴易近，阴易远，雨雾浓时应减半"的经验口诀，战友们夸他是炮兵的"千里眼"。他说："咱们侦察兵就是炮兵的眼睛，就是指挥员的眼睛，只有练就一双穿云破雾的千里眼，才能完成好战斗任务。"

1986年6月15日下午，班长张书涛传达上级的指示："兄弟部队主力受到敌炮火阻击，伤亡严重，前指命令我们立即查清敌火炮阵地的坐标！"敌人的炮弹已经向我方阵地纵向延伸，火光冲天，硝烟弥漫，炮弹炸起的泥土不时飞到战士们的脸上和身上。观察所山坡前的硝烟影响观察，冯中江不顾随时会被炮弹击中的危险，凭着熟练的侦察技术，迅速选择了观察位置，用望远镜仔细观察敌军炮兵和观察区域内敌军的活动情况。他看到敌军的一长排大炮正在向我方阵地射击，突然从草丛中站起来，向战友发出射击指令，战士李涛正要把射击指令通过电台传给指挥所时，冯中江忽然听到刺耳的啸叫声，忙喊："不好！是炮弹！"立即扑到李涛身上。一发炮弹在冯中江身后2米处爆炸，巨大冲击波将他推出5米多远，身负重伤。李涛从冯中江身下钻出，急忙用电台把冯中江下达的射击口令传给我军炮兵指挥所，不到1分钟，我军强大的炮火射向了敌炮群。

随即，战友们把冯中江抬到观察所进行抢救，但因伤势过重，冯中江壮烈牺牲，年仅20岁。他的遗体火化后，从骨灰中找出弹片23块。

战后，战友们在清理他的遗物时，发现他的日记本里还夹着一封给上海市"高墙"内同龄人没有写完的信。战友们替他补写了这封信，并叙述了冯中江在战场上壮烈牺牲的经过和情景。上海市监狱广播了这封信的全文。书信深深震撼了狱中人的心灵，他们流着热泪精心雕刻了一枚印章，寄到前线表达对英雄的崇敬之情。

集团军党委追认冯中江为中共党员，追记一等功，并批准他为革命烈士。1986年7月20日，冯中江的骨灰由老山前线运回故乡。中卫县委、县政府在九塘村举行隆重的追悼大会和骨灰安放仪式。7月1日，中卫县委、县政府作出向冯中江学习的决定，还在其家大门上挂上"人民功臣"匾额。1987年1月27日，宁夏回族自治区党委发出《关于深入开展向老山前线宁夏籍战士顾金海、冯中江烈士学习的通知》，号召全区人民学习他们爱国主义和英雄主义精神。不久，《宁夏日报》《猛进报》等报刊均在头版刊发四十七集团军炮兵旅政治部张应银等采写的长篇通讯《丹心谱》。《云南日报》《猛进报》副刊也发表了原陆军第四十七集团军炮兵旅宜兵（万自义）在战地创作的诗歌作品《一个普通战士的灵魂能走多远》，讴歌、褒扬这位优秀的黄河之子。

军工英雄孟文军

万自义

孟文军，1964年12月出生，今中卫市沙坡头区东园镇人。1982年10月入伍。原陆军第四十七集团军炮兵旅七营三连五班班长。1986年7月24日凌晨，在云南前线老山主峰担负构筑工事任务时，孟文军和3名战友，遭遇暴雨塌方，不幸光荣牺牲。

多少年了，我总是能想起那张朴实憨厚、青春稚气的脸庞。每次回故乡中卫，看见黄河，也是情不自禁地想起这个老乡。我们是一起喝黄河水长大的黄河男儿，在1982年12月我们一起参军，一起列队离开故乡，一同乘火车从中卫到西安临潼军营，往事如烟，但那飘逝的一件件往事总是萦绕在心里。

孟文军

走出硝烟，退役后，我先后两次回四十七军的营房，特别是到原军炮团三营的营区，我驻足在营区的每个角落里时，那军炮团三年的一个个日子就历历在目，像电影一样在我的脑海里重复出现。

2014年4月底，我重返老山，在他牺牲的地方凭吊，思绪万千，老山依旧苍翠，我深情地呼唤他："兄弟，不打仗了，咱们一起回中卫故乡吧……"

当年，我是在四十七军军炮团一营服役，孟文军在三营服役。每逢节假日，我到三营看老乡，或他来一营看老乡，我们总是能见面，聊上一会儿。

1985年10月，我和他服役期已满，但部队即将开赴前线，我们都作为部队基层连队的骨干留了下来，没能退役返乡，留下后曾相互鼓励在战场上建功立业。

孟文军入伍后，就和我一起被分配到四十七军军炮团。在新兵连3个月的队列，各项轻武器基础训练中，他因身体单薄有些吃不消。就起早贪黑，利用休息时间给自己"加小灶"苦练。在新兵连训练结束时，孟文军在各项军事技术的考核中取得优异成绩。

新兵下连时，他被分配到三营的加农炮连，他认真学习政治理论和科学文化知识，努力掌握军事技术，坚决完成上级交给的各项任务，得到部队首长和同志们的好评，曾先后3次受到营连嘉奖。

孟文军入伍3年里，当过炮手、通信员、班长，到华阴农场挖鱼塘。在和平年代，执行任务，他是干一行、爱一行、专一行，从不计较个人得失。

1985年10月，

中卫籍战士康建国等在老山抬孟文军烈士的遗体

孟文军服役期满，组织上根据他家中人口多，劳动力少，经济紧张等实际困难，初步决定让他退伍。他愉快地做好了退伍的准备。后来由于退伍名额有限，加上要保留一批骨干等原因，组织上又决定留他下来继续服役，他愉快服从。

1985年底，三营和连队根据他家庭困难多的实际情况，准备给他申请救济费，他得知后坚决不要，对领导说："连队还有比我更困难的战友，先给他们救济吧。"

参战前，孟文军被任命为三连五班班长，他时时处处严格要求自己，不论是政治学习、军事训练，还是施工执勤，都走在前面。在孟文军的带领下，五班同心协力，大干苦练，大家体力大大增强，军事技术也提高很快，在连队比赛中得了第一。然而，孟文军身患关节炎病，南方热带雨林的潮湿气候使他时常发病，疼痛难忍，但他带病坚持作战。

在生活上，他处处关心战友，战友生病了，他主动嘘寒问暖，送汤送药，端水打饭。一次，他班里的战士小张因病住院，他送去自己的麦乳精和罐头，小张感动地拉着他的手说："你真是我的好兄长、好班长！"孟文军生前曾在日记中这样写道："别人的幸福就是我自己的幸福，别人的痛苦就是我自己的痛苦，但自己的痛苦算不了什么，只要能为战友解除一点痛苦，能为战友做一点好事，我一生都会感到幸福的。"其实，那时他家里的经济条件也不好。

进入前线阵地后，三连担任军工连，执行前线物资的前运后送、阵地工事的构筑等任务。虽然不与敌人面对面地战斗，但任务艰巨、危险性大，同样经受着生与死的考验。孟文军代表全班向连里请求完成最艰巨、最危险的任务，去构筑一线炮兵观察工事和直瞄火炮工事。军工任务艰巨，距敌军很近，随时都有伤亡的危险，孟文军总是主动要求带领全班前去执行任务。

1986年6月，孟文军在前线火线入党，被党组织批准为中国共产党预备党员。1986年7月17日，孟文军主动请求到老山主峰担负构筑工事任务，为了完成好这次任务，他带领全班积极做准备，到达阵地后顾不上休息，冒着随时踩响地雷和遭受敌人炮火袭击的危险，走在前面查看地形，夜间住宿休息，他就靠在有危险的一边休息，时时处处总想着战友的安全。

1986年7月24日凌晨，正当孟文军和战友们在一天的紧张劳累后酣睡之时，暴雨造成的塌方将他们住宿的帐篷深深地埋在工事下面，被压在里面的8名同志经多方及时奋力抢救，有4名同志脱险，但孟文军和另外3名同志光荣牺牲。

根据孟文军生前的表现和愿望，部队党委决定追认他为中国共产党正式党员，批准为革命烈士，并追记三等功。之后，部队党委号召广大指战员学习孟文军烈士的英雄事迹，奋勇杀敌，为国争光。

山川胜迹

中卫山川秀美，钟灵毓秀，自然景观与人文景观交相辉映，大漠的雄浑粗犷与江南的纤巧秀丽浑然一体，是一处集沙、山、河、园、林、水、绿洲于一体的神奇而又迷人的地方。美丽的中卫城环水而起，依水而居，碧波荡漾的湖泊湿地，早抱朝霞，晚卧落日，白云在水中卷舒，星月在水中憩息，景色宜人，风光旖旎。

　　黄河在崇山峻岭间奔流，自黑山峡至沙坡头，两岸既有壁立如削的山峰，又有惊心动魄的急流暗礁。一河流水，两岸奇峰，使得黄河大峡谷风光奇绝，景色迥异。

　　在中卫大地行走，可以看到绵延万里的长城巍峨耸立，秦汉长城，明长城，汉蒙互市买卖城，历经岁月的洗礼，披一身沧桑，诠释着千年时光的更替。

　　走进中卫，可领略自然风光的粗犷豪放，可感受历史文化的深邃厚重，可触摸现代文明的强劲律动……

守望岁月的古长城

张永生

中卫地处边塞，素有"关中屏障，河陇咽喉"之称，历史上属游牧文明和农耕文明碰撞相对激烈的地方，境内历代长城遍布，烽燧城障林立，秦、汉、明等朝代修筑的长城均有遗存，史书多有记载。

长城以其作用来分，无外乎军事上的防御和阻隔。也就是说，在农耕文明时代，古人为了日出而作，日落而息的安稳日子不受马上民族的侵扰，才想出筑墙防御这种办法。

筑墙防御起自春秋战国。春秋时，中卫羌戎杂居。《史记·匈奴列传》载：秦昭王三十五年（前 272 年），秦出兵击败义渠，分置陇西、北地、上郡（中卫属北地郡）。沿河置障塞，设边戍守。

中卫的秦长城遗存，近年在地方学者周兴华先生不辞辛苦现场考证下，发现几段黑山峡秦长城，且与史书记载相吻合。这一发现，颠覆了过去史学界有关中卫只有明长城之说的论断，以史书记载和物证相印证弥补了中卫长城的历史真实。2014 年 4 月 15 日，新华网发布《宁夏中卫新发现一处古长城》一文："长城专家、宁夏博物馆原馆长周兴华近日在宁夏中卫南长滩鱼喇钵沟新发现了一处堵塞沟谷的古长城。这处古长城与此前发现的《史记》所载西起临洮，东至辽东郡的秦始皇万里长城连为一体。鱼喇钵沟长城总长约 20 米，自东向西由三段长城墙体组成。第一段是堵塞沟谷长城。该段长城位于山水沟上部，墙体为石块垒砌，干缝干砌，严密合缝，平整如墙，青苍古旧。现存长城残长约 5 米，残基宽 3—4 米，残高约 6 米。第二段是天然石壁，长约 10 米，石壁直立如高墙，人畜无法翻越。该段天然石壁东接第一段堵塞沟谷长城，西接第三段垒砌高山缓坡长城。第三段是垒砌高山缓坡长城，长约 5 米。鱼喇钵沟地属中卫南长滩黄河岸边大山，系此山从山峰自南向北流入黄河的一条山水沟。经实地考证，周兴华得出的结论是：秦国为了防止匈奴渡过黄河，从山水沟翻越大山进入秦国，便在黄河内岸可以顺沟翻越大山进入秦境的山水沟建筑了堵塞沟谷的长城。鱼喇钵沟长城即这种堵塞沟谷长城之一。"

秦始皇统一中国后，于秦始皇三十二年（前 215 年），派大将蒙恬率领 30 万人马北逐匈奴，占据河套，并修筑长城。《史记·蒙恬列传》载："秦已并天下，乃使蒙恬将三十万众北逐戎狄，收河南。筑长城，因地形，用制险塞，起临洮，至辽东，延袤万余里，于是渡河，据阳山，逶蛇而北。暴师于外十余年。"秦长城把过去秦、赵、燕三国长城连接起来，西起今甘肃东部，经今甘肃、宁夏、陕西、山西、内蒙古、河北和辽宁等省、自治区，直抵鸭绿江，绵延万里，从此始有"万里长城"之称。秦始皇三十三年（前 214 年），"秦因河为塞，筑四十四县城临河，徙谪戍以充之。"

可以想见，两千多年前，蒙恬带着秦国将士，驱逐了戎狄后，开始修筑一项伟大的防御工程。据《史记·蒙恬列传》载："吾适北边，自直道归，行观蒙恬所为秦筑长城亭障，堑山堙谷，通直道，固轻百姓力矣。""堑山堙谷"是指人工劈削山崖墙体。堑山堙谷在历史上一段时间曾被认为是一个历史之谜。但在黑山峡黄河南岸，位于高山之巅的人工垒砌堵塞豁口墙体、人工劈削山崖墙体、大型烽火台及高山险阻共同连缀构成的一道险峻的军事防御工程体系豁然存在。《秦本

古长城遗迹

纪》说秦国"后子孙饮马于河",指的就是秦国西部、北部疆界已到达陇西、北地的黄河岸边,即已到达今甘肃兰州、靖远,宁夏中卫的黄河东岸、南岸了。毫无疑问,这是一道古代遗存下来的长城遗迹,与《史记》里"堑山湮谷"记载相吻合。

历史总是在不断发现、不断验证之中。中卫境内保存的长城,分布在黄河南北两岸,墙体有土夯筑、石砌、借山体劈削等。两千多年的岁月里,长城遗存依然默默兀立,直到如今,人们看见或者看不见,它都独守岁月,以荡然天地的胸襟叙说着秦时明月汉时关。

秦始皇想把一统江山打造得固若金汤,自己也能长生不死。但是天命难违,自然规律难以抗拒,尽管秦长城绵延万里,拒抵着游牧民族铁骑的侵入,可是,一旦百姓心灵的长城破碎了,再任什么长城都阻挡不住烽烟四起。

中国历史上,秦始皇是一个对中国历史发展有着贡献的杰出人物,但又是中国历史上的一个暴君。秦始皇死后,秦二世胡亥依靠赵高等取得帝位，其统治之酷烈，较秦始皇有过之而无不及。这就使得陈胜、吴广农民起义爆发，导致秦王朝覆灭。刘邦、项羽之间的楚汉战争，以刘邦重新统一中国而告结束。在这一时期，我国北部的匈奴族，在冒顿单于领导下，以武力统一了我国北部蒙古高原，建立起一个东达辽河、西逾葱岭、南临阴山、北抵贝加尔湖，有"控弦之士三十万"的强大奴隶制军事政权。公元前201年，冒顿率军南进，攻略马邑（山西朔县），深入长城之内三四百公里。刘邦亲率32万大军北上迎击，因初战小胜轻敌，于次年初被包围于白登（山西大同东北15公里），几乎被俘，后以重礼行贿，才得以出围返回。汉王朝统治集团重新估计了当时的形势，遂对匈奴采取和亲政策，实施战略防御。对内采取发展生产，巩固统治的措施，整军经武，积蓄力量。经过文景两代的休养生息，至汉武帝时，社会经济已有了大的发展，不仅"人给家足""都鄙廪庾皆满"，而且"众庶街巷有马，阡陌之间成群"，有

买卖城遗迹

了进行战争和组建骑兵大兵团的物质条件。汉武帝于是转变战略，开始实施反击。

公元前 127 年，匈奴进攻上谷、渔阳，汉武帝为争取主动，采取了胡骑东进，汉骑西击的方针，派卫青等率主力部队由云中（内蒙古呼和浩特西南）出发，沿黄河河套北岸西进，至高阙后折而南下，大破匈奴军，尽复河南地。收复失地后，卫青主要是修缮秦沿黄河长城及高阙一线长城，其不满足于既得胜利，据秦长城实施防御，而是为进一步夺取阴山山脉作必要准备。据史书记载，阴山山脉地区"东西千余里，草木繁盛，多禽兽"，匈奴军"依阻其中，治作弓矢，来出为寇"。不夺取阴山，仍难真正解决边境的安定问题。为了彻底击败匈奴，汉武帝一方面派遣使者出使西域，联合月氏、大夏和乌孙等政权，并"西置酒泉郡以隔绝胡（匈奴）与羌通之路"，一方面派卫青、霍去病等，率 10 万余骑兵大兵团，连续发动四次大的战役，远出长城之外两千余里，大破匈奴军，终于迫其"远遁，而幕（漠）南无王庭"。至此，作为匈奴南进的主要战略基地的阴山山脉，完全被汉王朝所控制。正是在这种形势下，为巩固已经取得的战果，汉武帝又下达在阴山以北修筑长城的命令。

从史料记载来看，汉代不仅把秦修筑的长城进行修缮，还在秦长城的基础上修筑了新的长城，即汉长城，使长城的规模更为可观，更为宏大。汉朝除了把秦始皇万里长城加以修缮利用外，还新构筑了东起甘肃兰州黄河北岸，西达新疆库尔勒附近的河西长城；东起内蒙古化德县，西止于甘肃金塔县的漠南长城。汉朝新城与秦代旧城联为一体，在东西两端之间，经行于今朝鲜北部和辽宁、内蒙古、河北、宁夏、甘肃、新疆 6 个省区，这就是中国历史上分布地域最广、跨度最大的总长度达 1 万公里的汉代长城。

到汉元帝竟宁元年（前 33 年），"单于自言愿婿汉氏以自亲，元帝以后宫良家子王嫱字昭君赐单于。单于欢喜，上书愿保塞上谷以西至敦煌，传之无穷，请罢边备塞吏卒，以休天子人民"。《资治通鉴·汉纪二十一》"昭君出塞"故事自此流传下来。

据周兴华先生所著《从宁夏寻找长城源流》（2008年出版）一书所述："大量历史证据和史书记载，黄河北岸的中卫、中宁北山长城，明清时期将这道长城的西段称之为宁夏西长城。河西长城始筑于汉武帝时代，属汉长城的一部分。河西长城中卫段现存遗迹位于黄河外中卫、中宁北山一线。它西自今甘肃省景泰县入中卫境，东向经中卫迎水镇营盘水村红湾墩，长流水村二道墩、头道墩，沿腾格里沙漠南缘、卫宁北山、贺兰山出宁夏境，长约700里。河西长城中卫段西接甘肃河西走廊汉长城，东接内蒙古高阙汉长城。这道长城是汉武帝长城的遗迹、遗址，其中的甘、宁河西汉长城，成为明代河西走廊长城，中卫、中宁北山长城，贺兰山长城修补利用的主体与基础。明代对这道古长城的修缮利用有明确记载。"

中华民族的历史，仿佛与长城有着割不断的血肉联系，秦汉是这样，其他朝代亦然。《魏书·世祖纪》：北魏太平真君七年（446年），

屹立在中卫的古长城

"发司、幽、定、冀四州十万人筑畿上塞围，起上谷，西至于河，广袤皆千里"。《资治通鉴·齐纪》：北魏太和八年（484年），高闾上表："北狄……所长者野战，所短者攻城。若以狄之短夺其所长，则虽众不能成患，虽来不能深入……六镇势分，倍众不济，互相围逼，难以制之。请依秦、汉故事，于六镇之北筑长城，择要害之地，往往开门，造小城于其侧置兵捍守。"北魏是鲜卑族拓跋氏建立的王朝，薄骨律镇属六镇之一，中卫属薄骨律镇。受北狄袭扰，北魏也像秦汉那样，择要害之地修筑长城防御。这一修筑，就再也没有停下来过。隋朝于581年建立，隋开皇元年即修筑长城，以拒抵北方日渐强大的突厥。《资治通鉴·陈纪》载：至德三年（585年），"隋主使司农少卿崔仲方发丁三万，于朔方、灵武，筑长城，东距河，西至绥州……绵延七百里，以遏胡寇。"其后数年，一直修筑不断。

明朝修筑长城的工程延续了200多年，因修筑年代晚，保存较为完整，且有比较完整的典籍记载，所以后人认为中卫的长城是明代修筑的。但是，随着民间的不断发现和地方学者的深入考察，这一结论受到质疑。尽管"中邑自五代迄宋，沦入西夏，荒灭不可考矣"，但历史总还是有迹可循的。站在黑山峡的沟谷或者山顶上，望一眼那不倒的石砌长城，心里油然而起的是对古人的敬仰，仿佛蒙恬大将并没有走远。

作为农耕文明与游牧文明的对垒，长城似乎是缓冲和解决矛盾的最好途径。到了1000多年以后的明朝，依然醉心于修筑长城，可见，长城不仅是军事上的防御工程，而是注入了中华民族太多的期望。

《明史·王翱传》载：明正统七年（1442年）冬，"翱乃躬行边，起山海关抵开原，缮城垣，浚沟堑。五里为堡，十里为屯，使烽燧相接。"《读史方舆纪要》载：明成化十三年（1477年），"修宁夏西路永安墩至西沙嘴一带边墙"。

长城堪称"上下两千年，纵横十万里"的伟大奇迹。长城作为防御工程，它翻山越岭，穿沙漠、过草原、越绝壁、跨河流，其所经之处地形之复杂，所用结构之奇特，在古代建筑工程史上可谓一大奇观。有些地段的长城，在经历两千多年风沙雨雪侵袭后，仍然屹立地面高达数米。这一奇观，在中卫龙宫庙北边就可看到，近年从沙漠中挖掘出的城墙，巍然屹立，闪烁着大汉气象，把两千多年前一个王朝的气度浓缩其中，看一眼，就会荡气回肠；看一眼，就明白长城文化何以厚重……中卫古长城又一次承载着巨大的历史使命。

石空寺纪略

张 嵩

　　佛教自传入中国，距今已有两千多年历史，而历朝历代修建的寺庙无以计其数，在岁月更替演进中真不知"多少楼台烟雨中"。佛教寺院是出家人进行宗教活动的场所，也是信众顶礼膜拜的地方，因为它大多建筑在当地的名山或城市风景名胜之地，故而也渐渐成为人们游赏观瞻的一个去处，如宁夏中宁县的石空寺。

　　石空寺位于中宁县城北 15 公里处的双龙山南麓，双龙山古代称之为石空山，石空寺也由此得名，说是寺庙，实际上是一个石窟。由于这里东临黄河，依山傍水，风景十分秀丽。近代著名方志学家、金石学家张维在其所著的《陇右金石录》中记载："石空寺以寺得名，寺创于唐时，就山形凿石窟，窟内造像皆唐制。"由此表明它是唐代丝绸之路上一处重要的宗教文化遗存，有着重要的历史人文价值。明清之际，石空寺石窟已经是中卫的十景或十二景之一，号称"石空夜灯"或"石空灯火"。景观之地，自然有诗作添彩，其中有名的如明代西安右卫千户杨郁在游览石空寺后写下的一首七言律诗《石空古寺》：

劳生不了漫匆匆，匹马冲寒过石空。

古洞仰观山拥北，洪涛俯瞰水流东。

一方有赖藩篱固，千里无虞道路通。

倚遍危栏情未已，淡烟衰草夕阳中。

　　这首诗选自《弘治宁夏新志》，诗题一作《石空山》。作者在诗中道出自己在漫漫征旅中辛劳一生，"匹马"冒寒路经石空，看到石空寺石窟的情状并对此进行描述：石窟高居于北山之上，俯瞰洪涛汹涌的黄河东流，人们也只能仰观石窟。表明石空寺石窟居高临下，鸟瞰一切，使人敬畏。随之更深一层地讲述了一方安定、千里通达的情形，说明久无战事，天下太平。作者兴之所至，登高一游，发出"倚遍危栏情未已，淡烟衰草夕阳中"的无限感慨。杨郁是明代的一个中下级军官，该诗倒写得不错，韵味十足，尤其是结尾两句颇有情怀，为古寺留下难得一笔。

　　清乾隆年间，当地官员兼诗人罗元琦、黄恩锡等人也有诗作传世。罗元琦的诗作是《石空灯火》：

洞壑嵌空最上乘，翠微台殿控金绳。

半空错落悬星斗，知是花龛礼佛灯。

　　这首诗选自《乾隆宁夏府志》卷二十一"艺文·诗"。罗元琦是云南石屏人，清代文学家，著有《兰陔堂诗集》。他先后任过中卫候补知县、知县，后任陇西知县。清代《宁夏府志》记载："石空大佛寺石壁峭立，中空如陶穴，宏敞可坐数百人，因石镂成像，梵宇皆依山结构，每夜僧人燃灯，远望如星悬天际"。罗元琦的诗描写的就是此景。之后，中卫知县黄恩锡写有一首《登石空寺》诗：

健足临高阁，披云上佛台。

河流环地曲，梵刹倚山开。

树隐烟光合，风鸣雨势来。

僧闲留客久，茶熟劝添杯。

这首诗选自《道光续修中卫县志》卷十"艺文编·铭诗"。登临高阁佛台，环顾四周景致，"河流环地""梵刹倚山""树隐烟光""风鸣雨来"，热情的僧人添茶留客，一幅悠闲自在的场景，有诗情，有画意，把石空寺的安闲寂静融入了诗人的性情之中，意蕴无限。罗元琦与黄恩锡都是云南人，又前后在中卫任职，为石空寺留下了诗作，不能不说是一段奇巧的缘分。

清乾隆三十三年（1768 年）江苏无锡人顾光旭任宁夏知府，他曾游历石空寺，也写有一首《石空寺》诗：

策马石空寺，登临畏及冬。

佛灯明古窦，僧语咽残钟。

白日有寒色，青山无参容。

了然绝尘想，不必问降龙。

这首诗选自《宁夏文史》第七辑（宁夏文史研究馆编，1990 年版）。诗写的是冬日石空寺的景象，除佛灯闪烁不灭，一切都比较索然。结尾两句提到佛的本心真意，也表达作者的含蓄的想法。顾光旭是诗人兼书法家，在当时很有名气，后来署四川按察司使，著有《响泉集》《梁溪诗钞》。石空寺是一处佛教石窟，历经千年兴废，在发展过程中，使儒释道三教合一，甚至还有藏传佛教的文化遗存。这种融合多民族信仰、多文化于一体的石窟艺术，在全国范围内也是比较罕见的。石窟内一些群体雕塑集天庭地府、人鬼神佛于一体，尽管怪诞奇异，但想象十分丰富，超出了一般人的思维，虽经岁月侵蚀和人为破坏，仍能保存至今实属不易，尤显珍贵。

石空寺历史源远流长，文化内涵丰富，又有诗风遗韵留存，是宁夏境内一处特色鲜明的人文景观。其石窟高大奇特，各种塑像生动逼真，壁画用笔细腻，独具特色，是宁夏及毗邻地区远近闻名的佛教寺院，1961年被自治区人民政府公布为重点文物保护单位。

石空大佛寺

探访天都山石窟

李进兴

天都山石窟亦称西华山石窟，位于海原县西安州古城西 7.5 公里，从山口循沟行走约 2.5 公里，便可望见一座古刹，这就是天都山石窟。因民间传说在山中发现过金牛，故此窟也叫金牛寺，当地人又因石窟中有神佛塑像，亦称之为老爷寺。另外，古代还有"荣光寺"之称。全山共有石窟 6 孔，大小殿宇 13 座。昔日的天都山寺庙成群，挑檐飞脊，雕梁画栋，庙貌辉煌，山岩秀拔，群山环抱，树木苍浓，奇峰翠壁，清泉流注，殿宇参差，古洞幽深。

在沟北朝南的山坡上，依山势筑台建寺，削壁凿窟。自沟底而上，有盘山曲径可以登临。沿"之"字形路盘山而行，登上山坡，有土地殿和龙王殿。龙王殿下的一泓泉水古称"观音湫"，今叫龙王池。水从龙头中涌出，甘洌爽口，登山之人至此必饮。

天都山石窟初次开凿于唐代，当时佛教盛行，凡名山所在皆兴建石窟寺宇，天都山也不例外。据《西藏政史》载：宁夏南部的西夏党项族为密纳克人，或木雅人。其当时驻将为野利遇乞，号称"天都大王"，曾多次修建天都山石窟。野利遇乞有一女，嫁给李元昊为妻。

1038 年，西夏王李元昊登上皇位，将大将野利遇乞之女封为"宪诚皇后"，《西夏纪》卷十一载：野利氏，遇乞从女也。身颀长，有智谋，常戴金起云冠，令他人无得冠者，封宪诚皇后。"之后，在海原西安州建南牟会行宫，再一次扩建天都山石窟，并将其纳为西夏皇家寺院。

海原县是西夏国"南接萧关"之地，也是进攻宋朝的前哨和进入中原之门户。西夏每次攻打宋朝前必首先到佛教寺庙去烧香拜佛。因而在 1042 年先后进行的决定西夏命运的两大战役，即好水川（今宁夏隆德县境内）、定川寨（今宁夏固原市原州区境内）战役，李元昊率重臣都去天都山石窟拜佛、敬神。

1046 年，西夏王李元昊见太子宁令哥之妻没移氏漂亮，想强纳为"新皇后"。此事委实伤风败俗，但李元昊见如此美丽的女子，是决不放过的。如何使儿媳变为自己的皇后，是一件头疼的事。在大臣没藏讹庞的建议下，李元昊重走唐朝皇帝李隆基之辙，让没移氏在天都山石窟出家，吃斋念佛，再转身还俗。后来，李元昊与皇后野利氏发生争执，李元昊不再住南牟会行宫，而在离此不远的地方（今南华山灵光寺）又建了"天都山避暑行宫"。

据史料记载：李元昊"为太子宁令哥娶妇没移氏，见其美而自纳焉，号为'新皇后'，别居天都山。并营造宫殿内建七殿，极壮丽，府库馆舍皆备"。由此，西夏皇室内部发生内讧，导致大将野利遇乞被害，皇后被废黜，父子反目并相互残杀，而没藏讹庞篡权，西夏元气大伤。

在有些史料中将天都山石窟说成是元昊的避暑行宫。不错，西夏国王李元昊、新皇后是在这里住过，但绝不是避暑行宫和嬉戏的地方，原因在于西夏对佛教最为崇拜，比如，宋代著名的科学家、曾在宋夏边界为帅的沈括，记载了当时党项人的鬼神信仰："盖西戎（即西夏党项族）之俗，所居正寝常留中一间以奉鬼神，不敢居之，谓之神明，主人乃坐其旁"。何况一座佛教圣地，怎能成为嬉戏之地呢？因此，这是一座西夏在南牟会行宫（今海原县西安镇老城所在地）附近所建的皇家寺院。当地的石碑和史料记载有误。

天都山石窟沐千年沧桑，屡遭劫难，曾数次毁于战乱与地震，几次重修。原有的铜佛已毁坏殆尽，1958 年"大跃进"炼铜时，寺窟周围树木被砍伐一空，庙宇变成瓦砾。近年来，石窟群又重塑佛像，该窟群融释、道、儒于一体。为纪念无量祖师的圣诞，每年四月初八都举行盛大庙会，会期三天，届时善男信女纷纷朝山。1989 年被海原县宗教局定名为"天都山道观"，现为自治区重点文物保护单位。

天都山道观

巍峨高庙展英姿

张永生

地方志载：明时，中卫为西北边塞要冲，加之土地富饶，人口集中，移民频至，乃为戍兵置州卫之要地。明永乐元年（1403 年）至正统二年（1437 年），派遣都指挥仇廉增修城池五里八分，于原应理州（中卫旧称）残垣台墩拓筑建楼二层，下建三门与原保安寺中轴贯通。天顺四年（1460 年）左参将朱荣、蔡英再度扩修城垣，高庙随之增建规模，宏观全局，富丽堂皇，称"新庙"。高庙自兴建至今，已有 600 多年历史。

清康熙四十八年（1709 年）九月十二日发生强烈地震，高庙楼阁坍圮，住持僧释普夷旋即进行大规模抢修复建，历经 4 年，所修寺院比原建筑更胜一筹。清乾隆三年（1738 年）高庙保安寺又遭遇地震毁坏，楼阁倾塌数处，又费力修复。嘉庆十二年（1807 年）又经历第二次大规模的维修。清咸丰八年（1858 年），由保安寺住持僧（县僧会司僧官）释广寿，率徒续因、续行，启发地方信众，筹资伐材，兴工修葺。增建砖牌坊、转盘楼、东西天池楼宇，山门外广场建法戒楼。至清光绪八年（1882 年），全貌灿然宏备，遂易名"玉皇阁"，而其名不贴切高庙之巍峨雄姿，民众聱牙，仍俗称高庙。自此高庙名称越传越远。

在民国三十一年（1942 年）农历二月十五日的庙会中，因香火不慎引发大火。而当时高庙外围荒凉，民众稀少，难以救灭，南天门以上的建筑群全部焚毁，空留楼基。次年，百姓发起募捐，于废墟上重建高庙。山河孕育，地灵人杰，一时中卫三大工匠齐现，为重修高庙担纲，因之就有了"三大聋子修高庙"的佳话。大工匠陈铭，字子新（1898—1980 年），重修高庙时正值壮年。陈铭青年时就扬威江湖，于平罗、灵武两地建高庙，深得赞誉。中卫高庙焚毁后，他被委以设计、绘图、工程等重任，"陈聋子"由此闻名。木匠汪学仁技艺不凡，拜陈铭为师，恰好也是个聋子。无独有偶，常乐狄家水车著名木匠狄正义，人称"狄聋子"，名满乡里，也来献艺。高庙的重修，"三大聋子"不谋而合，便记入史册。砖塔村瓦工匠人周兴礼担纲砖瓦工程，与陈铭

高庙全景

合力，各展其能，筹谋工程，挥汗于庙宇，决胜于斧凿，同心协力，历时四载，1946年方完工，古朴巍峨的高庙重新耸立于蓝天之下。

高庙此次修建，整体形似凤凰展翅，有凌空欲飞之势，巍峨重叠，集中紧凑，擎天拔地气势雄，千戈万载入苍穹。英姿绰韵，雄踞边陲，名扬西北。

高庙保安寺山门为牌楼式建筑，平地宏图，吞古吐今。上建四角歇山顶门楼，翘角竞秀，樽栌翠腾，耿介古朴，正气阳刚。下开山门，金匾闪耀。山门，也称三门，是佛教的三个修行法门。中间是空门，指五蕴非有，四大皆空，意喻高僧大德方可进入此门，所谓遁入空门；左边是无相门，代表智慧，进得此门，念念上求觉悟之道，心心下化愚昧之人。右门称无愿门，代表解脱。祝愿佛光普照，大家万事亨通，乃迷津得度之门。

进山门中央置万年宝鼎一座，高3.55米，鼎下两耳三足，浮塔三层，龙腾兽饰，法轮图辉，圭角玲珑。鼎铭曰："佛教的主旨是觉、正、净，修行的方法是戒、定、慧，即持净戒、习寂定、发妙慧。人间佛教是持五戒修十善，行四摄遵六度。前者着重出世之道，后者为入世度生之行，世出世间圆融无碍，佛之教化能事毕矣！"

十字歇山顶的小牌楼缀于保安寺中轴线天王殿之前，掩映在幽静雅洁的环境中，翼然而起，八楹三门，飞檐七彩，雕甍八面，翘角翚飞，玲珑剔透，画龙点睛。看墙里应外合，左雕郑伦，瞪目圆睁，闭口一哼；右雕陈奇，气冲牛斗，张口一哈，合称"哼哈二将"。妖魔鬼怪闻风丧胆，威慑梵刹，取代佛教"密迹金刚"，为中国化佛教门神。门联曰："庙貌巍峨清净庄严通一气；神灵感应慈悲忠恕不二门。"

小牌楼为高庙掌上明珠，四级踏步，木栏杆两侧置一对抱鼓石，鼓座雕图，颖异巧合，鼓边上方各雕小狮，匍匐欲跃，神气十足……

越过小牌楼为天王殿，面阔三间，始建早于高庙，保留明代前期建筑风格，重檐歇山式殿堂。天王殿亦称过殿，举目"天王殿"三字，出自著名书法家任培瑛之手。门联曰："开正觉门，无去无来，浩浩独超三界外；显希有法，不生不灭，巍巍高证万德尊。"

天王殿为明代早期所建，藏古蕴今。

高庙蕴藏着宝贵的国粹和丰富的民俗文化，24级台阶，步步登高，象征春夏秋冬24个节气，为农事之本。阶护18面砖雕围栏，精雕山水、人物、花鸟、走兽，憨态可掬，生机盎然，为高庙珍宝蕴结之处。赞曰："龙藏瑞，虎参禅，野性都从空里化；鹿含花，猿献果，天机总向偈中生；燕剪柳，莺报春，山清水秀杏花村；荷塘艳，野草碧，牧童牛背吹横笛。"

东、西天池各有小院，旧说为王母、仙女沐浴之处，因而得名。平地起三层楼宇，为高庙空间封闭的外围建筑。恢宏壮丽，东西遥对，怀抱中阃，含英咀华。

兜率宫（即转盘楼）居中殿宇，角垂玉轩，觚棱互摩，楼覆台阶呈"凸"字形，面北迤东逦西殿宇连通小殿。"不须探绝胜，即此是诸天"。塑兜率天弥勒像，对联曰："兜率天宫，彰德功名留青史；师临圣地，慈云法雨度众生。"

砖牌坊为高庙一隅瑰宝，清咸丰八年（1858年）由主持僧释广寿率徒续因、续行等建立，三门排开，鬼斧神工，古朴大方。砖面斑驳仍巍然屹立，展示其傲然身姿。砖雕刻联曰："儒释道之度我度他皆从这里；天地人之自造自化尽在此间。"

浮雕是砖牌坊的经典之处。牌坊浮雕工艺精美，妙趣横生。中门斗方砖雕《西游记》故事十图，唐僧、悟空、八戒、沙和尚、白龙马远行西域，栩栩如生。斗方上雕博古清供、鼎炉古器，构图高雅，立体分明。侧门斗方雕刻十二生肖，人生元气，民族精魂，周而复始。上部雕菩萨、罗汉，惟妙惟肖，花鸟图案，滴翠流芳。飞檐翘角，线条流畅。更有盘龙欲腾，喜见彩凤飞翔。砖柱下部券形抱鼓石，磨砖雕砌，以糯米膏白灰黏结，园固于内，华表其外，砖牌坊古典宁静，超凡脱俗，斑斓璀璨，绝世独立。当年高庙失火，砖牌坊挡住了大火向南燃烧之势，使下面的保安寺免遭一劫。

大雄宝殿系高庙主楼之基层，面阔九间十一转，明柱三十楹，披锦挂翠，巍峨壮观，气势雄伟。中间槅门书写《般若波罗密多心经》，下刻"白头富贵""喜上梅梢""绥带千秋""二鸭传莲"吉祥图。东配殿四面槅门上部精雕"灵兔献寿""安居乐业""挂印封侯""英雄独立"；下刻博古"四季平安"。西配殿槅门上刻"锦堂富贵""青莲学士""鹿鹤同春""喜报三元"；下刻博古"四季如意"。其余皆上部棂牖，下部篆刻"福禄寿喜"，四角配蝙蝠，传统风格，美观典雅。廊枋五彩雕饰，绚丽夺目。券口浮雕"龙凤呈祥""麟吐彩云""凤戏牡丹""鹭鸶闹莲"等吉祥图，敷色艳美，解绿结华。各间居中刻古篆书如"圣德无疆""普广善缘"等，令人解衣般礴。雕玉双联曰："圆悟藏性，彻证自心，道通天地有形外；慈起无缘，悲运同体，恩遍圣凡含识中。"又云："现身五浊恶世，九有四生同尊慈父；说法灵山会上，十方三界共仰能仁。"

中匾"大雄宝殿"4字，点画神清骨秀，气血丰匀；行笔婉畅妍美，无有挂碍，结字平和峻丽，得大自在，为赵朴初手书。左匾"阐扬圣教"，右匾"盛世胜缘"，宝殿烛光闪耀，轻烟萦绕。

高庙主楼八根通天柱，从大雄殿中直竖而起，上通3层，高约16米，为主楼中枢骨架，承千钧重负，八柱径围1.4米。其柱之材，皆出于青海雪山之参天云松，当时木材均从黄河联筏水运而下。为建筑高庙献力的仁人贤达不辞辛苦鸠工庀材，枵腹奔波，功不可没。

大雄宝殿二层为西方三圣殿，均以通天柱为骨架，继下承上绣栿云楣，华角垂铃，与中楼丹墀相通，楼阁云连，为中坚之建。三层为五方佛殿，为高扬之建，兽角映日，鸱吻吞天，展眉近月，不胜其寒，群建精粹，一览眼底。全楼以重檐歇山式为格局，殿堂收缩为五间七转明柱二十楹，四围廊抚栏杆。

文武楼为主楼东西耳楼，玉简瑶篸二层结构，悬钟置鼓，又称钟鼓楼。相映于重楼叠阁，媲美于群建峥嵘，翘角竞飞，檐牙交错，凸券绣闼，独具特色。

高庙占地4100平方米，其上坐落着260多间建筑物，最高处达29米。建筑集中、紧凑、迂曲、高耸，匠心独运古建筑特色鲜明。尤其是楼阁重叠，梁柱相连，卯榫相接，在形胜与力学结构上，堪称经典之作，把古人的聪明才智展示得一览无余。

"文革"期间，高庙虽因被列为自治区重点文物保护单位而幸免，但也身受重创，疤痕累累，历代佛、神像全部被毁。香炉、灯具、法器，及关公铜像铜马、临近净土寺之三尊铜佛像等，皆被收去炼铜。寺院墙壁浮雕人物及花鸟走兽图案毁伤残缺，遍地瓦砾。寺院珍藏的一部《大藏经》，工笔彩绘精裱的12箱86轴观世音大悲心咒图和水陆法会挂图等文化瑰宝，均遭火焚。

1976年，政府拨款维修高庙，后经几次修葺，高庙重现生机，香火蔚然，为市区一大景观。登高远眺，四野笼翠，林木苍郁，景致尽收眼底，但见沟渠纵横，湖水如碧，一派塞上江南美景倏然入目。2013年3月，高庙被国务院公布为第七批全国重点文物保护单位，收入典籍《中华佛教二千年》。

松风晚照香山寺

张建忠

香山寺的真名乃香岩寺，可称宁夏中卫著名古迹。它位于市区以南40公里的香山境内。寺依香山，又称香山寺，庙宇坐落在山巅北坡。香山呈东西走向，主峰海拔2361.6多米，其势高插云霄，突起于群山之上，气势磅礴。

香岩寺初建年代已不可考。

据有关资料记载，香岩寺新建于清康熙三十四年（1695年）。起初，香岩寺的规模相对较小，后因地震所毁。雍正六年（1728年），众善士募集资金重修并扩建香岩寺，历时七年，直到雍正十二年（1734年）八月才完工，香岩寺也逐渐成为中卫地区有影响的一座寺院。道光年间，捐修前后庙宇、上下楼阁及两廊房屋184余间，其时，可谓金碧辉煌。同治三年（1864年）遭兵焚，寺院同香山八十三庄、七十二水、民房、庙宇皆被烧毁。光绪年间，善男信女发愿重修。在"文革"中毁于一旦，仅剩残垣、断壁、瓦砾，但寺边塔林保存比较完整。塔林各塔建筑年代、风格不一，创建于清宣统年间。塔体坐北向南，通高5.7米，为砖石结构，塔之基座为八棱体，每棱宽1米，高0.45米。塔身高4米，仍为八棱体，与基座棱角相通。西南角开一壁龛小门，高0.8

米。门帽上方嵌有"蒸堂"匾额一方;再上又有砖匾,上竖刻"万骨塔"3个大字。匾两侧有细线阴刻,西侧题曰"本堡香岩寺善信主持筹建";东侧署"大清宣统继元俊七年五月吉旦"。塔林中部偏北处有一砖石混筑牌坊,歇山顶,高5米、宽4米,东西贯通一门洞,门高2米、宽1.5米。门洞上方刻有"松风晚照"四个大字,右上角题有"康熙癸未秋月",左右门侧刻联:"云室共我为挚友;山水同吾作一家。"寺前有一石旗杆刻联:"香岩狮吼通三昧;宝刹鲸叫亮一心"。

历史地理学家谭其骧认为中卫香山是《山海经》中西次三经之首的崇吾之山。崇吾之山是黄帝族繁衍生息、采集狩猎、图腾崇拜的神山,自古钟灵毓秀,神异非凡。20世纪70年代,香山寺曾设空军某部雷达站。80年代末,经政府相关部门准许,重新修建,1992年工程告竣。

进入21世纪,在香山寺管委会的主持下,信众自发筹措资金,后又多次续修,增建庙宇,扩大规模。青年企业家刘玉明捐资21万余元设计建造香岩寺牌坊楼,于2016年6月落成。牌坊楼坐落在本寺西北,

香山寺

距寺院 8 公里远。牌坊楼高 13.6 米、宽 18 米，洞门高 5.7 米、宽 8.661 米。牌坊楼是游人信众上寺观光旅游、朝山拜佛的指路灯塔，也是香岩寺古老而厚重的重要标志。

香山寺塔　焦兴全／摄

香岩寺古时邻近鸣沙州、固原州、应理州（中卫）、灵州，是道教、佛教信士朝山圣地。因两教不一，东山、西山各敬一方，以年轮流朝拜。香山古有森林覆盖，登临远眺，南通灵固，北尽沙漠，城堡星罗，峰峦巍峨，茂林葱茏，"山之南崆峒似屏，山之北黄河如带"。左顾牛首，右盼永安。朝霞缥缈于丹崖，落日阴生于紫殿，足以荡心胸、资浏览，方圆州县闻名。清代，中卫知县黄恩锡观赏之后，将之列为中卫胜景之一。平罗知县方张登写下脍炙人口的《香岩登览》："香山高于碧云齐，万里风烟树影迷。白草萧萧孤雁下，群峰尽带夕阳低。"诗人黄钧曾有题诗："香岩山势旧峥嵘，牧马遗踪野草平。一代宗藩分带砺，八旗土壤布连营。云收选骏销残骨，尘掩荒碑倚破城。慨古今惟存片石，肯将文字委榛荆。"明时香山为庆王牧马场。此山地宜种豆菽、藜麦、燕麦、压砂瓜之类作物，间有种穈谷者。自生绵蓬、水蓬、沙蓬，遇干旱之年，山民则以三蓬草子果腹。久以畜牧，出产山羊、滩羊、裘皮、二毛皮、羊绒等畜产品，闻名于世。以山地产的红黑瓜子、硒砂瓜深受世人青睐。山地自然生长的头发菜（一名发菜），因谐音"发财"而名贵，且是宫廷佳肴。天然次生的灌木香山爬松，民间传说是为了迎接玉皇大帝判案，全身披红挂绿压弯了腰。玉皇大帝评判它霸道，斥责它老实看山，至此爬松再也伸不直腰，四季常青，与山为伍，点缀着山与人间的奇景。

香山寺群山环抱，景观独特，风光旖旎。石马沟崖、石羊沟山峁自然产生的"神马追日""神仙脚印"景观，神秘莫测。古有的四眼井兵马营、北崖子西夏古村落、古墓、古井、古遗址、古城等，追述着历史沧桑。登山观岩，香山岩画质朴感人。遗存的一百三十余幅岩画，分布凿刻在山脉的石马沟、石羊沟、大井沟、红石水沟、茶树沟、韩苏井。岩画有马、羊、鹿、骆驼、狗、虎、驴等图像，以及狩猎、游骑等场景，画面栩栩如生，相得益彰，再现了山与寺的远古人文景观美。

海原名胜牌路山

李进兴

牌路山，在清代是海原县的名胜景区之一。《盐茶厅志备遗》就将之列为海原八景之一"东岗夕鱼"，"每至夕阳西下，余光掩映沙堤，觉阳春常在俯仰之间也"。这部志书是朱亨衍负责编纂的。朱亨衍是广西临桂人，一代文豪，朱元璋第十三世孙，从南方来到西北的海原，从山清水秀的地方来到荒漠高原，第一次看到这里独特的景色，以"东岗夕鱼"之句，确定其为海原的八景之一。"夕鱼"二字，据考是来源

海原牌路山风景

于南朝齐梁时期的文学家、史学家吴均的《送柳吴兴竹亭集诗》中"夕鱼汀下戏，幕羽檐中息。白云时去来，青峰复负侧。踟蹰牛羊下，晦昧崦嵫色"。吴均长于写景，诗句描写了夜幕降临时的自然风光和鱼、鸟雀、牛羊等的生活画面及人们置身于生机勃发的胜境中的悠闲生活。到了清光绪年间，牌路山热闹了起来，傍晚牧童唱着民谣，赶着牛羊，悠闲地回家，又是另一番景象，仍然是海原八景中的一景。只不过将"东岗夕鱼"，改为"东岗夕照"了。《海城县志》则是这样描述的："每当夕阳西下，余光掩映，牧童樵夫，行歌互答，如在镜中。"

牌路山，海原县南华山余脉，在海原县城之东南。从过去"岗在县东南六里"发展到现在"牌路山离海原县城仅几步之遥"，可以看出海原县城的发展速度。

牌路山古时名曰盘路山、碑楼山、牌楼山等。古时，此山为丝路古道必经之处，山上的道路盘绕而过，故得名徘路山或盘路山。在明代，为了防御蒙古鞑靼等游牧民族入侵，修筑长城，设立海喇都千户所，官府在此山立石碑、牌坊、亭阁以激励镇守边塞的将士，由此得名碑楼山或牌楼山。清代朝代更迭，石碑、牌坊、亭阁随之被毁，荡然无存，从此无人敢提及明代激励将士守边关之事，乾隆时期海原旧志《盐茶厅志备遗》用"岗即华山余气，自南而东，形若卧龙，势如楼阁，俗以碑路山名之"来搪塞。过去将士流血、官府"画饼"已如烟云，唯有一条黑黝黝的盘山公路穿山而过，叫它盘路山也是很恰当。

牌路山从丝绸之路贸易，至激励边关将士的亭台楼阁，再到生态建设，均体现了海原人的一种不屈不挠精神。清初，县境兵燹既久，经济萧条，为扭转局面，官府实行军事移民外，还招抚移民，锸铧为业，开垦荒地、任意砍伐，鼓励发展地方经济，牌路山也在开垦之列。乱垦乱伐，牌路山的生态遭到破坏，水土流失，环境荒漠化严重。1955 年，海原人开始根治牌路山种植树木，经过 5 年的治理，环境得到了改善。1960 年，赵国良在《黄河建设》杂志上发表《英雄大战牌路山，荒山从此变容颜》文章：海原县城关公社回、汉族青年积极响应党的根治牌路山的号召，一马当先，披荆斩棘，日日夜夜战斗在牌路山上，使昔日的"山是大馒头，沟里干石头，翻山不小心，腿断性命丢"的"害人沟"，变成了"桃杏树栽满山，荒山穿起花衬衫，百鸟朝山齐欢唱"的花果山。之后，政府历任官员，一任接着一任干，时至今日，仍在不间断，使牌路山的绿化面积不断扩大。从2006年开始，海原县委、县政府启动牌路山生态公园的建设，还得到福建省厦门市同安县的帮扶，不断加强生态建设，面积不断扩大。完善亭廊、道路、水电、地震博物馆、烈士纪念园、苗圃、花卉观赏区，园内春有桃花映红，夏有林荫翠绿，秋有硕果金黄，冬有松柏挂雪的四季景观。整个园区山头亭亭相连，造型独特，风格迥异，园内林荫小道，蜿蜒曲折，其间石椅、石凳可供人们休息。成为集生态、文化、休闲、观光于一体的旅游集中地，是游客参观、休闲、娱乐的好去处。

如今的牌路山公园依山而建，甚是壮观。进入公园大门便是一个凉亭，绿瓦红栏，凉亭的天井很大，夏天的傍晚，有很多年轻人来这里跳舞唱歌。沿着台阶拾级而上，走向牌路山顶，看着山下的县城，

海原风光

顿觉"一览众山小"，嘈杂喧嚣顿觉烟消云散，心中油然升起一股清静之感，方知独处的好处，心里不免生出感激之情。坐在那凉亭内，感知着四周的安静，听着林间鸟叫，闻着泥土和花草的馨香，看着遥远天空下几朵悠闲的白云，犹如人间仙境。春天的牌路山，四处白雪皑皑，杏花、桃花怒放，恰与梅花有傲寒争春之感。夏天的牌路山，树木苍郁，杏子黄熟，游人如织。牌路山的景色，最好的时节还是秋季。那时牌路山层林尽染，万山红遍。绯红的杏叶，酱紫的山毛桃，翠绿的柳条，满山花花草草，把秋天的牌路山打扮得像一个美丽的少妇。尤其是秋天的黄昏，满山杏林迎着万道霞光，风光无限。在降了严霜的早晨，或是落了薄雪的傍晚，一个人慢慢地走在林间小路上，那种美好心境，也只有自己能够体会。冬天的牌路山，林疏风寒，过于冷清，若一场雪后，一派银装素裹、静若淑女的恬静，不由让人心动。牌路山，历经近千年的变迁，而今，终于成为海原县一处名副其实的胜景，花团锦簇地绽放在世人面前。

我的故乡——中卫

王洪庆

中卫这个地名源于明永乐元年（1403 年）正月，以庆王右护卫改置宁夏中卫。清雍正二年（1724 年）改称中卫县。2003 年 12 月设地级中卫市，辖中宁和海原两县，原中卫县改称沙坡头区。西北地区曾经流传着两句俗语，"黄河虽大，富了宁夏中卫""金张掖，银武威，打点不到坐中卫"。第一句是因为中卫地处宁夏引黄灌区的首端。第二句是说明、清时期花金子买张掖的官，花银子买武威的官，如果办不到就谋求到中卫做官。可见中卫曾经是丝绸之路上的重镇之一。骆驼商队从长安（西安）出发，溯泾河向西北行，过六盘山沿萧关故道循清水河到中卫渡黄河，沿着现在的甘塘至武威铁路的方向，到武威后继续向西。唐代大诗人王维就是经这条路西行，在中卫渡过黄河时写下了"大漠孤烟直，长河落日圆"的名句。在中卫境内黄河是由西向东流的，只有在中卫才能在看到落日的同时看到长河。而河西走廊的石羊河、黑河等都是南北流向，也称不上大和长。

站在沙坡头举目四望，中卫的地形地貌一览无余，西北方是一望无际的腾格里沙漠；东北方是卫宁北山，山体不高，多为风水侵蚀而成的残丘；南面属黄土高原，中间的引黄灌区叫卫宁平原。从地貌学的角度看，冲积地貌应有尽有，黄河中间有冲积沙洲，两岸有季节性淹水的河漫滩，再往上是一级阶地和宽阔的二级阶地。还有一个特有地貌，叫牛轭湖。因为河流进入平原地带后不是直线前进，而是像蛇一样蜿蜒前行，在弯来弯去的过程中有朝一日把两湾之间冲断了，河流改道后，在一侧留下了一个弯弯的湖，形如牛轭，故称牛轭湖。中卫有许多地名如北湖、雍湖、唐家湖等等，都是过去的牛轭湖，还有近几十年形成的牛轭湖，比如新墩码头的上湾和下湾，20世纪60年代还是水流湍急的河道，现在都成了湖滩地和农田。这个过程今后还会继续，将来一定还会出现一个个新的牛轭湖。

中卫的引黄灌区，就是闻名遐迩的"塞上江南""鱼米之乡"，曾有"天旱饿不着宁夏人"之说。中卫人曾有"难忘的1976年"之说，因为那一年周总理和毛主席相继去世，宁夏水稻大面积未灌浆，当时说遭遇了低温冷害，有些水稻割倒后直接做饲草，夏秋粮食减产30%，这在中卫来说是闻所未闻的大灾年。但是联合国粮农组织规定：减产

鱼米之乡　李旭竹／摄

10% 以内为丰收年，减产 30% 以内为平收年。中卫的粮食产量常年增减在 5% 左右，可见是个举世不多的稳产高产地区。

宁夏历史上历经多次战乱，特别是明洪武五年（1372 年），为了将元残余势力置于一个无人隔离区，把当时的宁夏人全部迁往陕西，洪武九年（1376 年）又"徙五方之人实之"，因此史料缺失。宁夏农业经济的复兴是明代军屯经济成功的典范。"三十二年复徙屯种军余于宁夏"，"军余"，有的志书上写作"丁余"或"余丁"。中宁县有个余丁乡，老地名叫余丁渠，就是明代军屯的遗迹。类似之处还有很多，如柔远、镇靖、宣和等堡名。香山的校育川应为"校尉川"。中屯卫隶属陕西都司，陕西方言读"尉"如"育"，这个地名也源于明代的军屯经济。中卫后来逐渐发展成了丝路重镇和边防要地。

说到引黄灌区，必先要说水利。中卫古有蜘蛛渠，明嘉靖四十一年（1562 年）将渠口上移六里，更名为美利渠。 除了充分利用中卫地势由西向东千分之七坡降优势，还有许多独特之处，现在沙坡头景区遗留下来的美利渠口迎水坂，看似一溜巨石平淡无奇，可它的作用很大，也很科学。黄河水小的时候拦水入渠；水大时，过量的水则从石坂上翻入黄河。在无坝、无闸引水的时代就能自动控制渠道进水量。据说渠口下还排列着一排巨石，叫作"龙牙"，作用是阻挡黄河里的推移质泥沙，就是在河床边习见的卵石，防止它填塞渠道。多年来确实在美利渠里没有见到过卵石。我是在现称二干渠的太平渠畔长大的，夏天人们嬉水的时候，水深齐胸甚至齐腰，如果冬天人站在渠里仰望水位线，水位线能没顶。怎么渠道又变深了？原来在大板村和现在的双桥村设有减水闸，民国末年双桥的地名还叫"减水子门"，秋季农作物停止灌水后依次开启减水闸，叫作"扯减水"，让渠水流入黄河，利用河道溯源侵蚀的原理，把渠道中淤积的泥沙冲入河中，省去大量的清淤用工。至于在没有水平仪、经纬仪等测量仪器的年代，这么浩大的渠系是怎么测量的？尚有待专家们的考证。"白马拉缰"只不过是人们未理解古人的测量智慧而想象的一个神话传说而已。

电影《上甘岭》中有一支人们耳熟能详的插曲："一条大河波浪宽，风吹稻花香两岸，我家就在岸上住，听惯了艄公的号子，看惯了船上的白帆。"这真是对中卫再贴切不过的写照。在青铜峡水坝修建以前，黄河里时时可见高挂着白帆溯流而上的帆船。"黄河轻舟"曾经是中卫八景之一。中卫也是个适合人们安家落户的好地方。首先是吃饭，当地农民的一日三餐，习惯于早上大米黏饭，中午大米干饭，晚上吃面。一日三餐很少调换。中卫不缺水，掘地三尺就成井，也不缺燃料，东南西北都有煤，瓜果蔬菜、猪羊禽蛋样样出产，确实是个宜居的地方。农产品的多样性首先得益于老先人遗留下的一个很科学的轮作制度——"两旱一稻的三段轮作制"。中卫有"开荒先种稻"的农谚。传统的轮作制度是，第一年春播绿肥，大麦豌豆混播，压青后种水稻；第二年春小麦间作大豆；第三年，因大豆线虫病，不能连作，春小麦后复种糜子，周而复始。大豆的根瘤菌能固氮肥土，水稻前茬种绿肥不仅解决了水稻的肥料问题，而且还能把农家肥集中用于旱作。绿肥大量增加了土壤有机质，为土壤微生物活动和繁衍提供了丰富的碳源。这种轮作制度既用地又养地。中卫气候干燥，蒸发强烈，灌区地下水位高，土壤次生盐渍化历来是灌区最大的威胁，旱作的两年土壤返盐，第三年种稻又可去盐，集土地的利用与改良为一体。另外，水旱轮作还能调节劳力。稻田人工除草大忙季节正是旱田用工最少的时候，这在小农经济时代非常重要。

旱田杂草如灰绿藜、田旋花、萹蓄、小蓟，以及金针虫、蝼蛄、蛴螬等虫害，种稻一年完全消灭；稻田杂草眼子菜、三棱等水生杂草和蚂蟥，旱作年份即可消灭。禾谷类作物的全蚀病，目前还是旱作农业的世界性难题，水旱轮作却能防治。旱作年份适种多种作物和蔬菜，这对人民健康和农村经济发展的作用也很大。1990 年我在田间试验中发现，在旱作年份连续两年亩施磷酸二铵 10 公斤，种稻的一年可以不施磷肥，水稻仍能高产。因为磷肥的利用率只有 30%—35%，65%—70% 被固定在土壤中，种稻淹水的情况下又能释放出来。水旱轮作竟然还有这一优点！随着农业科技的进步，传统的三段轮作制已有一些变动，今后水旱轮作这个传家宝不能轻易改动。水旱轮作的问题是，在稻田、旱田交接处，稻田对旱田造成损害，因此都以大沟、大渠或大路为界。20 世纪 80 年代大兴农田基本建设以后，这些问题已基本解决。这一轮作制度起于何时，没有文字记载。从"段"字可推敲出是水利部门起了主导作用。水利部门常使用"工段"一词，而且还设有段长一职。首先是为了调节渠系用水，才需要划分"段"。至于每个自然村和后来的生产队每年都有稻田和旱田，则是先辈长期艰苦细致调查研究和协商调整的结果。

　　人们用"四通八达"这一成语来形容一个地方交通便利，若用来形容现在中卫的交通，恰如其分。现在的中卫，虽然远去了悠扬的驼铃，但是铁路北通包头、北京，南接宝鸡、成都，东连太原、石家庄，

水城中卫　李旭竹／摄

西通武威、新疆，西南达兰州、西宁、拉萨。又有东起连云港，西至鹿特丹欧亚大陆桥的货运编组站，所有的欧亚班列都在这里编组出发。还有高速公路和高铁、飞机空运，西气东输的管道也从中卫经过。现在中卫的战略和经济地位远非昔日可比。如果把中国内陆看成一把折扇，从中卫到全国各地的距离大致相当。中卫倚仗这一地理优势，交通枢纽和物资集散地的作用将会越来越大。

中卫的沙坡头是国家 5A 级景区。"万里黄河带大漠，千年长城证古今。日照金沙接天浪，月夜河声入海遥。"须晴日，游人在这里看沙行云立。新月形沙丘指示着当地多年的主风向，新月形是沙丘的背风面，沙坡是迎风面，沙丘上细细的沙浪，指示着当日的风向。腾格里沙漠还有水，20 厘米以下就是湿沙层，除了降水，水源主要是沙漠凝结水。腾格里沙漠靠近黄河和引黄灌区，白天含水较多的热空气进入疏松的沙层，晚上气温下降，水汽凝结成露水留在沙层中。水分日积月累向下渗漏，遇到不透水层的阻隔，成为泉水流出，或者在沙丘间的低洼处形成湖泊湿地，比如沙坡头景区的泉水、龙宫泉水、长流水的水源、通湖湿地等。沙丘低地里生长的沙葱是中卫特有的野菜，原生态、无污染，也应开发利用推荐给世人。沙蒿籽磨成的粉，当地人叫蒿面子，是一种天然的面粉添加剂，蒿籽面的确是中卫特有的美食，掺了蒿面子的长面特别筋道和清香，再浇上羊肉臊子，那种味道在别处是领略不到的。

"沙坡鸣钟"，历史上列为中卫八景之首。据说这种响沙奇观世界上只有 7 处，3 处在非洲，中国有 4 处。一处敦煌的月牙泉，另两处在内蒙古的响沙湾。只有中卫的沙坡鸣钟交通最方便，下了火车就到景点。可惜我们没有很好地保护，现在多不响了。鸣沙的原因过去有两种说法，一为硅粒震荡说，一为沙粒与空气摩擦说。莫衷一是。

我 60 岁的时候游长江三峡，看白帝城真如李白所写的"朝辞白帝彩云间"，白帝城真如在云间，大有可望而不可即之感，12 年后再游

小观音 孟达/摄

三峡，如果不是天气太热我也能爬上白帝城。说这闲话是因为三峡水库建成以后许多以险著称的景点没有了。可我们黄河里有，仅在中卫境内就有小观音、七姊妹、三兄弟、老两口、黄石漩等，都是别处没有的奇景。中滩村300余年的老梨树繁花如盖，这些奇景有待进一步开发，接待中外游客。南、北长滩，中滩，榆树台子等如世外桃源，这里的小片农田正是瓜菜育种的绝佳之地，如能充分利用，经济价值很大，前景广阔。过去用原木扎成的筏子可以从兰州到中卫，到银川、包头，以现在的科技水平，开发一条从小观音到沙坡头的旅游水道应该不成问题，还可上延到景泰、兰州。

现在的中卫，绿荫草地，确实是个园林城市。我以为，不妨在林带和草地里多种些玫瑰花和金银花。过去一两玫瑰精油值一两黄金，可做食品添加剂，现在化妆品的销量也很大，可能价格仍然不菲吧。只要到兰州西边永登的苦水去考察一下，其中的酸甜苦辣，一问便知。如有市场则开发前景广阔，中卫的沟边、路边、渠边都宜种玫瑰。金银花过去在中卫果园里也种过，是一种株高五六十厘米的小灌木，秋天开黄色和白色的花，现在不仅是一味中药，饮料中用量很大，价格很高。这两种花都需人工采摘，城乡的大爷、大妈都能胜任。

还有中卫的乡土树——沙枣。沙枣又名夏桂，是夏天开放的桂花，那浓郁的甜香与桂花相比有过之而无不及，但我们的夏桂还是养在深闺人未识。在城乡道路两边的绿化带中种些沙枣树，花开时节那浓郁的甜香也是一道独有的风景。我曾在天台公园里看到用大木桶装开花的桂花树摆在园中，颇能吸引游客，我们何不效仿一下，把我们的夏桂也介绍给世人共享。沙枣花也可作为插花销售，屋内插上一枝满屋甜香，这一点又胜过桂花。何况还有提取香精的前景。

俗话说看景不如听景，许多名胜都是文人墨客写出来的，比如岳阳楼因为有范仲淹的"先天下之忧而忧，后天下之乐而乐"为其增色不少而闻名于世。特别是鹳雀楼，如果没有王之涣的"白日依山尽，黄河入海流。欲穷千里目，更上一层楼"，有谁知道曾经还有这么个楼，现在也没人重修了。希望中卫的才俊们也多写一写中卫，越是乡土的越是独特的，也是世人越想看到和知道的。比如在沙坡头看到的首先是黄河在中卫大地上写了一个大大的"几"字，在其顶端也就是沙坡的下面，有一排暗红色的石壁，老地名叫"阎王碥"，是黄河出黑山峡的最后一处险关。中国有句歇后语，阎王殿上的匾——你也来了。原意是：好人来了，和颜悦色地招呼"你也来了"；恶人到了，则疾言厉色地吼道"你也来了"，潜台词是该好好算一下总账了。我们不妨也在石壁上大书"你也来了"，就如同老朋友又在中卫见面了。比"中卫欢迎您"更有情趣，导游小姐们也多一段说辞，以博游客一笑，静默已久的阎王碥岂不又成了一个景点。

景区的题咏、描述和命名不仅是我们的短板，而且还有几处败笔不能不说，唐突之处先行告罪。比如香山湖，北京有香山景区，孙中山的故乡原名香山县。我们的香山，海拔 2300 多米，相对高度不足 500 米，只不过是黄土高原上的一个丘陵而已，又没有什么文化传承，毫无宣扬的价值。尤其是那个"千岛湖"，明显的是秃子跟着月亮走——借光，把她叫作"金沙湖"岂不是既贴切又有特色？还有高庙公园里的汉白玉牌坊，上书"志留云天""松风如仪"，如换成王勃的"物华天宝""人杰地灵"，更为切合庙宇，又歌颂了中卫。中卫原来是大雁南来北往的休憩之地，还有天鹅，有人还见过鸳鸯，后来把大片的湿地都开发成了农田，连野鸭子都不见了。现在修建湖泊就是为了保护生物的多样性，实现人与自然的和谐相处，希望中卫再现"长空雁阵东风里"的景象，如果湿地公园叫作"雁来湖"岂不更显初衷？

险幽奇绝寺口子

张永生

寺口子层峦叠嶂，山道奇险，古为通往固原、平凉、西安等地的咽喉要道。历史上，因其地理位置特殊，成为兵家必争之地。

寺口子风光旖旎，具备丹霞、喀斯特等地貌类型，构成了旖旎壮美的山地景观，传说众多，文化底蕴深厚。景区分东西两线。两线风光迥异，却又自然和谐地融为一体，景观险幽奇绝，真正是造化神奇，妙趣天成。

寺口子峡谷幽深，景观奇绝，风光绝美。陡壁上高 9 米的形似脚印的图形堪称奇观。迎面陡立的峭壁挡住去路，在走投无路之间，转身攀上巨岩，绕过去，又见柳暗花明。走进大峡谷，巨石挡路，天悬一线，绝壁如削，幽谷蜿蜒。在大峡谷，到处是鬼斧神工的造化，到处是不解之谜的疑惑。峡谷卧蹲的巨石大的有 5 米高，小的也有二三米，光滑细腻，灰白如雪，姿态怪异，观之令人遐想无限，抚之令人感慨万千。行走之间，忽见巨石悬顶，摇摇欲坠，两山如削，巨石卡在两边峭壁上，似有随时坠落可能，令人心生惊恐。驻足仰望，天悬一线，巨石巍然，思之，巨石卡于崖间千年万年都没坠落，可见坚固如磐。悠然走过去，再回眸，惊恐顿消，不禁哑然失笑。

寺口子风光

在大峡谷观赏，一路景观不绝，传说不断，可见"八仙聚会""对弈台""熊猫石""孔雀树"……

大峡谷由上、中、下三段构成，每段峡深300—500米。峡谷最宽处不足2米，最窄处也就70多厘米。峡谷入口处不远，左边石壁上有一处长约50米、宽约5米的截面，光滑平整，如刀削一般，人称"剑壁"，据说是八仙之一的吕洞宾当年与赤脚大仙赌棋，弈输之后一气之下拔剑斩削而成。在此仰面而视，但见尺许宽的一线天光碧蓝如洗，清澄透澈。行进中，突然绝壁扑面，一线清泉挂于绝壁，方知"遥看瀑布挂前川"绝妙意境。

走进中峡，峡壁顶上生长着的野花野树映入眼帘，这些生于贫瘠岩石上的生命，身躯瘦小，甚至形容枯槁，但一种筋骨外露的坚韧气概，使人不由侧目。那株悬于山崖上的山榆树，活了多少年，没人知道，但它形似孔雀的身形，却让人过目难忘。

上天梯，过铁栈，由中峡到上峡，所不同的是上峡石壁上有很多珍贵的动植物化石，有鱼鳞、鱼骨、苍老遒劲的古木，还有一些叫不上名字的原古动植物。在光洁的石壁上，一只黑色的熊猫栩栩如生，其眉眼、嘴巴、四肢等形象逼真，憨态可掬，使人不敢相信它竟是自然生成在峭壁上。

上峡的尽头是一座几十米高的峭壁，攀天梯铁栈而上，只见左侧山坡上长满野草杂木，且都向中峡孔雀树方向弯腰侧体。峡谷中又有许多奇形怪状的巨石挡路，其中一块高约10米的巨石垒在另一巨石上，倾斜欲坠，幸有一块小石头支在下面方才稳住。而那小石头已被压得裂纹横生，似乎力不可支。

出了峡谷，沿山沟蜿蜒前行，便可抵达天井山原始森林。天井山森林以山榆、野槐、柳树等为主，盘根错节，千姿百态。虽然香山属干旱山区，植物稀少，但天井山森林之貌仍然遗存。这里山道蹉跎，野草没胫，山花烂漫，馨香四溢。每年春暖花开之际，和风送爽，鸟雀啾鸣，是寺口子一处观赏自然美景的去处。尤其是在沟内陡峭的山脚下，一块3米见方的石中不知何年从石缝中长出一株山榆，树干已长成罐口粗细。在纯粹的岩石上长出这么粗壮的一棵树，恐怕至少也得几百年时光。令人惊奇的是这棵树不仅在石中扎下根基，还竟然将石块撑裂成三瓣，观之使人惊叹不已，后有人冠名曰"生命树"。

通灵仙谷与一线天峡谷相比，山更雄，道更险，石更奇，谷更幽，景色更美，故事更多。走在通灵仙谷，迎面可见如练"飞瀑"。"飞瀑"阔约10丈，每遇山里下雨，有"飞流直下三千尺，疑是银河落九天"之势，甚为壮观。在"飞瀑"500米开外的一片空阔地带，有一块如同刀劈斧削的长方形条石直插地下，石高约5米、宽约2米，恰巧面对"飞瀑"，是观瀑的绝佳位置，故名曰"观瀑石"，故而又演绎出了赤脚大仙运用法术，搬巨石打坐观瀑的神话传说。

在通灵仙谷，有接续而上的7个陡坡，形状怪异，每个坡下都有一个圆形水池，池壁池底光润如磨，池中有水，石水相衬，秀丽无比，

寺口大峡谷

叫作"七仙池"。有意思的是最后一个池最小，直径不足 1 米，池外又有 7 个小圆池，且一个比一个略小，大的有碗口大，小的如鸡蛋大小，里面也注满了水。据说这七仙池是七仙女洗澡的地方。且不说传说故事如何，单这"滴水穿石"的自然景观，就让人折服。"七仙池"石窝，与黄河壶口岸边的石窝一样，都是千年万年流水磨石的杰作。

过了七仙池，往前不远，峡谷里有一天然石桌，石桌高 1 米，四面散布着一些石块，状若石凳，名叫"对弈台"。据说赤脚大仙和吕洞宾在此下棋赌输赢，谁赢了谁在此谷修行。结果赤脚大仙棋出妙招，赢了吕洞宾。吕洞宾本是心高气傲之人，岂能轻易服气，于是悻悻而去。至观瀑台时，嫌凸起的山石有嘲笑之意，愤而拔出纯阳神剑，将巨石从中斩断。剑落石开，但仍难解胸中不满，继而又在神仙右脚印前方劈落侧崖一块，留下了奇景"剑壁"。

从对弈台往前，峡谷越来越陡，道路越来越险。在路的险要处，需借助绳索方可爬上石顶，还要钻过宽仅尺余的石洞方才得以通过。通仙洞就在此处。通仙洞附近风光奇美无比，黛色的群山如墨染一般，岚烟盈盈，崎岖的山峡既险且雄，谷中奇石遍布，山上野木葱茏。过通仙洞，盘龙石便横亘眼前。巨石横在陡峭的峡谷中，就像无数巨龙挡住去路，必须凭借天梯、石栈阶、绳索等，手脚并用才能过去。过去之后，出了通灵仙谷，寺口子东线风光也便尽收眼底了。

寺口子西景区自然风光奇异，有壁立如削的山崖，有峭壁上自然形成的神秘石窟，流传着苏武牧羊的传说。悬崖上有开凿的苏武庙，石窟里有唐代雕塑的睡佛，沟里有涓涓细流的马刨泉……

尤其是一座陡峭如削的黄色山崖，横亘在山沟里，给了寺口子峥嵘气势。这是丹霞地貌的特征，与东线景区的青山形成鲜明对比。因两山颜色不同，便流传着寺口子青龙和黄龙的民间神话故事，演绎出苏武牧羊的坚贞不屈。故事或壮烈或哀婉，都寄托着百姓的美好愿望——正义战胜邪恶。

陡峭的黄色山崖立成一道墙壁，这座山崖已成为业余攀岩场地。

在西线，有一个石窟最引人注目，里面是盘膝而坐、举目远眺的苏武塑像。相传这座石窟是苏武牧羊时栖身的地方。细观窟壁，上面深深地烙下了很久以前手工打造过的痕迹。这是旅游区内唯一一座手工打凿的石窟，具有很高的文物保存价值。苏武的民族气节为后人所敬仰，为此有人撰联曰："旦旦望国穿秋水；宵宵思汉寄雁声。""茹毛饮血，历就归汉英雄志；盖雪铺冰，磨出爱国壮士心。"

后人感念苏武历尽磨难誓不投降的伟大气节，称这里为"苦节堂"。在"苦节堂"对面的山崖上，还有一座巨大的石窟与之隔沟相望，这便是苏武圈羊石窟。通往这座石窟的是一条险奇难行的古栈道。栈道上通陡崖，下临深渊，人行其间，仰视山高崖陡，头晕目眩，下望坡险谷深，胆战心惊。从现存于山壁上的无数石孔和遗存在孔内的朽木残迹来看，古栈道是在山体上凿眼打桩，铺上木板或木橼供人行走的。如此艰巨的工程，绝不是苏武一人所能完成的，凿洞修路者该另有其人。究竟是何朝何代何人所修，修栈道的目的和作用是什么？可惜因中卫史书资料的匮乏不得而知。令人惊奇是现在栈道经加工修复，装上铁链扶手，游人行走犹觉心惊，而当年苏武或者后来的古人在没有

寺口子苏武雕像

任何保护装置下往返于这条宽仅几寸的栈道上，该是何等的气魄！

沿着栈道逶迤前行，就到了苏武圈羊石窟。苏武圈羊石窟与栖身石窟隔沟相望。石窟在山腰缝隙，悬于二三百米高的悬崖峭壁，无缘攀登，只能身贴石壁如壁虎爬行。中途最险处有古栈道和黄龙岭险道，更增加了攀登的难度。登上险道，进入石窟，眼前突然开阔。石窟东西 12 米，南北宽 7 米，高 10 米，纯自然形成。窟内塑有一群腹饱肚圆的公羊，姿态各异，趣意盎然，当然是苏武放牧的公羊了。

过了牧羊石窟便是黄龙山。黄龙山因颜色为黄色，山势高耸，起伏蜿蜒似龙而得名。登上黄龙山冈，极目四顾，寺口子全境几可全览。尤其是北边绣球山两侧，山脉并列于绣球山前，宛如"二龙戏珠"，由此便有了绣球山的神话传说。

下了黄龙山，面对黄龙桥。桥在两山之间，桥下是几十米深的山沟。桥为悬索桥，长约 30 米，宽 1 米多，桥面用木板铺就。人在桥上，铁索晃悠，人难以站稳，须凝气聚神，手扶两边铁索，一步一颤，缓缓而过。过桥翻越山头，便到了古交通要塞寺口子沟。

寺口子沟古时为南北相通的交通要道。如今，沟两边山头上，烽燧和碉堡遗迹仍存。沿此沟往南可达川陕，往北不远处便是古战场"大战场滩"。沟左右两侧山腰各有一石窟，一为苏武庙石窟，一为米钵寺睡佛石窟。

苏武庙石窟与睡佛石窟隔沟相望。苏武庙石窟坐落于沟东半山崖缝隙间，其下为数10米深的陡壁断崖。石窟通道是一条自南向北宽尺余、高不及1.5米的岩槽，人只能依山体弓腰顺盘山槽径而上达庙宇。在通道中部有3米长的一段断崖，传说匈奴欲追杀苏武，苏武情急之下挥剑一斩，一段山崖被斩落，将追兵阻于对面。后人为弘扬苏武气节，在断崖处用木板搭成天桥，供瞻仰的人通往苏武庙。这就是广为流传的"苏武断桥"故事。

睡佛寺石窟坐落于寺口沟西边半山腰一突出的山嘴上，因石窟下沟底有僧房佛殿，因此也叫"米钵寺"。石窟悬于半空之中，古人于山侧垒石成阶，辟出仅容一人攀爬的台阶小径，供人到石窟拜佛。

石窟里最引人注目的是那尊神态恬静、超然侧卧的石雕睡佛。睡佛身长5米，侧身高近1米，身披红色金丝袈裟。石窟开凿于唐代，睡佛也雕塑于唐代，据史料记载，是由尉迟敬德监工督造的。

顺着睡佛身后的小道走到尽头，一缕光线透过石洞射进来，幽幽暗暗，神秘莫测。石洞仅容一人伏地出入，据说人只要从此洞口爬个来回，便可消灾除难，平平安安。还说如果人身体哪个部位有病，只要摸摸睡佛的相同部位，就会痊愈，故而多少年来，只要是到米钵寺拜佛的，不论信士还是游人都会把传说当真，久之，睡佛被人抚摸得愈加光腻。

睡佛腹下有一钵口大小的石洞，传说杨六郎大战辽国时，因粮草不足，十万大军被困柳州。杨六郎心急如焚，梦中受仙人点拨，到石窟求佛，石佛脐内流出粟米才解救了三军的困厄。宋军解困后，大获全胜，宋真宗下旨重塑石窟睡佛金身，并赐名保国寺（也叫米钵寺），"米钵生金"传说由此传播。后来，据说有贪心者取睡佛腹中米粟，嫌洞小流得慢，凿大了佛的肚脐眼，睡佛肚腹中的米粟从此再也不往出流了。

寺口沟里有一泉，据说是杨六郎兵困柳州时，为三军人马饮水之困愁苦不堪时，不料座下白马嘶鸣咆哮，奔驰至此，奋蹄疾刨，刨出一眼清泉，解救了大军，故名"马刨泉"。马刨泉一线细流，一直流出沟谷中的又一奇观——"石匣子"，便由几处地下水汇集成一股，如蛇一般沿着沟谷蜿蜒，奔黄河而去。

寺口子山是一座集自然景观和人文景观于一体的大山，走进寺口子山，欣赏到的是奇绝的自然风光，触摸到的是深厚的人文积淀，这样的风景，怎能不让人流连忘返。

游赏黄河大峡谷

张永生

黄河冲破崇山峻岭的阻隔，一路势不可挡，浩浩而来，及至撞在沙坡头阎王碥上，这才掉头，浩浩荡荡向东流去。祖先逐水而居，在黄河岸边繁衍生息，留下灿烂的黄河文化。也因黄河奔流，两岸奇峰插天，山势巍然，风光奇绝；平原沃野，阡陌纵横，铺彩展绿，为中卫风光添上摄魂夺魄的一笔。

风光旖旎的南、北长滩。黄河自南长滩入宁夏，从黑山峡至沙坡头，两岸既有陡立如削的山峰，又有波诡浪涌的河流。惊心动魄的急流暗礁，赏心悦目的缓流幽谷，陡立如削的山峰峭壁，使得黄河大峡谷风光旖旎、景色绮丽。观黄河大峡谷风光，可见众多传说故事中的景致，如"洋人招手""七姐妹""老两口""黄石漩"等，真可谓移步换景，景景不同，使人目不暇接。在这段河道上，山与河相伴，河与山相挽，历史文化和自然景观相得益彰，相互印证，使大峡谷风光撩人心弦。

南长滩村是黄河进入宁夏流经的第一个村庄。

南长滩是一处河湾滩地，巨大的 U 形河湾，造就了一个神秘的村庄。村庄依山坡排布，村巷纵横交错，屋舍错落有致，一切都带着原生态的风貌，诉说着农耕文明的积淀。处于深山峡谷的南长滩不只展现着黄河风光，据说，蒙古灭西夏时，党项族一支为躲避杀戮隐居于此，经营数百年，缔造了一个"世外桃源"。为躲避灾难，他们将"拓跋"简化，取"拓"为姓，借大山深处之河滩地生存下来。

南长滩既有黄河风光的美丽，又有黄河文化的遗落。这里有史前岩画、秦代长城、古代水车。在河滩上生长着的梨树和枣树，染岁月沧桑，年老的有四五百年了，至今仍树冠如盖，绿荫蔽日，树上开繁密的花朵，挂丰硕的果实。南长滩至今仍保持着古朴的田园风光，村庄里夜不闭户，路不拾遗；果园和耕地相融，鸡狗在村巷漫步，牛羊在果树下觅食。每年4月中旬，是南长滩最美的季节，梨花盛开，满河滩一片雪白，独具特色的"梨花节"让宁静的村庄热闹起来。此时梨花绽放，竞相吐蕊，花香袭人，与滔滔黄河相映成趣，与巍巍群山遥相呼应，构成了一幅美妙的自然风光田园画。秋天，枣子红了，梨熟了，河滩上色彩丰富了起来，一派金秋景色跃然眼前……

黑山峡风光　焦兴全／摄

南长滩秋色　李旭竹／摄

　　从南长滩乘羊皮筏子或者橡皮艇漂流黄河，一路观赏黄河峡谷风光，体验黄河漂流，是游人的一大乐事。近年来，随着旅游业的发展，黄河水道得以疏浚，暗礁险石被清理，漂流黄河只有惊可体验，已无险可担忧。因南长滩是黄河进入宁夏第一村，故被称为"宁夏黄河第一村""宁夏黄河第一渡""宁夏黄河第一漂"。因南长滩村历史文化积淀深厚，2008 年 12 月，被命名为宁夏首个"全国历史文化名村"。至今，村子里仍保存着拓氏族谱，清代宫廷贡品"鸽子鱼"出产于此，还盛产香水梨、大红枣、黄河奇石。2013 年被评为"美丽中国十佳旅游村"。

　　在黄河大峡谷，北长滩与南长滩隔河相望，一个在河南岸，一个在河北岸，都依河而居，河岸滩地上种梨树、枣树，狭窄的田地里种粮食。相较南长滩村，北长滩村居住的要松散许多，沿河岸排开的几个自然村落，自上往下，拉开数里路远。2010 年 4 月被评定为"宁夏历史文化名村"，2012 年 12 月列入第一批"中国传统村落"名录。

　　据说，北长滩村的居民是由黄河上游逃难的三姓人家自水上漂流至此，见这片滩地可以生存，遂上岸定居。刘、高、张三姓难民在北长滩住下后，每日劳作，捡去河湾滩地里的石头，依高低平整滩地，高处高种，低处低种。为灌溉开垦出的荒地，他们又打造水车。一开始三家人各自选址架水车，但屡架屡败，没有成功。究其原因，水车太小，筋骨不强，难以抵御黄河涛浪。后来三姓人家商议，重新踏勘引水车址，合资建起两架高大的水车，水车具有了抵御风浪的能力，这才建造成功。两架大水车三家人一直沿用传承，将北长滩这处荒芜河滩开垦成田园牧歌式的村庄。至今，当地老人还述说着水车是"刘家修，张家保，高家好"的故事。由于三姓人家合力，北长滩也成为黄河峡谷一处"世外桃源"，居民过着日出而作，日落而息的宁静日子。

北长滩除了是一处田园风光优美的自然村落，还是古文化遗落之地。2004 年，中卫市文物考古工作者考察北长滩时，在村落附近一处高约百米的台地上发现一处石器时代古文化遗址。遗址分布面积约 4 万平方米，地表散落着大量打制细石器、磨制石器、素面红陶片、彩陶片及穿孔石珠饰品。充分说明，北长滩自原始社会的新石器时代开始就有古人类在此生活，过着狩猎畜牧为主，辅以农业采集的生活。北长滩作为宁夏黄河上游继南长滩后的又一黄河岸边古朴民居村落，名副其实地担当起了承载黄河文明的重任，诉说着千年的历史演变发展。

近年来，经旅游部门开发打造，北长滩已成为一处景色优美的黄河乡村旅游景点、汽车自驾游营地。自南长滩顺黄河漂流，可到北长滩驻足观景，也可乘摩托艇逆水而上，到南长滩游玩观赏，然后顺水而下，一路看两岸景色，品黄河气韵。

黄河大峡谷漂流。乘羊皮筏子在黄河大峡谷漂流，皮筏下浪涛翻滚，皮筏子在浪尖上颠簸，虽险象环生，却有惊无险。环顾黄河两岸的美景，目睹长河奔流的气势，感受羊皮筏子集粗犷、力量、激越之美于一身，此刻方能领略"摇篮"内涵。明代著名文学家李开先在《塞上曲》中写道:"不用轻帆并短棹,浑脱飞渡只须臾。"抒写的就是乘坐羊皮筏子的真切感受。

黑山峡河湾多。只见河水在茫茫群山中,时而东,时而西。在黑山峡100多公里的峡谷中,仅V字形的河湾峡谷、悬崖峭壁,就占去了31.5公里,龙王炕、老两口、七姊妹、三兄弟、黄石漩、一窝猪、阎王碥等暗礁险滩一路排布,故而在筏子客中流传着"远见航道去无路,过弯转舵又一村"的说法。20世纪30年代,《大公报》著名记者范长江自兰州顺黄河漂流而下,曾感叹:黑山峡山崖耸峙,极为凶险,不弱于长江三峡中的瞿塘峡。

在黑山峡漂流观景,"小观音"是必经的一处景观。"小观音"附近的河心处,有一座巨大的礁石,中流砥柱般矗立在湍急的水流中。自有河运以来,"洋人招手"就是黄河上的一大险要之处。因着这块礁石,"洋人招手"的故事便在民间流传。

洋人招手

相传，当年有一个传教士乘坐羊皮筏子前往银川，行至小观音，被震耳欲聋的波涛声和湍急的流水吓住了，由于巨石矗立在河中央，皮筏速度又快，箭一样射向礁石。眼看筏子要撞到巨石上，传教士害怕极了，不听筏子匠的劝说，纵身跳上礁石。可就在这时，经验丰富的老筏工用竹篙轻轻一点，羊皮筏子绕过礁石，安全驶向下游。传教士被困在河中央礁石上，每有皮筏子或木排过来，传教士必招手求救。但筏子和木排到了礁石跟前根本无法停留，就是想救也无法救。传教士在礁石上趴着，眼巴巴地看着筏子或木排从他身旁漂走。到了天黑，传教士仍然在礁石上趴着。漂过的筏子或木排上的人都知道，礁石上等待被救的人可能没希望活下来了，所以漂过礁石时，就把带的干粮扔给传教士。干粮有的能接住，有的就掉到河里了。传教士靠着过路人扔给的干粮，饥饿问题解决了，可是仍然没办法回到岸上。这一夜，传教士趴在礁石上过了一夜。第二天，仍然有筏子和木排从上游过来，传教士见筏子和木排过来便招手，但仍然没有筏子和木排能靠近礁石。有几只稍大的木排想靠近礁石救传教士，但到了礁石跟前就被激流冲走了，还险些撞在礁石上。传教士心里明白，自己是活不了了。这样过了四天，传教士眼见得生还无望，心想与其坐以待毙，倒不如拼死一搏。这样一想，传教士身上奇迹般有了力量。等到一只木排远远漂来，传教士招手呼叫几声，然后拼力一跳，跃入滚滚黄河。流水太急，不等木排上的人施救，传教士在浪花中翻了几下就消失了。木排上的人见传教士被波涛吞没，没有救成，长叹一声顺水而下。自此，这块河心巨石便被吃水上饭的筏工们称作"洋人招手"。

离开"洋人招手"不久，有两个石峰矗立在水边，像一对老态龙钟的夫妻，被当地人和筏工形象地称为"老两口"。再往东，北岸有大小相似的七个石头在水里，远远看上去像七个风姿绰约的女子，被取名为"七姊妹"。离开"七姊妹"后，还有"黄石漩""一窝猪"等险要之处，每个景观背后自有有趣的人文传奇。

老两口

　　"老两口"和"七姊妹"是河道上避不开的景致。

　　传说，黑山峡河谷旁有老两口带着三个儿子和七个女儿，靠着开垦出的河湾滩地，过着日出而作，日落而息的恬淡生活。三个儿子体格健壮，干活不惜力气，且孝敬父母，爱惜妹妹，是周围人皆称赞的好青年。七个女儿虽生在深山峡谷，赖黄河之养育，个个貌美如花。老两口生有这些儿女，内心的满足自不必说，一家人和和美美，快活地生活在这深山峡谷。孰料这一年，朝廷要选妃子。当地一个狗官听说峡谷里一家有七个女儿，个个貌美如花，觉得巴结朝廷的机会来了。于是，狗官带一群打手，摸进峡谷来抓人。这天老两口去附近游转，三兄弟去地里干活，家里只有七姊妹做杂事。忽然来了一队官兵，不怀好意地盯着几个如花似玉的姑娘看。七姊妹见来者不善，便使最小的妹妹去找哥哥回来。但狗官带着人饿狼扑食般抓住七姊妹，在狗官的指挥下，将她们拖向河岸边的大船。七姊妹惊吓至极，又哭又喊，急喊父母兄长救命。三兄弟听到哭喊声，急忙向河边跑去。到了河边，三兄弟只见妹妹们已被歹人拉上船，船已离岸。三兄弟大惊失色，奋力跃入波涛滚滚的大河，试图救下妹妹。但水大浪急，难以靠近船只，情急之下，三兄弟化为三座大礁石，矗立河中。狗官和打手们见船要触礁，大吃一惊，令船匠急划，船总算躲过了礁石，顺水而下。

老两口本来是到河边看哪里还有可开垦之地，突然听到女儿们的哭喊声，不知发生何事，也急急跑来。到了跟前，只见船已载着女儿们顺流而下，三个儿子也变成了石头。老两口悲愤欲绝，二话不说，便扑向了滚滚急流，立马化为两堆巨石，欲拦住大船。船工们惊愕之下，奋力躲避，船只被巨石挂了一下，打了个转，又顺流而去。七姊妹眼巴巴地看着兄长、父母为救她们都跳入河中，化作礁石，顿时万念俱灰，于是纷纷跳入黄河，也即刻化为暗礁。饶是船匠本事再高，也躲不开这散布的礁群。只听一声巨响，船只顷刻间被撞得粉碎，狗官和打手们全葬身波涛，一命呜呼。

此后，在黑山峡黄河水道上便有了"老两口，挂一挂；七姊妹，惹不下"的民谣，告诫吃水上饭的筏工排子匠们，行至此处一定要小心，只要筏子在老两口礁石上挂一下，必会撞在"七姊妹"上。这段凄婉故事，也为河道上的暗礁险滩注入人文色彩。

黄河，这条孕育了中华文明的母亲河，冲破千山万壑的阻隔，流到沙坡头后，一改桀骜不驯，变得温柔娴静，以其九曲回肠的柔情，在卫宁平原这块美丽富饶的土地上演绎出沙、山、河、平原荟萃一处的绝妙，成就了美丽神奇、摄人心魄的沙坡头国家 5A 级风景区。

这一神奇发端于两千多年前的汉朝，为屯兵戍边，祖先在沙坡头成功筑堤引水，开挖美利渠，创造了黄河有堤坝引水的辉煌历史，诞生了"白马拉缰"的神话传说。美利渠上筑坝引水，与都江堰一道彪炳中国乃至世界灌溉史，是中国农耕文明的重要标志。如今，因沙坡头堤坝建设，黄河水位提高，原来的分水堤坝被淹没，但"白马拉缰"景观被复制在黄河中，仍向人们讲述着一个古老的神话故事。

在黄河峡谷漂流，领略过惊险刺激狂放之后，在沙坡头以下河段，该体验一下"黄河泛舟"的怡情了。"黄河泛舟"是中卫古八景之一，史书有记载。黄河上桨声欸乃，渔歌唱晚，把黄河风光赏玩到极致。今天的人们，与大自然亲近拥抱，追求返璞归真，在黄河上体验一回应不算奢侈吧！

天湖的前世今生

陈晓希

　　天湖，全称宁夏天湖国家湿地公园，位于中宁县境内的宁夏农垦长山头农场。总面积为 30010 亩，其中水域面积达 9101 亩、红柳湿地面积 12585 亩，野生的植物群落达 2.7 万亩，最具代表性的有红柳、酸溜溜、芦苇、枸杞等 83 种植物。这里地处亚欧候鸟迁徙带，随着生态环境的日益趋好，每年春秋季节，有 181 种鸟类在此落脚安家。茂密的芦苇荡里时常有白尾海雕、东方白鹳、黑鹳、天鹅、灰鹤等国家一、二级保护动物的身影，其中国家一级保护动物 1 种、二级保护动物 9 种，自治区保护动物 41 种。

　　历史上这里是清水河谷的西缘。清雍正七年（1729 年），甘肃省新辟西路厅驿道，在今中宁境内设渠口、胜金关驿站，同时由渠口分支，南渡黄河，经宁安、沙泉、同心、李旺、三营抵达固原。沙泉驿故址位于中宁县原陈麻井公社陈麻井大队东南 3.5 公里，现长山头机械化农场场部东南 5 公里，人称沙泉台子。据老年人回忆，沙泉台子为一古城，该城原来面积有 30 余亩，开南门，有水井 1 口、关帝庙 1 座，除驿卒外，尚有民户 30 余家，人们杂居其间。

　　清乾隆九年（1744 年），沙泉驿管理路程 70 里，有驿夫 9 人、驿马 11 匹，年耗银 1120 两、耗粮 44 石、耗料 118.8 石。清乾隆四十年（1775 年），沙泉驿有驿夫 6 人、驿马 12 匹。其间，驿站有个牧马的驿卒叫陈麻子，在驿站西北 3.5 公里处掘得饮马井 1 口，水质清甜，优于驿城的井水。此后，民户渐由驿城移住井边，形成新的村落，叫陈麻井，驿城便由原来的军民杂居变成单纯的驿站。

清光绪十七年（1891 年），宁安堡设电报房，固原至中宁通了电话，这条驿道逐渐失去作用，终致裁撤，沙泉台子也就成了无人居住的空城。

民国二十二年（1933 年）中宁县由中卫县析置。初以清水河为界，陈麻井因在清水河西岸，划属中卫。后因管理不便，改为以山河桥至寺口路为界，陈麻井改属中宁。

1937 年，抗日战争爆发，国土沦陷，原来供应陕甘一带的南方海盐因交通中断，无法运抵，只好改用吉兰泰（当时属宁夏省）池盐供应。由于吉兰泰盐池地处沙漠，运中卫莫家楼或中宁石空堡的池盐全为骆

天　湖

驼运输。运抵目的地后用木船转运至黄河以南，再用胶轮大车运至平凉、固原一带，远销各地。作为宁夏川区通往南部山区的门户，陈麻井成为客商住宿休息和食物补给的重要站点。一时，陈麻井客商云集，热闹非凡，这里的住户纷纷开设车马店，供客商住宿歇脚。一位随车而来的文人在此投宿，他对这个小村落很感兴趣，沿村转了一圈，被这里独特的环境所触动，立时文思泉涌，提笔为陈麻井关帝庙写下一副楹联："东水西山，大道通往长安地；南仙北圣，佛法源流竺国天。"

民国三十六年（1947 年），原从长山头经马家河湾沿清水河东岸南行的宁兰公路，改线沿清水河西岸南行，经过陈麻井西侧。11 月，由国民政府交通部公路局修建的长 58 米的长山头清水河钢筋混凝土大桥建成。这是全县历史上第一座钢筋混凝土大桥。1958 年修建长山头水库，公路再次改线，大桥被水库湮没，历史的记忆，让人唏嘘感叹。

1958 年春，陈麻井再次扩建涝池，灌溉面积由 1957 年的 159 亩发展到 1448 亩。

1958 年 9 月 15 日，全县实现人民公社化，陈麻井成为中宁县东风人民公社（后改为宁安人民公社）的一个生产大队。同年，县水电科制定修建长山头水库方案。其经济指标为控制同心县张家湾水库以下流域面积 3000 平方公里，淤地 2.3 万亩，蓄水灌溉，滞洪下泄，削减洪峰对下游中宁县城的威胁和破坏。同年秋，长山头水库（又叫"八一水库"）工程指挥部成立，指挥刘廷相、副指挥白金雪、技术负责李识海。1959 年 3 月 23 日工程开工，1960 年 8 月竣工。宁安、恩和、鸣沙 3 个公社的 2000 余群众参加工程建设。

水库拦洪主坝为浆砌石护面，干砌石之骨架坝。坝顶全长 125 米，底宽 80 米，其中干砌部分垂直于坝轴方向，每 10 米砌有 3 米宽的石隔墙一道。坝顶溢流段长 62.5 米，非溢流段左长 30 米、右长 32.5 米。背水面坝址处设有鼻坎挑流。灌溉渠道在副坝设立，有总干渠，东、西干渠，及东一支渠、东二支渠，总长约 20 公里。1959—1960 年完成部分土方 41.95 万立方米，建筑物 17 座。1959 年截流后，至 1960 年 4 月，蓄水 754 万立方米。经灌溉试验，水质含盐量重，不适于灌溉（泉眼山站平均年含盐量 4.33—6.7 克/升），遂于 1961 年 6 月停止蓄水灌溉，而已完成的部分渠道工程，均因蓄水不宜灌溉而废弃。

水库自截流之后至 1964 年汛期前，运行 4 年库内淤积泥沙达 2631 万吨。1964 年七八月份，清水河发生特大洪水，进库洪峰流量 112 秒/立方米，洪水含沙量达 57.8%；上游张家湾水库失事后的泥沙约 2600 万吨，泄入库内，当年淤积量达 8776 万吨。一个汛期填满了库容。淤地面基本与溢流坝顶齐平，使荒旱不毛的库区出现大片洪漫地。从此拦洪蓄水坝成为拦洪蓄泥溢流坝，蓄水库变成拦洪蓄泥库。

1965 年水电部批准长山头拦泥坝加高。首次加高 1.5 米，由区水利工程处设计施工。1972 年二次加高 2.7 米，同时在坝背水面厚培 1.6 米，由县水电局施工。为配合固海扬黄过坝渡槽工程，1980 年第三次加高 0.9 米，1982 年第四次加高 1.9 米。均由固海扬水工程管理处施工。溢流坝高 30 米，坝顶高程 1268 米，其他非溢流坝和副土坝相应加高。溢流坝 4 次加高，累计投资 346.98 万元，滞洪总库容为 3.05 亿立方米，蓄泥 1.5 亿立方米，年均减少流入黄河的泥沙 2490 万吨，占清水河来沙量的 26%，淤出宜于发展农林牧业的河滩地 5 万余亩，受到黄河水利委员会的重视和赞扬。

1978 年 5 月，同心扬水工程建成通水，该渠由农场西侧通过，在场部以南 3 公里黑水沟北岸设泵站，为农场配水 0.3 立方米/秒，灌地 8000 余亩，开始了农场扬黄灌溉的历史。

1983 年 6 月 1 日固海扬水过坝渡槽完成通水后，库区灌溉有了保证。渡槽总长 1064 米，跨溢流坝长 216 米，共 18 跨，每跨 12 米，为钢筋混凝土结构。槽底高程为 1287.9 米，渡槽宽 3.6 米、高 2.9 米，水深 2.5 米，流速 2.41 米，过水量 20 立方米/秒，系固海扬水渠上的关键性工程。该渠在中宁境内建有 5 个泵站，其中四泵站和五泵站在农场范围以内，配有 9 个斗门，可灌地 6 万亩左右。

1980 年后，随着同心扬水工程和固海扬水干渠的建成通水，长山头农场及周边地区水浇地面积不断增加，灌溉用水渗入地下，地下水位上升，古老的陈麻子井涌水量倍增。加之清水河碱水的蓄积，清水河岸边滩地积水返碱，西边的低洼地带形成了沼泽湿地。

1980 年 6 月 15 日，清水河山洪下泄，沿河防洪坝 6 处决口，库区内粮油作物被淹。1986 年 6 月 25 日，清水河上游连降暴雨，山洪暴发，1.46 万亩啤酒大麦被淹，造成经济损失 100 万元。

为了使农场 3 万多亩河滩地尽可能地免遭地下水侵蚀和洪水淹没，农场动用大型机械和人工，加固清水河防洪坝，新筑了河滩南、北大堤，又从河滩地中间自北向南开挖一条挡浸沟，用挖出的土在沟西修建了一条宽 10 米、高 4 米，长约 5 千米的防护大堤。

农场通过对河滩地治理，在库区洪漫地西边形成平均水深 1.2 米，约有万亩的湖泊沼泽，浅水区长满了芦苇、蒲草。湖中出现了大量野生鱼虾，各种水鸟前来湖面游弋觅食，因此湖位于长山头水库洪漫地，遂取名"长山湖"。湖东边的 2 万亩滩地上长出密密麻麻的红柳、野枸杞、酸溜溜茨等野生植物，这里也成为野兔等各种小动物栖息的地方。

2004 年 4 月 26 日，宁夏长山湖旅游开发有限公司成立，先后完成了狩猎场、环湖游、垂钓、百鸟观赏、畅游红柳林、农业生态观光等相关设施建设，当年接待游客 1500 人。

2005 年 5 月，时任自治区主席马启智在自治区农垦局工作人员陪同下，视察长山湖湿地。农场场长周玉林提出请马主席为该湖取名，马主席沉思片刻后说："此湖处在南部山区，四面环山，风景优美，就叫'天湖'吧。"天湖之名由此而来。

2006 年 3 月，天湖被自治区人民政府列入自治区重点保护湿地。同年，天湖旅游公司在湖的南岸修建了公园大门、旅游接待服务中心、生态停车场、码头、农家乐餐厅、红柳林动物观赏园，铺垫了环湖砂石路面。购置了6艘游船、2艘摩托艇、2艘木帆船和部分脚踏船。新任自治区农垦局党委书记周生信请马启智主席题写的"天湖"二字镌刻在南码头的巨石之上。景区建成后，来自区内外的游客纷至沓来，游玩观赏天湖美景，品尝当地美食。

2011年3月，天湖被国家林业局批准为国家级湿地公园示范点，辖区内设有国家候鸟监测站、野生动物疫源疫病监测站，是自治区级自然保护区。

2017年12月，被国家林业局正式批准为"宁夏天湖国家湿地公园"。现为国家3A级旅游景区。

当人们走进天湖，一望无际的湖水碧波荡漾，如同镶嵌在大地上的绿宝石，散发出迷人的光芒，让人心旷神怡，还有那风中摇曳的芦苇丛，倒影斑驳、光影闪动，不时有群鸟从苇丛飞出，大有宋代词人李清照词作《如梦令·常记溪亭日暮》"争渡，争渡，惊起一滩鸥鹭"的意境。漫步湖堤，周边万亩红柳郁郁葱葱，偶有野兔窜出树丛，一个回旋，转眼之间便消失在绿荫之中。放眼远山，一排排的风力发电机组，风叶旋转，画出优美的弧线。徜徉在这湖光山色之中，体味人与自然和谐共生的惬意，感悟大自然的绚丽神奇，也是一种美的享受。

美丽的天湖

黄羊古落印象

武文诣

古村落是传统村落的习惯称谓，是中国农耕文明的历史结晶，更是乡土文化的物质载体。笔者乘兴于 2023 年国庆节到黄羊古村落旅游，留下了深刻印象。"黄羊古落"，原名黄羊村，因地处中宁北山环抱的"黄羊湾"而得名，属于中宁县余丁乡下辖的一个行政村，全村有农户 870 多户、2434 人。黄羊古落先后被评为宁夏特色旅游村，中国美丽休闲乡村，全区、全国乡村治理示范村，国家 3A 级旅游景区。

一

黄羊古落，历史悠久，地理位置优越，资源丰富宝贵。位于中宁县余丁乡西 1 公里处，东邻余丁，西接胜金关，南临黄河，北靠双龙山，形成依山傍水之势。其始建于明朝成化年间（1465—1487 年），迄今已有 500 多年历史，因其村后的北山时有野生动物黄羊前来造访和原始的村落风貌而得名。这里的人们淳朴善良、勤劳智慧，辛勤劳作、生生不息，守护着这个古老而美丽的家园，传承和发扬着乡村文明。这里有枣的乐园，有树的沃土，三四千棵枣树占满村庄的犄角旮儿，树龄最长者已有 340 多年，是打造冬季旅游产品，建设"枣堂子"汤泉文化的理想场所。这里还有杏树、桃树、香梨树、葡萄树、枸杞园，多种果树形成了独具特色的花果园，自然生态环境优美，绿意浓浓，颇具生命力，赋予这里的村民健康的生活环境，长寿者居多，生活富裕，民风质朴，人与自然和谐相处。这个古村落里，100 多户老宅为 20 世纪 60 年代遗留，经过加固修缮可称为别具一格的民宿；有同时期知识青年上山下乡接受贫下中农再教育的生活学习用房等，是打造"知青文化"、开展青少年思想政治教育和劳动锻炼的培训基地；还有起源于明末清初，集武术、舞蹈、健身、体育和防身于一体的民间表演遗存"黄羊钱鞭"，已经流传 300 余年，系国家级非遗项目；还有发源于此并流传 360 多年的民间特色小吃、国家级非遗项目"中宁蒿子面"。在这个古村落东侧有被誉为丝绸之路上的"小敦煌"，隋

黄羊钱鞭表演

唐时期建造的双龙山石窟和石空大佛寺，西侧有胜金关长城关隘遗址和黄羊湾岩画，北山有大量的古生物、植物化石等历史文化资源。黄羊古落，在山与水之间，不仅南临逶迤黄河，背倚连绵群山，还有黄河跃进渠和包兰铁路也从这里穿境而过，因得黄河水灌溉之便利，农田粮食作物长势喜人，乡间路、渠、沟、屋后和果园的树木茂密，风景秀丽，村庄错落有致地融于自然环境中，是一个承载历史文化与民间故事的古村落，保留着厚重中华乡土文化和绵亘记忆，也寄托着人们对黄羊古落历史文化资源深度挖掘和开发建设并造福人民的热切期盼。

二

黄羊古落，焕发生机，开发建设创新，文旅融合发展。近年来，随着国家古村落保护和利用措施的实施，美丽乡村的规划和建设政策的落地，给古村落的开发建设带来机遇，激发了干部群众的保护开发热情。在上级党委和政府的重视下，县乡村结合黄羊村村情民情，抢抓政策机遇，大力招商引资。2020年引进企业投资，经过近三年努力，将黄羊古村落打造成为集文旅观光、研学写生、美食康养于一体的大型休闲旅游区，并配合枸杞文化、民俗文化等，加入非遗文化展览，古村落焕发出新生活力。春风时节，走进村落，满目姹紫嫣红，清新中含着淡淡的芬芳，夏日时节，凉风习习，村落幽静，环境优美，到了秋日时节，瓜果飘香，游客络绎不绝，村落热闹非凡。黄羊古落旅游区是乡村振兴与生态保护相结合的具体体现。在开发建设理念上，坚持以人为本，环境第一，从总体布局到细部处理，充分体现对人的尊重、关心、需求和便利；在开发建设的原则上，坚持保留修缮原始古村落、新建古村外围功能区，充分利用自然环境，最大限度保留黄羊古村落原有风貌。在开发建设思路上，坚持"挖掘当地文化、保留

黄羊古落

老村肌理、植入艺文元素、重在深度体验"，全力打造具有"历史厚度""个性态度""艺术气度"的新派艺文古村落。在开发建设的目标上，围绕古落、艺术、文化、大漠四大元素，做深文化、做深体验、做深融合，将艺术转化为生产力，将"艺术文化"作为开发建设项目的核心竞争力，在满足中宁、中卫乃至宁夏本地游客的消费需求下，打造具有强辨识度、可游度和认同度的新潮文艺村，成为西北地区原乡风味和艺术气质兼备的"颜值第一村"、西北最潮"微度假精品村"，成为西北游的必游节点，并以全国乡村振兴示范村、全国乡村旅游重点村、宁夏乡村文旅新样板为目标，首创提出"艺文"开发主题，创新发展"升级代"旅游产品和旅游新业态，构建完备的旅游上下游产业链条，将为宁夏旅游注入新活力，亦将成为宁夏乡村旅游、乡村振兴新样板。在开发建设的举措上，通过"黄羊古落"项目辐射带动，打出"资源盘活＋非遗传承＋产业"组合拳，大力发展乡村旅游产业。

盘活黄羊村学校、老村部等集体固定资产，结合村庄文化底蕴和自然资源优势，将非遗文化、特色农业、养殖业与黄羊古落这一旅游 IP 深度绑定，不断为村民开拓更多的致富之路，也为农民增收和村集体经济发展找到路径。黄羊村充分利用"黄羊钱鞭"这一国家级非遗文化资源，组建以村干部带头舞、党员群众共舞"金鞭飞舞一路歌"为民小剧团，自编自演《金鞭飞舞》《家书中的精神密码》等一批群众喜闻乐见的文化节目。村里还建立"金色黄羊"志愿服务队，吸纳志愿者 260 余人，定期开展孝老爱亲、保护环境、普法宣传、疫情防控等志愿服务活动，开展黄羊钱鞭、广场文艺表演等文化活动，文明之风浸润黄羊村。为进一步加快文旅融合发展，在村部附近的小游园以黄羊为主题绘制 10 多幅墙绘，摆放一些农耕具等老物件，突出了乡土特色。目前，乡村正在进一步整合历史文化、民俗文化、农耕文化、枸杞文化等，打造历史探秘、民俗体验、农业观光于一体的乡村旅游示范村。

黄羊古落的蒿子面制作工坊

三

黄羊古落，前景美好，运营方式转变，综合效益提升。黄羊古村落旅游开发尽管还处于起步阶段，在开发建设过程中，有值得借鉴的经验和做法，也有一些开发建设的制约因素，但黄羊古村落旅游开发的利好因素和发展机遇也在逐渐显现，如各级领导重视和政策扶持，国内旅游市场和多元化的旅游需求。伴随国内旅游市场的提升发展，除了传统的吃、住、行、游、购、娱六要素，商、养、学、闲、情、奇等旅游新要素、新需求、新业态、新产品不断涌现。黄羊古村落，保留了传统的人文风貌和优良的生态环境，蕴含着中华民族传统文化的深厚积淀，体现着西北人的独有特质和黄河儿女的勤劳朴实，也体现着中国人的根之所在，再加上其特别适宜自驾一族参与性休闲体验的旅游目的地特性，在高度城市化和快速城镇化的同时，一批有远见的高知群体，选择从城市"逃离"到乡村，主动从"市民"变为"村民"，回归传统的田园环境和乡村生活。黄羊古村落开发项目是依托历史悠久的黄羊古村文化核心规划开发的旅游项目，总占地面积688亩，建设东、西两个区域，即东区以古村落保护修缮为主，西区以古村落游客接待中心、研学基地、民宿集群等多个功能区，将黄羊古村落打造成集文旅观光、研学写生、美食康养于一体的休闲旅游区。同时，依托原有的知青文化进行设计开发，着力打造"知青文化园"，复原知青下乡的生活环境和文化氛围，吸引更多外来游客游览、观光、消费，推动中宁文化旅游事业高质量发展。黄羊古村落的开发和运营，注重发挥党组织在乡村旅游发展中的引领作用，景区与当地乡村党组织紧密联系，按照现代旅游业发展特点和要求，从乡村实际出发，坚持党建引领、市场思维、群众主体、转变观念、创新发展，采取"党建+企业+合作社+农户"模式，在企业集体合作赢利的基础上，让黄羊原村民、企业职工围绕旅游来就业、创业或者分红，通过参与入股形成收入增长的利益联结机制。通过跨村联建、产业联营、结对联帮"三联"，促党组织变强、产业变特、村民变富"三变"，实现经济效益、生态效益和社会效益"三丰收"，带动当地村民就业，促进收入增加，同时助推了村集体经济发展壮大。2022 年，村民在黄羊古落的务工收入达 300 多万元，也带来巨大社会效益，当地农民不仅增加土地收入，还通过进景区摆摊、经营餐饮小店等商业活动来解决就业问题。通过打造蒿子面非遗体验馆、研学营地、生态枣林等业态，带动当地文化、农产品、饮食等相关产业发展。随着观光园、民宿、农家乐等项目的建设，有效整合了集体土地、空闲民房，发展乡村旅游，为乡村振兴奠定良好基础，生态保护、植绿增绿工作也得到进一步加强，村容村貌有了改观，民风发生根本性变化，移风易俗新风兴起，黄羊村正在向着美丽、和谐、文明、富裕的现代化新村迈进。

览胜怀古

中卫文物古迹遍布，远到三万年前，近至晚清时期，历史的遗存遗迹在这里可寻可觅。拨开历史烟云，我们仍能看到，祖先的身影定格的那个时空点上，他们用历史的语言，讲述着过往。

　　历史是鲜活的，我们看到了苦难和辉煌相伴，血泪和奋争同在。值得骄傲的是，中华文明经过几千年的艰难发展，经历数次的兴衰跌宕，都以不屈不挠的精神冲破险阻一路奔流，成为世界文明史上唯一保存完整的人类文明。面对这一伟大奇迹，面对祖先留下的遗存遗址，抚今追昔，无不让人慨之叹之！透过这些遗存遗址，如今，我们看到的不只是历史上曾经出现过的风光胜景，还有人文气象、智慧艺术、胸襟气度、境界追求……这些积淀着文化底蕴的遗存遗迹，拂去烟尘，哪一层都光耀千古，哪一个都让后人惊叹敬仰。

丰安史考

王　毅

　　宁夏历史上，中宁地方政权建置较早，在秦朝时属于北地郡富平县（现吴忠市利通区西南）管辖。西汉元鼎三年（前114年）设朐卷县，是宁夏历史上最早设置的县级行政机构之一。中宁是清水河和黄河相汇之地，是长安北上过黄河到北部大漠草原的必经要道，也是古丝绸之路北线的一条要道。在与西域、北方草原及其周边地区的连接层面上，所产生的文化交融作用不可忽视。这种独特的地域空间，为中宁的历史发展和多元文化提供了特殊环境，创造了独有的文化与民族交融条件。尤其是引黄灌区农业文明，进入全国"十大天府之国"之列，再次印证了卫宁平原的富庶。特别是农业特产枸杞，使卫宁平原更加独具魅力，为中宁经济发展和全域旅游奠定坚实基础。

匈奴羌戎游牧地　西汉始设朐卷县

　　秦汉之前，中宁地区是匈奴、羌、戎狄等游牧部落的放牧之地。秦始皇统一现中宁地区开始纳入秦朝版图，六国后属于新设置的北地郡。那时泉眼山和轿子山下直到牛首山之间，宽阔的黄河如飘带一样，南北摇曳。从固原下来的清水河（古高平水），随着山水的冲击也东西飘摇，成为黄河上游的一大支流。在这样的冲积平原上，湿地沼泽遍布，草木茂盛，水草丰美，是放牧牛羊的天然优良牧场，也是众多少数民族游牧部落争夺的宝地。先秦及秦朝时这里属北地郡的富平县管辖，为开拓疆土，秦始皇派蒙恬北渡乌加河（现巴彦淖尔市乌拉特中旗乌家河镇）赶走匈奴，在黄河以南新建立44个县，宁夏境内有4个县，其中富平县管辖相当于现在吴忠、灵武、中宁、沙坡头等地区。当时秦始皇进行多次移民充实新建县郡，进行开垦耕种。中宁地区移民也开始了屯垦历史。移民和当地牧民进行粮食和畜牧产品等物资的买卖交换，据记载，当时农民与游牧民族交换畜牧产品往往能"十倍其偿"。

随着农业、畜牧业和手工业及商业的发展，秦朝时的北地郡因贸易畜牧之便，"甚为富庶"。蒙恬大将已全线铺开沿着黄河从宁夏到内蒙古的农业开发和屯军建设。

刘邦灭秦建立汉朝后，亲率30万大军北击匈奴，但被匈奴所败。当时汉朝初建，国力不济，政局不稳，只能和匈奴以和亲策略暂缓冲突。汉武帝时国力变强，遂对匈奴的和亲政策变为积极的进攻战略。元朔二年（前127年），汉武帝派卫青击败楼烦、白羊王于河南地（黄河以南的河套地区），俘虏数千人，且得牛羊百万余头。于是汉朝遂又夺取河南地，修复秦时蒙恬所建的寨障以黄河戍守。元狩二年（前121年），匈奴浑邪王又率5万人投降大汉，同时汉武帝"徙平民于关以西，及充朔方以南新秦中，七十余万口，衣食皆仰给予县官"。给新移民粮食、衣服、耕牛、子种、工具等开渠灌溉，边生产边戍守，既加强了边防，又节省由内地运输粮草的费耗。

在这样的背景下，汉武帝元鼎三年（前114年），在中宁境内设置眴卷县，属安定郡管辖。眴卷县历史上就是连接宁夏北部并由关中通向塞外的通道。郦道元《水经注》载："河水又东北，经眴卷县故城西。"

眴卷古城在古高平水入黄河之东北，正是今天的中宁县古城乡。古城之名，即源于此。在古城乡的南边，龙坑沟旁，老茶坊庙南边大量的汉墓，也说明这一点。当时的眴卷县管辖现在的中宁县大部、沙坡头区的河南地区和今同心县部分地区。经过200年的发展，卫宁平原由于七星渠和蜘蛛渠（现中卫美利渠）的开发利用，农业生产相当发达，社会基本稳定。官吏及管理机构在眴卷县城，但农业开发利用已经遍及整个卫宁平原，从现在白马、鸣沙、新堡，直到舟塔和沙坡头区的宣和、永康、常乐，凡沿川的山边上都发现大量的汉墓就证明这一点，而汉墓最多的地方也就是原眴卷古城（现古城乡）周围。

在西汉元狩四年（前119年），政府又将关东平民70万人迁移到朔方、新秦中以西的地方，此后移民一直持续到西汉末年。这样的移民不但带来人口暴涨，也带来先进的生产技术，呈现的是一派农业与畜牧业兴旺发达的安定局面。汉成帝时命冯参为上河（今永宁）农都尉（专门管理农业生产机构的长官），这是郡一级屯田主管机构。这一时期，安定郡所属的眴卷县也是北部黄河岸边的屯田县，同样设有屯田。移民居则为民，可垦田耕种；战则为兵，可巩固国防。

东汉羌族大起义　战争结束在中宁

东汉政权建立后，西北的羌族势力不断壮大，几次与东汉政权较量，严重威胁着东汉北部的安全。宁夏全境隶属安定郡和北地郡（现中宁属北地郡）。由于统治阶层对羌族等的歧视和压榨，公元107—117年的10年时间里，引起羌族的多次反抗，在汉朝西部边境发生多次战争。当时统治阶层要么奴役羌人做苦力，要么敲诈勒索他们，让羌人苦不堪言，积攒了大量怨恨，双方爆发冲突甚至引发战争。多次正面交锋，汉朝军队多次失败，改变了整体局势。胜利的羌人趁机向东边的北地郡挺进，在富平县（现吴忠市西南）建立起政权，首领号为天子。

随后召集武都、参狼、上郡、西河等羌人部落，指挥他们向东进犯并州，向南攻入益州，一度威胁到汉朝的核心三辅地区。

由于羌族的反抗和起义，111年，北地郡太守及政府官吏闻风而逃，北地郡太守因北地失守而下狱死，北地郡遂被迫迁往池阳（现陕西泾阳县西北）。因北地郡沃野千里，水草丰美，又有耕种基础，失地收复后，汉朝遂在当年九月将北地郡复迁回原地。当年十月，汉顺帝还亲往北地等郡巡视。

115年秋，汉军集结8000余人北上，又命陇西的庞参率投降的羌胡士兵7000余人东进与之汇合，并击羌人根据地富平。面对汉朝的斩首行动，羌人以汉人杜季贡为将军，率兵先行向西击退庞参所部。但就在羌军把注意力放在西边的时候，东路的汉军攻破了丁奚城，夺得大量财物。后方遭到攻击的杜季贡为吸引汉朝兵将出城，便佯装逃跑，伺机设伏。此时的汉军为了扩大战果，抢收粮食，便不顾主将命令四散开来，孤军深入，结果遭到羌军伏击。主将司马钧因气恼下属不听节制怒而不救，导致汉军阵亡3000余人。残军于当年十月狼狈退回三辅地区。

此次战败之后，汉朝不得不调整思路。首先要求征召的郡县士兵退役务农，让他们出钱代役，所得资金再购买马匹组建骑兵。其次就是让骑兵舍弃盔甲轻装上阵，以求消除羌人擅长机动作战的优势。最后，向与汉朝关系友好的南匈奴单于借骑兵，以增强攻势力量。果然在新战术的影响下，汉军接连获胜，先后于丁奚城、灵州击败羌人。接着攻破丁奚城，又于北地郡袭击羌人据点。虽说开始取得胜利，但仍不能彻底敉平叛乱。汉朝中郎将任尚，在117年招募了5名羌族叛徒，刺杀了羌人将领杜季贡和首领零昌，仅余狼莫带领剩余羌人拼死抵抗。眼见羌人群龙无首，汉军随即展开攻势。一开始，狼莫军击溃了马贤所率的羌胡降军，但随后便不敌合兵一处的汉军而撤退。汉军紧追不舍，最终于黄河边的富平上河地区（今宁夏中宁）展开决战。双方相持了两个多月，已是强弩之末的羌人终被击溃，阵亡 5000 余人。第二年，狼莫又被汉军所募羌人刺客所杀，东汉第一次羌人战争才宣告结束。汉朝在此次战争中召集了庞大军力，损兵折将甚多，两个州因战争而破败。纵使这样，对付羌人这个体量小得多也落后得多的游牧民族，最终却只能以非常规的方式取得胜利，这无疑说明了东汉的外强中干，更说明了虚无的自信不能带来胜利。

141 年，东羌和西羌再度联手起义，西征将军马贤父子战死，整个宁夏地区再度失守，东汉政府再度将北地郡迁往扶风等地。卫宁地区再次被羌族占领，但留下来很多内迁百姓和羌族共同耕牧在卫宁地区，又一次开始了北方民族的大融合。随着辖境变迁，卫宁地区已无行政设置，属富平县管辖。但影响东汉政权稳定的这次羌族大起义，战争结束的地方就在现在的中宁县。

三国魏晋南北朝　大夏佛盛石窟凿

东汉之后的三国及魏晋南北朝时期的 300 多年间，是北方动荡、民族迁融、政权迭出的年代，史称"五胡十六国"时期。宁夏正是多民族迁徙驻足之地。但是无论政权如何迭换，宁夏平原作为重要粮仓，被各政权机构视为重点发展耕种和畜牧业地域，这也是卫宁地区古渠能够被继续开发灌溉，农业能相对发展提高的缘由。后秦时期的羌人赫连勃勃逐渐强大，在高平（治今固原市原州区城关）建大夏国，后建都统万城，于 418 年在灞上即皇帝位，但定都统万城，将长安作为南都。并在即位很短的时间里，修建了银川海宝塔（赫连塔），几乎同时期甘肃敦煌石窟和中宁大佛寺也开始凿建。统万城在赫连勃勃父子手中不到 10 年即落入魏军手中。

在大夏国时，宁夏平原农业发展也很强劲，渠道通畅，农业丰收。在贺兰山下的古灵州有大量果园桑树，水田灌溉相当发达。《水经注》

卷三里，郦道元记述了事件大概：黄河水北流，经薄骨律城镇，有赫连勃勃种植的阡陌水田和桑果树园，仍耸立其上。还有赫连勃勃在黄河西边的饮汉城漂亮的皇家园林——丽子园。这就是后来"贺兰山下果园成，塞北江南旧有名"的成因和来历。

北魏统一大北方　刁雍造船运粮忙

经过"五胡十六国"时期的民族大迁徙，文化大融合，北方逐渐走向统一。北魏的统一，结束了北方自东汉以来长达数百年的分裂割据局面。对于宁夏来说，其标志就是南北两大地方政权的建立。南部以固原为中心的高平镇和北部以吴忠为中心的薄骨律镇。

北魏太武帝太延二年（436 年），在宁夏南部固原设置高平镇，北部吴忠设置薄骨律镇。镇为北魏地方政权最高建制（相当于现在的省）。这两大重镇是击败赫连大夏国之后获得的大夏故地，薄骨律镇统辖整个宁夏平原及内蒙古部分地区。当时的薄骨律镇将刁雍到任后立刻组织人力，对秦汉以来的灌溉旧渠进行修筑浚通，截水灌溉数万亩良田，发展黄河两岸的农业。数年后，薄骨律镇的粮食储备丰盈。由于七星渠的开发利用，农业生产连续获得大丰收。为战备需求，皇帝下令薄骨律镇要调运军粮 50 万斛。由于陆路难走，刁雍将造船从水路运粮的主张和建议上书朝廷，得到皇帝同意，刁雍即刻实施。《魏书》记载：太平真君七年（446 年），刁雍上书皇上："今求于牵屯山河水之次，造船二百艘，二船为一舫，一船胜谷二千斛，一舫十人，计须千人。臣镇内之兵，率皆习水。一运二十万斛。方舟顺流，五日而至，自沃野牵上，十日还到，合六十日得一返。从三月至九月三返，运送六十万斛。计用人功，轻于车运十倍有余，不费牛力，又不废田。"诏曰："知欲造船运谷，一冬即成，大省民力，既不费牛，又不废田，甚善。非但一运，自可永以为式。今别下统万镇出兵以供运谷，卿镇可出百兵为

116

船工，岂可专废千人？虽遣船匠，犹须卿指授，未可专任也。诸有益国利民如此者，续复以闻。"

牵屯山即现在的六盘山，牵屯山河即发源于六盘山的清水河。当年的清水河在泉眼山下流入黄河，即在现中宁县舟塔乡黄河岸边的舟塔寺附近。造船所用的木料都从六盘山砍伐顺清水河漂流而下，直达现在舟塔的黄河岸边。刁雍请来南方造船工匠，一个冬天造船 200 艘，完成薄骨律镇到沃野镇的粮食转运。北魏时期东西交流甚为频繁活跃，舟塔的黄河码头不但是造船的地方，也是丝路商贸的一大码头。对面的石空古寺因被各路佛教信徒继续开凿塑像，"石空灯火"遂成为中宁的一道景观。

西魏大统元年（535 年），割据关西的宇文泰杀魏孝武帝，另立元宝炬为魏文帝，立都长安。因为洛阳还有东魏存在，故称西魏，割据宁夏全境。

北魏始置普乐郡，治回乐（今宁夏吴忠市北）。中宁经过数百年的行政空置且由西转移至东，开始了以鸣沙为中心的行政建制。这时的鸣沙县只管辖黄河以南的中宁、沙坡头区的河南地区。黄河以北地区由薄骨律镇直隶。

北魏孝昌二年（526 年），将薄骨律镇改为灵州。

刁雍造船开启了宁夏的黄河河运历史，这段历史直到 20 世纪 70 年代结束。黄河河运整整持续 1500 多年。

唐大顺二年（891 年），当地人为纪念刁雍造船及黄河开航，在现舟塔处建船形塔一座以示纪念，此是舟塔地名之来历。

北周始设鸣沙州　隋朝隔河两县治

北周保定二年（562 年）在鸣沙设置会州，此为鸣沙的州制建制开始，辖管鸣沙县。持续 15 年，建德六年（577 年）州县俱废，改为鸣沙镇。

《北史》及《资治通鉴》记载:"河千里一曲。河水自浇河至汉眴卷古县,率东北流……"

宇文泰正是依赖于宁夏的固原,将固原作为根基建立北周,才有了后来的隋唐盛世。

隋开皇九年(589年),隋朝消灭了最后一个南北朝国家陈国,中国重新获得统一。

在隋朝开皇十年(590年),设置丰安县,管辖中宁、沙坡头区黄河以北地区。这是卫宁地区黄河以北最早的一个行政建制,隶属灵武郡管辖。隋朝时,中宁有两个县制行政设置。分别为河南地区的鸣沙县,河北地区的丰安县,均隶属灵武郡管辖。

隋开皇十九年(599年),又在鸣沙设置环州,鸣沙县属之。8年后又废环州,大业三年(607年),将鸣沙县划属灵武郡管辖。

则天皇置丰安军　唐朝名将做军使

《元和郡县图志》载:"丰安军,灵武郡西黄河外一百八十余里,万岁通天初置。"万岁通天为武则天的年号。《资治通鉴》载,时丰安军城管兵8000人,马1300匹。在当时属于一个比较大的军城,25年后方设朔方节度使。

唐开元九年(721年),在灵州设置朔方节度使,统七军府,其中经略军、丰安军、定远军在宁夏境内。

《旧唐书·地理志》载:"丰安军,在灵州西黄河外百八十里。"也就是丰安军城在当年灵州(现吴忠市古城湾)黄河北180里,与丰安县城位置描述几近相同。即在当年丰安县城附近置丰安军,亦即现在的中宁县关帝地区。

当时的丰安军使为王海宾。在《资治通鉴》中,曾十多次提到唐朝中期的丰安军及王海宾和王忠嗣父子。王忠嗣为唐玄宗义子，为唐朝中期十大名将之首，后被宰相李林甫陷害，郁闷而死。

王海宾是唐代将领，亦是名将王忠嗣之父。门荫入仕，初为太子右卫率、丰安军使、太谷县开国男，以骁勇闻名陇上。后来的丰安军使为王忠嗣，后又为朔方节度使，统辖现在的内蒙古、宁夏、甘肃近万里之遥的北疆地域。

崇拜关羽始唐朝　丰安军建关帝庙

关羽作为勇敢与忠义的化身，在唐德宗之前就渐渐成为唐代一些艺术家的表现手段或创作素材，也成为边关守军激励将士的楷模。

丰安军城当时有驻军8000余人、战马1300匹，已属于一个很大的战区（属于灵武节度使下最大的一个战区）。在唐后期，为了鼓励将士立功建业，于是在当时的丰安军城建立了关帝庙，这也就是中宁县曾设置的关帝乡的来历。

在当时的军城守军中尊奉关帝，可以正人心、安军心、鼓士气，"藉其威灵，以倡勇敢"。封建时代常利用对神灵崇拜的力量，来稳定和振奋军心，在当时的条件环境下，这种为历史上战功卓著之人建立祠庙的方式，对边防守军的抗敌激励作用是相当大的。边防守军的"关帝崇拜"既是一种特殊的地域现象，也是中国古代丰富多彩的传统文化中很有特点的一部分。

关帝庙就坐落在现关帝村的老关帝街，有1000多年历史的关帝庙曾作为学校使用，在"文革"中被拆除。现在上年纪的当地人都能描述关帝庙的建构形状。

丝绸之路商贸繁　北山一带凿窟忙

丰安军城和丰安县也是丝绸之路西北线的一个交通要道。当时的中宁，作为丝绸之路的北线，各路商贾从长安出发，有两条路线，一条是从固原沿清水河北上，到茶坊庙，再到舟塔渡口，过河到达石空大佛寺；另外一条是从灵州沿黄河以西（北）过广武到丰安军城（县）到达石空古寺，两线商队在石空古寺会合后，往西进入河西走廊直至西域。

由于佛教的盛行和商贸的发达，在现在中宁县黄河以北沿北山一线，有多处唐朝及唐后开凿的石窟寺庙等建筑就说明这一点。如新寺沟寺、枣园小牛首寺、何营石窟寺、大佛寺等寺庙建筑，都是唐朝前后始建的寺庙。据考察，当时北山一带只要是岩石结实的稍悬空的山边，都有人进行石窟的开凿，证明当时由于佛教和西域文化的影响，信佛之人特别是比较富有的商贾，都以能开凿佛教石窟为荣。

丰安县城两废建　突厥攻占鸣沙县

隋朝开皇十年（590年）置丰安县，后丰安县废。几年后唐朝武德四年（621年），由回乐县又析置丰安县，仍属灵州管辖。唐贞观四年（630年）隶回州，属灵州都督府。贞观十三年（639年）又废，其地并入回乐县。咸亨三年（672年）于（鸣沙）境内置安乐州（今同心县大罗山东部的韦州附近）安置吐谷浑部，仍领鸣沙县。

神龙二年（706年），突厥攻陷鸣沙县，鸣沙县制移入废丰安城，鸣沙县荒废。突厥默啜可汗时期，时常发起对唐朝的侵略战争。长安二年（702年），默啜派兵南侵唐境，在取得重大军事胜利后引兵而还。但一年后，默啜却派遣使节向唐朝请婚，《新唐书·突厥上》记载："长安三年，遣使者莫贺达干请进女女皇太子子"。突厥的请婚得到唐王朝的应允，于是默啜又于当年十一月再次派遣使节献马千匹及方物以感谢唐王朝的许婚。对待突厥使节，当政者武则天则"宴之于宿羽亭，太子、相王及朝集使三品以上并预会，重赐以遣之"。从表面上看，突厥的请婚为刚结束战争不久的两国缓和关系带来良好契机，唐朝同样采取积极的态度似乎预示着和平局面即将形成。而此时的突厥刚刚于长安四年（704年）平定内部叛乱，正好处在国力强盛时期。突厥可汗默啜也早在和武则天打交道的过程中渐趋轻慢唐朝，正如《新唐书》中所记载："默啜负胜轻中国，有骄志，大抵兵与颉利时略等，地纵广万里，诸蕃悉往听命。"正是在这样的前提下，为了能够更加壮大突厥汗国的力量，达到先发制人的目的，默啜便对两国的和亲不加理睬，又一次将目标瞄准唐王朝，于神龙二年（706年）十二月发动对唐朝的鸣沙之战。唐灵武军大总管沙吒忠义亲自指挥战役，并进行顽强抵抗，唐军在此次战役中损失了6万余人。突厥艰难地取得战役胜利，攻下鸣沙，进而长驱直入，攻入原（固原）、会（甘肃靖远）等州，掠夺大量财富，得马万余匹而去。后沙吒忠义被免职。

突厥获得胜利后继续南下，对原、会等州进行屠杀和掠夺。由于唐王朝内部政局不稳，这场战役失败了。鸣沙之战加大了唐中宗反攻突厥的决心，也加速了唐朝以强硬方式对待突厥的步伐。默啜政权虽然取得了这一战役的胜利，然而攻守之势已发生了重要的变化，战争的主动权已不像以前完全由突厥掌控，开始逐渐转向神都。因此，此鸣沙之战也是默啜政权对唐朝发动的最后一次真正有力的大规模攻势了。

吐蕃攻占鸣沙县　鸣沙两迁废丰安

数年后，鸣沙县治又从丰安城迁回鸣沙。

唐代时青藏高原气温较高，气候温暖。青藏高原有史以来第一次生产力大发展，爆发强大的生机，也就诞生了吐蕃。

吐蕃王朝经过不断的战争扩张，势力大增，其版图获得空前扩展。尤其到赤松德赞时期，版图扩大到东与唐朝相接、北接回纥、西连大食、南并南诏的范围。安史之乱后，吐蕃三次进攻长安，一次攻陷长安。

唐玄宗后期，为了对抗吐蕃、控制西域，唐朝的重兵主要部署在西北地区。安史之乱起于中原，西北唐军全部东调出关，平定叛军。吐蕃乘虚而入，攻取今凤翔（陕西省宝鸡市凤翔区）以西数十州，几乎全部占领青海、河西、陇右，并控制西域，把军事前沿推进到凤翔、宁县（今甘肃宁县）、泾原（今甘肃泾川）一线。

当时鸣沙县为吐蕃攻占，鸣沙县治又曾迁出。至大中三年（849年），鸣沙收复后改安乐州（同心县罗山南）为威州，鸣沙县属之，东皋兰州曾治于鸣沙县。这个时候的丰安县城治所可能在黄河北岸的石空堡附近。因当时丰安军城已经设置多年，而丰安县城已废且鸣沙县治迁入，故这时的丰安县城和丰安军城应不在一起。但丰安军城是在丰安县城境内设置，并以丰安县得名。关帝庙应该是与军城在一起的，这样便于官兵祭拜和战前鼓舞士气。

肃宗路过丰宁城　龙华台里会首领

丰宁城也是唐时所置（《旧唐书》中曾三次提到丰宁城），位置可能在现古城乡境内，应该是在原昫卷古城址的基础上建设的。舟塔黄桥太白寺碑记载，该寺建在古丰宁城边，为唐时所建。20世纪80年代考古时在现古城遗址处发现汉代箭头一捆和唐时旧兵器、陶器等文物。丰宁古城在20世纪70年代被拆除。

安史之乱时，安禄山叛军由潼关长驱直入，仅10天时间就进了长安。唐玄宗对此毫无准备，于六月十三日率领亲属仓皇西逃。次日在马嵬驿六军不前，百姓拥阻于道。士兵们也义愤不堪，就地击杀权臣杨国忠，请求惩处杨贵妃。唐玄宗处死杨贵妃之后，决定南逃四川。军民对此很不满意，要求留下太子，组织北方军民平叛。太子李亨于是留在西北，承担平定安禄山、史思明叛乱的重任。六月十五日，太子李亨率领玄宗分给的两千军北上，在渭河桥涉水过河时人员大部损失，第二天到达兴平时只剩下几百人。为了摆脱安禄山叛军的追击，他日夜兼程，于六月十九日到达平凉郡。

李亨在平凉略事休整，局面随即改观。因此处是朝廷牧马监苑所在地，有军马数万匹。他在这里摆开治兵平叛的阵势，检阅监马，补充兵士。同时，接见河西与朔方各界官员，督促京畿州县加强防守，坚决迎击叛军的侵犯。但是，对下一步怎么办还犹豫不决。这时，朔方留后杜鸿渐恭请他北上灵州。奉调回京的河西行军司马裴冕在拜见时也劝他北上灵州，以图进取。六月下旬，李亨北上。杜鸿渐与魏少游又从朔方所辖的丰安调集数千兵马，至白草顿奉迎，为太子北上灵州、治军朔方大造声势。六月二十八日到达黄河南岸的丰宁城。《新唐书》载曰："庚戌次丰宁"。

李亨一行到达丰宁城南面的丘陵地带时，看到黄河天堑险固，心情振奋，决定从丰宁过河，到丰安军城组建平叛指挥中心。杜鸿渐觉得不妥，劝他东出灵州。恰在此时，腾格里沙漠刮起沙尘暴，霎时沙尘暴遮蔽了天空，跬步不见人影，李亨觉得天意不遂。《旧唐书》本纪第十（肃宗）记载："上行至丰宁南，见黄河天堑之固，欲整军北渡，以保丰宁，忽大风飞沙，跬步之间，不辨人物，及回军趋灵武，风沙顿止，天地廓清。"鸣沙是开元年间列为上县（大县）的县城，当地引黄灌区十分广阔，李亨便决定经鸣沙到灵州落脚。

李亨一行到了鸣沙县，城南有个龙华台（现中宁县鸣沙粮库位置），屋宇宽敞，风景优美，李亨一行便住在龙华台。国难当头，军务倥偬，李亨顾不上游览鸣沙的风景名胜，为组建平叛大军日夜操劳。当时鸣沙境内有两个安置少数民族的羁縻州（相当于现在的少数民族自治州），一个叫东皋兰州，一个叫安乐州，东皋兰州就在鸣沙县城附近，安乐州距鸣沙还有100里路程。黄河北岸的丰安县也有三个羁縻州，即燕然州、鸡田州、鸡鹿州（当时的丰安县包括现黄河以北的青铜峡部分），它们都是内附的少数民族，平素跟朝廷关系不错。特别是安乐州吐谷浑部的先祖诺曷钵，唐太宗时娶唐朝的弘化公主为妻，与唐王朝有姻亲关系。为了平叛，李亨要动用这些社会关系，把他们的首领挨个请来，跟他们谈话，做他们的思想工作，动员他们为平叛出兵效力，还专门检查养马湾（现鸣沙养马村）的马匹情况，招募扩充一部分骑兵部队。

同时，也秘密为灵州登基大典做准备。七月九日，李亨一行离开鸣沙前往灵州。临走时，朔方六城水路转运使魏少游从灵州带一千骑仪仗队到鸣沙迎接，沿途盛况空前。到灵州安顿下来之后，杜鸿渐、裴冕、魏少游、李涵等便按照李亨的心思，展开了劝进活动。劝进书曰："今寇逆乱常，毒流函谷，主上倦勤大位，移幸蜀川。江山阻险，奏请路绝，宗社神器，须有所归。万姓颙颙，思崇明圣，天意人事，不可固违。伏愿殿下顺其乐推，以安社稷，王者之大孝也。"李亨故作推让，五六次之后，才答应群臣所请。

于是，杜鸿渐等立即布置登基大典事宜，所有供帐、銮舆和膳食、陈布之仪，均按宫廷帝制准备，并率在灵州的文臣武将操练君臣朝见之礼仪。另外，还赶筑"受命宫"和祭坛。七月十二日，李亨在灵州南门城楼正式继承帝位，改元至德，是为肃宗，尊玄宗为太上皇。肃宗即位后，调集四方兵力，做反攻准备。当时李光弼已回守太原，郭子仪也从河北撤退，率5万余人赶到灵州。聚集在灵州的还有西部一些郡县的地方武装。兵力稍集后，谋士李泌建议，从正面牵制敌军，派郭子仪、李光弼出师河北，让敌人与范阳首尾不能相顾，疲于奔命，伺机歼敌；再派兵从北面与郭、李配合夹击，攻取范阳。最后四面合击，收复两京，不出两年就可以消灭敌军，除掉北方边镇之患。肃宗表面赞同，实际上急于收复长安和洛阳，显示他再造社稷的丰功伟业，所以他采纳了领兵收复长安的建议，并且任用两个虚浮的书生帮他主持军务，还从河东调回了郭子仪。至德二年（757）九月，郭子仪率所部和回纥借兵15万人在沣水东与叛军展开决战，歼敌6万余人，一举攻克长安。宝应元年（762年），肃宗死，代宗即位，命诸将和回纥兵收复洛阳，历时7年多的安史之乱至此结束。安史之乱使社会经济受到极大破坏，各族人民付出了沉重代价，唐朝也由盛转衰，进入藩镇割据的乱局之中。

唐肃宗曾经驻跸的鸣沙龙华台，后世成为一座粮仓。宋夏时叫天丰仓，储粮100万石，直属朝廷管辖，人称御仓，也说明宋夏时中宁黄河灌区粮食丰收景象。

丰安军城改雄州　　再改昌化属西夏

《新唐书·地理志》卷37记载"雄州，在灵州西南百八十里"，和卷38记载之"丰安军，在灵州西黄河外百八十里"位置基本相同，说明丰安军城后更名为雄州。中和元年（881年）析置承天堡（具体位置不详）。

907年，朱全忠灭唐，建立后梁，唐亡。这以后50多年间，后梁、后唐、后晋、后汉、后周等五个朝代，吴、南唐、吴越、楚、闽、南汉、前蜀、后蜀、荆南（南平）、北汉十个政权割据更迭，史称"五代十国"。这一时期，各朝仍设州、县，后唐在名义上还曾有"道"的设置，但因朝代更迭频繁，时间很短，政权不稳定，建置不完备，加之史料记载不完整，因此对各朝州、县设置情况，无法考究其详，只能知其大略。

丰安军城在后唐更名雄州，在五代时仍为雄州。五代后晋天福七年（942年），雄州更名为昌化军。

在宋时，卫宁地区已是西夏腹地，军事力量转移至西夏南部边境的海原、西吉和固原六盘山地区。从此丰安军城和丰安县城退出了历史舞台。

在汉唐时期，当时的王朝政权军事力量主要用于抵御北方和西南少数民族。中宁作为塞外边防的一个重要军事基地，常常成为内地政权和北方少数民族的争夺之地。以黄河作为天险，北方少数民族一旦打过河套地区，就可长驱直入，直达陕西和中原地区，严重影响内地政权的稳定。为加强军事抵御，所以唐朝政权在中宁黄河以北设置丰安县及丰安军城，直属灵武朔方节度使调遣，也是该节度使下最大的一个军城。在唐朝北方军事防御史上，这浓重的一笔，也为中宁的丰安屯旅游提供了大量的历史文化积淀和可开掘的旅游资源。

海原古城堡遗址初探

黑占财

西安州古城

宋夏古城西安州，系海原县文物保护单位。出海原县城往西北行约 20 公里，便有一座古城遗址呈现眼前。这就是历史上称之为"固靖

海原西安州古城

之咽喉，甘凉之襟带"的西安州古城。其位于海原县西安镇古城村，背靠天都山，前临锁黄川。古城大体完好，是海原境内保存较完好的古城址之一。

宋置西安州，古城筑于宋夏交锋时期，城址为长方形，边长近千米，每边有19个等距离的马面，每50米一个。明清时曾重修，城墙墙体为长方形，残高4—8米，每50米就有一个马面，共有38个。四面建角楼，东西开城门，其建筑带有典型的宋朝风格。明代成化四年（1468年），固原满俊起义被明朝政府围剿镇压之后，在城内增筑隔墙一道，分为南北二城，同时修筑南城，以砖相砌，并在城的四面建有角楼，置西安州守御千户所。清设游击驻防。

古城遗址经历1920年海原大地震后，现今的西安州城，已是断垣残壁，北城倾塌严重，城墙仅存七八尺的漫坡状土垄，南城现存状况较好，城墙残高4—8米，夯筑层厚8厘米，平底圆杵，墙中有木檩拉固构件，孔径10—25厘米，纵横交错。开东西二门，并绕以瓮城，四周有护城壕痕迹，宽约35米。城内地表有大量的残砖碎瓦和器物残片，除少数为宋夏时期的遗物外，多系明清之物。曾出土过西夏官印及明代大铜镜等文物。元代，豫王曾建都于西安州。清代朱美燮有《过西安州》诗，云："何当再睹蕃昌会，扑地间阎乐利同。"今城内马王庙中珍藏着刻于明万历二年（1574年）的《竹叶诗碑》。城之四周可见当年的护城壕痕迹。重视并保护这处古迹，对研究古代的城镇建筑和兵要地理，开发旅游业，具有一定的历史、文化、实物价值。

柳州城

柳州城，属县级文物保护单位。柳州城即宋之天都寨，西夏之东牟会。位于今海原县海城镇耙子洼村，距县城5里许。民间相传城中曾有一地道，直通西北方向90里外的干盐池。古城呈南北走向，周长约 1.3 公里，黄土夯筑，夯层厚 15—18 厘米，残高 4—8 米，南北开两门，并绕以瓮城。城四边均有马面，四角筑有高于墙体约三米的四方墩台。据《盐茶厅志备遗》载，明初，楚王曾设校尉管辖，屯牧于此，散养军马。

1987 年，海原县文管所根据城内散布的砖瓦碎片考古，多为宋代建筑材料和构件，分析推断该城大约建于宋代，重筑、修葺、加固于明代。现城内全为耕地。

海喇都城

海喇都城，系县级文物保护单位。海喇都城即今海原县城所在地。明天顺三年（1459 年）开始，这里筑有小城一座，规模小，形制狭窄；成化四年（1468 年），都御史马文升倡令组织军民重修该城，规模扩大，开挖护城壕，用挖出的土石筑城，开城门三道，建四角墩台 4 座；成化七年（1471 年），主簿杨勉继续增筑，先后建成瓮城三座，马面 64 道，平整城内地面，相继建成官署、军衙、城隍、学宫、文昌阁等，城内建筑最多者为民居。据《海城县志》载，该城清代曾三次维修加固。现存古城墙为黄土夯筑，围长 2200 多米，残高 10 米上下，底宽 12 米左右，顶宽 3 米许，四周有护城壕遗迹。开东西南三门。1920 年海原大地震中，该城震毁严重，部分城墙坍塌，城门塌陷，马面不存，墩台尽毁。20 世纪 60 年代以后，海喇都城城墙逐渐挖毁。今仅存部分北城墙。整体上看海喇都城依地形而筑，西南高，东北低，为一山城。曾出土过玉琮、玉璧、陶罐及明清文物。

定戎堡

定戎堡筑于宋元符二年（1099 年），位于海原县甘盐池管委会东侧，堡呈正方形，开北门，南高北低，依地势而建，今城墙残高4—5米，底宽3—4米，圆杵版筑，每三层间夹芨芨草一层，夯层厚3—5厘米。现堡内全为耕地，地面散存有大量建筑构件，如砖制龙头、瓦当及边长二尺的大方砖等，曾出土瓷碗瓷罐、汉五铢钱及唐宋钱币等文物。1974年秋，生产队社员在堡内挖土平地时，挖出石磨9副18块、黑陶瓷碗107只、铁钟1座，经鉴定均为清代遗物。

明代有人曾得到前人《过定戎寨》诗："定戎古寨几千秋，四壁青山遮古州。北有神泉滴绿水，南有石沟卧金牛。西湖吐玉无价宝，东海碧波水倒流。四季不忘八节景，好似百鸟朝凤楼。"

凤凰城

凤凰城即宋之绥戎堡，建筑于宋代，民国年间改今称。遗址在今高崖乡草场村西，呈正方形，周长300多米，开南北二门并绕以瓮城，城墙残高6—7米，平底黄土夯筑，板层厚10—12厘米。该城筑墙时曾大量使用木椽、木檩，纵放少，横放多，数量多且排列无序，孔径20厘米左右，孔中至今还残留大量朽木。

相传，北宋广德军司理参军范仲淹镇守延州（今延安），防御西夏巩固西北边疆时，曾多次进驻凤凰城，部署军防，视察边情。现城内全为耕地，地面遗物随处可见，多为宋代砖瓦及瓷片，也有明代青瓷，该城建在关桥河东岸，清代东南角被洪水冲毁，其他保存完好。现系县级文物保护单位。

马营古城

马营古城即宋之临羌寨，遗址在今海原县贾塘乡马营村南二三里山前台地上，城呈长方形，四角为正直角，南北长200余米，东西宽

100 多米，东南角被洪水冲毁，其他保存较好。城墙残高 4—6 米，黄土材质，平底夯筑，板层厚 10—12 厘米。城内曾挖出过牛马骨头数千斤，有房屋、排水、水井、灰坑、锅台等遗迹。地面散布着方砖、石磨、琉璃瓦、瓷碗、陶盆等残片，地下文物已被盗掘倒卖一空。现为县级文物保护单位。

盐池老城

盐池老城，即明代干盐池城，位于海原县甘盐池管委会西侧，初建成于北宋时期，距定戎堡约 1 里，城呈东西向长方形，黄土夯筑，城墙残高 4—6 米，开东西二门并绕以瓮城。

明户部尚书杨鼎所撰《干盐池碑记》赞曰："气象巍严，独胜边方诸城，依埫作阁，南构一楼，峭然各省，以快眺望，名曰定边。出入二关，东镇夷，西服虏。""至若城隍、旗纛、神祠、察院、仓场、鼓楼、街衢、庐舍、咸左右其公衙，并五其居民，百堵俱兴，无一不理。"此中可见该城当年之繁华盛况。今城内全为耕地，遗址保存较好。

萧关城

据《读史方舆纪要》称："西夏境域，东据黄河，西至玉门，南临萧关，北控大漠。"此处所说的萧关就是宋萧关，萧关大致范围在今海原县高崖乡清水河西岸至关桥河口（石峡口水库泄水口）一带，萧关城城址在今高崖乡上店房村。该城筑于宋崇宁四年（1105 年），有内外城之分，现仅剩内城，城墙呈土垄状，残高 2—3 米，城内全为耕地。

红古城

红古城筑于明弘治十七年（1504年），遗址在今海原县高崖乡草场村南。北距萧关数里，该城有内城、外关之分，内城毁于平田整地，外关仅剩南部城墙，残高6—8米，黄土夯筑，内城开西南二门，外关亦有二门，与内门直通。明固原总督郜光先有诗云："古戍萧关何处是？仆夫遥指在红城。"因凤凰城、红古城与萧关均在石峡口外，相距不远，后人难辨真伪，混淆者常有。

古烽燧

海原县境内古烽燧较多，主要分布在古丝绸之路海原段两侧，大致从东南郑旗乡起，西北行到甘盐池出境，长约90公里，呈东南—西北走向，一般择山顶或高处点状建燧，线状分布，建烽燧之目的在于保护沿线往来官员、旅人、商人商队、邮差等的安全和道路畅通。尤以苋麻河、贾塘、海城、西安州、甘盐池一线较集中。今能见到者大多是宋夏、明代的烽墩。如贾塘乡的黄坪和北塘，史店乡苍湾，高台寺大塬、庙儿沟，西安镇套湾、上小河、北坝，甘盐池红堡、兴仁王团、徐套小湾等地均有分布。至今保存较完好的烽燧遗址，均呈圆锥形，残高3—4米，底径15—17米。区别在于，明代烽燧大都在附近或其上置有墩院，有守墩人守护。

海原古建筑遗存纵览

黑占财

古建筑承载着一个地方厚重的历史沉淀和地标渊源，是一块块地理单元中人们心中永难消散的乡愁和悸动的情愫，也是一方水土上连绵不断的人文传承和文化之魂。金秋十月，徜徉在海原的大地上，昔日那些繁华的古建筑，以另一种方式呈现在我的眼前。

天都山行宫

宋庆历二年、西夏天授礼法延祚五年（1042年）八月，西夏开国皇帝李元昊夺子妇没移氏纳为妃，离开兴庆府（今银川）南下，驱军士，兴土木，营造天都山宫殿而居之，建有极其豪华壮丽的7座大殿，内府库馆舍皆备。元昊日与没移氏宴乐其中。行宫遗址一说在今海原县西安镇北滩村南，一说在南牟会城内（今海原县西安镇黄湾西安州古城）。宋元丰四年、西夏大安七年（1081年）十一月初七，李宪率宋军从兰州出发，攻城拔寨，所向披靡，向东越过屈吴山，屯于天都山下，焚毁了南牟会及元昊天都山宫殿。

青龙寺石窟

石窟位于海原县兴仁镇王团村东约两公里的老爷山上，登其顶，整个兴仁川尽收眼底，现亦称"青龙寺山"或"陈家圮山"。

沿山路盘旋而上至半山腰，便可看见3座大殿，分别是马王殿、圣帝宫、子孙官。转过山脚，便是山的南面，在红砂岩上凿有6个石窟，依次为山神、药王、无量祖师、眼光观音、二郎神、大雄宝殿。形制为平顶长方形，最小的洞窟宽2—3米，最大的宽10米左右。

青龙寺窟群始凿于清乾隆年间，当时亦叫崆峒洞。传说某大雪天，有行赤脚印从山外行至一个石洞里（即后来的大雄宝殿）就不见了，人们以为山神显灵，就在这里建寺。另有传说该山古为一体，有一天突然分开，半崖上出现了几个石洞，人们感其神异，在此修造寺庙。当画匠塑佛像时，发现有条青龙显形，于是该窟取名青龙寺。

每年农历四月初八在这里举行庙会，纪念释迦牟尼诞辰，香客云集，山场格外热闹。现为县级文物保护单位。

灵光寺

灵光寺位于海原县城南南华山之西北角一平台上，建于宋夏时期，面积约2000平方米，至民国九年（1920年），该寺院虽破旧，但基本建筑尚存。1920年大地震中该寺庙建筑全被震毁，至今一地瓦砾，遗址尚存。现灵光寺周围为天然次生林区，风景秀丽，为海原县旅游观光胜地。

庙山古寺

庙山古寺遗址位于海原县高崖乡东庙山山顶，具体建筑年代不详，相传始建于唐宋。为县级文物保护单位。1988年海原县文物所考古时，在寺庙出土文物中，有明成化年间碗具和万历年间镌有文字的铸铁件等。清末时，该寺庙庙宇中期香火旺盛，后毁于清同治年间战乱，20世纪三四十年代，当地信众曾捐资小修，终因资金缺乏半途而废。到2000年庙宇除基石尚存外，其余建筑不存。2010年以来，当地群众捐资助款重修寺庙，至2020年，寺庙重修已基本完成，初步恢复古寺庙建筑。庙山下有白马跑泉及湫池寺胜迹。

烟雨苍茫下河沿

张永生

　　黄河自黑山峡奔腾而出，撞在沙坡头岸边的岩壁上，掉头东去后，第一个经过的地方便是下河沿。它不仅是一处黄河古渡，自古以来还是陶瓷古窑遗址，亦是中卫煤炭生产基地。概言之，在中卫农业文明的历史天空，下河沿是工业文明的熹微，是承载着一片霞色希望的地方，对中卫的发展影响久远。

黄河古渡　孟达／摄

据史料记载，黄河中上游木船航运始于北魏。镇将刁雍于太平真君七年（446年）奉命自薄骨律镇（今吴忠一带）运粮50万斛到沃野镇（今内蒙古五原），以供军粮。由此，黄河航运开通。

下河沿码头是历朝历代黄河上的水运要冲，是青海和兰州通往中卫的交通要道。从上游顺水放下来的木筏、装载货物的皮筏，都要经过下河沿码头。宋夏时期，下河沿是西夏生产瓷器的几个窑口之一，所烧瓷器大多通过黄河运送到下游。由此可见，古时下河沿已成为重要码头，由下河沿出产的瓷器、煤炭，顺水路运走，或者摆渡到对岸装车运走。可以想见，每天下河沿码头帆影点点，皮筏逐流。顺水船只，船匠站在船上好不轻松自在；逆水船只，拉船的汉子弓腰屈背，踩着河岸边的鹅卵石，吃力地拉着纤绳一步一步向前。这一走，就走了一千多年。刁雍当时就已经把船在黄河上航运的时间算好了，去时五日，逆水拉船回来十日。下河沿码头上的舵手纤夫，毫无疑问也走着这样一条路。

这条路古人没有留下多少文字记载。"中邑自五代迄宋，沦入西夏，荒灭不可考矣。"古人一声叹息，将中卫几百年的历史交代了。好在掩埋在地下的"文字"还在，是今天人们解读那个时代秘密的钥匙。

从考古发现的陶瓷窑来看，中卫境内拥有宣和林场汉代烧陶窑遗址、下河沿汉代砖瓦遗址、下河沿老窑沟元代瓷窑遗址等，这些都充分说明，早在汉代，中卫的制陶瓷业就已相当发达而且从未间断，一直延续至今。中卫之所以能成为重要的陶瓷产地，是因为境内有大量的优质陶瓷黏土，储量达5000多万吨，加之自古有黄河水运之便，故生产的陶瓷器遍布周边各省区。除宁夏境内发现有大量属于中卫下河沿生产的陶瓷器外，在临近的甘肃、内蒙古、陕西、山西等地都有发现。从境内发现的多处陶瓷遗址来看，虽地点不同，产品各异，但处于同一地区，产品风格一脉相承，从中不难看出中卫陶瓷业辉煌发达的历史。

西夏作为地方割据政权，与宋朝保持着密切的政治、经济、文化方面的联系，西夏文化就是在吸收借鉴汉文化的基础上发展起来的一种民族文化。西夏瓷器作为西夏文化的重要组成部分，受中原磁州窑系影响，并结合本民族的文化习俗创建发展出粗犷质朴，极具党项民族特色的瓷器。最具特色的扁壶、四系瓶、高足碗、帐钩以及剔刻釉装饰艺术，突出表现出党项民族纯真质朴的民族性格，同时更加丰富了陶瓷器形及装饰内容。因此，西夏瓷与较之稍早的辽瓷一样，在中国陶瓷百花园中占有一席之地。

前几年发现的下河沿老窑沟窑址属西夏窑址，与宋朝瓷窑有着同等的历史，只不过宋朝踞南、西夏盘北。下河沿老窑沟窑距离下河沿码头两公里。从下河沿黄河渡口摆渡到北岸就是西通兰凉驿路（古代通往兰州和武威，专门传送公文，供马车之类通行的道路，也做驿道）。自唐中叶以后，因吐蕃占领长安通往西域的驿道，原丝绸之路受阻，长安到西域要绕道灵武、中卫、武威、张掖、酒泉等地到达西域，为北丝绸之路，中卫成了北丝绸之路上的交通要道。中卫驿站在与北丝绸之路相连接中发挥桥梁作用，下河沿窑的瓷器自然会销往西部地区，由此推断：中卫老窑沟窑的瓷器通过北丝绸之路被客商贩运到甘肃武威、张掖、酒泉，内蒙古额济纳等地区。因而可以看出，下河沿瓷窑承担着生产民间生活用瓷器的重任，这是毋庸置疑的。在西夏统治的近200年里，老窑沟里一片繁忙，有挖陶土的、拉坯制坯的、采煤烧窑的，一整套手工制瓷烧瓷工艺非常成熟。

老窑沟四周的小山中，与煤共生的夹层里就有高岭石泥岩夹矸、高岭石质泥岩这些优质的制瓷原料。老窑沟窑瓷器上涂刷的化妆土取自山下2公里外的黄河泥沙沉积物。当地还产有绘制白瓷铁锈花、褐彩的铁矿石。下河沿老窑沟具备建窑烧瓷的自然条件，古代那些勤劳勇敢且具有智慧的老窑工，就把瓷窑建在有煤、陶土、釉料、铁矿石，且水源充足、具备建陶瓷窑条件的老窑沟里。

下河沿老窑沟窑址东西长约 600 米，南北宽 150—280 米，窑炉附近堆积的残瓷片最厚处约有 10 米。可见当时烧制瓷器的规模相当大。现在，老窑沟里还有几处汩汩流淌的泉水，继续流淌在这片有着千年窑火历史的古老文化层上。

瓷器，代表着一个时代的文化。西夏瓷器，在中华瓷器家族中有着独特的地位。下河沿瓷窑尽管烧制的是民用瓷器，但在瓷器文化中依然光彩闪烁。

下河沿得天独厚的瓷器生产条件，使瓷器烧制挺立了千年，直到明清，还通过黄河贩运到他地。黄恩锡在《乾隆中卫县志·艺文编·应理竹枝词》中写道："土窑瓷器通宁夏，石炭连船贩水滨。"由于瓷器业发达，下河沿也成为"中卫古十二景"之一。历史的车轮从西夏走过了元、明、清，几百年后，下河沿瓷器依然是中卫甚或周边地区百姓生产生活的用具和工具。新中国成立后，1958 年下河沿成立手工联社，之后又成立中卫县陶瓷厂，20 世纪 70 年代初开始机械制陶，陶瓷厂主要生产黑瓷。2002 年陶瓷厂彻底停产，下河沿磁窑也淡出了人们的视线，那个曾经繁荣热闹的小镇也趋于冷寂，但埋在地下、垒在墙上的瓷片，仍然让人们看到了过去的辉煌。

说下河沿，煤是绕不过去的话题。《中卫县地名志》载："中卫上下河沿煤矿是宁夏开采最早的矿区之一，明洪武年间开始采烟煤，产品远销中宁、同心、金积、银川等地……"因下河沿烟煤储量丰富，其运销贮放之处又形成一个新的渡口——炭场子。"炭场子"地名由此而来。

20 世纪 80 年代乡镇企业在采煤过程中，竟在煤层中采出古人的尸骨。古人的尸骨和煤层融为一体，而且使用的鹤嘴镐还在，充分证明下河沿煤巷采煤历史的久远。

由于下河沿山里有丰富的煤层，《乾隆中卫县志·中卫各景考》"炭山夜照"一景中记载："在邑之西南，近河。山产石炭。城堡几万家，朝爨暮炊，障日笼雾，至冬春则数里不见城廓，所烧炭皆取给于此山。近西一带有火，历年不息，未知燃自何时，第见日吐霏烟，至夜则光焰炳然，烧云绚霞，照水烛空，俗呼为火焰山。其燃处气蒸凝结，土人取以熬矾，较胜他产，亦一奇也。"这"炭山夜照"不知燃自何时，但从记述中来看，应该是地下煤层自燃。若是人为因素，依黄知县在历史上留下的勤政口碑，是不会不去调查便记入史册的。

黄恩锡《炭山夜照》一诗中写道："烈炬西南焰最张，千秋遗照在遐荒。因风每似添宵烛，经雨何曾减夜光。隔岸分明沙有路，临流炳耀离为方。万家石火资余烈，雾锁炊烟十里长。"这首诗形象地描述了"炭山夜照"景观。从诗里可以看出，"雾锁炊烟十里长"，在这十里炊烟里，烧窑的、烧焦炭的、地下煤自燃的烟雾，黄河上摆渡的、撑船的，形成了一个古代的工业集镇。

下河沿顺着历史的轨迹一直向前，1936年4月，《大公报》记者范长江乘羊皮筏子从兰州出发，顺黄河而下，穿过激流峡谷，进入中卫地界。他在《中国的西北角》中对乘坐皮筏有精彩的描述："西北水上交通，皮筏较木筏为普遍……筏上如张设帐幕，则立即可以布置成宽敞的水上行宫，空气和光线皆十足的美好，而且随河水的流动，终日有千变万化的风景，可以供旅行者观赏。"他在下河沿渡口靠岸，进行实地采访，把这里的见闻留于笔下："煤工之家，污浊黑暗，人亦似终年不曾沐浴者。限于饥饿或者无休止的艰辛工作两途。"80多年前，煤是由煤工用筐从巷道里背出来的，巷道窄狭，人只能匍匐在地上爬出来。由于工作艰苦而且危险，就有了一首《煤黑子哥》歌谣在下河沿一带流传：

> 煤黑子哥呀煤黑子哥，
>
> 未出娘胎就漂泊；
>
> 洪武手里到常乐，
>
> 爷父背煤妈上锅。

一家三人都劳动，

穷日子过得还凑合；

哪知好景不常在，

煤巷塌方殁了爷。

爹爹悲愤搂筐箩，

起早贪黑勤背驮；

娘操家务又上锅，

空闲还揽针线做。

　　从封建社会到民国时期，煤矿工人过的是地狱一般的生活。民间有一个说法，说拉船的人是"死了没埋"，背煤的人是"埋了没死"。此话非常形象地道出拉船和背煤之人命运的凄惨。

　　新中国成立后，1956年，由人民政府将上下河沿煤炭社转为地方国有煤矿，县内始有国有工业企业。1957年，国家投入资金对地方煤矿进行改造，工人才真正过上了人的日子，采煤作业也由原始的镐刨

黄河静静流　李旭竹／摄

人背改为半机械化或机械化生产，将人彻底从繁重的劳动下解放出来。20世纪80年代初，兴办乡镇企业，常乐镇在下河沿山上开矿挖煤，成为那个年代乡镇企业的新星。

下河沿，曾经作为中卫的煤炭生产地，为人民群众的生产生活发挥了重要作用，为地方经济发展作出巨大贡献，虽然随着社会发展，它的功能和作用日渐消失，昔日繁荣的小镇风采不再，但它依然是醉心于研究古今地方文化的学者的一块宝地。

而今，随着沙坡头低坝的建设蓄水，下河沿附近河边村落大湾、小湾整体搬迁，风光旖旎的河岸边，民宿被开发出来，旅游业又悄然兴起。上下河沿是一处浓缩了的风景胜地，为游客欣赏上下河沿黄河自然风光、领略上下河沿历史文化遗迹，提供了极大方便。

胜金关今昔

窦仰仪

胜金关，即中宁人引以为傲的中宁八大胜景之一的胜金雄关。

胜金关的位置与地形

胜金关位于中宁北山南麓，黄河北岸，东距中宁县城 20 公里，西邻沙坡头区，是中宁到沙坡头区，银川至兰州的公路和铁路的必经之地。

卫宁北山，又称黑山，东西走向。九曲黄河与山平行，中间一条狭长地带，形成黄河北岸卫宁之间的唯一通道，胜金关则是这条通道的咽喉之地。黑山形似老龙探水，直抵黄河，将通道拦腰截断。古时，只有一条牛车道绕过山嘴，来往过关。关山突兀，石峰横峙，山河相交，地势险要。《乾隆中卫县志·山川》载："山之南支，如怒犀奔饮于河，即胜金关也。石峰横峙与泉眼山相对，拱抱县城为一关键云。"在《清道光中卫县志·艺文编》中有周守域的《胜金关怀古》诗一首，也描写了这座雄关的地理位置和险要形势："云茫茫，峰兀兀，雄关崛起势崔崒。北有沙漠之纵横，南有长河之滂浡，银川到此启管键，襟山带河不可越……"清代任宁夏理事厅的国栋有一首名为《晓发石空寺过胜金关》的诗是这样写的："沙冈参错路重重，心醉西南只数峰。一色紫云三十里，飞来大地化狞龙。"对胜金关的险要形势和磅礴气势做了生动传神的描述。总之，关城依山傍水，雄踞在腾格里沙漠东南沿，路通一线，有"一夫当关，万夫莫开"之势。

胜金关的建造与名称由来

明朝时期，当局与蒙古族的矛盾十分突出。胜金关是蒙古游骑入侵宁夏的四条主要道路之一。弘治以前，蒙古族部落骑兵时常窥伺南侵，入塞劫掠，少则出动五六千人，多则一二万人，至嘉靖年间，一次竟出动十几万人。就胜金关一带的地形而言，由青铜峡至中卫城以北的卫宁北山，沟宽岭秃，对入侵的蒙古骑兵阻碍不大。特别是自镇关墩至胜金关近 50 公里，蒙古族游骑不时出没袭扰。百姓耕牧必须成

胜金关

群结伙，手持兵器，以防不测。这对百姓的生产、生活造成严重危害。修筑胜金关正是为了防御贺兰山西部蒙古骑兵的入侵。

此外，胜金关是古代交通要道、军事要冲，修建胜金关也是商旅安全和军事交通的需要。

据《嘉靖宁夏新志》记载，胜金关是弘治六年（1493年），由西路参军韩玉奏请修筑的，万历四十一年（1613年）重修。

胜金关傍山临河，地势险要，关城修建在海拔1550米的山头上，更显雄威。《嘉靖宁夏新志》载其得名是"谓其过于金徙潼关"。

雄关要隘与古战场

胜金关自古是兵家扼守的雄关要隘，也是著名的古战场。

明朝时期，中卫是宁夏西路的军事重镇，胜金关周围的堡寨、关隘则是西路驻军的重要据点。据《嘉靖宁夏新志》载：明代"西路中卫驻参将、辖步骑兵达7641人"。清代，无论平时还是战时，均设兵戍守。

1226年，一代天骄成吉思汗率领浩浩荡荡的蒙古铁骑，经此关隘，南涉黄河九渡，于1227年攻陷兴庆府（今银川市），灭了西夏。

清初，平定青海罗布藏丹津和天山北路厄鲁特部之乱，乾隆年间平定准格尔等反清武装集团叛乱，胜金关均为清军进军必经之地，是军械粮草运输线上的重要关隘。

清康熙五十七年（1718年）十一月，皇子胤禛（即后来的雍正皇帝）曾亲率大军由北京出发，分三路进兵青海。翌年农历二月十九日，大军到达今中宁枣园堡，而后由胜金关经中卫至甘肃永登，开赴安西。

现在关城巍峨险要不复存在，刀光剑影、烽火连天已成过去，且以清中卫周守域的《胜金关怀古》悉告今人："我闻汉唐征朔方，万马千军驻沙场。关东驱战卒，塞北作邱郢，霜锷撄白骨，飞鸟啄人肠。

宋代没西夏，元昊敢猖狂，葫芦河边曾大战，转战俱在此关旁。明时始有韩参军，大起楼橹镇边防。"

从一线之路变大道通途

古之胜金关路通一线，只有人和牛车可以过得去。新中国成立不久，国家确定修建包兰铁路，胜金关处于1955年破土动工。建设者们在胜金关前安营扎寨，昼夜奋战，在关下打通了65米长的隧道，洞口陡峭的石壁上镌刻着"胜金关"三个遒劲端正的大字。1958年8月1日，银川24枚礼炮响后，包兰线正式通车。就在风驰电掣的列车呼啸而过的那一刻，胜金关结束了路通一线的历史。

1968年是包兰铁路穿过胜金关后的第十个年头，仅能绕山嘴过牛车的便道被切削劈宽，建成了卫青公路，1984年铺筑了柏油路面，一线之路变成了大道通途。沉睡的胜金关苏醒了，胜金关下的村民们振奋了，他们沿着胜金关通向文明、富裕的坦途，踏上了小康之路。

旅游资源普查时的胜金关现状

时光到了2003年10月，中宁县旅游管理部门组织人员对全县旅游资源进行全面普查，胜金关是第一站。10月8日上午，普查小组来到胜金关，其基本现状如下：

关墙：断垣残存两处，相距10多米，相对耸立在两个陡崖上，中间是条小山水沟。关墙呈南北走势，断垣切面厚近6米，残墙高4米有余。走近细看，是用黄土、沙石夯筑而成。目睹关墙断垣，使人想到明成化年间修筑的一条由甘肃靖远，经现在的沙坡头区、中宁，北上接贺兰山，长约240公里，用以对付蒙古游骑威胁的边墙，胜金关的这两处关墙残垣，当属此边墙遗迹。

烽火台：在胜金关山头上，有一个主烽火台和六个小烽火台。主台（也叫主墩）墙高4米有余，底部12米见方，虽已破败，雄姿犹存。尤其是建在山头，更显壮观。主台西北侧有脚坑可供攀登上顶。从痕迹看，时有游览者攀登。主台旁的小烽台（也叫辅台，又叫辅墩）顺山势东西方向一字摆开，最小的只有1米左右。主台、辅台相互映衬，可以想见当时传递情报的烽烟。登上主台，视野十分开阔，向北、向东的群峰之间，远近可望见10余个烽火台主墩。它们有的相距三四里，有的相距六七里，据视野开阔程度而修建，形成一个传递军情的网络。

营盘：在胜金关烽火台山头向北10米，建有3座兵营。每座兵营长约60米，宽约40米。兵营与兵营之间相距100米左右，顺山势建在较平坦处。现只有围墙残壁，但基础基本完好。围墙均用石块砌成，宽均2米，残高不等，最高处5米，最矮处只有2米。3个兵营之间有路相接，无疑是一个体系。虽然只是残迹遗址，但从连接成形的围墙根基和所处地势看，依然十分险峻，易守难攻。

瞭望台：在营盘周围的小山头上，有用石块垒成的三角形圆锥体，远看像是本地老乡堆起的坟头，实则是瞭望台，供驻营士兵瞭望敌情之用。每个兵营四方都有4个瞭望台，都堆筑在制高点上，大的高近3米，小的高2米。统观兵营、瞭望台与烽火台，可以想见当时驻守士兵的某些生活侧面。应该说，瞭望台是至今保存最为完好的军事设施了。

防线：胜金关东面有一高一低两个山头，半山腰的斜坡上各有一道30多米长的石墙，宽1米，墙高2—3米不等，观其形是根据坡下陡峭程度确定高低，陡峭处矮，平缓处高。经分析判定，东面稍矮的山坡石墙是第一道防线，西面较高的山坡石墙是第二道防线。如果越过这两道防线，就逼近关城了。石墙内侧有近2米宽的平坦地面，可供人来往行走和搬运石块。石墙内至今还堆放着石块，较集中的有2处。石块大小与本地本乡砌墙用的土堡子差不多，可以看出是经过挑选的。

站在防线高处向坡下看，十分险峻。可以想见，如果有人向上爬，防线内有人用石头袭击，威力之大是不言而喻的。

独特的地理环境与优美的自然风光

卫宁北山是在卫宁平原中部形成的丘陵地带，胜金关提供了独特的地理环境和优美的自然风光。

胜金关北面是连绵的大山，举目望去，山连着山，峰接着峰，起伏交错，岗峦耸秀。胜金关又坐落在腾格里沙漠的东南沿，因而山峦起伏之间，又有沙丘纵横，举目远眺，山赭沙黄交相辉映，是一番奇特的自然景色。为保护包兰铁路和农田，多少年来工农携手填土压沙，植树造林，开沟挖渠，引水灌溉，春秋轮回，奋斗不息，营造了沿山绿色长城，阻止了风沙侵袭，保护了铁路、农田，改变了自然环境，绿化了山川，也为胜金关披上了江南秀色。胜金关南面是滔滔黄河，九曲河水如一条银色的玉龙蜿蜒流过，滋润着这方沃土。河两岸是碧绿的农田和村落。站在胜金关山头向南望去，村舍整齐，道路笔直，果园飘香，绿树成荫；枸杞园红果累累，庄田地麦浪起伏，稻秧滴翠，羊肥鱼跃，好一派塞上美景，把北疆的雄浑与南国的秀丽融为一体，这种奇特的自然景观，唯胜金关独有。

当全域旅游迅猛发展之时，胜金关定会再放异彩。

历史深处走来的七星渠红柳沟渡槽

周嘉玲

金秋时节，雄踞七星渠红柳沟之上的红柳沟渡槽是一处寂静的所在：宽直的渡槽内，残存的渠水清浅平静，温柔地将此端的翠柳堤岸与彼端的秋之沃野相系。渡槽下，过了盛水季的泄洪沟袒露出崎岖不平的沟底，沉积的淤泥潮润、坚实。站在渡槽头瞩目远眺，村庄的轮廓在团团浓荫中若隐若现。初来乍到的你，或许会沉溺于这表象的寂静、安宁。但殊不知，自古这里却是水患频发的凶险之处，对七星渠安全造成巨大威胁。如何缚住这条凶龙，保障七星渠顺利通过红柳沟，历代有识之士和当地人民付出了艰辛的劳动和心血，而这种薪火相传的顽强抗争，最终成就了红柳沟纵贯古今、丰富多彩的治水文化。

"渠之四害"——也说红柳沟

红柳是在我国西北广泛分布的灌术或小乔木，开紫红色花，生命力顽强，除饲用外（骆驼的美食），现在主要用于营造农田防护林和固沙林。当代著名诗人、辞赋家蒋红岩曾赋红柳诗一首："红柳摇风锦秀文，叶飘纷落杏花村。醉吟诗骨词魂瘦，秋水无痕空照人。"诗句带给人们无限的遐想，而诗中描写的旖旎风光，却与七星渠近旁的这道红柳沟无缘。红柳在此处的生长，伴随着洪水的冲刷肆虐，红柳沟，盖因这些生命力顽强的红柳而得名。

红柳沟是黄河宁夏段的二级支流，发源于同心县罗山南黑山墩沟，全长百余公里，沟宽约120米，流经中宁县境内20公里，经鸣沙养马湾处泄入黄河。红柳沟是鸣沙地区重要的泄洪沟。每年7月至9月汛期，红柳沟洪水携泥沙奔袭而来，洪水破坏七星渠的记载屡见不鲜。历史上，其与清水河、单阴洞沟、双阴洞沟并称"渠之四害"，严重威胁七星渠安全。

与红柳沟水患抗争的历史，纵贯古今。

钮廷彩架渡槽引水灌溉白马滩

钮廷彩，清朝镶白旗汉军，雍正五年（1727年）任宁夏府知府，雍正十年（1732年）升任分巡宁夏道观察使，致力于兴修水利，是七星渠红柳沟环洞飞槽创建人。

据流传下来的《钮公恩德碑记》《钮公生祠碑记》等史料记载，钮廷彩以观察使分巡宁夏道后，上筹国计，下念民生，为施惠于民众安耕，享水利之泽，于雍正十二年（1734年）春，相度地形，倡议修建红柳沟涵洞与渡槽。当时，"人多谓其事艰巨难成"，钮廷彩力排众议，请奏朝廷，得到许可后，他便亲自率领属员住在工地督工。工程当年九月完工。第二年，又加以修葺，建造了5孔红柳沟石质涵洞，以泄红柳沟山水，上面架起长20余丈的飞槽，横渡七星渠渠水，浇灌白马滩至张恩堡的3万余亩田地。随后又号召民众垦荒种地，筑庄而居。自此，七星渠水流过飞槽，对岸的百年荒地尽成沃土，民众云集，庐舍星罗。

钮廷彩在七星渠治水功绩卓著，当地人民十分感念他，遂在乾隆四年（1739 年），在红柳沟金龙王寺旁为他建了一座庙祠，立碑传颂。钮廷彩也是中宁历史上唯一一位百姓在其生前建祠塑像，供奉祭祀的人。

"红柳洞子"与一段寻祖佳话

2017 年夏天，一对风尘仆仆的母子不远千里而来，到七星渠畔寻根问祖。这对母子，就是光绪年间曾任中卫知县的王树枏的曾外孙女王越女士和她的儿子，管理处安排我陪同他们全程游览了七星渠。

王越女士说，她从小由姥姥抚养长大，姥姥觉得自己的父亲就是一本书，姥姥用了一生来读懂他。"多年来的耳濡目染，虽素未谋面，可我对曾外祖父的传奇故事却是那样熟悉，那就继续由我来把这本书读下去……"儿子高考后，她带上儿子开始了西北之行，就是为了寻访祖先的足迹，了解家族的历史。中卫市是他们寻根问祖的第一站。

王树枏，字晋卿，晚号陶庐老人，河北新城县人，光绪年间进士，曾任中卫县知县，后官至新疆布政使，民国期间任《清史稿》四总纂之一。据史料记载，"王（王树枏，编辑注）赴中卫，接印视事。遂传七星渠绅士，询明兴废之由。四月初，王渡河赴宁安堡，带同堡巡检童爱忠，查勘渠工。光绪二十七年（1901 年），为决意修渠。稍暇，手持布伞，徒步巡视，上下督工，露憩风餐，与民同作同息。如是者，两年告成。全渠长共一百七八十里……渠成，200 里荒田尽成沃壤"（见《七星渠文化拾遗》）。光绪二十六年（1900 年），在王树枏的支持下，七星渠总领王祯创建了红柳沟倒虹吸水洞：用松木制成矩形木槽框架，总长 50 余米，架设在红柳沟沟道上面，槽底和两侧用石板和胶泥铺设，让渠水从槽里流过；雨季来了山洪，则从槽下流入黄河，上渠下沟，各行其道，互不相扰。光绪三十一年（1905 年），发现槽底部漏水，又加铺一层羊毛毡，为防止木槽年久松散，又用圆木做了箍筋，一直使用到民国十年（1921年）。这个红柳沟倒虹吸水洞就是解放前群众惯叫的"红柳洞子"。

踏上祖先曾建功立业的地方，王越女士的心情十分激动。来到现在的红柳沟渡槽边时，王越女士久久徘徊，当获知离渡槽不远的一片树林所在的位置，大致就是当年曾外祖父现场办公的地方时，她感慨万千，如烟往事，穿越历史的烟尘而来。后来在国家图书馆发现的光绪二十四年（1898年）中卫知县王树枏所著的清代首部反映古七星渠修建的著作《重修中卫七星渠本末记》，是记载王树枏组织重修七星渠时亲自踏勘地形、安排施工、记录施工过程的著述，为研究清末民初时期中卫地区政治、经济、文化、历史、人文等提供了珍贵资料和有力的佐证。宁夏回族自治区水利厅、水利博物馆组织人员对这本书进行了点注，为宁夏回族自治区成立60周年献礼。

安全畅流 60 余载的现代红柳沟渡槽

新中国成立后，为了根治红柳沟水患，中宁县人民政府上报银川专署和甘肃省人民政府请求治理。1956年4月，在七星渠桩号"65+499"处跨红柳沟建设红柳沟渡槽，为钢筋混凝土结构，槽长108米，沟底距人行道板13.8米，在上游1128米处修建养马悬臂退水闸，下游150米处建有梯形跌水，以控制流速。工程于当年7月15日完成，8月20日试水，至今安全畅流60余载。渡槽竣工后，在槽壳上留下的题字、题名至今清晰可辨。站在沟底仰望，槽壳左侧题名"红柳沟渡槽"；转向另一侧，可见槽壳右侧题字："飞虹渡雨，溥泽桑麻，洪驯渠固，久患今除，党政丰功，人民称颂。"

目前，红柳沟渡槽以下灌溉着3.2万亩土地，惠泽数万百姓。如若不是王主任提醒，我们可能会忽略掉槽壳上的一行模糊的字迹："最大洪峰流量：423。2010年8月11日3：24。"它记录的是一次洪峰流量，2010 年 8 月 11 日，受红寺堡地区突降暴雨影响，3 时 24 分洪峰流量增至 423 立方米 / 秒，为 1953 年有资料记录以来最大值，洪水冲毁红柳沟渡槽下护岸码头 1 座，冲毁护岸 70 多米，经济损失 40 余万元。经管理处干部职工共同努力，采取果断措施，红柳沟渡槽安然无恙，经受住了大洪峰的又一次考验。

"你们别看这是新中国刚成立，水利资金极为困难时修建的水利工程，质量特别好，前几年我们邀请水利专家前来评估，看看是否需要修缮，专家说不论是选用的材料还是渡槽的结构，再用 50 年都没有问题！"现场管理人员自豪地说。

摩挲着当年用水洗过的粗细砂石掺杂筑造的渡槽石柱，心灵一次次被眼前这座气势如虹、身姿优美的渡槽所打动，抚今追昔，一代代治水人的身影快镜头般从眼前滑过，耳畔仿佛传来了历史深处响起的劳动号子，雄浑、厚重、不屈，一如脚下静默着的这片黄土地。

七星渠与通丰闸

陈晓希

七星渠是卫宁平原古老的自流引黄干渠之一，据1975年成稿的《宁夏水利基本情况汇编》载："七星渠，武帝征和元年（前92年）所建。"翌年，科学出版社出版的《宁夏农业地理》载："七星渠于西汉天汉元年（前100年）开创。"据《中宁县志》1994版记载，早在西汉元鼎三年（前114年）以前，设在中宁境内的眴卷县，已经修渠引水，开垦大片土地，发展农业生产，距今已有两千多年历史。

七星渠历经整修，渠道不断延伸，灌溉面积不断扩大，养育了世代生活在这里的人们。1978年4月27日，七星渠延伸工程竣工。渠道越过古老的泉眼山渠口，自中卫市沙坡头区申滩黄河右岸开口引水，至中宁县白马乡新田村入青铜峡库区，全长120.6公里，承担着卫宁灌区及宁夏中部干旱带同心、红寺堡、固海扩灌三大扬水灌区120多万亩农田的灌溉及人畜饮水任务。

由于七星渠傍山而行，沿途有三十多条山洪沟穿渠而过，山洪灾害频发，影响渠道行水安全，历代都将洪患治理作为渠道治理的重点。受当时科技水平和生产力水平所限，洪患治理措施有限，为了最大程度减轻山洪对渠道的危害，人们只能在渠道沿线左堤关键的险工地段修建兼有泄洪拉沙的水闸，在山洪暴发时开闸泄洪，以此预防和减轻洪灾对渠道的侵害。建水闸泄洪拉沙措施的实施有力地保障了渠道行水的安全。这些分布于七星渠沿线的古老水闸，有些历经改建沿用至今，有些已消失。通丰闸就是一座已消失的古老水闸。追溯其历史渊源，对于弘扬水利文化，研究当地地域变迁仍具有重要意义。

通丰闸原址位于原七星渠（自泉眼山开口引水）上游左堤，今舟塔乡黄桥村一队老闸头处，距长茶桥200米。作为七星渠上游的泄洪拉沙闸，通丰闸在维护渠道通畅确保农田灌溉中发挥着重要作用。当时通丰闸的主要功能就是将龙坑沟洪水和七星渠淤积泥沙经此闸排泄进入南河子，最终流入黄河。龙坑沟洪水由风塘沟、红石嘴沟和党家碑沟三条山洪沟汇集而成，全长约15公里，每遇山洪暴发，都对七星渠构成严重的威胁。龙坑沟原属清水河的导洪沟，明代在坝头子打高坝将清水河向西引至泉眼山入河以后，高坝曾多次冲毁，给宁安一带造成危害。为了避免清水河河水沿故道直泄宁安堡，又在草帽墩下打土坝将河水西引，经龙坑沟到茶坊庙一带，起改向滞流作用。民国以后，坝头子大坝再没决口，龙坑沟遂成为排泄风塘沟等处山洪和地下浸水的通道。

1959年秋，七星渠古城段裁弯，自通丰闸到肖家闸，长约3公里，政府组织劳力用40天时间将渠线南移。由于通丰闸口距新渠线较远遂废弃，其排泄山洪的功能就此终止。当时水闸建筑材料主要为青石、木料、白灰、胶泥、麦草等，其连接性不如水泥牢固，拆毁相对容易。水闸废弃后部分石料被附近群众拆去作为建房基石。

1962年于七星渠干渠桩号"38+738"处（原通丰闸东，今黄桥村一队与二队交界处）建龙坑闸代替通丰闸。为彻底排除龙坑沟浸水及山洪对七星渠的危害，1972年政府投资2.75万元，在七星渠干渠桩号"38+738"处新建长55米，宽高各2.5米的龙坑涵洞，龙坑沟水通过涵洞沿沟进入南河子，彻底消除龙坑沟对七星渠的隐患。

随着时间的推移，这座废弃多年的退水闸渐渐淡出人们视线，只留下一个"老闸头"的名字，名字背后的故事和所蕴含的意义，却很少有人知晓。其实，老闸头就是通丰闸废弃后，当时人们对通丰闸所在地地名的更新和延伸。

我自小就生活在七星渠边，儿时曾跟着大人在渠堤险工地段续码头放柴埽。修建码头的石料多用生产队的大胶轮车自泉眼山拉来，由社员在险工地段垒砌而成。柴埽就地取材，其做法是先选一处平宽堤面，沿堤铺草绳，绳间距20厘米左右。草绳的长度，要比圆柱体的展开长度长1米左右；也可按圆柱体直径大小计算；一般圆捆埽的直径2米时，草绳长15米左右。草绳的直径为6—8厘米，拧绳时须将麦草浸湿。绳上匀铺柳枝（或灌木枝）作为肋筋，肋筋之上再铺一层厚约15厘米的散麦草（蒲草、稻草、麦柴都行），草层上铺黏土或砂砾土，厚度不小于10厘米，最后将直径不小于10厘米的芨芨草绳平行放在一边。一般草绳长度不短于圆捆长度的5倍。然后十多人用力推卷成圆柱体，将草绳捆紧。一般渠堤哪里有问题就在哪里起埽，以方便下埽。下埽时众人合力将埽滚推至险工地段，为了土埽牢固也可在紧靠土埽外侧处打入木桩，或在土埽腰部系上草绳和铁丝，在渠堤外侧搌上木桩，将草绳和铁丝固定其上，以防大水将土埽移位。

每当发山洪时，就跟着家人去捞浪柴（山洪从水土流失地方带来的枯枝败叶、草根羊粪等混合物），为冬天烧炕准备燃料。年龄稍大，又跟着大人学会了游泳，每年盛夏来临，七星渠就是我们免费的游泳场所，扎猛子、比游速是我们游泳时经常性的比赛项目。有时一群小伙伴常常玩得忘记吃饭，直到听见父母喊着回家吃饭，大家才上岸穿衣，各自回家。小麦打碾时节，七星渠也是生产队男人们洗浴的场所。和大人们相处久了，他们口中有关七星渠的趣闻轶事也成了我关注的话题。

那时候，我好奇心特别强，总是想知道蜿蜒的渠堤上，怎么有那么多的码头，为什么渠的左堤又高又宽，对岸的渠堤那么窄小，甚至有岸无堤。父亲对于他知晓的事情总是给我详细讲解，他不知晓的事情，就对我说一个小娃娃问那么多事干吗？我只好悻悻离开。在好奇心驱使下，我为了找到答案，又向别人请教。由于历史久远，有关通丰闸的一些详细情况，比如通丰闸名称的由来、修建的时间、谁主持修建等，别人也说不清。通丰闸在我心中始终是一个解不开的谜。

但父亲给我讲的通丰闸守闸人（清代官方称"水手"）的故事让我记忆犹新。据说在清末民初，西起茶坊庙、东至太白庙（原址在今中宁县舟塔乡黄桥村，寺庙现已迁至七星渠南古城子地界）的大片区域内，只有十多户人家，其中一陈姓人家几代人都在通丰闸上当水手，负责通丰闸的启闭和安全运行。

那时候关闸的用具是檩条和麦草，关闸时将一高一低的檩条（这样方便开启闸口时系解位于檩条上端的绳子）依序挨个直立于水闸上下横梁之前，如同用檩条组成的墙体，以此阻挡渠水下泄，如漏水太多，可用麦柴塞缝。开启时，依次将绳子系在檩条上部，使劲向前侧拽拉，将檩条全部拉出，水闸开启。有一年山洪暴发，洪水入渠，情况危急，陈姓水手急速开启闸门，在用力拉拽檩条时不慎落入水闸，以身殉职。在处理善后时，官府将茶坊庙与太白庙之间的荒滩划给陈姓人家垦种，以作抚慰。由于荒地较多，陈姓人家又将无力耕种的土地租给无地少地的农户耕种，后来人们就将此地叫作陈家滩，地名沿用至今。

2018年，我有幸得到一位水利工作者送来的于同年由黄河水利出版社出版的《重修中卫七星渠本末记（点注本）》，我如获至宝，仔细阅读，书中多次提及通丰闸，有关七星渠与通丰闸的一些疑问才得以破解。书中记载，清光绪二十五年（1899年）正月，受陕甘总督陶模保举，因有重修四川青神鸿化堰的经验，曾在四川青神、资阳、新津任知县的王树枏署理中卫县知县。在他任职期间，重修了废弛八九十年的七星渠，妥善解决了渠道易受山洪冲毁的难题，并在白马通滩开渠80余里与七星渠相接，恢复和发展了当地农业生产，造福一方百姓。在修渠资金筹措上，王树枏不拘旧制，提出先将仓粮变价支付渠工，渠成后由受益土地所有者摊还，"不费国家一钱，而国课骤增，县以大富"。同时，编印《重修中卫七星渠本末记》一书，系统整理、记述了修渠全过程，该书为后世兴修水利提供了借鉴，留下了宝贵史料。离任时，百姓念其遗德，"仍建生祠，定期和会，川陇传为佳话"。

依黄河水利出版社2018年出版的《重修中卫七星渠本末记（点注本）》之《估勘七星渠工费及一切章程折》（写于光绪二十五年六月初一）所记，"该渠旧岁凡退水闸七道，吴石闸已损，拟修葺，费钱二百串文。三空闸即通丰闸，已损，拟修葺，费钱二百串文。宜民闸已废，拟重修，费钱五百串文。利民闸即萧家闸，地势最陡，已损坏无余，拟重造，费五百串文。小径沟上游宜再添一闸，以泄沙泥，拟修造，费钱一千四百串文。拖尾闸已损，拟修葺，费钱二百串文。"又载："七星渠自红柳沟上尚有七闸，既可减水亦资泄沙，每岁春工用力少而成功多。旧有吴石闸一座，长六丈六尺、宽一丈二尺、高八尺，正闸一座两空，每空宽一丈两尺、长十一丈、高一丈三尺，三空闸（通丰闸）一座，长十五丈、宽一丈四尺、高一丈，宜民闸一座，长二十丈、宽一丈四尺、高一丈，盐池闸一座，长十六丈、宽一丈二尺、高一丈二尺，拖尾闸一座，长五丈、宽八尺、高五丈，百余年来桩石损坏，民间无力修补，以致渠道淤塞年甚一年。利民闸一座，损坏无迹，盐池闸以下渠长闸少，当于小径沟以上添建一闸，则恩和堡至鸣沙州方无冲决淤塞之虞。明岁拟皆量力修补，而工费甚巨，所占之数诚恐不敷，惟有择其要者添葺而已。"

由其史料可以看出，至清光绪年间，沿渠各闸在维护渠道运行方面依旧起着不可或缺的重要作用，并依据实际情况，在一些易出险情的地段，还在增补完善用于泄洪拉沙的水闸。各闸的开口的长、宽、高，及修缮所用资费都有详细的记载，从一个侧面反映了王树枬勤政严谨务实的工作态度。据记载，当时七星渠沿线各闸均有管理人员负责闸道的启闭安全，除渠口及双空洞闸配三名水手，其余各闸均为一名，每年皆发不等的口食制钱，其中通丰闸水手一名，发口食制钱六串。

通丰闸作为一个仅次于盐池闸的古老水闸，虽然已经消失在历史的长河里，但其为确保七星渠安澜而起到的重要作用，必将永载史册，成为古人治水用水智慧的见证。

卫宁孔道山河桥

张永堂

清水河自南部山区流来，古也叫山河。它发源于六盘山北麓固原县开城岭，向北流经固原、西吉、海原、同心，至中宁县泉眼山西注入黄河。全长 303.2 公里。流域面积 14481 平方公里。是除黄河外，宁夏境内流程最长、流域面积最广的河流。

清水河近河口一段，由于流经软硬不同的岩层时，形成上下两个急流瀑布，俗称上下两跌坂。下跌坂水从 10 米高处倾泻下来，形成一幅宽 10 余米的水帘，奔腾澎湃，水花飞溅，呈现一片白茫茫水雾，景色十分壮观。

自古以来，山河桥既是晋西、陕北通往河西走廊，入新疆的交通捷径，又是卫宁之间必经的要道，累修累毁不知多少次。据《中卫县志》记载："1755 年（清乾隆二十年）重建下山河桥（宁安至宣和）。设防兵五名防守。"又《排水沟志》记载："该桥用伸臂木梁结构，桥长二十丈，只行人马，不过车辆。"最后一架木桥，据先辈回忆，建于清光绪十年（1884 年），该桥位于上下跌坂之间，为木制拱形桥，两侧有护栏，东西有凉亭。1931 年笔者随宣和学校旅行队抵此，曾登临其上，确知只行人马，不过车辆。群众称之为"跷起桥"。《排水沟志》的描

160

述盖指此桥。民国二十二年（1933年）秋，南部山区淫雨不断，发特大山洪。桥被从上游冲来木料阻塞而摧毁。官方未再拨款，而民间亦无资可筹，从此再未恢复。

桥毁后，来往车辆行人，均从上跌坂之上100米处涉水而过。平日水小，穷人挽裤管赤足涉水而过，富人被为生活所迫的穷人背负而过。雨季水涨，人乘皮筏两面用绳索牵引渡过，花钱比过黄河还贵。载重车辆往往数日不得而过，行旅备尽艰辛。

民国二十七年（1938年），原宁夏省建设厅厅长李翰园视察卫、宁两县公路，提出重修山河桥，设想通行汽车。并召集卫、宁两县士绅计议，公认凿穿下跌坂为桥是长远的办法。至民国三十一年（1942年）春，政府始批准助款动工修建。李翰园指派中宁县建设科长张儒士主其事。红崖老石匠邵光前承揽该项工程，他率领石工张金银（潘营人）、严全山（铁渠人）、高三（黄桥人）、邢好善（杨营人）、张之洞（校尉川人）等，用土工具、土炸药，炸石伐渣，历时八个月（从1942年10月开工至1943年5月结束），终于凿成现在的涵洞桥。桥长43.4米，桥宽4.2米。桥面距河底深度前沿为3.3米，后沿为7.5米，过水洞长8.4米、宽2.7米、高（深）5米，洞口为椭圆形，面积13.5平方米。洞顶厚2.8米，上面无裂缝，酷似天生桥。水小从洞中流出，遇有特大山洪和泥石流可从桥面漫过。洞凿穿之后，张儒士同中卫四区建设助理员蔡生贵带领民夫，开辟道路，整理桥面。桥成之后，立石纪念。碑高2米，厚20厘米，宽80厘米。由马鸿逵题字，正面为"山河桥"三字，背面为"便利交通"四字，立于桥之左侧。

1952年春，人民政府整修公路。山河桥段由中宁养路段杜清福负责。桥东潘营和桥西杨营一带的民工积极参加。变坎坷狭窄的路面为平坦宽阔的水泥路，变东西两面的陡坡为缓坡，从此旅途畅通，万民额手称庆。桥成剪彩时，邻近群众和红崖完小师生敲锣打鼓前往庆功。原立马鸿逵的德政碑，被砸毁垫于路基下，不复存在。

清水河由于流经南部山区，坡度较大，植被很少，所以水流浑浊。原含沙量为 350 公斤／立方米，新中国成立以来，采取建库等措施后，含沙量减为 160 公斤／立方米。年平均输沙量由 0.56 亿吨减至 0.21 亿吨。如进一步采用工程措施及生物措施，有朝一日将出现人们长久盼望的"河清"，到那时，清水河也就名实相符了。

盐道与莫家楼古渡

张建忠

"黄河东下自昆仑，浊浪排山晓拍津。来往行人喧古渡，只因名利少闲身"。这首《黄河晓渡》道出莫家楼古渡繁忙景象。《乾隆中卫县志·关梁》载："自县城往兰（州）、靖（远）通固原、平（凉）庆（阳），至西安，必由此渡河。"

莫家楼古渡距中卫城东南20里，南北道路、水旱码头在此交会。渡口两岸绿树成荫，村庄错落，古时车水马龙，熙熙攘攘，热闹非凡。明清时期，古渡就被列为官渡，称为"永

1950年的莫家楼渡口

康渡"，民国时期曾设盐务局，比利时人和中国盐务人员在此经营管理。内蒙古察尔汗盐池、通湖盐池、雅乐格勒汗盐池产的青、白、红、黑盐，由定远王府和其他王府组织盐运，驼队常年运输，由此销往内地。每年进入中卫约9万驼次，每峰骆驼驮盐两袋，每袋75公斤，年运输量达1350万公斤。盐务商贸的往来与兴旺，使古渡一派繁荣景象。

抗日战争爆发后，日寇占领了呼和浩特，吉兰泰盐池向东运输中断，继而转向大后方莫家楼渡口运出，莫家楼成为盐业集散的大市场。由此，各族百姓云集，商家蜂拥而至。莫家楼每日都有几千峰骆驼进出，上千人参与盐业市场营销，商贸发达，盐务繁忙。中卫有名的"尽盛魁""鸿泰店""春兴源""中兴泰"四大富商鹤立于此。各富商、船工、筏匠在生意兴隆期间，集资募捐，修桥铺路，兴学办学，赈灾救灾，建寺盖庙，由此莫家楼声名鹊起。"中宁有个牛首山，离天三尺三；中卫有个莫家楼，半截擩在天里头"的民谣使当地人倍感自豪。

在叶盛黄河大桥与中宁黄河大桥未建成时，莫家楼古渡一直是宁夏北部与南部山区的重要通道，又是包兰线上的重要货库和西海固物资储备运送的枢纽。

早先，莫家楼古渡一直是靠人力摆渡，只有木船和羊皮筏子。过大车、载重物，把几只木船连接在一起，铺上木板载车摆渡。1957 年开始使用机动船，驳轮一次可载 62 吨，一次可上四五辆大车，每天要摆渡的车辆有四五百辆，航运十分繁忙，春夏秋冬，热闹非凡。

20 世纪 80 年代起，现代化的交通逐步代替了古渡的历史作用和地位。1986 年中宁黄河大桥建成，1994 年胜金关黄河铁路大桥通车，特别是 1998 年中卫黄河公路大桥通车以后，莫家楼古渡彻底结束了摆渡历史。但莫家楼古渡毕竟摆渡过我们过去艰难的岁月，才有了今天的辉煌和未来。

古今纵谈

在历史的长河里游目骋怀，我们会发现，其实古人离我们并不遥远。他们在岁月的烟尘里，以凝固的姿态述说着动态的故事，《诗经》是这样，《史记》是这样，《资治通鉴》也是这样。只因有了这些记载，我们才能把历史串联起来，看金戈铁马、烽火连天的风云变幻，听"大风起兮云飞扬，安得猛士兮守四方"的豪迈咏唱，赏"大漠孤烟直，长河落日圆"的边塞美景……

翻阅历史，我们深知，我们的昨天也会成为历史。因此，我们以虔敬的心态，记录下昨天发生过的那些重要事件，让时光淘洗，让日月判断，让历史检索，这便是我们目下的耕种。历史需要接续，一如我们翻阅前人留下的史卷，在字里行间寻找昨天、前天。承上启下，是一个不变的古老话题，亦是今人和古人的又一次际会。

王维《使至塞上》与沙坡头景观联系之探考

范桂亦

　　"大漠孤烟直，长河落日圆"的千古绝唱，系唐朝开元二十五年（737年）王维奉命赴河西节度使治所途中所作。诗人当年是走何路线由长安至凉州的？集大漠、长河、孤烟、落日于一处的壮丽美景是否真实存在？本文试图通过深入分析《使至塞上》创作背景、情感基调，并结合当时历史地理现状和诸选本对诗作的注释，确定其所涉及重要

九曲黄河　刘泉龙／摄

地理信息的名称的确切位置，推断其赴边路线，从而考证佳句与景观的奇妙联系。

引　言

"大漠孤烟直，长河落日圆"描绘了一幅雄奇壮阔的塞上奇景，用词真切，对仗工整，颇受历代诗家推崇，被王国维誉为"千古壮观"。该佳句是诗人对塞上自然风景的典型概括还是具体景观的真实描写，历代学者莫衷一是。而作为上乘人文资源，国家5A级旅游景区沙坡头的经营者们，则满怀信心与豪迈，认定诗词所述奇景非沙坡头景观莫属，并且已在景区内既雕王维像又刻王维诗，来自海内外的游客在领略胜景之余，众说纷纭并质疑：王维有没有涉足过此地，诗中壮丽奇景是否就是沙坡头自然景观的真实写照？对此，学术界暂无定论。随着2008年北京奥运会国内火炬传递至宁夏，作为宁夏第一站的中卫市以沙坡头景区内王维雕塑广场为始发点，引得各路媒体争相报道，更为此推论扩大了影响，使人不得不慎重思考求证——王维的诗作与沙坡头景观是否存在关联？故本文将对王维出使所行路线以及诗中地名的确切注释进行求证分析，力求为沙坡头景区王维雕塑"正名"。

《使至塞上》创作背景及诗人情感主旨

王维乃盛唐大家，位居古代诗人极善写景者之列，出使边塞"机遇"更为他提供了迥异于青山绿水的大漠风光，从而捕捉景物特征，三言两语便勾勒出极具塞上特色的景象。但是，由于时代隔阂，人们对《使至塞上》具体诗句、意象的主观解读，用各种注解、译释、评论、鉴赏等曲解了诗人情感，进而损害了诗篇的思想意趣。如有说诗人是写塞外荒凉的景象，有说是写诗人内心的愤懑与悒郁，及孤寂的情绪，还有说表达了诗人只身赴边的抑郁心情。若将以上观点归作一派，可概括为诗作通过塞外荒凉抒发作者的失意情绪。然而，还有不少学者认为，诗人想要表达的是一种对大唐盛世、疆域辽阔的歌颂，以及边塞将士高昂奋进的戍边决心。作为一个完整的思想情感载体，一首诗的主旨的重要性显而易见，那么对全诗情感基调没有确切统一的把握，就直接导致了诗作中重要字词的解释无法确定，令现行于世的诸类教科书抑或诗选对这首脍炙人口的名作注释呈混乱之相，令人费解。其中，较为突出的是诗人出塞所持情绪以及"属国""居延""萧关""燕然"等地名的注解，而引起争议最多的要数关于"大漠""长河"两句的阐释。

其一，诗人从政经历及《使至塞上》创作背景。王维出使塞上的这年春天，河西节度副使崔希逸统领大军从凉州南入吐蕃 2000 余里，战于青海西，大败吐蕃。其时，王维由春徂夏，在长安任右拾遗。唐玄宗命王维以监察御史兼节度判官的身份出塞宣慰，察访军情。那么，皇上为何要偏偏选派王维呢？弄清事情的真相与内幕，是理解王维《使至塞上》不可或缺甚至是至关重要的一环。

王维 21 岁擢进士第，任太乐丞，从此开始了官场生涯。后来因事坐累，谪济州司仓参军，虽然心中有"微官易得罪，谪去济川阴"的不平，但感到"执政方持法，明君照此心"，他并没有多大怨恨。当时正逢开元盛世，年轻的诗人对前途充满幻想，生活态度也是积极乐观的。这一时期，他在外做官十几年，饱览黄河流域的山水景物，写下《齐州送祖三》《早入荥阳界》《宿郑州》《渡河到清河作》《登河北城楼作》《华岳》《寒食汜上作》等诗作，表达了自己开阔的胸襟和对祖国山河的热爱。诗的内容间接地反映了盛唐的时代风貌和诗人青年时期的远大志向。在此期间，王维虽曾在淇上和嵩山有过阶段性隐居，也时有些牢骚之语，但其主要是想通过归隐来扩大自己的声望，并且等待朝廷给予自己新的任命。

唐开元二十二年（734年），张九龄为中书令，开明贤能，反对贵族集团的朋党阿私，主张不循资格用人。这时，王维写了《上张令公》，表达钦佩之意和参政热情，希望得到援引。不久，张九龄就擢拔王维为右拾遗。诗人积极入世的政治热情和"忘己爱苍生""动为苍生谋"的理想，在心为志，发言为诗，当他徜徉山水并进而吟咏的时候，必然贯注于诗作之中，并通过诗歌意境表现出来。譬如《终南山》，大概写于开元后期长安为官时，诗人站在主峰上总览终南山的嵯峨高峻和云海奇观，写出它凌空依傍、想落天外的气势和幽玄隐秀、连绵合沓的容貌，象征着盛唐繁荣昌盛的时代和诗人乐观豁达的精神。不难看出，直到开元时期的王维，既有建功立业的远大志向，又有着进取向上的生活态度。

开元二十五年（737年）四月，监察御史周子谅上书弹劾牛仙客，唐玄宗大怒，将周廷杖而死，时为宰相的张九龄亦因曾引荐周而获罪，被贬为荆州长史。张九龄的被贬实为李林甫陷害的结果，朝政亦由张九龄罢相和李林甫的执政走向昏暗。也正是因为张、王二人政治主张上的一致，李林甫自然会猜忌王维，视他为张九龄同党，是自己眼中钉，必然要想方设法将他逐离京城。果然，当张九龄出为荆州长史后，王维便被堂而皇之地借"宣慰"之使命排挤出了朝廷，"衔命辞天阙，单车欲问边"去了。这种朝堂内幕，想必王维是非常明白的，并且对他的震动也很大，但这只是王维生活和思想变化的一个大背景。

其二，王维奉命"使至塞上"的情感基调。唐前期社会弥漫着一种尚武精神，正所谓"宁作百夫长，胜作一书生"，年轻时有着"欲奋飞"志向的王维当然也不例外，从他的《李陵咏》《少年行》《燕支行》《老将行》等一系列诗作中，就可看出他以"结发有奇策，少年成壮士"自许，以及以"拔剑已断天骄臂，归鞍共饮月支头"期许。所以他对单车赴边、征战立功不但没有畏惧和悒郁，相反倒有种兴奋和期待。这种情绪和基调，在《使至塞上》同期诗作中也有表现，如《出塞作》中：

170

"居延城外猎天骄，白草连天野火烧。暮云空碛时驱马，秋日平原好射雕。护羌校尉朝乘障，破虏将军夜渡辽。玉靶角弓珠勒马，汉家将赐霍嫖姚。"此诗下有自注"时为御史，监察塞上作"。诗中描绘的塞外驱马射雕场面，"朝乘障""夜渡辽"作战情形和天子的封侯赐姓之赏，都有一种赞赏和夸张的意蕴。这当中不单有初至边塞、服役于军中的新鲜感和兴奋感，还通过自己的亲身感受，表达对大唐帝国疆域辽阔的隐隐的自豪感和使命感，却看不出其中的沮丧。再加之王维与崔希逸关系很好，亦有学者认为王维的母亲崔太夫人与崔希逸同族。况且，王维一到军中，就替崔希逸草奏《拜赐物表》《为崔常侍祭牙门姜将军文》，可见关系非同一般。如此背景，就不能说王维奉命出使是非己所愿，内心充满激愤之情，甚至可以说诗人是乐于此行的。

王维"使至塞上"行进路线推论

通过对此诗创作背景的深入分析，便不难发现王维奉命前往塞上，宣慰得胜军队的心情是激昂的，那么整首诗所反映的感情基调也是乐观向上的。掌握了诗作的主题情绪，接下来就可以参照诗句和 1200 多年前的历史地理现状，来判断诗人的旅程和行进路线了。

此乃王维第一次出塞，目的地为凉州，即今甘肃省武威市。据《旧唐书·玄宗本纪下》载："三月乙卯，河西节度使崔希逸自凉州南率众入吐蕃界二千余里。己亥，希逸至青海西郎佐素文子觜，与贼相遇，大破之，斩首二千余级。"当时在京任右拾遗的王维被任命为监察御史去凉州"宣慰"。但是，由于各方对诗中所涉地名的注解分歧颇多，尤其是对"居延""燕然"等的理解各执一词，致使诗人出使的路线难以判断。鉴此，对诗句的分析理解至关重要。

其一，《使至塞上》所涉及重要地名解释。"单车欲问边，属国过居延。征蓬出汉塞，归雁入胡天。大漠孤烟直，长河落日圆。萧关逢

171

候骑，都护在燕然。"原诗录自上海古籍出版社《王右丞集笺注》（以下简称《笺注》）卷九，该书是清代学者赵殿成耗尽毕生精力而成的一部力作。本书据清乾隆刻本排印，是王维诗文的一个有重要价值的笺注本，订正前人之失甚多。共二十八卷，收入《四库全书》集部别集类。《笺注》作为王维诗文集的权威注释本，为《使至塞上》作注就理所当然地要参考赵殿成注。全国高校中文专业中国古代作品选课程所用教科书《中国古代文学作品选》（郁贤皓主编）或《历代文学作品》（朱东润主编），就是以《笺注》一书为蓝本进行注释的。但同为权威性高校教科书，郁选和朱选对《使至塞上》注释就存在明显分歧，并集中在对"属国""居延"的解释上。

"属国"与"居延"。郁选本对诗句首联的注释是"二句意谓单车出使独往边塞慰问，使者来到了居延。属国：秦汉时官名典属国的简称。汉代苏武曾为典属国，唐时遂以'属国'指使臣。居延：汉县名，故址在今甘肃张掖西北。此二句一作'衔命辞天阙，单车欲问边'。"朱选本注为"属国句：是'过居延属国'的倒文。汉时，凡已归附的少数民族，称其地区为属国。《汉书·卫青传》颜师古注：'不改其本国之俗，而属于汉，故号属国。'居延：古县名，故城在今内蒙古自治区额济纳旗境。《后汉书·郡国志》：凉州有张掖、居延属国。"

郁选的注释比较明确，直接认定"属国"乃官名，是诗人自指。因此对"居延"的解释也确定到县名，说"使者来到了居延"，给予诗句一个完整的解释，至于其正确与否，放到下文再作讨论。但是朱选将"属国"与"居延"联合作解为"居延属国"，并没有对诗句进行明确的解释。而朱选的可信度也需要再作求证。这两个选本的注释作为典型存在便可窥见《使至塞上》在注释上存在的普遍问题。

历代对"属国"的解释大致分为三种：第一，"典属国"，诗人自指。中国社会科学院文学研究所选注《唐诗选》说："'属国'，典属国（秦汉官名）简称，唐代人有时以'属国'代指使臣。王维奉使问边，所以自称属国。"此外，明唐汝询《唐诗解》、王友怀《王维诗选注》等也将"属国"解为"典属国"。第二，"附属国"，指归附朝廷后仍旧保留其原有国号的附属国，简称"属国"。如高步瀛《唐宋诗举要》言："属国，《汉书·武帝纪》'元狩二年秋，匈奴昆邪王杀休屠王，并将其众，合四万余人来降，置五属国以处之。'颜注曰：'凡言属国者，存其国号而属汉朝，故曰属国。'《续汉书·郡国志》：'凉州有张掖、居延属国'。"陈贻焮选注《王维诗选》："属国，汉代称那些仍旧保留其原有国号的附属国为属国。"第三，特指"居延属国"，持此论者一般认为"属国过居延"是"过居延属国"的倒装，如韩兆琦《唐诗选注集评》："属国过居延，即过居延属国。"马茂元《唐诗三百首新编》等也都认为是倒装句。

而"属国"一词究竟作何解释，要联系对"居延"的准确定位。历代对"居延"的解释可分为四种：第一，认为居延是泽名，在凉州以北，今内蒙古境内。高步瀛《唐宋诗举要》引《续汉书·郡国志》言，"居延，有居延泽，古流沙。"又引《水经·禹贡·山水泽地所在篇》曰："'流沙地在居延县东北。'郦注曰：'泽在故城东北，《尚书》所谓流沙者也，形如月生五日，弱水入流沙，沙与水流行也。'"第二，认为居延是古地名。如施蛰存《唐诗百话》认为，汉代此地与匈奴接境，在今甘肃省张掖、酒泉一带。第三，认为居延是古行政区名，即居延属国。如陈贻焮《王维诗选》引《后汉书·郡国志》的"张掖居延属国"，并由此认为此句是说经过居延属国。韩兆琦《唐诗选注集评》也认为居延属国是汉代的行政区名，在今内蒙古额济纳旗南、甘肃武威西北，是王维这次要出使的地方。第四，袁行霈主编《历代名篇赏析集成》认为是居延古塞，匈奴南下凉州的要道，在汉张掖县西北，后置县。经查《读史方舆纪要》有《居延城》，亦言汉初，居延为匈奴南下凉州的要道。武帝太初三年（前102年），使路博德于此筑塞，以防匈奴入侵，故名曰遮虏障。由此可见，在汉代，居延城外即外族之地，汉代曾在城附近筑塞，因此可以称居延为汉塞。这样，第三句"征蓬出汉塞"

就有了着落。况且，王维在另一诗《出塞作》中也提到"居延城外猎天骄"，此处之居延城和《使至塞上》所说的"居延"应当是同一地方。窃以为，此处当指古地名，即今甘肃省张掖、酒泉一带。

如此再来探寻"属国"的确切意思。

上述注解还原到诗句的解释又可分为两种：一种解释为王维奉命出使塞上，路过了居延。另一种为"边塞的辽阔，附属国直到居延以外"。我认为"属国"一词不应当做"典属国"解。理由是，如果将"属国"解释为王维自指，则与诗人出使的地理方位不合。前文已交代清楚，王维作为监察御史，此次出行的目的地是河西节度使治所凉州，出长安西北行，则先到凉州。而张掖在凉州以西，居延更在张掖西北，所以诗人不可能先经过了居延。又因，"属国"句承上句末字"边"而来，进一步写"边"极边极远，属国远过居延。所以有注家云："'属国'句，是说边塞的辽阔，附属国直到居延以外。"而"使至塞上"标题，说明"单车欲问边"的目的地为塞上，而加"属国过居延"则既点明"塞上"为西北边塞，又增加了过"居延"的时空广袤，使诗句意象殊胜。

"大漠""孤烟"与"长河"。王维的边塞诗，约有两类。一类是"悬想"之作，诗人通过想象广阔浩瀚的边塞战场上，戍边将领英姿勃发，骁勇善战，表现壮志难酬的少年对塞外沙场的豪情向往，如《少年行》《长安行》《老将行》《燕支行》等。另一类是"纪实"之作，是诗人真正赴边出塞后，对异域壮观风情的赞叹以及对边陲生活感受的真实写照，《使至塞上》即属此类。历代注释评论诗作的学者，也许极少有人莅临，因此无法领略到真实的塞上景观，也因此而对"大漠孤烟直，长河落日圆"那雄奇壮阔的景观心向往之却存惑颇深，所以对"大漠""长河"句的注解更多的是凭借主观臆想和理论上的地域知识，加之诗作风格、美学思想等因素而进行的推断。

经查阅陈铁民《王维诗注》，其对"大漠""孤烟"的注解值得参考。大漠，班固《封燕然山铭》："经碛卤，绝大漠。"李周翰注："大漠"，沙漠也。此处疑指凉州之北的沙漠（今腾格里沙漠的一部分）。孤烟直，赵殿成注："庾信诗：野戍孤烟起。"《埤雅》："古之烽火，用狼粪，取其烟直而聚，虽风吹之不斜。或谓边外多回风，其风迅急，袅烟沙而直上，亲见其景者，始知直字之佳。"郭培岭《王维使至塞上考释》云，经至甘肃、新疆等地进行实地考察，确信赵氏"或谓"解释正确。那种回风"袅烟沙而直上"现象，气象学上叫尘卷风，它是一种夹带尘沙的空气涡旋，总出现在温暖季节晴朗的日子里，"尘卷风起时，可以见到有一种尘沙的烟柱如从地上冒出，然后不停地向空中伸展，形成一幅壮观的奇景"。又，"孤烟"亦可能指平安火。《通鉴》卷218："及暮，平安火不至"。胡三省注，"《六典》：唐镇戍烽候所至，大率相去三十里。每日初夜，放烟一炬，谓之平安火。"唐席豫《奉和圣制送张说巡边》："春冬见岩雪，朝夕候烽烟。"烽烟，即指平安火。

"大漠"一解，基本不存质疑，诸本都当沙漠讲，陈铁民注本甚至明确到"今腾格里沙漠的一部分"，而沙坡头所属地理位置正好就在腾格里沙漠南缘，这一联系拟在后文中详细阐述。

通过查阅资料，可知诸家对"孤烟"说法大致分为三类：

第一类，根据赵殿成引《埤雅》"古之烽火，用狼粪，取其烟直而聚，虽风吹之不斜"的"狼粪烽火"说。而烽火说又分成两派，一派是战时边塞随处可见的烽火台在遇敌时放出的敌情信号。其依据是"烽火台上的烟，一般地说，是用以传报敌警的。《说文·火部》"烽"字条：'烽燧，候表也。边有警则举火。'另有"《太平御览》卷《兵部·烽燧》引汉孟康《汉书音义》：'高台上作桔皋，桔皋头有兜零，以薪草置其中，常低之，有寇则火燃举之曰烽。下多积薪，寇至则燔之，望其烟曰燧。昼则燔燧，夜乃举烽。'"另一派就是"平安火"。平安火是报告平安的烽火，"每日初夜，放烟一炬"，因初报时还在白天，所以主要是烟。前已分析烽燧之异同，可知虽为烟，也叫火。又因天气晦明不一，或远渐入夜的原因，也有时以火，所以叫"平安火"。唐人诗中有不少写到过它。在战事频仍的年代，平安火报平安，即是报捷。所以，台湾《中文大辞典》"平安火"条又加一义项为"报捷之烽火"，书证举《事物异名录·礼制·举烽》引《山堂肆考》"报捷之烽火曰平安火，"直到宋代的烽制，也还是有平安火的。

考虑到王维此行是在唐军打了胜仗前提下，也就是说，行路上较为安全，再加之用来报警的烽火多为一连串的接应燃起，通过烽的特定数目来表示敌军人数等相关信息，如《墨子·杂守》"烽火已举……言寇所从来者少多"作为一种报警信号，或者说是一种有一定系统性的符号，总要有明确的所指，烽火台上的烟火，一般是表示来敌的方向与数量的。《太平御览》卷335《兵部·烽燧》引唐李靖《卫公兵法》："每三十里置一烽……如觉十骑以上、五十骑以下，即放火一炬火，前锋应讫即灭火。若百骑以上、二百骑以下，即放两炬火，准前应灭。贼若五百骑以上、五千骑以下同，即放三炬火，准前应灭。"这里说的是晚上放炬火报警的规定，白日放烟亦应与此相当。那么，一股烟，就算是有小股来犯之敌，而"准前应灭"的规定说明，燃起烽火持续时间很短，那么与"大漠孤烟直，长河落日圆"诗句所写就的浑然一体的永恒感画面相悖。

第二类，"炊烟"说。近人高步瀛《唐宋诗举要》则谓炊烟，"此但赋当时所见，农师（陆佃）之说，不必为摩诘作疏也"，而取"依依墟里烟"和"野戍孤烟起"作注。此说根据还有："孤烟"一词在诗中常见，如前所引，王维本人还有"渡头余落日，墟里上孤烟""山下孤烟远村，天边独树高原"等句，皆指炊烟而言。论据看似颇具理由，但稍微一想，荒凉的大漠，自古人迹罕至，即使有袅袅炊烟在落日中升起，也是弱而无力，风吹即散的，何谈"直"字，因此"炊烟说"于景于情都不入理。

第三类，"尘卷风"，也即"沙烟"。朱东润主编《中国历代文学作品选》释"大漠"句"内蒙古接近河套一带，从秋初到春末，经常为高压中心盘踞之地，晴朗无风，近地面温度特高，向上则急剧下降。烟在由高温到低温的空气中愈飘愈轻，又无风力搅乱，故凝聚不散，直上如缕"。赵殿成所注的"或谓边外多回风，其风迅急，裊烟沙而直上。亲见其景者，始知直字之佳。"因之，就有亲见者述："每当春夏季节，尤其是在午后，地面局部强烈增热，导致对流作用，便常常形成一种尘沙旋风……在这极其空旷、遍地黄沙的沙漠之上，旋风卷着黄沙，越旋越高，常达数十米，站在地面上远远看去，不偏不斜，笔直向上，似乎伸入云层。这就是赵殿成注中说的'回风'。"据史书记载，王维是在夏末秋初的七月出塞的，赴边路上，在广袤的大漠见到"沙烟"便是常事。

如上所述，"孤烟"当作边塞大漠特有的"沙烟"来讲。

有人存疑，大漠中何来的"长河"，"大漠孤烟直，长河落日圆"的奇景要集沙漠、长河、落日于一处，从地域上来讲，极其特殊。那么是否真有这样的景观，又或者，王维用自己一贯的画作诗风，像《雪中芭蕉》那样，佳句的奇美只是写意？也因此，希望通过"长河"一词的解释得到答案。

郁选解"长河"为"大河"。有的注解为"戈壁中的大河"，有的注为"黑河"，有的注为"黄河"，均没有说明理由。参考一些古诗文，有时"长河"为泛指，有时即指黄河。如鲍照《河清颂（并序）》之"长河巨济，异源同流"，指黄河。庾信《伤心赋（并序）》之"对玉关而羁旅，坐长河而暮年"，吴兆宜注"长河"为黄河。唐张说《蒲津桥赞》云之"域中有四渎，黄河是其长"，以长状黄河。王维诗文中"长河"有三处：《齐州送祖三》云"天寒远山净，日暮长河急"，齐州今属济南市，长河指黄河；《送怀州杜参军赴京选集序》云"飞雪蔽野，长河始冰"，长河为泛指。而从地理上考虑，王维此行要见的最大最长的河无疑是黄河，并且是在颇为开阔的眼界之中。故此诗"长河"理当作"黄河"讲。

"萧关"与"燕然"。上文对"属国"和"居延"有了明确的认识，现在让我们将目光放到包含另外两个地名的诗作尾联——"萧关逢候骑，都护在燕然"。"萧关""燕然"作为历史名词，因时代变迁，有多种解释，并且各方注解差异很大。而作为一首纪行诗，地名的准确性对探究诗人当年赴边的路线极其重要，这在前文已经肯定过。那么，下面，将继续结合诗句全文对"萧关"和"燕然"进行准确定位。通过查阅各类诗选，对"萧关"解释有三种：

第一种，古关名，现址在宁夏固原市东南。如清赵殿成《王右丞集笺注》引《史记正义》，并言："萧关，今古陇山关，在原州平凉县界。"又引《汉书》："文帝十四年，匈奴入萧关，杀北地都尉是也。"高步瀛《唐宋诗举要》解萧关："《元和郡县志》曰：'关内道原州平高县：萧关故城，在县东南三十里。'《清一统志》曰：'甘肃平凉府：萧关在固原县东南。'"陈贻焮《王维诗选》、陶文鹏《王维诗歌赏析》解释基本未出此说。这种解释也是学术界关于"萧关"的一致看法。

第二种，"萧关"是用汉代典故，乃虚写。袁行霈《历代名篇赏析集成》认为："末二句也是借古喻今。萧关并非指唐神龙三年（707年）以后在原州白草军城所置的萧关县，而是指原州高平县西南四十里的萧关故城，即汉文帝十四年（前166年），匈奴杀北地都尉所入萧关。在汉朝和匈奴对抗时，萧关是要塞，常有候骑出入。所谓'萧关逢候骑'，从字面看，乃是虚写，只是为了借匈奴与汉朝的对抗，喻吐蕃与唐朝的对抗，才提起这个与实际路途了不相及的萧关。"

第三种，"萧关"在今宁夏灵武市一带。此观点近年由宁夏大学的张宗奇先生提出。其依据是：20年前，他研读宁夏地方史志时，曾注意到这样一条史料：灵州旧号朔方郡，密迩大河，外则古荒服地也。三代沿革，未暇详究。在汉谓之"北关"，又曰"萧关"。唐尝徙吐谷浑居之。至宋，僭有于拓跋氏，为其河南九州之一。大明有天下，既徙其部落于关右，苗裔之存者，俾杂戍卒以居，而统之以千夫长。这是明安塞王朱秩炅为"灵州守御千户所"夫子庙所题的文字，收入《嘉靖宁夏新志》卷三。安塞王在《夫子庙记》中明确指出,灵州"又曰萧关"。

《史记·项羽本纪》记载:"人或说项王曰:'关中阻山河四塞,地肥饶,可都以霸。'"《史记·项羽本纪》引徐广曰:"东函谷,南武关,西散关,北萧关。"关中相当于今陕西省全境。《史记》说得很清楚,萧关在关中之北,也就是说在今陕西省之北,而非在陕西省之西。今宁夏固原市原州区处在陕西省的正西方位,原州区东南的瓦亭关又如何作为关中之北的萧关呢?如果从今陕西省全境的方位观察四邻,今宁夏灵武市一带正处在陕西省的北面。关中,即四关之中,北萧关在哪里呢?又《史记·匈奴列传》记载,汉文帝十四年(前166年)"匈奴单于十四万骑入朝那、萧关,杀北地都尉。"北地都尉孙邛在这次战争中以身殉职。汉兴,分全国为十三刺史部,宁夏分属凉州刺史部之安定郡、北地郡。安定郡治高平(今宁夏固原市原州区),辖境在今宁夏中宁县以南;北地郡下设灵武、富平、灵州等十九县,除一部分地区在今甘肃省外,大部分地区在今宁夏中宁县以北。北地都尉在匈奴入萧关时战死,这也为萧关在宁夏北部地区提供了佐证。又《史记·平准书》说,元封四年,武帝"北出萧关,从数万骑,猎新秦中"。新秦中即今宁夏河套地区,看来萧关与河套地区紧密联系在一起。灵武一带,既处宁夏北部地区,又紧邻黄河,是关中北部要塞。如安塞王所言,灵州即萧关,真实不虚!

另外,文学史家和历史学家,大多都关注出长安经瓦亭关到原州,再向西去西域诸国的道路,即传统上理解的"丝绸之路"。殊不知历史上的丝绸之路,其实也是四通八达的。出长安,到陕北,经毛乌素沙漠到灵武,过黄河,翻山越岭再往西域,也是一条繁忙的通道。由于历史上这些地方的生态未遭破坏,比起经原州的路需穿过黄土高原的千山万壑,这条道要平坦些,来去似乎又要容易一些。

又"萧关"周围,须有黄河和大漠的存在。按《唐诗选》"萧关"在原州东南之说,参以《嘉靖固原州志》"瓦亭关,在州南九十里""至朝那萧关，疑即今瓦亭关"的观点，从今固原市瓦亭关量起，到距离最近的北有大漠即腾格里大沙漠的黄河中卫段，直线距离少说也在200公里以上。并且从诗的尾联"萧关逢候骑，都护在燕然"分析，诗人是在先领略了"大漠""长河"风光后，才在"萧关"遇到了候骑，知道自己出使要会见的都护已到了燕然。如果说王维诗中的"萧关"在固原的话，与我们分析的此诗的意象确实搭配不上。因为作者不可能在"使至塞上"途中，领略"大漠""长河"风光后，再原路返回到固原"萧关"逢候骑的。

综上所述，张宗奇先生有关"萧关"乃灵州的推论是值得参考的。

史上关于"燕然"的解释有两种。其一，山名，在今蒙古国杭爱山。如高步瀛《唐宋诗举要》："《后汉书·窦宪传》曰：'南单于请兵北伐，乃拜宪车骑将军……以执金吾耿秉为副……与北单于战于稽落山，大破之……宪、秉遂登燕然山，去塞三千余里，刻石勒功，纪汉威德，令班固作铭'。《清通志》曰：'喀尔喀杭爱山在鄂尔浑河之北，直陕西、宁夏北两千里许，翁金西北五百余里……当即古之燕然山。'"倪木兴《王维诗选》、王福耀《王维诗选注》、张风波《王维诗选注》也都认为燕然代指最前线。意味诗人借汉典寓意唐军已战胜吐蕃，在本诗中并非实指。第二种，"燕然"是唐都护府名，乃实指。如《唐诗选注》（上册）："燕然，唐都护府名，治所在今内蒙古自治区杭锦后旗乌加河北岸。"据王永兴先生考证，唐贞观二十一年（647年）正月唐政府为安置内附的敕勒回纥十三部，在河西置六都督府、七州，其中有燕然都督府，是年四月置燕然都护府。据其分析，河西赤水军之官兵来自回纥、契芯、思结、浑四族九姓，居甘、凉者。据《唐会要》记载，此四族均在燕然都护府境内，可称他们为燕然军人。唐垂拱元年（685年），燕然都护府虽已改称瀚海都护府，但文学之士习惯使用旧时之燕然称号。

据吴廷燮《唐方镇年表》载："二月己巳，河西节度使崔希逸袭吐蕃，破之。青海西吐蕃复绝朝贡。"《资治通鉴》《册府元龟》与上述记载基本相同，相异处是"崔希逸破吐蕃在三月"，更进一步说，诗人笔下的"燕然"是指河西前线——青海西。

通过上述分析便可得知，"燕然"实指与虚借的判断似乎又是本诗解释中的一个矛盾点。我们知道，唐代边塞诗中反映的地理区域，有的是诗人亲历，有的是诗人未亲历而写入诗中，是借这一区域的地理意义和文化意义构成一种地理意象，从而将边塞与事件、人物融为一体。王维作为监察御史赴边"宣慰"，首先要对河西节度使的治所、辖区有详细了解，所以对相关地名一定是熟知的，诗人清楚地知道"河西置六都督府、七州，其中有燕然都督府"，依诗作，诗人在"萧关"碰到"候骑"时向其询问节度使和军情，"候骑"回答都护在燕然前线。一问一答，内容都是彼此知晓的地理名词，故"燕然"必定是实指河西前线。

其二，诗人王维出使的路线选择。上面已将诗中存疑的地名进行了详细分析并得出最终结论：王维于开元二十五年（737年）夏末秋初从长安出发，到达河西节度使治所凉州（今甘肃武威市）。依诗作，王维作为监察御史将要赴边"宣慰"新近大破吐蕃的河西节度副使崔希逸军，车行队伍轻便简单，诗中交代"边塞何其辽阔，附属国直到居延以外"。诗人被途中奇特的异域美景所震撼，为世人留下了"大漠孤烟直，长河落日圆"的诗句，之后在"萧关"与前来接应的"候骑"相遇，知道了崔希逸军正在"燕然"前线。有了这样的理解，现在我们可以分析诗人当年"使至塞上"的路线。

据严耕望《唐代交通图考》，长安西通凉州有南北两条驿道，唐军出兵西域常走北线，即长安—邠州（今陕西彬州）—泾州（今甘肃平凉市泾川县城北）—原州（今宁夏固原市原州区）—会州（今甘肃靖远县一带）—凉州（今甘肃武威市）。其间，在瓦亭关（今宁夏南部）转过弹筝峡越六盘山北上，到会宁关再折向西北，经会州过乌兰关，折向西北经广武（时为中卫辖地），达河西节度使府凉州，全程1800余里；南道出咸阳循陇山南麓沿渭水西行，经马嵬驿、武功（今陕西武功）、扶风（今陕西扶风）、凤翔（今陕西宝鸡凤翔）、陇州，在大震关（今甘肃清水东陇山东坡）翻越陇山到秦州（今甘肃天水），西行至临洮（甘肃中部），北上金城县（今甘肃兰州），抵达凉州。显然，王维此次出行便是循北道。

王维佳句与沙坡头景观的内在联系

那么，诗人行进中是否到过中卫沙坡头，沙坡头的自然景观是否就是诗人当年吟出佳句的所在地？下面，我们将分析沙坡头的地理位置和独特景观资源，以证得与王维诗句的联系。

其一，沙坡头景观独特性与佳句的契合。随着诗人高超的白描技艺，我们可以想象这样一幅画卷：夏末秋初时节，塞外天高云淡，身在茫茫大漠中有孤烟直冲天际，转头间，黄河缓缓流淌，却不减奔腾之势，抬眼望去，有一轮娇红的圆日正渐渐西下，刹那间，余晖映红了河面……画面肃穆宁静，浑然天成，壮观哉，神往哉！大漠，黄河，孤烟，落日，如果不是亲临沙坡头，就很难相信"画卷"的真实。现实中，奔腾的黄河穿峡越谷，从黑山峡流入宁夏中卫境内，至沙坡头一个310度急转弯，改其汹涌而为平缓。腾格里沙漠在这里停下来，俯首在黄河岸边，形成一个宽2000米、高200米、倾斜60度的大沙坡，由此而得名沙坡头。这里长城绵亘，烽燧傲立，古风犹存。沙坡头位于中卫市西20公里处，黄河北岸，腾格里大沙漠的南缘。滔滔黄河水沿着浩瀚的腾格里沙漠南缘，流向宁夏平原。这时，河谷宽阔，水势轻缓，蜿蜒坦荡，雄浑壮观，黄河收敛了它的狂放，变得沉缓温厚、大气磅礴。黄昏时分，巨大浑圆的夕阳安然西下，倒影垂悬，伴着黄河水沉稳的流动，感受大漠的广阔无际，身临其境者，就会忘情吟诵出"大漠孤烟直，长河落日圆"的诗句。其实，在全国来说，沙坡头特有的自然景观是独一无二的。而1000多年前王维奔赴边塞，所见奇景，与沙坡头景观有如此高的契合度，也是绝无仅有的。因此，只要探究诗人"使至塞上"路线经过了中卫一带，便可以肯定，王维的佳句所叙就是沙坡头的奇景所在。

其二，沙坡头的地理位置与"使至塞上"路线的联系。中卫市位于宁夏回族自治区中西部，东临吴忠市，南接固原市，西与甘肃省接壤，北连内蒙古自治区阿拉善盟，地形复杂多变，南部地貌多属黄土丘陵沟壑，北部为低山与沙漠（西北部为腾格里大沙漠），中部为黄河冲积平原——卫宁平原。中卫境内有黄河及其支流长流水、清水河三条主要河流。黄河横贯182.4公里，自西至东流过，清水河北流注入黄河。中卫历史悠久，三万多年前就有人类在这里繁衍生息，春秋时期为羌族和戎族的杂居地，秦并六国后将中卫纳入版图，自此有十代王朝设郡建县。因其东连陕晋，西通甘新，北抵内蒙古，南达川滇，是丝绸之路边陲要塞；前有黄河之险，后接贺兰之固，扼守宁夏西大门，自古为西北地区兵家必争之重镇。

宁夏平原系黄河西套，是关中和中原地区通往西域的交会处。汉朝特使张骞通西域便是从这里路过的。唐太宗李世民于贞观二十年

黄河落日

（646年）接受敕勒九姓酋长的投降，八月份从京城长安出发，经过泾州，到西瓦亭（今宁夏南部地区），九月十五日到达灵州。西瓦亭临清水河畔，沿河谷过宁夏境达塞外这是一条捷径。唐朝中叶，吐蕃势力由青藏高原东进，占据了渭河的上游、中游，并进逼关中，使原来丝绸之路的南北道完全中断。王维是开元二十五年出塞，经萧关到凉州，清水河川这条路当然是最便捷的了。另外，根据上文所述张宗奇先生的结论是：诗人王维"使至塞上"时，先到灵州，即"萧关"的南缘，踏上广袤的毛乌素沙漠，又到了沿沙漠边缘向东北方向汤汤奔流的黄河，再向西前行，途经"萧关"，直达当时隶属于灵州的中卫地域，而极有可能路过沙坡头时已近黄昏，"大漠孤烟直，长河落日圆"美景便尽收眼底。

综上所述，我们不难想到，中卫沙坡头的自然景观与大诗人王维"大漠孤烟直，长河落日圆"的千古佳句确有联系。

结　论

本课题研究过程中，可供参考的史料极其匮乏，故探讨沙坡头自然景观与《使至塞上》的联系时，更重视就历来学者对诗中地名的注释进行辨析，并且将沙坡头的地理位置与独特景观置入其中，使全诗在符合当时历史地理现状的同时有了符合情理的解释。

钱锺书先生认为："考订只断定已然，而艺术可以想象当然和猜度所以然。在这个意义上，我们不妨说诗歌、小说、戏剧比史书来得高明。"钱锺书先生也承认："也许史料里把一件事情叙述得比较详细，但是诗歌里经过一番提炼和剪裁，就把它表现得更集中、更具体、更鲜明，产生了又强烈又深远的效果。"诗歌是高明的。

试想，如果不是一首短短40字的五言律诗，王维在公元737年的那一次"使至塞上"很有可能就不会如今天这样被世人所熟知。进一步说，如果诗人当年没有留下这句"大漠孤烟直，长河落日圆"绝唱，就不会有诸多学者辨析探讨类似于"属国""燕然"这样的历史地名，抑或"孤烟直""落日圆"的奇特景象，也不会有人关注长安赴河西节度使治所的路途中，能有如此壮观的大漠美景。而事实上，王维以自己精湛高超的诗画笔法，将亲临的壮丽景观用极准确的诗语白描下来，世代传诵。经千年时空穿梭，逝者如斯，而景观仍在。故王维雕塑矗立于沙坡头旅游景区，昭示了永恒。

王维过萧关放歌大漠长河

周兴华

唐代大诗人王维在《使至塞上》纪行诗中放歌曰:"单车欲问边,属国过居延。征蓬出汉塞,归雁入胡天。大漠孤烟直,长河落日圆。萧关逢候骑,都护在燕然。"

王维(701—761年),字摩诘,原籍太原祁县(今山西祁县境),唐代杰出画家、诗人。开元二十五年(737年)三月,王维奉唐玄宗之命,赴西北边塞慰问战胜吐蕃的将士,他在这首诗中记述了自己的行程路线与所见所感。

从王维在纪行中写到的"塞上""属国""居延""汉塞""胡天""大漠""长河""萧关""燕然"这些地名及环境看,王维确实是行进在唐朝的边塞地区。

萧关是中原北出塞外的交通要塞,丝路名关。关址何在,众说纷纭。要考证王维在这首诗中写到的萧关等地名的方位,首先必须知道唐朝的西北边防所在。

唐朝自建立起,便与突厥、吐蕃和战无常,军队进退靡定,边防移动较大。鼎盛时,唐安西都护府羁縻西域36国,河西、陇右置使节度之,但其边塞内外的对抗势力、属国、羁縻府州,对道路交通也多

186

有障碍。从7世纪中叶到8世纪中叶100年间，唐朝大致以今青海省东北部黄河为界；从8世纪中叶到9世纪中叶100年间，东移至六盘山、陇山一线。在边界两侧，双方设栅立卡，驻军戍守，中间隔置缓冲地带。

唐朝的北部边防。唐初，河套以北与突厥隔河而治。宁夏河东秦昭王长城被称为"灵州塞"，是唐与突厥的疆域界标。唐高祖李渊与东突厥始毕可汗以榆中地交换五原地的谈判反映了这一点。据《旧唐书·突厥传》《新唐书·突厥传》载："隋五原太守张长逊以其所部五城附虏。"先称臣于始毕可汗，后又请求率部降唐。李渊提出以"废丰州，并割榆中地"作为与始毕可汗交换五原地的条件。始毕可汗满口答应，接受榆中地划归东突厥，交割五原地归唐。双方交换成功以后，突厥部落处罗子郁射设以所部万帐入处河南，"以灵州为塞"。突厥始毕可汗对此非常满意，还给唐朝"赠名马数百匹，遣骨吐禄特勤随琛贡方物，高祖大悦"（《册府元龟》）。所谓以"灵州为塞"，即唐朝以隋朝在灵州境内所维修加筑的古代长城作为边防长城。这道长城，即遗存于今宁夏灵武、盐池境内的河东秦昭王"拒胡"长城。《新唐书·薛延陀传》载："灵州道行军总管李大亮众四万、骑五千，屯灵武……既而延陀使者来，求与突厥平。帝（唐太宗）曰：我约漠以北，延陀制之，漠以南突厥专之，有辄相掠，诛不赦。"由此可知，灵州一线，大漠以北为薛延陀管制，大漠以南、灵州以北为南突厥管制，唐朝以"灵州为塞"，即唐朝以后世所谓延绥长城一线为边防。

唐朝的西北部边防。《龙筋凤髓判》载：圣历元年（698年），突厥暾欲谷南侵以后，武后曾召集群臣，征询筹边方略。为防止胡人南下，胡马南牧，将军季任状称："于蔚州飞孤口累石墙，灌以铁汁，一劳永逸，无北狄之忧。"又议："削橛于塞上，使数千里布满竹钉，以刺突厥马蹄。"将军宋敬状称："差州兵上下数千里，推砸河冰。"中郎将田海请求"沿旧长城开堑，东至东海，西至临洮，各阔十步，深三丈。"田海所说的"东至东海，西至临洮"的"旧长城"，就是当时遗存于世的秦皇长城。据《资治通鉴》载：景龙二年（708年），"初，朔方军与突厥以河为境……时默啜悉众西击突骑施，仁愿请乘虚夺取漠南地，于河北筑三受降城，首尾相应，以绝其南寇之路。太子少师唐休璟以为：两汉以来，皆北阻大河，今筑城寇境，恐劳人费功，终为虏有。仁愿固请不已，上竟从之。"由此可知，武则天时代，唐朝是以临洮、榆中，并河以东、北河一线的秦长城为其西北部边防。

唐朝的西部边防。《全唐文·敕河西节度牛仙客书》说："河西节度内发蕃汉二万人，取瓜州比高同伯帐路西入；仍委卿简择骑将统率，仍先与西庭等计会，克日齐入。比已敕朔方军西受降城、定远城，及灵州，兼取大家子弟，并丰安、新泉等军，共征二万……凡此诸道征发，并限十二月上旬齐集西庭等州，一时讨袭。时不可失，兵贵从权，破虏灭胡，必在此举，卿可火急支计，无失便宜。"唐朔方军驻防的西受降城、定远城、灵州、丰安城、新泉军城，正是从今内蒙古高阙长城、宁夏贺兰山长城，中宁、中卫北山长城至中卫西部长流水、营盘

卫宁北山长城

水一线的汉长城。唐代著名诗人张籍（约767—830年）的凉州词《泾州塞》写道："行到泾州塞，唯闻羌戍鼙。道边古双堠，犹记向安西。"安史之乱后，今宁夏固原以北至中卫地区，及包括河州在内的陇右诸州陆续为吐蕃侵占，安西和凉州尽入吐蕃手中，固原以北的"丝绸之路"亦为吐蕃控制。张籍在记咏从长安（今西安）到安西（今新疆库车、喀什、和田等地）的丝绸之路时说道：走到今宁夏固原长城（泾州塞）时，就只能听到羌人的戍鼙声了，安西的古道旁边耸立着的那两个烽堠，还应该记得过去通向安西的丝绸之路是多么的繁忙！张籍对唐疆沦陷，丝绸之路受阻，今不如昔的感慨颇深。张籍在这里所说的"道边古双堠"是指丝绸之路的汉长城烽堠。这两个烽堠的位置所在，应是确指小红山北面双墩梁上的这两座烽燧。因为唐代穿越固原长城，沿清水河从古灵州鸣沙县（今中卫市沙坡头区、中宁县）渡过黄河通往古凉州的丝绸之路，走的正是从今中卫市到武威的凉州古道。唐德宗建中四年（783年），诏陇右节度使张镒与吐蕃相尚结赞等盟于清水，唐朝"所守界"，"泾州西至弹筝峡西口"，"蕃国守镇在兰渭原会，西至临洮……其黄河以北，从故新泉军直北至大碛，直南至贺兰山骆驼岭为界"。"故新泉军"即今中卫长流水唐代古城，"骆驼岭"即今沙坡头区迎水桥镇北的内蒙古骆驼山。从唐代驻军古城长流水沿凉州古道西行，经头道墩、二道墩、双墩梁烽燧即至老营盘水长城。双墩梁烽燧、老营盘水长城原系汉代长城烽燧，唐朝将之作为唐军驻防吐蕃的"守界"要塞。现存双墩梁上的这两个古烽燧，一大一小，大者应为汉烽堠，小者当为唐补建。因为此地为唐蕃分界关防，所以在同一地点才有两个烽堠之建制。这两个烽堠是唐蕃分界的标志，在当时是很有名的，所以张籍称之为"古双堠"，此"古双堠"也恰在这条丝绸之路的古道旁边。从唐灵州鸣沙县沿凉州古道走安西，所要出境的第一关就是小红山北面双墩梁上的这两座烽燧，唐称"古双堠"。唐德宗时代，过了双墩梁上的"古双堠"，就进入吐蕃控制的通往安西的丝绸之路了。

卢汝弼系晚唐诗人。他在《和李秀才边庭四时怨》中写道："朔风吹雪透刀瘢，饮马长城窟更寒。半夜火来知有敌，一时齐保贺兰山。"卢汝弼的诗告诉人们，唐代贺兰山不仅有古代长城、烽燧，而且还有驻防古代长城烽燧的将士、兵马，当时的贺兰山古长城仍起着保卫唐朝西部边疆的作用。

王维《使至塞上》诗中的地名，均位于从高平（今宁夏固原）沿清水河大道经萧关（今宁夏海原高崖乡草场村）至居延属国（中卫黄河南岸）的历史古道上。以此观之，王维沿着清水河大道（经海原、同心、中宁、中卫的汉唐国道）乘行在居延属国（中卫黄河南岸）的土地上，在萧关（海原高崖乡草场村）遇到了候骑（侦察兵），方知都护在燕然州。正是走在这条历史古道上，王维站在河边北望旷野，沿黄河北岸的贺兰山、卫宁北山汉长城耸立眼前，唐朝将士调动屯守在汉长城一线，雁阵翱翔北飞，一过长城，便是胡人的苍穹，于是他咏出了"征蓬出汉塞，归雁入胡天"；西望行程，到处是浩瀚无际的沙海，一座座高耸的烽燧，在沙漠冒出了直入云天的报警狼烟，极目黄河，落日浑圆，残红的影子与呜咽的河水一样苍凉，于是他歌咏出了"大漠孤烟直，长河落日圆"的千古名句。

王维走的这条道路是从长安沿泾水道、回中道越陇山至高平（今固原），从高平沿清水河至古灵州渡河，沿河西走廊通往西域的汉唐国道。这条道路从固原分为高平道（从固原沿清水河北上）、萧关道（经海原县萧关至汉灵洲县）、灵州道（从汉灵洲县北渡黄河至今中卫市沙坡头区，西出古灵州）、河西道（沿河西走廊至武威、敦煌以西）。此道就是汉代《鼓吹曲》传唱、王维等人纪行的高平道、萧关道、灵州道、河西道。历代许多帝王、使节、商贸、行旅人士通行的交通道路记载证实，这条道路是周、秦、汉、唐自中原通往西域的丝绸国道。

骆宾王宿中卫咏唱边城

周兴华

宿温城望军营 [①]

（唐）骆宾王

虏地寒胶折，边城夜柝闻。

兵符关帝阙，天策动将军。

塞静胡笳彻，沙明楚链分。

风旗翻翼影，霜剑转龙文。

白羽摇如月，青山断若云。

烟疏疑卷幔，尘灭似销氛。

投笔怀班业，临戎想召勋。

还应雪汉耻，持此报明君。

骆宾王是初唐文坛四杰之一，与卢照邻、杨炯、王勃以诗文齐名，时称卢、骆、杨、王四才子。武则天当政时，裴行俭为洮州道左二军

---

① 李沧溟诗选注：温城即温池城。《通志》：今中卫地。

总管，曾邀请骆宾王为其掌管书奏文案，骆宾王以"老母在堂，常婴羸恙……况流沙一去，绝塞千里，子怆入塞之魂，母切倚闾之望"辞谢。

唐高宗调露元年（679年），十姓可汗阿史那匐延都支等侵逼安西，联合吐蕃，威胁唐朝。裴行俭奉命征讨西突厥。骆宾王官场获罪出狱后，早秋出塞，追随裴行俭讨伐西突厥。

从长安经河西走廊到西域的出塞路线，传统古道是沙漠绿洲丝绸之路。沙漠绿洲丝绸之路从长安到河西走廊这一段，有南、北两条道路。南路由长安沿渭水越陇山至临洮，或北上兰州到武威沿河西走廊入西域；或西北行经西宁入河西走廊进西域。北路由长安沿泾水越今六盘山西北行，沿清水河至鸣沙县渡黄河，经中卫到武威沿河西走廊进入西域，此为绿洲丝路传统车马大道；或沿祖厉河渡黄河经武威，沿河西走廊进入西域，属捷径，道路崎岖，此为支线。

从历史上看，经宁夏的塞上丝绸之路车马大道是从长安沿泾水越六盘山进入宁夏固原，然后沿清水河北上，从鸣沙县（汉代属灵洲县，县境在今中卫沙坡头区、中宁县）渡过黄河，沿黄河北岸西行经今宁夏中卫沙坡头区、甘肃武威入河西走廊，通往西域，直达中亚。清水河，《水经注校》名高平川水。唐代名蔚茹水，又名葫芦河。宋称蔚茹河、葫芦川。这是汉代以来通往西域的一条古道，是丝绸之路通过宁夏的重要一段。既是通商道路，也是行军道路。来往于这条道路上的官兵、商旅、僧侣等人物，都留下了许多记载与遗物。

据《新唐书·肃宗本纪》记载："安史之乱"发生后，唐肃宗离开长安，就是沿着这条道路"次平凉郡"，越六盘山，沿清水河入鸣沙县，"次丰宁（今中卫沙坡头区黄河南岸），见大河之险，将保之"。时因大风扬沙，才折转东行"回趋灵武"登基。朔方留后支度副使杜鸿渐、六城水陆转运副使魏少游等也是沿着这条道路迎接唐肃宗"治兵于朔方"。

《宋高僧传·唐朔方灵武下院无漏传》载：唐代高僧无漏到印度"欲

游五竺，礼佛八塔，既度沙漠，涉于阗已西，至葱岭之墟……所还之路，山名贺兰，乃冯前记，遂入其中"。无漏大师所行路线是从今宁夏沿贺兰山西行，过宁夏中卫、甘肃武威，经河西走廊入西域，越葱岭（今帕米尔高原），然后从原路返回宁夏贺兰山白草谷。

《五代史记》载，后晋天福三年（938年），晋派张匡邺、高（平）居海赴于阗册封其国王，高（平）居海等走的也是这条路线。五代晋高（平）居海《使于阗记》载："自灵州过黄河，行三十里，始涉沙入党项界……至凉州……至甘州……至肃州……出玉门关……西至瓜州、沙州……遂至于阗。"宋代王继业《西域行程》载："业自阶州出塞而行，由灵武、西凉、甘肃、瓜沙等州入伊吾、高昌、焉耆、手阗（于阗）、疏勒、大石诸国……"敦煌卷中《西天路竟》残卷载："东京至灵州四千里地。灵州西行二十日至甘州……又西行五日至肃州，又西行一日至玉门关……又西行一百里至沙州界，又西行二日至瓜州……至伊州……至高昌国……至于阗国……至疏勒国……"

《宋史·李继隆传》载：李继隆"受诏送军粮赴灵州，必由旱海路。自冬至春而刍粟始集。继隆请由古原州蔚茹河路便"。同书《刘昌祚传》载：元丰四年（1081年），刘昌祚"为泾原副都总管。王师西征……昌祚出胡卢川，次磨齐隘……进次鸣沙川……遂薄灵州"。

现遗存于宁夏丝绸之路上的须弥山石窟、石空寺石窟、北周李贤墓、波斯银币、玻璃碗、波斯萨珊朝鎏金银壶等，就是中西文化交流的见证，就是宁夏丝绸之路的见证。

以上说明，唐、五代以来，从宁夏经河西走廊入西域、通往中亚的丝绸之路是开通的。骆宾王追随裴行俭讨伐西突厥，其诗名为"宿温城望军营"，说明他的出塞路线只能是走北路；从长安越六盘山后沿清水河向北至鸣沙县渡黄河，从中卫向西到武威沿河西走廊通往西域。所以，骆宾王翻越六盘山后不会背离清水河反向东行，跑到今宁夏盐池县或今甘肃甜水堡附近去"宿温城"了。从骆宾王"宿温城"的出

193

塞路线看，他所宿"温城"，其城应在今中卫地区。此考证与《通志》考证"温城"在"今中卫地"相合。

骆宾王出塞随裴行俭讨伐西突厥，于唐高宗永隆元年（680 年）从碎叶返回。武则天光宅元年（684 年），骆宾王为李敬业代草讨伐武则天的檄文，数斥武则天罪状，传檄天下。据《新唐书·骆宾王传》记载，武则天读这篇檄文时气笑了。但当她读至"'一抔之土未干，六尺之孤安在？'矍然曰：'谁为之？'或以宾王对。后曰：'宰相安得失此人！'"骆宾王的人格、文章由此可见。

李敬业兵败，骆宾王死难，一代旷世英才从此消逝。但骆宾王的《宿温城望军营》诗，却在宁夏中卫留下了行踪遗迹，这是与世长存的。

对中卫文化旅游作出历史贡献的黄恩锡

俞学军

　　黄恩锡（1716—1772 年），字素庵，云南宁北府赆北（今云南省丽江市永胜县）人，清乾隆十七年（1752 年）进士，后授西宁府碾伯县（今青海省海东市乐都区）县令，乾隆二十一年（1756 年）夏调任宁夏府中卫知县。在卫六载，黄恩锡倡儒学、办教育、修水利、恤民情、赈灾民、撰志乘，恪尽职守，政声颇著。主持撰修了第一部中卫志书——《乾隆中卫县志》，填补了中卫无志的空白，为后人研究中卫历史提供了大量翔实的资料，尤其在旅游和文化方面，给我们留下了大量翔实的史料。

普查山水，走访名胜，
为后人储存了大量的旅游资源信息

　　黄恩锡上任伊始，便深入实地，考察中卫地形地貌；后来为了编修县志，又组织人力对全县山水、名胜进行了普查。在《乾隆中卫县志》《疆界》篇中开门见山："县治，北靠边墙，南面大河……其东则青铜牛首，锁钥河门；其南则香岩雄峙，列若屏障。左依胜金之固，右凭沙

岭之险。"短短数语，中卫北依长城，南面大河，东临胜金，西靠沙坡头的独特地理面貌便跃然纸上，这是中卫赖以发展旅游业不可复制的重要资源。在《山川》篇中写道："香山，县之南山总名，前明为庆藩王（朱元璋十六子）牧场……其地周环约五百余里，旧建香岩寺……山民随水而居，多穴处为土窑，喜牧畜，旧称七十二水头是也。"这段文字给我们提供的信息是，今天看来干旱贫瘠的香山，古时却是有"七十二水头"的水草丰茂之地。在"山川""形胜""城垣""寺庙"等章节中，记载了众多的人文景观。一是古长城。"县城迤北边墙一道，自宁朔县大坝交界起，至西南越黄河，抵卢沟堡山，沿长四百八十二里，边口二十九处"。据周兴华先生考证，中卫境内既有秦长城、汉长城，还有明长城。如果说宁夏是"中国长城博物馆"，中卫长城则是博物馆中之精华。二是旧城垣。县志中记载的古城垣多达几十处，如"丰安故城""温池城""枣园城""石空城""古水城"等，这些城垣大多毁于战乱、天灾。三是寺庙群。中卫过去三教荟萃，寺庙众多，光县城就有"九寺十八庙、二庵加一祠"之说。旧志中记载的大小寺庙多达30多处，保存至今的有高庙、老君台、香岩寺、羚羊寺、龙宫庙、大庆寺等。这些寺庙，不仅是宗教活动场所，也是中卫历史文化乃至建筑的重要载体，是古人留下的为数不多的名胜古迹。四是其他遗迹。如"胜金关""营盘水""大战场""买卖城"等。这些遗迹都曾经演绎过一段激越悲壮的历史，如能开发利用，就能成为中卫旅游新的亮点。

首次官方推出"中卫十二景"，提高了中卫知名度

在黄恩锡之前，中卫民间就已流传着"中卫八景""中卫十景"的说法。黄恩锡到中卫任职后，通过深入细致的实地考察，反复比较，首次官方推出了"中卫十二景"。这十二景是：青铜禹迹、河津雁字、香岩登览、星渠柳翠、羚羊松风、官桥新水、牛首慈云、黄河泛舟、

石空灯火、暖泉春涨、黑山晴雪、炭山夜照。对这些景点，给予文字定义。如炭山夜照："在邑之西南，近河。山产石炭。城堡几万家，朝爨暮炊，障日笼雾，至冬春则数里不见城廓……近西一带有火，历年不息，未知燃自何时，第见日吐霏烟，至夜则光焰炳然，烧云绚霞，照水烛空，俗呼为火焰山。"寥寥数语，就把这一景点的位置、形状、特点等都交代得一清二楚。其次配上了赞诗。如黄河泛舟："洪波舸楫泛中流，凫漵鸥汀揽胜游。数点渔舟歌欸乃，诗情恍在白萍洲。"香岩登览："边城古刹势崔嵬，竟日登临未拟回。俯视河山收眼界，恍疑身在雨花台。"读着这些诗，给人以诗中有画，画中有诗的感觉。"中卫十二景"官方推出后，在社会各界广泛流传，到清末民国初，已经是家喻户晓，人人皆知。而且还通过各种渠道向外迅速传播，确实起到了宣传中卫，增加中卫知名度的良好作用。当今，在宣传"中卫新十景"的过程中，我们可以借鉴黄恩锡的做法，对每个景点，应该配有文字、诗词、摄影，或者绘画，以此达到立体式宣传的效果。

创作《中卫竹枝词》，勾勒出一幅幅边地风俗画

古代竹枝词以描写江南水乡风土人情的居多，而黄恩赐的竹枝词则是描写塞上风情，价值尤为珍贵。细细品读，大致分这样几类。一是描写边地风光的，如："冬春附郭望难穿，可怪边城雾障天。晓起沿阶飞黑雪，家家炕洞起岚烟。""一代天威绝塞尘，沿边草木尽知春。羱羊野马深秋壮，利镞长枪逐猎人。"前一首时令是"冬春"，后一首时令为"深秋"，一年四季边地风光尽收眼底，而"利镞长枪逐猎人"一句则鲜明体现了当地民众的尚武风气。二是描写生产状况的，如："冻解河开欲暮春，船家生理趁兹晨。土窑瓷器通宁夏，石炭连船贩水滨。""车声五鼓走辚辚，最喜勤农习尚醇。衣食家家惟百亩，一年活计始于春。"这几首诗生动描写了我们的先人以农为本，勤于劳作的淳

厚风尚。再如第十五首："参差林外几人家，土屋依山日半斜。禾稼满场秋草足，老牛饱卧嚼残霞。"这种田园生活的闲情逸致，只能是在艰苦的"勤农"之后才得以享受。三是反映地方特产的，如"六月杞园树树红，宁安药果擅寰中。千钱一斗矜时价，绝胜腴田岁早丰。""亲串相遗各用情，年年果实喜秋成。永康酒枣连瓶送，蒸枣枣园凤擅名。""山药初栽历几年，培成蔬品味清鲜。从兹不必矜准产，种遍宣和百亩田。"这些诗中所描写的中宁枸杞，永康酒枣、枣园蒸枣、宣和山药都是当时中卫的特产，有的现今已是中卫的知名品牌。四是反映民俗风情的，如："清明士女乱纷纷，尽向城西竞若云。游赏逐年夸胜节，沿郊榼酒聚成群。"这是一幅多么赏心悦目的清明郊游图。"独酌窗前酒满樽，停杯窗外月黄昏。谁家纸火因风起，邻妇声声夜叫魂。"还有"砖塔寺里四月春，何年浴佛起前因。烧香夹道纷男妇，毂击肩摩十里尘。"前面是一个村妇"夜叫魂"的特写，后面则是一个"毂击肩摩十里尘"热闹非常的大场面，从中可以窥见清代先民清明踏青、赶庙会的热闹场景。黄恩锡的这组竹枝词，不仅是有较高的文学审美价值，而且也有较高的史料考古价值。

挖掘整理民风民俗，倡导积极健康的生活风尚

《乾隆中卫县志·风俗》载："今考中俗，朴厚强力，士业诗书，能取科第，有衣冠文物之风。贫则躬自耕凿，逐末（指从事工商业）者少。"这段文字清楚表明，我们的先人具有勤劳朴实、崇文重教、耕读传家的美好品德，无怪乎在历史上被誉为"文化县"。又如："冠礼，成人之始，世俗不讲久矣。中邑惟成童则随俗冠之。三加之礼缺焉。"三加之礼，是指男子成年初加"缁布冠"，次加"皮弁"，再加"爵弁"。而中卫人不甚讲究这些繁文缛节，"世俗不讲久矣"。在婚丧方面，也有独特之处。"婚礼，问名、纳彩、纳聘，行古之遗。具酒食，会宾客，独不亲

迎。""丧用佛事动鼓乐，士大夫家鲜有禁者。亲邻吊之，则不问服制。"所谓"服制"，是指办丧事根据亲疏远近，分"斩衰""齐衰""大功""小功""缌麻"五种服饰。可见其披麻戴孝的等级非常严格又十分烦琐。但中卫人删繁就简，简朴务实，不论是婚事中的"独不亲迎"，还是丧事中的"不问服制"，都说明了这一点。在一些节俗中，还能看出中卫人的男女平等的进步意识，如"迎春赛贺，士女竞观，上元张灯，连夕嬉游"，"春暖则沿乡树秋千。至清明日，士女杂沓出游。商集诸货相贸易"。在"男尊女卑、三从四德"的封建社会，这是一种多么开放超脱的场面。当前，在"民俗村""农家乐"的建设中，如果能根据不同区域特点，融入中卫民俗文化元素，就能提高民俗游的品位。

收集了大量有价值的奏议、碑记、传略

在《乾隆中卫县志》中，专设艺文编二卷，收集了大量有价值的奏议、碑记、序论、传略、赋、铭诗等。这些篇章有的记载兴修水利，有的反映倡儒兴学，有的记载体恤民情，为民请命，还有的记载了大旱之年，群众抗灾自救的事迹，等等。如《美利渠记》，真实地记录当年官民一心、万众齐力兴办水利的壮举。在《重修中卫儒学碑记》中则记载了官绅带头，捐资助学，兴儒重教的不朽业绩。《香山三蓬记》中这样写道："每荒旱则山民之食，惟官储是赖。然农妇牧子，望升斗而不继，则有草食而第求果腹者。其草实之可食者有三：惟绵蓬为最，水蓬次之，莎蓬又次之。"这段文字再现了大旱之年，香山民众靠绵蓬、水蓬、莎蓬度过灾荒的自救经历。又如《上各宪言河崩沙压请除差粮书》《详夏朔灵粮车直运凉州上本府书》等上书，为民请命，减除差粮，减轻农民长途运粮之苦役，字里行间展现一个体恤民情的良吏形象。这些篇章真实记录了当时的重大事件和重要活动，为我们研究当时中卫的政治、经济、文化和社会，提供了弥足珍贵的资料。

记录了众多的对社会发展作出重要贡献的历史人物

在《乾隆中卫县志》中，记载了众多对经济、文化、社会发展作出过重大贡献的历史人物。这些人物的共同特点是，少有大志，发愤读书，然后科考入仕，做官后为百姓、为社会、为国家做出了有益的事情。下面举出几例：俞益谟，20岁中武进士，以战功升迁湖广提军，虽为武阶，但"性喜文学……所至辄为诸生课文讲学，暇则集宾友考古为诗文……其于乡里，不惜千金，浚修渠闸、河堤，设义学，置学田，人至今称之。"冯云飞，中卫城关人，官至河南新郑县知县，在任时"修城堞，延师兴学。卒于任，清贫不能归枢，士民公助，始举丧旋里。"罗如伦，石空人，"历任湖南衡阳、浏阳、直隶栾城知县，升宛平大尹……为政宽平，民皆便之。居乡则启迪后进，课文训俗，绰有前辈风。"笔者以为，在旅游新镇开发中，建立中卫古贤纪念馆，收集展出俞益谟等历代前贤兴业爱民，励精图治的事迹，对外可让游客在游山玩水中了解中卫历史和人物，对内可以教育我们的干部和群众。

新修《中卫县志》纪事

范映庆

有道是，以史为鉴，可知兴替。史志、典籍、谱牒堪称中国历史文化的三大载体，而志书则是承载地方文化的独有方式，被称作"政书""青史"，具有存史、资治、教化功能。在沙坡头区历史上，曾编修刊布过三部县志——《乾隆中卫县志》（1760 年由黄恩锡主编）、《道光续修中卫县志》（1841 年由郑元吉主编）、新修《中卫县志》（1995 年由郭生岐主编），加之已刊行的《中卫市沙坡头区志》，地方志书层见叠出，鉴往知来，盛传千古，为大美中卫平添了色彩斑斓的一笔。

一

中卫县于 20 世纪 80 年代初开启了新一代地方志编修工作。县委、县政府把为家乡立言视作政务之要，县长戴万忠、常务副县长周兴华执锐上阵，担负起组织领导职责，筹划建立本县地方志编纂委员会及其办公室，从而拉开"党委领导、政府主持、部门承担、社会参与"修志工作帷幕。截至 1995 年 9 月，历经芮存章、戴万忠、陈致敬、郭生岐四任县委书记兼县志编委会顾问，戴万忠、陈致敬、郭生岐三任县长兼县志编委会主任，以及周兴华、谭学荣、王淑荣、肖文俊、孟达中等县志编委会副主任的承前启后、勤勉笃行，何其正、谭学荣、李荣春、张发盛、冯万和等县志办公室主任的前赴后继、艰辛耕耘，新修《中卫县志》终于面世，分别荣获宁夏修志成果一等奖、全国优秀地方志书一等奖，并作为当代佳志入藏宁波天一阁，行销美国、日本等30多个国家和地区。

1982年至1992年初，本县地方志工作已积累了一些经验，其中从1986年7月开始的新修《中卫县志》实践也已取得一定进展，最大的绩效在于培养了近200人的专兼职修志队伍，他们满怀激情投身于乡镇志、厂矿志、专业志、部门志、新县志、地方党史的编纂研究和古籍整理工作，经年累月，奋笔疾书，为地方志事业奠定坚实发展基础，许多运行机制和工作已走在了宁夏各市县前列。至此，全县总体规划的79部志书及系列配套产品，大部分已编纂完成，总量逾1100万字，不但完成一次全方位、规模空前的地情调研，而且从不同层面、多角度系统地记述了中卫县的历史与地理、政治与经济、社会与人文，地方风貌跃然纸上，更为县志编修提供了基础资料。特别是周兴华在县志编委会副主任、政府副县长任上编著的《中卫岩画》《标点注释中卫县志》，林涛、冯万和、范学灵合著的《中卫方言志》，徐振英主编、杨刚主笔的《中卫县水利志》，李宗义主编的《中卫宣传志》，侯学忠主编、陈正兴主笔的《中卫县科技志》，周进福、艾进潮合编的《中卫县土地志》，魏若华主编的《中卫县教育志》，冯万和、范学灵编纂的《中卫保险志》，胡生义主编的《中卫县畜牧志》，张建忠主编的《中卫县地震志》，刘钧主编的《中卫县组织史资料》等，相继推出，使本县地方史志事业方兴未艾。这一时期，作为县志编委会副主任的周兴华、谭学荣，使命在肩，配合默契，笔耕不辍，功不可没，他们用深厚学养履行着主编职责，为县志初稿撰写和几轮次修订倾注了心血，让当时做编辑并充当联络员的我看在眼里，目睹其通篇审读批阅、按卷逐章修订完善志稿的情形，感觉是在与时间赛跑，肃然起敬，感佩不已，并给人以激励和鞭策。

新修《中卫县志》耗时13载，直接投身编务工作的专兼职人员达到28名，历经启动筹备、抢撰初稿、主攻评审稿、打磨送审稿、排版印装诸阶段各项工作。正所谓，十年磨一剑，良志佳乘，洵属可贵。笔者于1987年11月由隆德县科委调入中卫县志办公室，有幸与《中卫县志》结缘，同诸前辈共襄盛举，先后履行资料员、编辑、分纂、副主编、总纂等职责，乃至后来主持县地方志办公室工作，成为真正意义上的亲历者、亲见者、亲闻者。时隔近40年，每每翻阅这部鸿篇巨制，总是思绪涌动、浮想联翩。当下，重温那段激情燃烧的岁月，援引佐证《中卫县志》的前世今生，用于缅怀逝者、寄托哀思、惦念友情、以资备赏，仍具有一定的现实意义。

二

智者，顺势而谋，种德造福。1981年，中国史志协会倡议各省市县编修新方志，既而中卫县政协副主席何其正等几位老知识分子率先响应，在中卫县委支持下组建"中卫县志采编办公室"，并选调马从章、谭学荣、张睿等8位德高望重的老知识分子从整理旧县志入手，专司新县志编修事宜。起初，人们普遍把这件事想得有点简单，以为只要"找上三五个老秀才，用上三五年时间，写上三五十万字，花上三五万元钱"，一部县志必然就修成了。岂不知，许多事情总是不以人的意志为转移的，因县志采编办受人员编制、机构设置、办公条件等因素制约，至1985年底只做了些诸如文献资料汇集、地方典籍点校等方面的工作。1986年，据国务院办公厅33号文件，明确了修志任务、机构设置及其隶属关系。7月，县人民政府第11次县长办公会议研究决定，为县志办公室定编、定员、定经费，聘任县政协常委、镇罗中学校长谭学荣为办公室主任，具体负责日常事务，县志编修工作正式起步。这一年，县委、县政府对新县志充满期待，于中国文史馆馆员、中国地方志协会理事傅振伦先生八十寿诞之际，求得"中卫县志"墨宝一款，以备不时之需。1987年因政府换届及人事变动，分别于3月、9月调整充实县志编纂委员会组成人员及其办公室正副主任，启用印鉴。9月26日，县志办公室召开第一次工作会议，开始组建县志编修队伍，制订资料收集篇目，提出工作计划安排，并采取走出去、请进来的办法，对全县修志人员进行业务培训，组织发动县直各部门、乡镇、厂矿编写部门志、专业志，至1987年11月新县志编修的启动筹备工作基本就绪。

凡是过往，皆为序章。1987年12月至1988年9月，县志编修工作处于资料收集和抢撰初稿阶段。县志办公室强化编务人员岗位责任制，一方面指导督促各单位编修部门志、专业志，一方面由办公室两名专职副主任牵头，各率2—3人的编写小组，从收集资料到试写初稿，任务包干到人，全力以赴，限期完成。其间，两组5人驻扎县档案馆，共查阅文献并摘录卡片2800多张，收集各类文本资料960万字，编撰出县志试写稿之大事记、建置沿革、自然地理、人口、水利、农业、林业、畜牧渔业、工业交通、商业贸易、财税金融、综合经济管理、政党、群众团体、政权、司法、综合政务、军事、教育、文化、体育、卫生、科技、社会、人物、附录，凡26卷（篇）约79万字，部分图片资料也安排专人征集。嗣后，经县志编委会研究，确定李荣春、冯万和、张发盛、范学灵、刘浚源为责任编辑，分工负责，至1989年7月修订充实，形成试写初稿，报请主编周兴华、副主编谭学荣审定，油印成册，分发县直各部门、县有关领导和知情人士征求意见。与此同时，又组织办公室全体编辑，在试写初稿基础上凭经验各自拟定一个篇目，交由正副主编统筹优化，取各篇目所长，最终修订完善为32卷（篇）的《中卫县志》初稿总纂篇目。据此，用时近两年，由办公室主任李荣春，副主任冯万和、张发盛，分头把关，各分纂 10 卷，因一名主任下乡，中间 10 卷由范学灵代纂。

县志初稿形成后，于 1991 年 6 月 24 日至 7 月 8 日召开入志资料核实暨审稿会议，退居二线的县级领导，县志编委会组成人员，县直各部门单位负责人，部门志、专业志主编或主笔，以及各界知情人士 100 余人参加，会后梳理消化各方面意见建议，以书面形式反馈，压实各位编辑责任，分别进行修订完善。尽管初衷宏阔，部署也很周详，但由于在类目设置、资料取舍、统稿方式上见仁见智，发生了严重分歧，致使县志总纂统稿工作目标未能如愿以偿。当年 10 月，重新组建以冯万和、张发盛、范学灵为骨干的工作专班，由办公室第一副主任冯万和牵头，严格按照事先由县志编委会研究确立的总纂稿篇目，采取流水作业形式统稿，也终因一些具体意见一时难以统一，许多技术性问题没有妥善解决，仅两名编辑按主编意图完成 11 卷（篇），其余卷（篇）至 1992 年初自行搁置。显然，鉴于县志初稿的总纂统稿工作在半年内两次中断，单位内部人心浮动。这些问题的发生，症结主要在学术层面。几年来，从主编、总纂到各位编辑，大家本来怀揣"板凳坐得十年冷"定力，"著述求为百世师"抱负，都在追求便捷、高效、完满的工作目标，日夜伏案，业绩显著，但还是滋长了些许好大喜功、急于求成、厌战懈怠的不良情绪。况且，前期的县志初稿是在篇目先行、任务明确、各自为战的运行机制下完成的，在诸如体例规范、记述口径、图表设置、资料甄别等方面存在亟待解决的实际问题，同时还需要正确面对"小编卷目体式"卷与卷之间的篇幅平衡不好把握、顺延下限导致资料缺口较大而难以在规定时限内撰写补齐志稿的问题，"大编章节体式"章与章之间的内涵界定很难划分、处置交叉重复不当会造成遗漏缺项，以及"互见法""此详彼略法"的运用和"以事系人"处理技巧的问题。凡此种种，都需要静下心来，认真探讨交流，借助专家学者智慧，统一思想，对症下药，尤其需尽快厘定篇目体式，实行"一支笔"总纂统稿，确保县志初稿质量达到评审稿的基本要求。

三

1993年2月至3月，县志办在经历了一场因领导班子调整而引发的震荡后，任命冯万和为县志办公室主任、范学灵为副主任，并调整县志编委会组成人员，下发文件任命郭生岐为主编，冯万和、范学灵为副主编，明确冯万和、范学灵为总纂，聘任退休县级干部李举和退居二线副县级干部谭学荣、肖文俊为专职编审，并特邀自治区地方志编审委员会副主任、地方志办公室主任吴忠礼为顾问，切实加强县志编修工作组织领导，为《中卫县志》正式进入总纂阶段奠定坚实基础。

所幸县长、县志编委会主任郭生岐把主攻评审稿抓在手上，一则表明态度，重申纪律，落实任务，并就修订篇目、编纂思路、指导思想、志书质量、修志进度等方面提出新要求；二则多次主持召开编纂委员会、编委会主任（扩大）会议，研究通过评审稿总纂实施方案，敲定"中编卷章体式"篇目，因其介于小编体式与大编体式之间，以事类立卷，分合有度，章节明晰，适宜编撰，符合县情和入志资料实际，赢得一致赞许；三则着力解决经费不足困难，切实改善办公条件；四则明确编审、总纂职责以及完成任务的时限和质量要求，并责成立下军令状，列入政府效能目标管理，年内完成县志评审稿。就这样，一个"统一领导，攻坚克难，奋力冲刺，背水一战"的修志局面很快呈现在世人面前，县志办也由散摊子变成了务实创新的战斗集体。尔后，郭生岐顺势而为，雷厉风行，经常与副县长、编委会副主任王淑荣、孟达中一道亲临县志办参与工作并具体指导，及时排忧解难，调动全员积极性，从各方面为县志编修人员创造良好环境，鼓励大胆创新，奋发图强，辛勤笔耕，努力完成修志大业。自此，两位总纂呕心沥血，全身心地投入县志编修冲刺阶段的各项工作。他们秉持

"宁可挣死牛，决不翻了车"的气魄，倒排工期，上班时间连轴转、下班稿子随身带，日程表里没了公休日，白天因忘记下班时间被反锁在办公楼里的事儿屡见不鲜，晚上加班至拂晓更成了家常便饭，从而带领全体编务人员团结拼搏，工作高效运转，历经9个月不懈奋战，到1993年底在减少一半编务人员情况下，又收集资料200余万字，核补数据近万个，通篇施策，在原有初稿基础上进行重写改写以及查漏补缺、校正勘误，于8月中旬总纂修订成《中卫县志》评审稿31卷（篇）118章423节665目约105万字，由中卫书画社打字复印部胶印仿线装7册本计80套，呈送县党政领导、县志编委会成员、自治区内外专家学者以及兄弟市县志主编进行审阅评议。12月中旬，为表达中卫人民的诚意，县志编委会派员携带志稿和政府邀请函登门造访，分别向西安的史念海、太原的曹振武、郑州的杨静琦、南京的李明、合肥的欧阳发等全国知名专家学者送达。遂经他们为期4个月审阅，得到"沿海速度、上乘质量"的高度评价，诺言得以兑现。嗣后，县人民政府不失时机地将编审出版《中卫县志》列入1994年度政府工作10件主要实事之一。这对于还未来得及休整的全体编务人员而言，又是一次更为严峻的挑战和考验。

1994年县志编修工作处于关键节点，打磨送审稿被摆上重要议事日程。上半年业务难点交织，县志评审稿既需接受专家学者的解剖评判、审查验收，还得全面修订完善以推出送审稿，及时做好报送出版、交付印刷等相关工作。通常一部县志在完成评审稿到出版成书，一般需要3年时间，而《中卫县志》却只给了一年期限。经县领导和区内外专家学者精心审稿，以及县志办筹备，于5月13日至15日由县人民政府主持召开了县级全体领导、县志编委会成员、自治区地方志编审委员领导、自治区内外专家学者，以及部分兄弟市县志主编百余人参加的《中卫县志》稿评审会议。通过审议点评，共获取各类修改意见和建议300多条，并组织专人进行认真整理、消化吸收和择善而从。6月13日，县志编委会召开主任（扩大）会议，对县志篇目再次反复研究并全面系统修订，讨论制定《〈中卫县志〉送审稿修订实施方案》，继而统一思想认识，细化主编、副主编、总纂、编审工作职责，攻坚克难。全体编务人员不遗余力，尤其是三位专职编审不顾年老体衰，风雨无阻，率先垂范，在酷暑中与专职采编人员同甘共苦。全员先后深入厂矿、农村、机关采访核实志稿，征集各类资料300多万字、照片地图60多幅，保质保量完成补充完善内容、延长5年下限的目标任务，书稿基本达到"齐、清、定"规范要求。

县志送审稿于1994年下半年提前进入排版印刷装帧阶段。7月上旬交宁夏地方志文化服务部排版出清样，8月中旬志书样稿送宁夏人民出版社进入责编程序，9月初由中卫县印刷厂承接上机做样书。10月31日，县委书记兼县长郭生岐主持召开县志编委会主任（扩大）会议，讨论审定《中卫县志》送审稿，并就志稿送审、排版、印刷形成正式决议。11月1日，县人民政府以卫政函〔1994〕16号《关于审定出版〈中卫县志〉的请示》，随文将县志稿上报自治区地方志编审委员会审查，提请批准出版发行新县志。逾三周接到自治区地方志编审委员会宁方志字〔1994〕11号批复:《中卫县志》稿观点正确，资料翔实，符合志书体例，达到质量要求，同意正式出版。11月20日，县志送审稿经宁夏人民出版社终审通过，并上报国家新闻出版管理局于12月19日核发书号，当年计划提前4个月完成。

为确保志书出版印刷质量，县志办采用"三审三校两对红"模式，即编辑分头校、主编交叉审，总纂分头校、编审交叉审，审读通篇校、责编交叉审，出版清样、印刷蓝样、分别盯机对红，着重在校对环节上狠下了功夫。尤其是分别于1995年1月6日至21日组织全体编辑进驻银川饭店，封闭作息，全面校对志书排版清样；2月22日至3月6日邀请三位专职编审下榻银川绿洲饭店，现场办公，严格审查志书责编清样。这样的校对工作，至精至细，非常靠谱，效果不言而喻。至8

月，按照县人民政府统一部署和要求，圆满完成了新中国成立后中卫第一部新县志的编修出版任务。9月27日，县委、县政府隆重召开新修《中卫县志》首发式。同日，县人民政府决定对冯万和、范学灵等工作人员予以奖金奖励。10月18日，郭生岐、冯万和分别接受了中卫电视台的专访。

<h1 style="text-align:center">四</h1>

编修志书被喻为系统工程，浩繁复杂、严谨细致、呕心沥血是它的本质属性。至于如何实现志书编纂速度与质量的有机统一，方志界已探索出一个基本方法，即初稿得"抢"、评审稿需"磨"、送审稿必"琢"，表明了初稿撰写要一鼓作气，评审稿修订要不厌其烦，送审稿发排要精益求精。新修《中卫县志》备历寒暑，三易其稿，正是这样走过来的。其上限追溯至事物发端，下限截至1993年，计130万字，大16开本，胶版彩印，发行3000册。该书从初稿形成，到评审稿推出，进而送审，编务人员努力做到恪守标准、体例规范、资料翔实，对其结构布局、卷目内涵和图片不断进行调整、充实、优化和审核，确保了编修质量。观其前世，除得到中卫县委正确领导和县人民政府鼎力支持，以及各部门领导关心，县直各部门、各乡镇修志人员、离退休干部，各行各业知情人士的配合外，还得益于当时有关领导和专家学者的精心悉心指导。自治区地方志办公室主任吴忠礼研究员，中国地方志协会副秘书长、《安徽经济报》欧阳发总编，山西省地方志学会副会长曹振武，数次帮助修订篇目、审查修改志稿；中国科学院地图出版社编审李鄂荣，热忱审改建置沿革、自然环境卷稿；宁夏语言学会副会长林涛教授撰写方言卷稿。中国地方志协会常务理事、河南史志协会副会长杨静琦编审，中国地方志协会理事、江苏省地方志办研究室主任李明副编审，河南省地方志办公室副主任李振华副编审，自治

区政协副主席吴尚贤，自治区政府办公厅主任陈育宁，自治区地方志办公室副主任黄秉丽等，审阅志稿并提出修改意见和建议。全国著名历史学家、方志专家史念海教授，中卫县委书记、县志编委会顾问陈致敬，中卫县县长、县志编委会主任郭生岐，分别作序。同时，陕西省陇县志办、山西省志办、交城县志办，以及固原县、平罗县、银川市、吴忠县志办同行传授经验，受益匪浅。宁夏人民出版社政史编辑室副主任汤晓芳，中卫县印刷厂副厂长张殿元、技术员王守恩等尽心竭力，严格把关，实现出版印刷品质俱佳。论其今生，它树立了众手成志之典范，浸透着诸多编务人员的智慧和汗水，除本文已点到姓名者外，先后还有张恒录、沈宗和、韩景文、乔松年、刘万库、宋天成、施广文、李正华、李宗奇、杜秀华、王海洋、任晓慧、刘卫东等，黾勉从事，善作善成。壮哉！我们没有理由不对这部新县志寄予厚望：盛世修志，功在当代；志载盛世，利在千秋。

五

事业的最高境界便是无悔，人生的最大幸福在于奉献。冯万和于1987年夏带着刚完成全县首部专业志——《中卫县地名志》的喜悦，辞去被世俗认作"肥缺"的县城建科副科长职务，毅然踏上编修《中卫县志》"苦途"，一干就是10年。特别是前期县志初稿以篇目定编辑，分三个平行组作业，冯万和、范学灵为一组，因占有资料多，经常加班加点，交流探讨也及时，故出稿速度快，创造出5年时间拿下总篇目逾60%撰稿量的佳绩。他坚持步行上下班，每天早晨第一个到岗，拖地抹桌烧开水，几乎雷打不动，说这是最好的强身健体，从此我也效法并一直保持这一习惯至退休。同时，经我俩试点主抓、审核把关、精心修订的部门志、专业志达20多部，现已成为地方珍贵的文献资料和乡土教材。

我于 1996 年 4 月接任县志办公室主任一职，正巧赶上 1997 年 8 月 20 日在宁波举行的"全国地方志奖颁奖大会"，应邀出席并捧回由中国地方志指导组、中国社会科学院联合颁发的一等奖证书，深感自豪振奋。同年 12 月 25 日，在银川召开的宁夏地方志第二次工作会议上，中卫县志办公室被评为"全区修志工作先进单位"，郭生岐、冯万和、范学灵荣获"全区修志工作先进个人"受到表彰奖励，笔者代表本单位作了题为《坚持两条腿走路，开门修志见实效》工作经验交流。

　　有耕耘，就有收获。1998 年 9 月 29 日，由中卫县委、县政府主办，县地方志办公室承办的"中卫县系列地情丛书首发式暨实施再塑文化县新形象战略研讨会"在中卫宾馆隆重举行，正式发行《中卫年鉴》《乾隆中卫县志校注》《当代中卫风范》《中卫文库大观》《香山酒文化》系列地情丛书，深入研讨交流再塑文化县新形象相关事宜，宁夏社会科学院副院长、自治区地方志办公室主任吴忠礼莅临祝贺并充分肯定了中卫地方志事业良好发展势头。

中卫市道地文旅元素注疏

范学灵

经国务院批准，2003 年 12 月 31 日中卫撤县设市，从而开启了她历史发展的新纪元。多年来，笔者致力于故乡文化旅游融合发展生动实践，采取比较研究方法，纵向与中卫自身比进步，横向与其他市县比领先，博引旁征，充分领略到本市之史地风物、禀赋优势、建设成就、文化韵致，详尽梳理出位居宁夏第一、全国领先，乃至具有世界影响力的道地元素，旨在为创建国家级全域旅游示范市注入文化灵魂。

这里历史悠久、底蕴丰厚，涵养了独具特色的史地风物，让和谐的魅力款款绽放

中卫为宁夏回族自治区最年轻地级市，现辖沙坡头区和中宁、海原二县，版图面积 1.74 万平方公里，常住人口 108.4 万人，拥有汉、回、满、蒙古等 21 个民族。据史志记载，中卫建县肇始于秦代而形成于西汉，已历经 2100 多年，而中卫城则由兵镇演变成为地域建制行政治所，历经 600 多年沧桑岁月，历史源远流长，建制沿革清晰，文化底蕴深厚。

全国唯一保留"卫"字称谓的地方——中卫市。千百年来，在纷扰不息的战争中，"卫家卫国"给中卫这个地方打下了深深的时代烙印，曾经的"天津卫""宁夏卫"等众多军事建制城市不再称"卫"之后，"中卫"是目前全国唯一沿用古代军事建制"卫"字称谓的城市。

"中卫"一名最早起源于明朝。明朝建立之后，对边疆地区实行"军政合一"的都司卫所制度，宁夏正处于明朝的军管型政区范围内。"卫所者，分屯设兵，控扼要塞"。据史书记载：洪武九年（1376年），创设宁夏卫，洪武十七年（1384年），添设宁夏左、右、前3卫，洪武二十五年（1392年）又增左、中、右3屯卫。此时宁夏一城7卫，后经变动成为宁夏5卫。至永乐元年正月丙申，即公元1403年2月9日，朝廷又改"宁夏左护卫"为"宁夏卫"，改"宁夏右护卫"为"宁夏中卫"。"中卫"这一名称正式确立。在其后历史长河中虽有县、市的更替，但"中卫"这个名字一直沿用至今。

中国枸杞之乡——中宁县。中宁县地处宁夏中部，为古丝绸之路北支线节点。明清时期隶属中卫县。民国二十二年（1933年）由中卫县析置，治宁安堡，取中卫、宁安两个地名之首字做县名。2003年12月31日中卫撤县设市，中宁县隶属之。其地理位置独特，系古丝绸之路上内陆同西域通衢之要津。境内分布明代长城、石空大佛寺、泉眼山水利工程、南河子公园等名胜古迹。全县行政区划面积4191.6平方公里，常住人口33.79万人。枸杞为主导产业，种植面积占全国枸杞种植总面积近四分之一。1961年中宁县被国务院确定为"中国枸杞生产基地"。1995年、2000年分别被国务院命名为"中国枸杞之乡""中国特产之乡"。吴邦国委员长曾以"中国枸杞之乡"题赠。

中国最具魅力城市定位——沙漠水城。中卫城的独特之处在于，黄河中贯是她的地理命脉，古老厚重是她的文化底蕴，水系丰沛是她的自然禀赋。作为地缘文化的真实写照，用"沙漠水城"作为城市定位，恰如其分，富有魅力。

"沙漠"与"水城"在地理概念上，以及人们的思维定式中，本属于相克而不相生的矛盾对立体，但沙漠的雄浑与水城的柔媚因缘而聚，在中卫同生共荣，已成为颠覆人们想象，并产生差异化情景冲击的生态典范。一则，沙漠是中卫最鲜明的形象元素，它让中卫走向了世界。沙坡头位于中国第四大沙漠腾格里沙漠的东南缘，集沙、山、河、园、绿洲于一体，被誉为世界垄断性旅游资源，经过40多年打造，于2007年被命名为国家5A级旅游景区。沙坡头更是中国第一个国家级沙漠生态自然保护区，其卓越的治沙成果被誉为"人类治沙史上的奇迹"，获得国家科技进步特等奖，荣膺全球环境保护500佳先进单位。二则，水是中卫最为可贵的地缘要素，它让城市充满了灵动。中卫城濒河而建，城依水而兴，水涵城而秀，展现一幅生态美的壮丽画卷。黄河流经中卫182.4公里，长度占据黄河宁夏段46%，达到一河中流、惠泽一套、西部独有。至于"水城"之谓，关键在于市区湖泊星罗棋布，涵养水系近3万亩，基本形成"楼在水中、桥在湖中、路在湖边、绿茵映照"壮美格局和"魅力古城画中来，水天相连家中央"人文景象。三则，从"城"的层面而论，中卫自古属于边陲重镇、军事要塞，既是古丝绸之路通都大邑，又是陕、甘、宁、蒙之水陆要冲和物资集散地。

世界岩画单位密度之最——大麦地岩画。大麦地岩画主要分布在卫宁北山，其制作方式有研磨、敲凿、线刻、刻磨等，早期作品形成于距今3万年前的旧石器时代，大部分作品当在新石器时代，少数作品延续到青铜器时代、铁器时代。题材广泛，内涵丰富，真实地记录了本地区远古人类狩猎、祭祀、放牧、战争、舞蹈、生殖等场景，以及动物、植物、人物、天体、工具图像，展现了原始氏族部落自然崇拜、生殖崇拜、图腾崇拜、祖先崇拜的文化内涵。

大麦地系世界级岩画主要地区，分布区域30平方公里，已发现岩画12000幅。这里群山环绕，沟壑遍布，在东西长约2公里、南北宽约 3 公里核心区内，遗存岩画 2137 组，含个体图像 8532 幅；每平方公里图像达到 356 组，含个体图像 1422 幅，超出国际公认世界岩画主要地区规定标准的 142 倍。特别是在一块面积 12 平方米的石板上，凿刻着 216 个图像，每平方米达到 18 个；另有一块长 26 厘米、宽 22 厘米的石面上，竟凿刻着 20 多个图像，其中一幅野山羊图像高 4 厘米、长 8 厘米。这些都被学术界认定为世界之最。此处于 1991 年、2000 年两次被国际岩画学术研讨会列为观摩点，于 2019 年 10 月被公布为第八批全国重点文物保护单位。

中国考古史上的重大发现——菜园文化遗址。20 世纪 80 年代中期，在海原县西安镇菜园村出土大量以石器、陶器、骨器为主的古代生活用品和劳动工具。考古工作者在方圆 10 公里范围，发掘清理出大量古墓葬、窑穴和房宅基地，印证这些文明出现在相当于中原仰韶文化的新石器时代中晚期，被考古学界定名为"菜园文化"。表明早在 4000多年以前的海原地区已有人类居住，为中国新石器时代学术研究提供了相当数量有价值的实物资料。这一重大发现轰动世界，成为当时中国考古史上的一件大事。菜园遗址现为全国重点文物保护单位。

黄河都江堰——白马拉缰。白马拉缰实指美利渠渠首，坐落于沙坡头国家级自然保护区。据史料记载，中卫古有蜘蛛渠，修建于西汉元鼎六年至元封二年（前 111 年—前 109 年），即今美利渠。西汉元狩三年（前 120 年），中卫因此始有灌溉农业，先民赖以世享其利，从而开宁夏平原引黄灌溉之先河。

"白马拉缰"被誉为"黄河都江堰"，系黄河水利工程的丰碑。早在 2100 多年前，先民利用黄河水在沙坡头拐了一个 310 度大弯产生离心力的原理和地势落差较大的特殊构造，在黄河中心抛石筑堤，分水引流，确保美利渠正常行水，浇灌良田数十万亩。人们虽然创造了奇迹，却又不敢相信自身力量，便演绎出"白马拉缰"神话故事，为厚重的黄河农耕文化平添了神秘色彩。其实，这是秦始皇、汉武帝实行

白马拉缰　余宏／摄

屯垦戍边政策，在河套地区修筑水利工事、垦荒屯种的杰作。现存于黄河北岸的美利渠系，仍在农业生产中发挥着无可替代的重要作用，已成为中国有坝引水历史铁证和沙坡头旅游景区一道靓丽景观。

创世界纪录地震——海原大地震。海原大地震史称"环球大地震"。民国九年（1920年）十二月十六日晚8时许，海原县发生8.5级强烈地震，顷刻间山崩地裂，波及全国12个省份，死亡20多万人，仅海原就有7万人罹难，占当时全县总人口六成。地震之后，海原县城除一座钟楼和一口极小的土坯拱窑，所有建筑物全部坍塌，城墙也大半损毁。强烈的震动持续10多分钟，其能量相当于11个7.8级唐山地震，世界上有96个地震台网记录了此次地震。此后，一批又一批专家学者来到这里调查，收集到大量可供研究的实物资料。国际饥饿救济协会成员克劳斯于民国十年（1921年）三月实地考察后，在美国《国家地理》杂志发表文章说："山峰在夜幕下移动，巨大的地裂吞没了房屋、驼队，村庄在一起一伏的土海中消失得无影无踪。"地震在人们心中留下了难以磨灭的灰色印记的同时，也给今天的海原人民留下了哨马营古柳、干盐池城垣、盐湖等随处可见的地震遗迹，吸引着世界各地的专家、游客前来考察、研究、寻觅。曾亲历大地震的哨马营古柳，根植海原大地已逾百年，见证了这里的沧桑巨变，仍傲然挺立、枝繁叶茂。海原县委、县政府提出并号召全县人民大力弘扬以坚韧不拔、自强不息为特质的"震柳精神"，让这一地方文化资源焕发出新的生机和魅力。同时，为纪念海原大地震100周年，由李相国执导的电影《海原大地震》已于2023年8月6日在陶乐镇影视城开机拍摄。

中国最早建立的荒漠生态类型自然保护区——宁夏中卫沙坡头国家级自然保护区。沙坡头国家级自然保护区地处腾格里沙漠南缘，属于国家级沙漠生态自然保护区，系中国20个治沙重点区之一。

该保护区始建于1984年，时隔十年经国务院批准为国家级自然保护区，总面积为14044.34公顷，其中核心区3962.15公顷、缓冲区5448.49公顷、实验区4633.70公顷，范围东起二道沙沟南护林房，西至头道墩，北接腾格里沙漠沙坡头段，向北延伸1000—2000米，沿"三北"防护林二期工程基线向东北延伸至定北墩外围300—500米，南临黄河，东西长约38公里、南北宽约5公里。主要保护对象为典型温带沙漠自然生态系统及其生态演替，特有稀有野生沙地动植物及其生存繁衍的生态环境，以防护林工程为主体的人工生态系统及其治沙科研成果，以及保护区内各名胜古迹和历史遗迹。

沙坡头国家级自然保护区具有广泛的区域代表性和地域分界特点，在自然地理、农业区划，以及全球气候变化研究中有着特殊地位。本区自然地理环境独特，荒漠物种资源丰富，以其稀有性和广泛代表性，以及重要生态功能、重大科学价值、广阔发展前景闻名中外，被联合国环境规划署评为全球环境保护500佳单位，还被中外科技界和治沙同行评价为"人类治沙技术的发源地""中外治沙专家成长的摇篮""人与自然和谐的样板"。现已成为全国青少年科普教育基地、全国中小学环境教育社会实践基地、国家生态环境保护科普基地，以及世界人与生物圈实验室研究点、国际沙漠化治理研究基地等。

　　宁夏中卫香山湖国家湿地公园。湿地公园位于市区南郊，北起平安路，南临黄河南岸堤坝，西靠黄家庄，东达滨河湖泊东堤坝，南北宽0.8—2.37公里，东西长4.47公里，总面积564公顷，湿地率为76.56%。2006年开工建设，2015年12月建成，主要由香山湖、香山滨河湿地、黄河河道湿地组成。2022年2月，根据《国家林业和草原局关于2021年国家湿地公园试点验收结果的通知》，正式成为国家级湿地公园。这是中卫市继宁夏天湖国家湿地公园之后又一生态荣耀。俯瞰香山湖，犹如一枚绿色宝石镶嵌市区，碧波荡漾，花开似锦，树

应理湖风光

影婆娑，绿地延绵，生态景观效果显现，现已成为中卫市民休闲娱乐的理想场所。

湿地公园内湖泊、河汊、滩涂、森林交错分布，成就了香山湖湿地多样的生态环境和丰富的景观资源，也孕育了丰富的野生动植物资源。公园内耐盐碱和湿地水生植物广泛分布，植物以草本为主，且以温带、北温带植物居多，达到43科84属100种；野生脊椎动物有鸟类、哺乳类、鱼类、两栖爬行类，共计5纲23目44科105种，其中鸟类13目30科75种，有国家一级保护动物3种、国家二级保护动物7种、自治区保护动物15种。

这里人文荟萃、卓尔不凡，滋润了光彩旖旎的风物景胜，让文明的光芒熠熠生辉

中卫地处内陆，多个民族、多元文化长期融合，从而造就了独具特色的地方文化。高庙、鼓楼、沙坡头、寺口子、大麦地岩画、石空大佛寺、天都山石窟、城市景观水系、中卫方言、黄河奇石、中宁枸杞、常乐豆腐、蒿子面、酸辣汤等，这些地理景胜和鲜活风物，无不凸显着这座古城的景胜特点、精神特质和文化韵致。

宁夏第一个旅游景区——沙坡头。沙坡头被誉为世界垄断性旅游资源，它集沙漠、黄河、高山、绿洲、铁路于一体，自然禀赋优越。清朝乾隆年间，因在河岸北边形成一个宽2000米、高100米、倾斜60度的大沙堤而得名"沙陀头"，转音为"沙坡头"。人从沙顶顺坡向沙底滑动时，因摩擦而屁股下面发出嗡嗡的轰鸣声，犹如金钟长鸣，悠扬宏亮。这里依沙傍河，与长城相望，"大漠孤烟直，长河落日圆"古诗意境在此得到最完美阐释和体现。

"沙坡头"称谓，其寓意与山海关之"老龙头"是长城起点相一致，系腾格里沙漠的起点。它融自然风貌、人文景观、治沙成果于一体，

被称为"世界沙都"。当地政府于20世纪80年代初起,立足沙坡头独特的人文价值而持续打造,于2007年5月8日被确定为国家5A级旅游景区,2015年评为"中国最具魅力旅游度假区""国家环保科普基地",现已跻身"全国十大最好玩的地方""中国最美丽的五大沙漠""全民健身二十大著名景观"之列,成长为颇具魅力的旅游驰名品牌。这里天赋神秀,其境阔也——汇高路、机场、低坝、宿集以成气势,聚大漠、黄河、香山、绿洲而生胜景,接四方菁华,迎八面来风,令人心驰神往。近年来,推出"爸爸去哪儿""沙漠露营"等特色旅游产品,倍受中外游客青睐。

中国历史文化名村——南长滩。南长滩位于沙坡头区迎水桥镇,地处宁夏、甘肃两省交界处,被誉为"宁夏黄河漂流第一村"。2008年10月公布为第四批中国历史文化名村,2012年12月列入第一批中国传统村落名录。其具有原生态风貌、原住民民居建筑风格、党项文化元素,游者可游览峡谷风光、体验黄河漂流、居住世外梨园。至今,村子里仍保存着拓跋族谱,清代宫廷贡品"鸽子鱼"出产于此,还盛产香水梨、大红枣、黄河奇石。2013年被评为美丽中国十佳旅游村。

史学界普遍认为,征伐西夏是成吉思汗最后的战争。据考,公元1227年,成吉思汗的蒙古铁骑攻破了西夏都城中兴府(今银川市),在一个月黑风高的夜晚,将已投降的宫中300余妇孺绑到黄河岸边,全部沉河处死,党项就这样灭族灭国了。而天无绝人之路,西夏党项族拓跋氏一支有幸躲过搜捕追杀,辗转逃往甘肃,嗣后沿黄河而下至南长滩定居下来,隐姓埋名,繁衍生息。该村居民原本复姓拓拔,现已简化为拓姓。20世纪80年代,西夏学泰斗李范文先生考察认定南长滩村村民为党项后裔,是党项族作为一个民族实体消失以后,迄今发现的这个古代少数民族最鲜活的载体,并载入《西夏通史》。

中国传统村落——北长滩。北长滩因集悠久历史、传统建筑、军事防御和原始生态于一体,2010年4月被评定为宁夏历史文化名村,

2012年12月列入第一批中国传统村落名录。

北长滩村坐落于黄河北岸长约20公里、宽三四十米的狭长地带，群山环抱，依山凭河而居。院落布局、房屋结构仍保留着明清时期当地传统建筑风格"四梁八柱式"，而院墙则由卵石堆砌而成。走进村子，依然可以看到许多墙体、门窗、木柜上留有清晰的毛主席语录、头像，以及各类标语等。当地举办的祭祀活动中，"转灯台""走金桥""接牌位""抬神楼""祭河神""放河灯""吃舍饭"等民俗遗规传承完整。民间刺绣、彩绘、木雕等技能出类拔萃，水车、羊皮筏制作技艺得以保留，已被列入国家级非物质文化遗产名录。北长滩盛产软梨子、大红枣；建造于清朝道光十六年（1836年）的一架水车悠然转动；电视连续剧《山海情》《我们这十年·沙漠之光》在此取景拍摄；穿越戈壁的"中卫66号公路"因成为网红打卡地而驰名中外。

北长滩古村落　李旭竹／摄

中国经典名刹——高庙保安寺。保安寺俗称中卫高庙，位于市区鼓楼北街西侧。史载："中卫古城，藏有峰腰之病，故建高庙，一辅风脉，二固城防。"明朝永乐年间（1403—1424年）初具雏形，始称"新庙"，距今有 600 多年历史。虽历经地震火焚损毁，然每每幸得续建修葺，得以保存完好，民国三十五年（1946 年）重修增建，改称"高庙"。1984 年后，各殿堂恢复塑像。从造像看，高庙为儒、释、道三教合一场所；从大钟铭文、牌坊题刻看，高庙在明朝正统年间已属佛教寺院。2013 年 3 月被国务院公布为第七批全国重点文物保护单位，载入典籍《中华佛教二千年》。

高庙保安寺占地 6895 平方米，有殿堂寮房 300 余间，通高 29 米，塑有各类造像 174 尊。寺庙重楼叠阁，檐牙相啄，迂回紧凑，小巧玲珑，形似凤凰展翅，呈凌空欲飞之势。五百罗汉，形态各异，出神入化，栩栩如生，堪称艺术一绝。其下建有地宫，系中国四大古地狱之一，神呵鬼嚎，阴森恐怖，发人深省。现为著名旅游景点。

宁夏最具特色钟鼓楼——中卫鼓楼。中卫鼓楼始建于明朝崇祯四年（1631 年），是一座凝聚了中卫人民智慧的地标建筑，为自治区重点文物保护单位。基底开"十"字形门洞，通四面街道。通高 23 米，为四面八方一体式造型，3 层 3 檐，每层有 12 翘角，回廊连接。楼基四角建有小型配楼。分层绘像，上层塑魁星，中层塑文昌，下层四面分别塑雷祖、财神、火帝真君、观音菩萨。

鼓楼基座四面券门存有匾额，东曰"锁扼青铜"，南曰"对峙香岩"，西曰"爽挹沙山"，北曰"控制边夷"。于 1984 年修葺时，遵循文物保护原则和民族政策，将北面匾额改为"控制边陲"。券门横额系旧时文人按地理方位和形胜所撰，其释义为："锁扼青铜"表明地理优势，意为中卫城郭处于青铜峡前哨，当作锁钥之地；"对峙香岩"表明高峻雄奇，形容与香岩名刹比肩屹立，给人以巍巍香山为我壁垒之感；"爽挹沙山"表明趋利避害，寓意若能使流沙降伏而不吞噬农田，岂不乐哉；"控制边夷"表明防御功能，彰显城池坚固，成为抵御外族入侵的边塞重镇。

宁夏著名石窟佛寺——石空大佛寺。石空大佛寺系自治区重点文物保护单位，位于中宁县双龙山南麓，是唐代丝绸之路灵州道上重要节点。时值明清两朝，石空大佛寺已成宁夏十景之一，称作"石空灯火"。至今，每逢农历四月初八庙会前后，信众云集，香火甚旺。

史书记载："石空寺创建于唐朝，就山形凿石窟，窟内造像皆唐制。"20世纪80年代初，考古发掘出土唐、宋、元、明、清诸代彩塑、壁画、地砖、铜镜、铜像等珍贵文物100多件，部分具有典型盛唐风格。据专家考证，其整体布局、建造样式、艺术手法，同敦煌石窟相类似。其中，九间无梁洞最为宏大，位于中寺处，洞高25米、深15米、宽13米，内塑88佛，加上菩萨、罗汉等达到360尊之多。1963年，自治区政府公布为重点文物保护单位。载入《中国名胜古迹大辞典》。

宁夏第一湖——腾格里湖。腾格里湖位于沙漠南缘，距市区8公里，占地22平方公里，湖泊面积1万亩，集生态观光、花卉观赏、休闲度假、运动养生、水产养殖于一体，先后被评为国家级水利风景区、中国最美花卉景观、中国最美渔作景观。2009年1月开工建设，于2013年10月形成腾格里·金沙岛国家4A级旅游风景区，沙环水绕，绿树

腾格里湖的鹤　孟达／摄

成荫，湖泊连片，水阔鱼肥，湿地植被茂密，享有中国最美沙漠花园之誉，为休闲度假绝佳之地。尤其是金沙岛景区分布着5个大型花卉观赏园——薰衣草园、玫瑰园、菊花园、荷花园、沙草园，如同花海，芬芳香艳。

宁夏新十景之一——沙坡鸣钟。沙坡鸣钟位于沙坡头国家级自然保护区。2015年评选出宁夏新十景，"沙坡鸣钟"榜上有名，与古堡新影、贺兰晴雪、黄河金岸、六盘烟雨、沙湖苇舟、水洞兵沟等景观一道，共同展示宁夏瑰丽多彩的自然风貌和人文韵致。

明初已有关于宁夏八景的记录和传颂，如藩封宁夏的庆王朱栴厘定的八景中，"官桥柳色"名列其中。清朝乾隆年间，知县黄恩锡将明代中卫十景更定为十二景——青铜禹迹、河津雁字、香岩登览、星渠柳翠、羚羊松风、官桥新水、牛首慈云、黄河泛舟、石空灯火、炭山夜照、黑山晴雪、暖泉春涨。这些皆为黄河农耕文明的历史积淀，现在仍能寻觅到文化遗存，且由每一景观衍生出来的诗词流传至今，给昔日的中卫大地平添了绚丽光彩。

"沙坡鸣钟"本质在于灵动，早在1500多年前就已闻名天下。这座会唱歌的沙丘，长2000多米、高100米，呈鳞片状伫立在黄河拐弯处。自沙丘顶部下滑，沙飞声起。天清气爽时，其声响近乎杂技演员抖空竹那样铮铮淙淙；雾重风大时，由于特殊的地理环境和地质结构，其声音又如同洪钟巨鼓，沉闷浑厚。顾祖禹《读史方舆纪要》云："鸣沙河即宁夏中卫鸣沙山南黄河也。"《弘治宁夏新志·祥异》载："沙关钟鸣，城西四十里，沙关朝暮有声如钟，天雨时益盛。"当下，这里已经建成中国最大天然滑沙场，黄河索道、皮筏漂流、沙漠冲浪、驼铃远足，人们可尽情飞翔在黄河之上、跋涉于沙海之中。

中卫城市新地标——五馆一中心。五馆一中心于2011年5月建成，总建筑面积4.76万平方米，由体育馆、博物馆、文化馆、图书馆、游泳馆及文体娱乐中心组成。设计创意突出生态、人文、科技这一主题，

建筑造型优美，景观新颖独特，生态水系环绕灵动，影院剧场兼备，具有休闲健身、观光娱乐等功能，已经成为市区一大靓丽景观。

这里开拓创新、善作善成，凝练了敢为人先的内生动力，让奋进的亮点频频闪现

中卫市成立以来，全市人民上下求索开新篇，改革创新，攻坚克难，负重拼搏，奋发图强，敢为人先，创造出众多骄人业绩。目前，城市功能日趋完善，形象品位持续跃升，不断绽放着经济发展、生态靓丽、民族团结、宜居宜业的青春活力。

中国最适合投资数据中心城市——中卫市。中卫市地质构造稳定，气候适宜，能源保障充裕，区位交通便捷，产业政策优惠，具备发展大数据产业的绝对优势。2014中国数据中心产业发展大会暨IDC产品展示与资源洽谈交易大会上，中卫被评为最适合投资数据中心的城市。

截至2023年8月，已建成全国首个新型互联网交换中心、一体化大数据中心"双节点"城市，亚马逊、奇虎360等引领美国ZT、阿里

云计算基地　李旭竹／摄

巴巴、华为、中兴、浪潮等200家服务器制造企业、云计算应用企业云聚中卫，西部云基地服务器装机能力超过70万台。其中，宁夏中关村科技产业园西部云基地引进云计算及相关配套企业20家，完成投资50亿元；中国联通已建成云基地4×100G直达太原、西安骨干网络，并配合亚马逊AWS完成北京、上海、深圳等城市用户至中卫云基地骨干网络；中国电信建成4×100G西部云基地直达北京、西安骨干网络；中国移动建设的西部云基地直达北京、西安、杭州、成都骨干网络路由投入运营；中国联通、中国电信已完成双路进入西部云基地云创公司数据中心机房光缆路由；中国联通数据中心项目、工信部数据中心项目、西部云公司数据中心项目、比特云公司云计算项目工程正在建设。目前，正在加快建设具备百万台服务器运算能力的数据中心集群，以及国家"东数西算"示范基地、信息技术应用创新基地、数据供应链培育基地，打造网络数据交换更便捷、数据安全更有效、建设运营更省心的"中卫模式"和"西部数谷"。

中国第一个沙漠通用航空机场——沙坡头机场。沙漠中修建机场，国内绝无仅有。该机场于2008年12月26日正式通航，开创了全国民航机场当年开工、当年建成、当年通航的先例。2012年1月移交西部机场集团运营管理。

该机场距市区7.5公里，距沙坡头景区15公里，为国内支线机场，跑道长500米、宽23米，飞行区指标为4C级。机场配备先进的航行管制、航空气象、通信导航、除冰雪设施和助航灯光系统，可满足波音 737、空客 320 系列及以下机型起降，保障能力在全国支线机场中处于领先水平。通航至今，已有华夏航、联航、川航、天津航、长龙航等航空公司运营着中卫至西安、重庆、北京南苑、成都、海口、杭州、上海等城市 11 条航班线路，极大地提升了中卫城市品位，拉动了旅游等相关产业快速发展。

中国第一条沙漠铁路——包兰铁路中卫段。包兰铁路自包头东站至兰州站，全长 990 公里。由于铁路干线横穿沙漠，包兰铁路被誉为"中国首条沙漠铁路"。其于 1954 年 10 月开工建成，1958 年 7 月通车，途经中卫市，全线有 140 公里在腾格里沙漠穿行。采取的麦草方格治沙法曾于 1988 年获国家科技进步特等奖，确保铁路多年来畅通无阻。承担着科研和护路任务的中卫固沙林场，于 1994 年 6 月荣获联合国环境规划署颁发的全球环境保护 500 佳先进单位证书。包兰铁路系华北通往西北的主要干线之一，对加速内蒙古、宁夏、甘肃的经济建设发挥着重要作用。1965 年，在包兰铁路甘塘至兰新铁路武威，建成甘武联络线，长 172 公里，从而缩短了华北至西北地区的运程。现已完成电气化改造，实现复线运营。

国家科技进步特等奖——麦草方格固沙法。1988 年，麦草方格固沙法与"两弹一星"一并获得国家科技进步特等奖。目前，沙坡头已建成全国第一个国家级沙漠生态自然保护区，其卓越的治沙成果被誉为人类治沙史上的奇迹。

中卫处于中国第四大沙漠腾格里沙漠的南缘，历史上黄沙肆虐，直逼城郭。20 世纪 50 年代初，为确保包（头）兰（州）铁路不被流沙埋没，中卫人民与治沙科技工作者一道艰苦探索，创造出以"麦草方格"为主导的"五带一体"治沙体系，遂成为国际治沙中国工程技术发祥地、联合国教科文组织人与生物圈和世界实验室研究点、国际沙漠化治理研究培训基地，从而实现了人进沙退。

此法以沙坡头为中心分别向东西辐射，现已建成固沙防火带、灌溉造林带、草障植物带、前沿阻沙带、封沙育草带"五带一体",铁路两侧巨网般的麦草方格里长满了沙生植物,形成长达55公里的绿色长廊。当初,设计者认为寿命可能不会超过30年,苏联专家也曾断言30年后铁路将被沙漠彻底掩埋。然而,自1958年全线通车以来,包兰铁路安然无恙,通车由最初7.5对增至55对,并一直保持世界纪录。这一治沙模式已在甘肃、青海、新疆、内蒙古,及东北地区推广应用,英国、日本等媒体给予极高评价,先后有50多个国家和地区的专家学者前来参观考察。

宁夏全域旅游示范点——沙坡头旅游新镇。沙坡头旅游新镇占地437亩,建筑面积11.2万平方米。于2015年3月开工建设,2017年竣工并投入运营,系中卫市旅游优先发展战略标志性工程,已成为全国全域旅游示范市新窗口。其秉持"沙水绿洲为体、丝路风情为魂"文化创意,以中卫历史精华为轴线,在时光大道刻有18个重大历史节点,以清音阁、桂桥、叠秀、融文、直圆亭,以及碧潭、南北海子等为主要建筑,推出数字治沙、数字岩画、穹庐4D电影,融入大漠、黄河、丝路、边关、农耕、游牧等文化元素,并且把极具代表性的丝路驼峰、边关记忆、饮水思源、黄河之水、固沙魔方、草原之舟等植于景观之中,从三维空间营造"中国沙都"整体文化氛围,充分展现中卫融合之城目标定位。

宁夏大学第一个分校——中卫校区。2014年4月17日,经自治区政府批准设立宁夏大学中卫校区,采取宁大主导、多校支持、校企合作、政府保障、协同育人机制,以宁夏大学为主体在中卫延伸办学,按照公办高校管理。2016年1月13日,自治区政府举行宁夏大学中卫校区移交协议签字仪式,正式整体移交宁夏大学管理。该校区规划占地600亩,建筑面积17.8万平方米,实现当年建成、当年招生目标。目前,设置旅游管理、电子商务、软件工程、市场营销、化学工程与工艺等本科专业,采取实验班模式、书院式管理、订单式培养、企业家授课、全员奖学金、生产化实训等举措，已成为推动宁夏高等教育改革、推进地方高校向应用技术转型发展、培养创新创业型人才的试验区。

宁夏校史较长的学府之一——中卫中学。民国二十一年（1932年）十一月十一日，宁夏省政府颁文成立"宁夏省立第二中学"。至今，该校已跨越两个世纪，经历五个时期，易名八次，校址三迁，更迭二十二任校长。正所谓园丁勤耕、学子黾勉，金榜题名、冠盖朔方，九秩风华、盛名远播。

据史料记载，民国十六年（1927年），中卫时属甘肃省，省府为筹集军饷，下令变卖国产，将县城东大街废置的清代中卫副将署（协台衙门），以2800块银圆拍卖给天主教神甫葛天民营建教堂。地方人士闻讯，便推举本地缙绅、时任县劝学所所长的刘佩黼（字端甫，1878—1944年）联名全县十八堡乡绅具呈县政府收回建学校。端甫先生会同仁人志士奔走相告，向商会、店铺、行会、寺庙等各界人士劝捐，凑足款项，退还洋人，地皮得以收回。翌年五月，县政府呈请甘肃省政府批准建立中卫中学。嗣后，端甫先生又诚邀各堡贤达商议集资，募齐办学善款，历经3年完成校舍修缮并得以正式创立，莫增隆出任校长。此即宁夏在省会外开办的首所中学，中卫人民引以为傲。1959年8月，中卫中学分设两校，校本部为"宁夏回族自治区中卫中学"，并在原校分部设立"中卫县第一初级中学"，即今中卫一中。1981年1月，学校升格为正处级事业单位至今。

学校现坐落于沙坡头区应理湖畔，占地218亩，建筑面积58466.04平方米，拥有教职工240名，开教学班69个，有在校学生4167名。现为宁夏首批八所重点中学，自治区普通高中一级示范学校，位居全国五百所著名中学榜单，已为国家培养六万余名合格毕业生，其中考入清华、北大、香港城市大学等高校者有近50人。学校形成"从严从细，求活求新"校训，"一切都是教育教学质量"的教育理念和"德育为首，全面发展，多出人才，办出特色"的办学目标。先后获得全国思想政治教育工作示范校，全国传统体育项目学校先进单位，全国学校体育工作示范学校，全国青少年体育俱乐部，全国青少年校园足球、篮球、排球特色学校等殊荣。

晒枸杞　李旭竹／摄

中国驰名品牌物产——中宁枸杞。枸杞是中卫农耕文化足以耀示天下的成果之一，更是"中华杞乡"地标符号，明末清初便蜚声京华，遂成宫廷贡品。中卫地区的宁安堡早在 600 年之前就开始栽植，枸杞种植面积已发展到 34 万多亩，以产量丰盈、品质纯正而冠绝全国。"中宁枸杞"有机干果及深加工系列产品远销东南亚、欧美等国家和地区。2016 年 4 月 6 日—17 日，中宁枸杞种子搭载实践十号卫星完成太空之旅，进行诱变育种。枸杞文化以枸杞诗词、枸杞歌曲、枸杞根雕、枸杞菜肴、枸杞果酒、枸杞茶艺、枸杞观光园、枸杞商城、枸杞博物园、国际枸杞交易中心等为支撑，活力四射，影响巨大。宁夏红枸杞产业集团公司酿制的"宁夏红"枸杞果酒、枸杞干红，以"每天喝一点，健康多一点"引领了酒文化的新时尚。

中国特有裘皮山羊品种——中卫山羊。中卫山羊系世界级裘皮用羊品种，于 1983 年 8 月 10 日被评定为国家级优良品种，并由国家标准化管理委员会颁布《中卫山羊》国家标准，正式定名为"中卫山羊"。

中卫山羊种群形成由来已久，明清时期碑刻史志多有记载。种群分布于香山地区及邻县同心的喊叫水、中宁的陈麻子井、甘肃景泰的五佛寺、白银的打拉池，及内蒙古阿拉善左旗的边缘山区，总面积约2万平方公里，种群数量现已达到30万只以上。香山乃中卫山羊中心产区，裘皮品质以南长滩所产最佳。羔羊裘皮毛股长7厘米，5个弯曲，花穗美观、洁白如玉、轻暖耐穿，堪与滩羊二毛皮相媲美。

全国城市环卫保洁"中卫模式"——以克论净。2015年7月25日，全国城市环卫保洁工作现场会在中卫召开，来自全国部分城市的150余位分管市长参加。住房和城乡建设部部长陈政高要求学习中卫经验，清洁城市环境。

中卫市政府于2013年修订实施的《城乡环境卫生深度清洁管理办法》规定："每平方米尘土不得高于5克，地表垃圾存留不得超过5分钟。"此乃"以克论净"的"中卫模式"。按照管理办法，市区680万平方米的道路、广场、公园等公共区域，被划分为186个卫生保洁责任区，安排372名环卫工人轮班作业。每个责任区域核定环卫工人、检测员、考核员，实行全天候保洁，以"天平称重"方式考量。同时，还安排监管检测组每天对临街商户门前、工地出入口、流动摊位、市区道路监管情况进行督查。近年来，中卫市投入近3000万元购置道路洗扫车辆30辆，并配置果皮箱、水冲式厕所等公共设施，实现了机械清扫与人工保洁无缝对接。

中国第二届全域旅游推进会——中卫主会场。第二届全国全域旅游推进会于2016年9月10日在中卫市隆重召开，国家相关部委负责人和全国31个省、自治区、直辖市及新疆生产建设兵团的旅游发展委员会、旅游局主要负责人参加会议。国家旅游局、自治区党委主要负责人出席并分别讲话。河北省、浙江省、四川省、贵州省、中国旅游集团、中卫市参会代表交流经验。会上宣读了国家旅游局《关于同意宁夏回族自治区创建国家全域旅游示范区的复函》，标志着宁夏成为继海南之后全国第二个省级全域旅游示范区创建单位，从此中卫市便正式拉开国家级全域旅游示范市创建序幕。

这里文教兴盛、景行维贤，孕育了魅力无限的人文风情，让精神的薪火代代相传

中卫素有崇文重教优良传统，风物早开，底蕴丰厚，长期以来总是显现出与众不同的文化气质。从人文历史来讲，在于她的悠久、雄浑、独特，有辉煌之象；从时代精神来讲，在于她的开放、包容、奋发，有青春之盛。作为地级市，一路走来虽然仅有20个年头，其外表却已包裹上现代霓裳，"沙漠水城、云天中卫"已经成为她的代名词。

中国文化旅游发展贡献奖——电视剧《风雨沙坡头》。35集电视剧《风雨沙坡头》于2010年出品，根据中卫籍作家杨富国同名小说改编，由国防电视宣传中心拍摄。该剧以红色革命为主线，讲述20世纪40年代至中卫解放，男女主角童三泉、红柳等完成组织交付任务的曲折悲壮故事，塑造了一批血肉丰满的共产党员形象。剧情曲折，场面宏大，融入谍战等诸多文化元素，剧中多半场景在沙坡头旅游景区拍摄，充分展现浓郁的西北风情和中卫文化特色。该剧先后在央视八套黄金时段及27个省（市）电视台播出。2010年11月，被评为"中国首届文化旅游发展贡献奖——影响中国文化旅游电视剧金奖"。

亚洲电影促进奖——《清水里的刀子》。改编自海原籍著名作家石舒清同名小说，荣获2016年11月15日第36届夏威夷国际电影节"评委会最佳摄影特别奖"和"亚洲电影促进奖"。该片讲述了在海原县一个偏远的村庄里，回族老人马子善的老伴过世了，老人有意在老伴忌日那天用陪伴他十多年的老牛为之"倒油"的故事。该影片还在摩洛哥马拉喀什国际电影节上亮了相。

全国首个"美丽中国案例文献库"入选者——沙坡头黄河宿集。

2023 年 3 月 10 日，沙坡头黄河宿集入选全国首个"美丽中国案例文献库"。其位于中卫市沙坡头区常乐镇大湾村，汇集了西坡、大乐之野、飞茑集等民宿，集合黄河、沙漠、长城、湿地、古村落等自然景观，将现代度假生活植入乡村境域，是中国第一个"宿集"，也是以沙漠为主题的自然度假目的地，成为宁夏近年来极具亮点的文旅新名片。

黄河宿集通过复原有 200 多年历史的大湾村，引入国内外顶级民宿、营地、餐饮、书店、文创、美术馆等生活方式品牌，并开创沙漠越野、定制野宴、史前遗迹探访等线路内容，构建了全新的西部深度旅行体验。游客在这里可以品美食、逛农场、观星宿、登长城，参与宿集开发的深度游线路，体验野奢旅行的乐趣。在宿集带动下，宁夏重修道路并新增 8 条航线，先前无人问津的河滩枣、番薯干、红酒等特产持续畅销，为当地村民增加了经济收入。黄河宿集还成为《亲爱的客栈》《奔跑吧·黄河篇》等热门综艺的取景地，引来大量游客观光打卡。

宁夏独特地方剧种——中卫道情。中卫道情也叫"中卫渔鼓戏"，此剧种及其主要唱段已被《中国地方戏曲集成·宁夏卷》收录。该剧种诞生于清代中期，靠民间艺人代际传唱而继承下来，具有程式化、节奏化、虚拟化特征。其连说带唱，诙谐幽默，极富塞上民歌欢快明朗、艺术表现生动的特色。新中国成立以后，由中卫秦腔剧团经过多年探索、创新和发展，成长为新的地方剧种。渔鼓、弦乐、唢呐为主要伴奏乐器。代表性剧目有《激战龙川》《李双双》《单鼓曲》《二度梅》《五哥放羊》《十颂共产党》等。

宁夏民间艺术奇葩——海原花儿。在海原山乡，无论是在盘山小道，还是在麦地谷场，都能随时随地欣赏到动人的花儿歌声。海原花儿形式灵活，不用乐器伴奏，即兴演唱，人们通常把手往耳后一搭，张嘴就来，看到什么唱什么，高兴时唱，忧愁时也唱，内容广泛，唱法独特，曲调优美，自成体系。每年农历六月初六日，当地在南华山灵光寺举办"民间花儿会",并运用花儿进校园的形式普及之。花儿歌舞剧《海风吹绿黄土地》《大山的女儿》先后在自治区内外巡演成功,花儿歌舞《舞动的响板》在第九届全国少数民族运动会上获得表演节目一等奖。2008年以来,由中卫市委宣传部精心策划,举全市文化之力,成功举办"黄河浪起花儿红"大型演唱会,创编电视专题片《花儿的家乡》,出版影视光盘《故乡花儿》,为中卫赢得多项文化殊荣。尤其是中卫市歌舞团创编的大型花儿歌舞剧目,除入驻沙坡头、沙湖等旅游景区展演外,还登上了北京的舞台,赴海外演出赢得满堂彩,并签约在阿联酋7个酋长国巡演,演出突破3200场次。

宁夏独特民间社火——黄羊钱鞭。黄羊钱鞭源自明朝崇祯初年,属于游牧民族的牧羊鞭舞,现流传于中宁县余丁乡黄羊村,是一种集舞蹈、健身、体育和防身于一体的艺术表演形式。该社火节目融合民族传统舞蹈元素和现代舞蹈动作,套路一般有龙门阵、一字长蛇阵、二龙戏珠、剪梅花、四季发财、五福临门等十几种。2006年,被列为宁夏首批非物质文化遗产项目,先后应邀在中国第十三届西部商品交易会、宁夏第五届少数民族传统体育运动会、宁夏第十一届运动会开幕式上表演。

宁夏金牌风物小吃——中宁蒿籽面。蒿籽面俗称"长面",流行于卫宁平原,于2016年3月评定为"宁夏十大金牌旅游小吃"。将纯天然野生蒿籽粉和入面中,面条均匀柔韧,配以臊子和汤汁,入口滑爽,清香怡人。蒿籽面制作技艺独特,用料讲究,工序复杂,具有保健功效,并蕴含着寄托情思、祈福安康的文化内涵。2007年被确定为宁夏首批非物质文化遗产项目。2012年3月,受毛里求斯的中国文化中心邀请,蒿籽面制作技艺项目代表性传承人于振玲前往参加第八届唐人街美食文化艺术节展演。

宁夏中卫籍第一个院士——俞大鹏。俞大鹏,1959年3月出生,沙坡头区镇罗镇人。无机非金属材料领域专家,2015年12月当选为中国科学院院士。现为北京大学物理学院教授，系长江学者及创新团队学术带头人。俞院士主要从事半导体纳米线制备与物性研究，承担国家杰出青年科学基金、海外杰出青年科学基金、973 课题等研究项目，荣获教育部自然科学奖一等奖、国家自然科学奖二等奖。于国际知名核心学术刊物上发表论文 200 多篇，培养博士后、博士研究生、硕士研究生等 60 余人。

中国知名数学家——李星。李星，1964 年 5 月出生，海原县人。历任宁夏师范学院党委书记，上海交通大学兼职教授、博士生导师。现为宁夏基础研究学科带头人、宁夏大学党委书记。荣获全国五一劳动奖章、全国先进科技工作者等称号，被中组部授予"留学回国人员成就奖"。2023 年 2 月 17 日，荣获"何梁何利基金科学与技术创新奖"。其主要研究领域为复分析及其在弹性理论、断裂力学中的应用。李星是宁夏数学学科带头人，首届国家"百千万人才工程"一、二层次人选，曾主持完成"973 计划"专项 1 项、国家自然科学基金 6 项，出版《积分方程》等专著 5 部，发表学术论文 260 多篇，获宁夏科技进步二等奖 4 项、自然科学优秀论文一等奖 3 项。据报道，多年来，李星放弃英国皇家学会高级访问学者等许多难得机会，毅然回到家乡，带领宁夏大学实现了数学一级博士点的突破；提出"学科一揽子工程"，助推宁夏大学获批"双一流"建设高校。履职全国政协委员和中国数学会副理事长等职时，通过各种平台宣传、推介宁夏，使得宁夏的数学学科在国际上有声音、有记录、有贡献。

"西部笑星"——张保和。张保和，国家一级演员。集中国曲艺最高奖项——牡丹文学奖、牡丹表演奖、牡丹特别奖于一身，享誉"西北笑星"。曾任中国武警文工团副团长，现为中国曲艺家协会理事、中国武警文工团艺术指导。他在中卫学习、生活、工作 16 年。多年来潜心创作，擅长方言剧目，出版发行系列音像专辑，群众喜闻乐见。2004 年 4 月 28 日，为中卫市成立庆典表演了方言快板剧《中卫颂》。

2011年3月13日，为沙坡头旅游景区创作了脍炙人口的段子《沙坡头麦叽得很》。其先后被中国文联评为"德艺双馨"艺术家、"送欢乐下基层"典型，2009年10月被中国曲艺家协会授予"新中国60年优秀中青年曲艺艺术家"称号。中央电视台《人与社会》栏目为其拍摄了专题片《张保和与他的奥运民谣》。

知名电视剧制片人——李萧。2022年11月1日，第三十三届中国电视剧"飞天奖"在北京揭晓，制片人李萧代表创作团队登台领奖。获得优秀电视剧奖的《跨过鸭绿江》，是以抗美援朝战争为背景，由中央广播电视总台出品的革命历史题材剧目，并于同月6日荣膺第三十一届中国电视金鹰奖优秀电视剧奖项。此前，该剧已斩获2021年白玉兰评委会大奖，并于2022年10月入选第十六届精神文明建设"五个一工程"特别奖。李萧也凭借该剧被北京市广播电视局、北京日报报业集团授予"2021年度最佳剧集制片人"称号。

李萧出生于文教之家，自南京粮食经济学院贸易经济专业毕业后一直从事影视传媒行业，现任中央广播电视总台中国电视剧制作中心制片人。《跨过鸭绿江》是继《江阴要塞》《老爸的幸福》《贤妻》《奋进的旋律》等影视作品后由他担任制片人的又一部巨献，一经播出便受到社会各界广泛好评。

知名作家——石舒清。石舒清原名田裕民，1969年11月生于海原县。现为宁夏作家协会主席、中国作家协会会员。小说集《苦土》获第五届宁夏文艺特别奖、第五届全国少数民族文学骏马奖，短篇小说《清洁的日子》《黄昏》分别获得第七届、第八届《十月》文学奖，《清水里的刀子》获《小说选刊》奖、第二届鲁迅文学奖，《果院》获"茅台杯"人民文学奖、第十一届庄重文文学奖。近年来，其作品先后被译成英、法、日、俄等文字发行。

岩画研究达人——周兴华。周兴华，沙坡头区迎水桥镇人。研究员。曾任宁夏博物馆馆长、宁夏文物局副局长等职，现任国际岩画委员会委员、中国岩画研究中心特邀研究员。擅长文物考古、史志研究，并取得显著成绩。组织领导了《中卫县志》编纂工作。于20世纪90年代发现大麦地岩画，从而倾力研究并推向国际社会。出版《标点注释中卫县志》《中卫岩画》《宁夏古迹新探》《岩画探秘》《长城源流》《枸杞史话》等专著。多次应邀在意大利、克罗地亚等国家和地区进行岩画学术成果交流。曾创立"沙坡头黄河文化博物馆"。

鲁迅研究专家——魏若华。魏若华（1942—2022年），沙坡头区人。系中国鲁迅研究学会、中国作家协会会员，兼任《教师报》《洪流》丛书特约记者。终生潜心于文史资料、鲁迅研究和地方志编纂，擅长散文写作，公开发表作品130万字。出版专著《鲁迅和他的老师》《鲁海拾零》《明史笔记》《沧浪集》，主编《中卫县教育志》，指导出版《中卫宣传志》，参编《中国游记鉴赏辞典》等。

杰出母亲——马志英。马志英，海原县海城镇人。2005年获评全国首届"为国教子，以德育人"好家长、自治区"三八"红旗手；2006年被评为第二届"全国十大杰出母亲"、首届"感动宁夏"十大人物、首届宁夏"十大新闻人物"；2015年被授予第五届"全国民族团结进步模范个人"荣誉。享贫困山区女童"好妈妈"之誉。几十年来，先后救助贫困残疾女童逾百名，她们大多考入大专院校。其先进事迹被《人民日报》、中央电视台等多家媒体报道。根据马志英等4位先进人物事迹创编的《回族干娘》大型话剧，在全国成功巡演，为中卫人民争了光。

朱亨衍在海原的诗歌创作及文化贡献

李进兴

朱亨衍（1691—1759 年），广西桂林人。清康熙五十年（1711 年）举人。乾隆元年至七年（1736—1742 年），任宁夏盐捕通判。乾隆九年（1744 年），以"奉政大夫、同知陕西、甘肃、平凉府事，分守海喇都事"，任平凉府盐茶厅同知，驻节固原。乾隆十三年（1748 年），移驻海城（今宁夏海原县）。《乾隆盐茶厅志》记载，朱亨衍在任盐茶厅同知、驻节海城期间，"措置经营，心劳力竭，数月之间，利兴弊除，废修坠举。复刊刻教条，导民树蓄。宣谕设学，训民礼义。暮月之间，商贾满市，牛羊遍野；礼让之风，恰于四境"。朱亨衍博识多才，文学造诣颇深，成果丰硕，有《退耕轩杂著》《海喇都初志》，及诗集《息肩吟》等，流传于世。乾隆十七年（1752 年），朱亨衍因病去职，回到故乡临桂，教书育人，潜心修学，为故乡建设贡献一己之力。

诗歌成就

朱亨衍工于诗，在诗歌创作方面有所成就。现存可查诗歌有 28 首，分别为《华山积翠》《古寺天花》《五泉竞冽》《清池皓月》《双涧分甘》《西山积雪》《古寺疏钟》《龙岗夕照》《灵光寺花》《春日游西山寺》《重游灵光寺》《代前人题》《望石城有感》《爱山堂即事》《题明游府谈兵处》《郑旗堡夜宿》《过高台寺》《题拨云楼》《题爱山堂》《十五夜无月》《八月十四日郊行步》《九日旧城即事》《奉和孟郭二有南楼之作》与《纪游五首》。

这些诗歌都辑录在杨继国、胡迅雷主编的《宁夏历代诗词集》中，篇目与朱亨衍修纂的《乾隆盐茶厅志》第十八卷"艺文"中所收录的篇目一致。

为一方官，寄一方情。朱亨衍自任职海城以后，创作了很多关于辖地风物人情的诗歌，以写景诗为主，内容涉及海城地方的风景名物以及纪行游览的自然与人文景观。他把客观的景诗化为主观的情，较为真实地记载了清代海城美丽的自然景色和风土人情。诗人用清晰的笔触，质朴的言语，展现对海城自然和人文景观的特殊情怀。诗文情景兼具但不游离，感情强烈而不浅露，内容丰富而不复杂，在不断创作中成就自我的诗歌风格。

八景组诗。所谓"八景"，是古人对一个地方典型自然和人文景观的集称，一般由八个最具地方特色的景致景观组成，并以四字命名。在我国很多地方都有"八景"之说，而围绕"八景"衍生的八景组诗，则是"八景"文化最主要的内容。在清代宁夏地区，八景诗的创作可谓蔚为大观，诗人创作的八景组诗称得上是宁夏写景诗中的精华。宁夏各地的八景诗搜罗当地别具一格的自然与人文景观，是清代宁夏诗歌中的瑰丽宝藏。朱亨衍紧跟创作潮流，为驻节之地海城创作八景组诗。

海城，宋名天都寨，西夏改称南牟会城，元代名为海喇都。明初为海喇都堡，又名海城。民国三年（1914年），因与奉天省（今辽宁）海城县同名，改为海原县并沿用至今。其地处宁夏南部山区西北部，境内的西华山（天都山）和南华山是海原县的主要山脉。山中的自然景观和人文景观非常丰富。据朱亨衍纂修的《盐茶厅志备遗》及光绪末年海城县知县杨金庚、海城县儒学训导陈廷珍纂修的《海城县志》记载，海城八景是华山积翠（华山叠翠、华山叠障）、古寺天花（灵寺散花）、五泉竞洌、清池皓月（清池朗月）、双涧分甘、西山积雪（天都积雪）、古寺疏钟、龙岗夕照（东岗夕照）。朱亨衍依此作了同名的八景组诗，可以说是海城的地域亮点与文化符号。朱亨衍选取海城最有特点的山水景观，展现海城最美的一面。

华山积翠

太华岩峣不可亲，城头姑射寓形真。

千岩万壑当窗见，翠霭清阴入座频。

野戍寒泉新物色，云行雨施旧精神。

累累岗阜谁伦比，略许天都问主宾。

"华山积翠"原名"华山叠嶂"，是朱亨衍根据原海城八景改定的新海城八景之一。华山，即位于海原县城南七公里处的南华山，为六盘余脉，因山形似莲花，亦名莲花山。又因山高气寒，春秋落雨成雪而称雪山。山南北长三十里，横亘四十余里。地表土质肥沃，牧草丰茂，是盐茶厅一大奇观。其山离城十里许，层峦耸翠，叠嶂嵯峨，宛然图画。春夏山秀鸟语，碧水溪鸣，花香浓郁，秋季万紫千红，冬季银装素裹。四季景色引人入胜。

西山积雪

漫漫朔雪作春阴，肃肃寒威逼锦衾。

莫讶东风锁不尽，都缘积翠力能任。

牛羊路杳千峰合，星月光联一气深。

坐卷书帏看未足，拟从高阁醉披襟。

"西山积雪"原名"天都积雪"或"天山积雪"，是朱亨衍改定的新海城八景之一。西山，即西华山，在海原县西部。北隔干盐池、南隔园河，分别与黄家洼山、南华山对峙，西与甘肃省屈吴山并列。长10公里、宽5公里。北西—南东走向。以其在海城镇西，并取南华山"华"字为名。古名天都山，又名西山。明万历二十六年（1598年）石碑记："寺旁石山，苍崖翠壁，林峦奇拔，下有寒泉，清流可挹。""天都山高出群峰，延袤百里，冬春之际，六出（雪花）常飞。自夏及秋，积冰不解。"卷帘遥望，俨然玉宇琼楼，恨不得振衣第一峰也。

西山积雪

　　由此可见山之奇峻，令人赞叹。《华山积翠》歌咏南华山的雄伟壮美之大观。《西山积雪》赞叹西华山灵美俊俏之奇景。除却这两大景观，八景中有四景是依附南华山而得名。"古寺天花"赞美的是灵光寺及其周围的秀色。灵光寺在海原县南部，位于南华山北段，周围白桦挺拔，劲松青翠，时至今日，灵光寺仍然是海原人的游览胜地。"龙岗夕照"，龙岗，在海城县城东南，岗即南华山余脉，因形似虬龙而得名。每到夕阳西下，余光掩映，山光水色，蔚为壮观。20世纪50年代以后，这里大搞植树造林，现在桃杏满山，景色宜人，亦乃海原一大胜景。"五泉竞洌"，泉在今五桥沟内，水质甘醇。今引水于县城，五泉竞洌的景观已经看不到了。"双涧分甘"是五桥沟泉水流出山外，一支流向东北，一支流向西北，民众赖以灌溉饮用，由此得名。"清池皓月"，清池在海原县城南，是一人工湖。沙堤环绕，水光山色，成一大景观。"古寺疏钟"，古寺在海原县城东，古寺大殿上的悬钟，风朝雨夕余音不绝，使人超然物外，如梦如幻，遂成名胜。

综观朱亨衍的八景组诗的创作，他运用七言将诗歌的环境、意境、氛围、情感完美地融合起来，写景意象丰满，意境不俗。将海城八景用言语鲜活地展现出来。另外，朱亨衍在八景组诗写作中将画法植入写法，诗境与画境相交融，运用移步换形，游目写生的写作手法，将海城优美的景观展露无遗。《海城八景》，八首七律，朱亨衍按照方位顺序，依次描绘了八种壮美的景致。"千岩万壑当窗见，翠霭清阴入座频"，南华山层峦耸翠，雾霭朦胧的壮丽景观浮现在眼前；"触石乱流来混混，兼风带雨响潺潺"，可见五泉环列，从山而出，清洌绵长，潺潺而流的景象；"云容霞彩常千叠，川媚山辉自一方"，龙岗山夕阳西下，余光掩映，层层叠叠，交相辉映的美景跃然出现……经过诗人一番精心摹画，一幅幅形象鲜明生动的自然与人文交织的绚丽画面被呈现出来。细读其诗，就好像在海城的各大景观游历了一番。

纪行抒怀诗。纪行抒怀是诗人对自己出行以及由此引发的情志进行记述与整理，包括羁旅征途上的艰难、风物游览时的自在、出仕宦游中的志气等等。自古以来，文人墨客都喜欢游览山川，自然风光不仅为诗人写作提供大量的素材，也是诗人创作灵感的源泉。诗人用文字揭开自然的面纱，优美的景致也在诗文中得以留存传播。朱亨衍在任职海城的几年里，每到一处，就要登临游览，参观拜谒。他在描绘山川景物时将自己的情感寄托其中，融情于景，写作的诗歌有较高的艺术成就。这类诗歌创作有《纪游五首》《郑旗堡夜宿》《春日游西山

寺》《重游灵光寺》《过高台寺》《八月十四日郊行步》《九日旧城即事》
《十五夜无月》《灵光寺花》《望石城有感》《代前人题》《爱山堂即事》。

重游灵光寺

深花密叶隐鸣禅，霁影明霞媚远天。
忙里久忘身是客，闲中翻讶日如年。
野云岭外离还合，飞鸟枝头去复还。
解脱莫论参大觉，暂时物外已悠然。

灵光寺，在海原县城西南 15 里处。相传该寺依山而建，建成时山
远观似莲，人称灵异，故名灵光寺。该寺独居群山之胜，每逢春夏之
际，奇花异木，景色宜人。古海城八景中有一景叫"灵光寺花"。作者
初游灵光寺创作《灵光寺花》，以表心意。再游灵光寺，诗人又生发出
别样的思绪。朱亨衍步至灵光寺，只听蝉儿在郁郁葱葱的草木深处鸣

灵光寺

243

叫，抬头远望，天空明朗清远，令人心旷神怡。时光飞逝，转眼来海城已有几载，每日公务缠身，竟都忘记了自己是宦游至此。天上的闲云聚合离散，自由的飞鸟尚且有可依恋的枝头。其实人生也如此吧，分合、得舍、还留，都是一念之间。这首诗写诗人再次游览灵光寺时的所闻所感。开篇就把繁花、密叶、鸣蝉、霁影、明霞等意象堆砌起来，营造了一个清静、安适、明媚的氛围。无形中为文末诗人参悟创造了环境。再发时光流逝、客居他乡的感慨，抒发内心对故乡及亲人的思念。但此时，诗人身处灵光圣寺，万般清静之地，眼见天上的闲云、灵动的飞鸟，内心顿归平静，参悟一切都是身外物，自己的遭遇只是人生的取舍。在外出仕，旅途中难免心中苦闷，思乡思亲之情也只有在灵光寺这种地方会暂归平静。但诗人是出仕至此，不只有思亲念友的愁绪，更怀出仕之时的志气，为国为民的抱负支持着他要有一番作为。为了一方百姓的安居乐业，他考察辖地情况，了解民生民情，不惧路途的艰苦，亲力亲为。

郑旗堡夜宿

淡荡春风晓未休，酒帘低处暂停骖。

近人黄鸟语声醉，出谷白云山顶留。

午饭腥膻双兔臁，客窗颠倒一皮裘。

平生浪说还家好，老向天涯未肯休。

郑旗堡，今是郑旗乡，海原县辖地。在海城镇东南 30 公里，郑旗河北岸。原名郑七堡，民国时曾置正气镇。后演为今名。这首诗是朱亨衍在考察辖地途中夜宿郑旗堡时所写，描写的是自己宦游中所见所闻的感受，偏于写实，记录宦游之苦。因朱亨衍在此的仕途还算顺利，所以此类诗并不多，更多的纪行诗还是以思念故乡为主题。

朱亨衍创作的其他纪行抒怀诗中，《春日游西山寺》，寺指金牛寺，即今天都山石窟。诗中描写了金牛寺中的春日胜景。《过高台寺》，高台寺，属今海原县高台乡。从诗中可以看出，当时的高台寺已破烂不堪，作者见此情景抒发感伤之情。《望石城有感》，石城在今西吉县火石寨，原属盐茶厅辖地。另外，《八月十四日郊行步》《九日旧城即事》《十五夜无月》《代前人题》《爱山堂即事》，这五首纪行诗中提及的景观根据内容只能判定似在海城中某处，确切地址今已无从考证，在这里不做深究。《纪游五首》是诗人登临甘肃崆峒山时所作，因其地不属于宁夏，本文也不做研究。

朱亨衍的纪行抒怀诗在写作中较多地运用对偶句式，使诗歌独具特色。"近人黄鸟语声醉，出谷白云山顶留。""野云岭外离还合，飞鸟枝头去复还。""香积灯为火，村醪碗作杯。"每一句抒写，都是诗人用心雕琢的结果。对偶修辞在诗歌中的运用，可以使得诗歌在形式上整齐匀称，节奏明快，在抒情上情感真挚，酣畅淋漓。朱亨衍在诗歌写作中运用对偶句式，一方面追求诗歌艺术形式上的美观，另一方面，展现诗人深厚的写作功底和文化素养。

总的来说，特定的地理环境影响诗人的创作风格与情趣，特殊的情感影响诗人的创作品质和内涵，也潜移默化诗人的审美理想。朱亨衍在海城驻地的诗歌创作都是以独特的地域性的景观为依附，描写细致有情调，情感真挚又浓烈，语言沉稳而饱含意蕴。运用自己擅长的体裁形式与诗歌表现手法，诗画相融，情景相交，寓情于景，在辽阔的大西北边地展现了文人的风采，挥洒了诗人的才情。同时，也表现出其作为一方良吏的归属感与认同感。朱亨衍对海城八景的改定以及为八景专门创作的八景组诗，让鬼斧神工的自然景观幻化为人文诗意的美好，不仅记录下优美的景象，同时为海城的自然景观打上了文学的标签，彰显出宣扬本地文化、扩大本地影响力的文学诉求。

文化贡献

作为诗人，朱亨衍在宁夏的土地上挥洒才情，作为官吏，朱亨衍为驻地的百姓谋福利。宦游宁夏，他不仅在宁夏诗歌创作方面占有重要一隅，其为官的政绩与贡献也是口口相传的一段佳话。

纂修志书。朱亨衍在海城任职期间，纂修海原历史上第一部地方志书。迄今为止，与海原县有关的旧志仅有两部，一部是朱亨衍乾隆十七年（1752年）纂修的《盐茶厅志备遗》，另一部是杨金庚光绪三十四年（1908年）纂修的《海城县志》。《盐茶厅志备遗》是海原历史上第一部专志，史料价值极高。其以抄本传世，原本据说藏于台湾，现流传较广的本子是刘华点校的《乾隆盐茶厅志》。

朱亨衍认为：“有志所以辨方、程士、稽古、察俗，俾后人之斟酌损益，以为穷变通久之道，以施其政传非苟焉。”天下省、府、州、县，都有地方志书，以备资政存史育人，而朱亨衍所辖之地盐茶厅却没有志书。为了改变这一状况，朱亨衍移驻海城后，从乾隆十四年（1749年）开始，利用公务之余，与“老成俊髦者搜讨咨诹，两载之间，十得三四”。朱亨衍花两年时间搜集资料，为厅志编辑撰写奠定一定的材料基础。在此基础上，清乾隆十六年（1751年），朱亨衍将本厅举人刘统，贡生柳成林、陈良季、张珙和监生曹夔隆、冯其源等17名生员召集起来，对他们说：“海城之得为王土王民，已有百年，而省志不登，府志不载，竟与桌子山、青羊山等相提并论。”认为这不仅是他这个同知的耻辱，也是诸生的耻辱。即便现在也许编不成完整的厅志，但搜罗纂辑现有资料，为后人编写志书创造条件，这也是他们应该做的。“诸生唯唯，乃分道采录”。数月之后，陆续呈报。乾隆十六年末，厅志资料基本齐备，但此时他因病离任，暂居海城的官舍中。药饵之余，朱亨衍参照自己的亲身经历，将诸生纂辑的内容进行修改编纂，于乾隆十七年（1752年）四月完成。朱亨衍序中曰："虽不敢拟于志乘，而后有作者亦得披阅，以备遗忘，予之志也"，故在其表端题写《厅志备遗》作为书名（小标），也就是后世传本《乾隆盐茶厅志》。

《乾隆盐茶厅志》共23卷（目），分别为图说、星野、疆域、形胜、建制沿革、城堡、山川、水利、古迹、田赋（附盐税）、户口徭役、风俗、官制、名宦乡贤、学校（附生徒科贡）、署廨、积贮、仓廪、坛庙、寺观、人物、物产、艺文等。"一切山川、风土、物产、户口、田赋，开卷瞭如"。本厅志为我们了解和研究当时盐茶厅地，尤其是海原县各方面的状况，提供大量珍贵的资料。"志书志一方之事实，即关一代宪章"，朱亨衍所修的这部志书是当地首部地方志书，在海原历史文化发展的轨迹上具有极其重要的作用，不仅记录清之前海城的各方情形，使海城地方风物有志可载，有据可查，而且也为海城之后纂修地方志书提供很好借鉴。

地方志是不可多得的地方研究资料，也是传承与弘扬一方文化的最好载体，唐代刘知几认为志书有"矜其乡贤，美其邦族"的作用。宋代郑兴裔认为方志可"资政、存史、教化"。明代杨宗气也提出"治天下者以史为鉴，治郡国者以志为鉴"。说明志书对地方的重要作用。地方志中包含丰富的乡土地理信息和宝贵的民俗资料，为地方的建设与规划提供历史依据，可部分重构社会生活的历史画卷。《盐茶厅志备遗》记载海城地区政治、经济等方面的情况，为后人了解地情、认识地情、把握地情提供翔实资料。

点校者刘华从多个角度对《盐茶厅志备遗》的价值进行梳理、评介。他认为，朱亨衍能体恤民生疾苦，暴露军需弊端；教化民间习俗，关心地方教育；兴修水利，造福百姓；记述人物，旌德扬善。认为厅志所载户口资料对研究明朝楚、肃、沐、韩四王的基本情况有一定的参考价值，所载诗文对于研究当地人文地理及历史沿革亦是一份不可多得的珍贵资料。这些梳理较为客观，评介也是中肯的。盐茶厅"地处边陲，自宋以前忽夏忽夷，元以后又非国非邑"，这就造成当地人文不兴、文献缺乏的局面。朱亨衍等克服诸多困难，多方采集资料，还能对采集的部分资料有所考证，这些努力，为后人深入研究盐茶厅提供较为可信的第一手资料，其保存资料之功不可忽略。作为盐茶厅历史上第一部志书，《盐茶厅志备遗》对后来志书的编辑有一定影响，《光绪海城县志》编者杨金庚说："朱亨衍建厅之始所著厅志备遗一册，如获拱璧。"《光绪海城县志》就是在《盐茶厅志备遗》基础上编修而成。

志书，一方之史也，所以备记载，便阅览，使人得以观感于前而兴起于后，关系攸大。朱亨衍任职海城之时，海城民生凋敝，百业待兴，更没有地方志书记载海城的历史状况，一切无从可查。在当时十分艰难的条件下，朱亨衍能够身体力行并发动当地的文人，搜集记录关于海城的历史遗迹、文史资料，不辞辛劳，历经数年，编纂成志，为海城历史文化传承作出重要贡献。关于对当地民俗文化的影响，朱亨衍认为："研经术之精，启义理之秘，新耳目之习，谨身心之修"是自己的责任。有识于此，他在任盐茶厅同知，驻节海城期间对海城地区的移风易俗工作，尽心化导，尤其在婚俗、丧俗方面教化至深，使海城优秀的民俗文化得以传承。

改良风俗。在海城之地刚刚开拓之时，"土旷人稀，道鲜行旅，牛羊遍野，夜户不扃"，城民朴实，民风淳朴。随着海城的发展，游食、丛聚、博弈，偷窃的事情越来越多，"又凶悖之徒，嗜利健斗，与人争不胜，往往自毁其面容，以诬人弟。或有收嫂妇，或有二夫继妻之子女为后夫之子女为婚姻。争媒不得，既肆抢夺"，民风大非昔比。为了严加惩治这些行为，朱亨衍颁令进行扼制。

朱亨衍对海城不良婚俗丧俗尽心化导。当时，海城婚俗相沿不行问名之礼，即不问女子年岁、次第。经常有因疾病死亡而起讼端的人，还有的先定雇工为婚，以工银直抵聘财，等到女子年满为婚。所以海城俗有"海城女儿嫁雇工"之谣。朱亨衍婉曲化导，不啻再三，慢慢地大家都开始遵循礼仪。寡妇再嫁，夫家母家都想做主，惟财多者是予。男家以抢获者为胜，彼此争夺，往往有命案发生。朱亨衍对此深恶痛绝，规定如再有此类事件发生，除了娶妇，对两家并媒人都严惩不宥，而且"孀妇不愿，即与断离"。法令自实行以来，刁风慢慢改善，命案也很少了。海城丧俗，亲死速葬。墓葬所用砖石、石灰等料取于数百里外，一般中等人家和贫户力不能办。由于当地土脉碱疏不实，盗墓者率夜掘之，剥死者衣物而去，受害者十有八九，妇女又居其大半。对此，朱亨衍一面对盗墓者施以重典，一面示谕士民，令于棺敛之时，将亡者衣物随意用桐油烧成器物形状为标识，没有桐油的，用胡麻油亦可。油腻洗之不去，如果售卖无人敢要，自用也担忧会败露。自此令实行，三年之内，再没有此类案件发生。

心系事业。朱亨衍在海城其他方面的建设上也作出了突出的贡献。朱亨衍移驻海城之初，海城"城垣倾颓，十存五六，壕堑竟成平地，东街、东门地形最下，为水出刷深至一二丈"。朱亨衍劝谕海城士民改筑南门，修理东、西二门，以严防守。

朱亨衍又捐资买地修筑东关并招民居住，免其徭役，并将海城城垣和仓廒修葺一新。工程告竣后举行落成典礼，海城举城欢庆，万民欢腾，海城举人刘统拱手对朱亨衍道："朱司马睿达贤明，真乃盐茶百姓之福！厅衙移驻海城，从此辖理相依，可令地霸顿挫，盗案怯匿，百姓安乐，这可是朱司马无量的功德，可贺可庆。"

此外，修建积贮之所，使"穷民无饥馑之忧，官司得抚字之用"。开凿红古（今海原县高崖乡草场村）、驼厂（今海原县关桥乡脱场村）山峡险阻，以通行旅。建坛修祠，以事先神；疏浚水利，以保证田亩灌溉；督导当地民众疏圃种树，增加收入。创设义学，开展启蒙教育。广泛宣传朝廷各项圣谕，劝诫百姓遵纪守法，刊刻教条，使民众知礼义。数年之间，盐茶厅"利兴弊除，废修坠举，民欢乐之"，一时"商贾满市，牛羊遍野；礼让之风，恰于四境"。

朱亨衍碌碌一生，为民请命，造福一方。在完成《盐茶厅志备遗》后，告老还乡。启程之际，海城百姓举城相送，哭声震天。海城举人刘统含泪作《送司马朱公回粤》二首相赠。至此，盐茶厅衙署在移驻海城后，通过同知朱亨衍的励精图治，有了"芝兰满砌香风暖，桃李成阴暑气清"的安定祥和景象。

新墩花园记

马克利

  新墩花园存世百年，始建于 1921 年，是民国年间中卫境内最大的园林。占地 99 亩，位于黄河左岸，北距县城 10 里，南临黄河之滨。环周夯筑土围墙，墙内有一围绿墙，那是排列整齐、间隔等距的参天白杨，远远望去像一个绿色的矩阵。中间都是果树，粗大的枝干，茂盛的树冠，绿团翻滚，密密匝匝，像从原始森林里切出的一块，与周围的黄土沙丘形成鲜明对比。岁月更迭，新墩花园由园名替代地名，成为当地及周边人们避暑游玩的胜地。

  新墩花园是爱国将领马鸿宾先生的私人园林。民国年间，他三次主政宁夏，曾任宁夏省主席。解放后历任宁夏省副主席，甘肃省副省长，中华人民共和国第一、二届国防委员会委员，西北军政委员会副主席，第一、二届全国人民代表大会代表等。1960 年病逝于兰州，享年 76 岁。解放后，新墩花园作为他的私人住所一直保留，1967 年，一家三代搬出此园。

  当年，马鸿宾先生主政宁夏，在银川办公，其家人都住在新墩花园。特别在抗战期间，兵荒马乱，国仇家难，他的家人居于此园，相濡以沫，共度时艰。

一次，马鸿宾先生从北京到重庆开会，搭乘白崇禧的专机，当时他手里提着两只黑色的皮箱，被警卫拦下要例行检查，一旁的白崇禧厉言制止："将军之物，无须检查。"但他还是俯下身子，将箱子打开。原来，一只箱子里装的是其父马福禄将军的血衣，另一只箱子里装的是其母生前穿过的布衣。现场气氛肃穆，白崇禧缓缓脱帽，与现场将士向遗物行军礼。之后，马鸿宾先生驰骋疆场，参战绥远，长期在河套一带阻击日军北进，直至日军溃退。

马鸿宾先生身为军人，以民族大义为重，识量宏远，热爱和平，于解放前夕决然率部在中卫起义，促成宁夏和平解放。新中国成立后，被尊称为最有良知的中国旧军人，多次受到毛主席亲切接见。

他的旧居新敦花园，亦如他的为人，极为简朴。既无亭台楼阁，更无名贵花木。园内仅有两排南北靠背的土坯垒砌的窑洞，即称九窑十八洞（一窗一门称之为两洞）。房顶是一个大的四方平台，除门窗之外，无一砖一木。房间里都是土坑，夏天铺席纳凉，冬日黄叶填炕取暖。唯门前三棵牡丹名贵，红、黄、黑三色，花头大可盈尺，至今鲜见。除此，遍地芍药，花开时节，香气沁人心脾。

如今，新墩花园已经不复存在，这一带已建起一座高等学府——宁夏大学中卫分校。十年树木，百年树人。今天在这片生长过百年树木的土地上，已然建起一座百年树人的大学，先生泉下有知，一定会欣然允之；他的子孙后代，闻此盛事，亦会心生感念。百年新墩花园，实至名归；新建大学学府，不负桑梓，培育英才，报效国家，兴旺百年。

中卫市民间工艺美术传承和两次展览

石建武

中卫市历史文化
积淀深厚，内涵丰富，
拥有特色鲜明的非物
质文化遗产和民间工
艺美术种类，在全区
乃至西北都有一定的
代表性与影响力。中
卫市非物质文化遗产
挖掘始于 1986 年，正

中卫市有关领导在观看展览

式启动于 2006 年。经过普遍发动、全面普查，明确重点、精心整理，
逐步申报、细致清理等步骤，如期完成非物质文化遗产项目普查、申
报、公布等阶段性工作。在民间工艺美术范畴，因地域文化和移民因素，
中卫身怀绝技的人不在少数。闻名区内外的高庙古建筑群，流传着"三
大聋子盖高庙"的佳话，其中有技艺高超的木、瓦、石匠，还有砖雕和
泥塑匠人，他们手艺精湛，为古建筑增加了神韵和灵动感。彩绘技艺在
中卫随处可见，因其是古建筑不可或缺的一道工艺，所以，民间彩绘技
艺从业者队伍也比较大。20 世纪六七十年代，中卫农村还流行家具装饰，

衣柜和嫁妆都有民间绘画的身影。中卫还有比较出名的陶瓷制作、地毯制作、二毛皮鞣制、寺观壁画、黄酒和白酒酿造技艺，还有诸如铁匠、银匠、毡匠、石匠、画匠、剪纸、刺绣、木版年画等，这些民间工艺美术都是祖祖辈辈流传下来的生存技艺，也是民族文化的传承和发扬，更是民间艺术的纷呈展现。但是，随着工艺美术的工业化制作不断发展，民间工艺美术面临巨大挑战，如何保护和传承这些优秀的民间艺术，是我们民间文艺家协会不能回避的工作和任务。

2017年1月24日，中共中央办公厅、国务院办公厅为建设社会主义文化强国，增强国家文化软实力，实现中华民族伟大复兴的中国梦，发布并实施《关于实施中华优秀传统文化传承发展工程的意见》。提出总体目标："到2025年，中华优秀传统文化传承发展体系基本形成，研究阐发、教育普及、保护传承、创新发展、传播交流等方面协同推进并取得重要成果，具有中国特色、中国风格、中国气派的文化产品更加丰富，文化自觉和文化自信显著增强，国家文化软实力的根基更为坚实，中华文化的国际影响力明显提升。"这15项重点工程中，"中国民间工艺集成出版工程"便是其中之一。

《中国民间文学大系》《中国民间工艺集成》编纂出版

2018年初，中国文联全面启动了"中国民间文学大系"和"中国民间工艺集成"两大出版工程。两大工程以各省区为单位，各市县为抓手，全国上下一盘棋，努力做好两大工程的搜集整理、编纂出版工作。2018年3月16日，《中国民间文学大系》和《中国民间工艺集成》宁夏卷编纂出版工作启动，石建武作为中卫市民间文艺家协会负责人，自然是责无旁贷地领受了艰巨任务。他回到中卫，首先向时任市文联主席谈柱汇报了参加区上会议的内容和任务，谈主席说这是一项政治任务，让中卫市民间文艺家协会一定要重视起来，并表示这是好事，一定大力支持。谈主席给中卫市民间文艺家协会团队提出了建设性意见，在两大工程中如何找准市、县级具体工作方向和思路。有了具体任务和工作目标，中卫市民间文艺家协会即刻通知骨干会员成立工作团队。值得一提的是，将近耄耋之年的王学义，还有陈进德、王菁华、左荣中、李世翔、陈晓希都是抱着满满的情怀在做这件事。功夫不负有心人，两大出版工程启动以后，中卫市民间文艺家协会圆满完成了阶段性任务。除搜集整理了10余万字的民间故事资料，还将中卫有代表性的民间工艺美术类的28个项目也整理交付宁夏民间文艺家协会统筹整理出版。

"匠心神韵·大美中卫"首届民间工艺美术作品展活动

在搜集整理一县两区民间工艺美术项目时，我们认识到，一定要抓住民间工艺美术的生命特征，创建文化品牌，进一步加强对中卫市民间手工艺的挖掘、研究和整理，才能使其形成真正潜力巨大的文化价值而助力旅游业发展。通过加强内涵挖掘、科研科普、鉴赏审美、

中卫市首届民间工艺美术作品展开幕式

展览厅观展群众

展示交流、修复加工、商品与市场有效衔接，特别是与特色旅游相衔接，赋予民间手工艺独特的文化内涵，才是我们的目标之一。工作中我们不断探索总结，认为加强民间工艺美术和旅游的融合，还要努力把民间工艺美术推向市场，让旅游业界认识到民间工艺美术的艺术价值和审美价值，并由此喜欢，使民间工艺美术走向市场，就是我们最好的文创手段。因此，2018年10月12日，中卫市民间文艺家协会召开主席团会议，研究了全市首届民间工艺美术展活动方案，决定活动主题为"匠心神韵·大美中卫"，并于10月29日向中卫市文联请示，举办中卫市首届民间工艺美术作品展活动。

2019年1月28日，筹备近百天的"匠心神韵·大美中卫"首届民间工艺美术作品展在中卫市奇石博物馆盛大开展，收到了社会各界的热烈反响和好评。此次展览活动得到了海原县民间文艺家协会、中宁县民间文艺家协会广大会员的热烈响应，各协会民族民间工艺美术、国粹技艺、非遗传承等各门类的文艺工作者踊跃参加，积极开展创作，彰显了新时代民间文艺工作者的艺术追求和责任担当。参展作品有剪纸、刺绣、雕塑、彩绘、民俗工艺、农民画、砖雕、泥塑、木版年画、赏石艺术等20多个门类，30位民间艺人同堂展演，236件（幅）作品参加了展览。参展作品形式多样、题材广泛、立意高远、韵味无穷，传承创新、相得益彰。书画彩绘，笔随时代，显见精神；于书于画，笔力非凡，临见妙境；工艺创作，心系华夏，根植民间；一器一物，精雕细琢，独具匠心，浑然天成。作者用丰富多元的艺术语言，诠释了对自然、对生活、对艺术的执着追求和心灵感悟；用饱含生活的激情，展现了"沙漠水城、花儿杞乡、大美中卫"的华彩神韵，彰显了地域文化的深厚底蕴，给人们带来心灵的愉悦和对未来美好生活的无限憧憬，是民间文艺工作者献给全市人民的一次文化盛宴。

这次民间工艺美术作品展的成功举办，对于丰富全市广大人民群众文化生活、陶冶精神情操、营造良好的文化发展氛围，引领全市人民建设和谐富裕新中卫具有积极意义。

这些传统手艺人、非遗传承人用传统艺术的独特视角发现生活之美、创造生活之美，创作了一大批精美的民间工艺美术作品，为发掘、保护、传承民间工艺美术技艺，增进文化自觉、弘扬工匠精神作出了积极努力，涌现出了一大批德艺双馨的民间文艺工作者。这次入展作品就是他们辛劳和智慧的结晶，每一件作品都浸透着广大文艺工作者的心血和汗水。艺术来源于人民，也属于人民。"匠心神韵·大美中卫"首届民间工艺美术作品展的举办，是民间文艺服务人民的一次生动实践，也是新时期中卫民间文艺事业发展的一次展示和检阅，更是中卫民间文艺事业繁荣发展的一次动员和誓师。

艺术之美，文化之美，中卫之美，
第二届民间工艺美术作品展彰显地域文化深厚底蕴

首届全市民间工艺美术作品展的成功举办，激起了广大民间文艺工作者的热情，也让很多民间艺人重新拿起了搁置已久的手工艺。由此，中卫的各种文创产品和旅游商品也逐渐成熟，开始将很多过去的手艺搬向了舞台，瞄准了旅游市场。这是此次活动的成果，也让我们深深思考如何将中卫丰厚黄河文化和地域资源与民间工艺美术有机融合，形成底蕴厚实的非遗文化产业。不断拓展研究内容，组织形式多样、内容丰富的非遗手工艺展览展示活动，是提高中卫市民间工艺美术在区内外知名度的途径之一。为了再现匠心工艺，更生动、具体、直观地传承发展古代劳动人民的制造工艺，挖掘中卫历史文化和民间工艺美术的独特魅力，2020年8月19日，中卫市民间文艺家协会召开三届六次理事会，会上讨论了中卫市第二届民间工艺美术作品展活动主题、举办方式和作品征集事宜。中卫市文联副主席李玉华参加了会议，她要求此次民间工艺美术作品展要展出精、美、正能量且能代表中卫特色的作品。2020年9月3日，中卫市民间文艺家协会向中卫市文联呈请了关于举办中卫市第二届民间工艺美术作品展的请示。

经过精心筹备，2020年10月30日，全市第二届民间工艺美术作品展隆重开展。展览得到了市民间文艺家协会、海原县民间文艺家协会、中宁县民间文艺家协会广大会员及社会各界民间文艺工作者的热烈响应和积极支持。大家踊跃参加，积极创作，彰显了新时代民间文艺工作者的艺术追求和责任担当。

民间文化艺术是我国传统文化的重要组成部分，是民族发展与创新的源头。民间工艺美术作为民间文化的重要组成部分，具有浓郁的地方特色和民族风格，是人民群众艺术智慧的结晶。相较于第一届作品展，这次展出内容更为丰富，包括剪纸、刺绣、浮雕、彩绘、民俗工艺、农民画、砖雕、泥塑、编织、民间美术、赏石艺术、烙画、制瓷技艺、浮雕技艺、泥哇呜制作等26个门类，36位传统手艺人同堂展演，300余件（幅）作品参展。其中不乏出自国家级、省区级非物质文化遗产传承人、资深工艺美术大师之手的工艺美术精品。这次展览，是中卫民间工艺美术创作成果的又一次纷繁呈现，也是对中卫工艺美术创作队伍的又一次检阅。通过作品展览，我们见证了中卫市民间工艺美术创作发展繁荣、队伍不断发展壮大的良好态势，不仅感受到作者鲜明的创作个性和不同的艺术风格，也展现了作者对创作材料的巧妙应用和对精湛技艺的极致追求，让人们感受到艺术之美、文化之美，中卫之美，彰显了地域文化的深厚底蕴，给人们带来心灵的愉悦和对未来美好生活的无限憧憬，是民间文艺工作者献给全市人民的一次文化盛宴。对进一步挖掘传承中卫悠久的历史文化，促进中卫民间工艺美术创作，将起到积极促进作用。

艺术来源于火热的生活，来源于创作者匠心独运的辛勤耕耘。中卫地处黄河上游，位居宁夏中部，是古代农耕文明和游牧文明交流过渡地带。得益于黄河的滋养，这里人杰地灵，物阜年丰。在这块充满希望和灵性的土地上，黄河文化、边塞文化、丝路文化、红色文化、枸杞文化、民俗文化交相辉映，构成了以黄河文化为主线的绚丽多姿的地域文化，为开展工艺美术创作提供了不竭的源泉。长期以来，传统手工艺人与人民同呼吸、共命运，用心感悟生活之美，用情创造生活之美，用独特的艺术视角展现社会发展风貌，记录时代变迁，创作了一大批精美的民间工艺美术作品，为发掘、保护、传承民间工艺美术技艺，增进文化自觉，弘扬工匠精神作出了积极努力。

中卫市第二届民间工艺美术展的成功举办，是民间文艺坚持以人民为中心创作导向，为人民抒写、为人民抒情、为人民抒怀的又一次生动实践，展现了新时代中卫民间文艺工作者深入生活，潜心创作，打造精品，服务人民的良好精神风貌。艺无止境，精益求精。合着时代发展的脉搏，中卫民间文艺工作者，将以此为新的起点，不负韶华，砥砺前行，用责任使命担当，书写中卫日新月异的新变化，描绘历史发展的新篇章，为时代画像、为时代立言、为时代明德，创作无愧于时代的精品力作，为当代中卫民间文艺事业发展作出新的贡献。

为民间生活存录，为民间艺人立传，
为民间文艺铸魂，让民间工艺美术薪火传承

两次成功的民间工艺美术展，激发了民间工匠精神，推出砖雕、

彩绘、泥塑、刺绣等一些手工艺的专业从业者，推出档次齐全、多样化、系列化文创产品和旅游纪念品，推动非遗产业的规模化、精品化和专业化，形成了集聚效应。尤其是第二届民间工艺美术作品展出时，民间手工艺人齐聚一堂现场演绎，网络同时进行直播，人头攒动，非遗文创产品现场购买者络绎不绝。此次活动注重非遗实体市场和网络市场齐抓，推进专业化、规模化市场建设，改善经营环境，提倡诚信经营，提升中卫市文化产业形象，加大了网络营销力度。以高端非遗产品吸引高端客源，以中低档产品吸引大众消费，拓展了中卫市工艺美术和非遗产品的市场空间。

两次民间工艺美术作品展的成功举办并未让非遗传承的热情落幕。时任市文联主席谈柱在展出的时候就嘱咐一定要把图片资料留下来。也因此，在举国热烈庆祝中国共产党成立一百周年之际，中卫市文联、市民间文艺家协会编辑印刷的《薪火传承——中卫民间工艺美术作品集》问世，全集收录了两次展览的其中200余件（幅）优秀作品。通过这两次展览和作品集的出版，坚定了广大民间文艺工作者的文化自信，大家齐聚一堂互学互鉴，不断提高。两次展览的成功举办和作品集的出版是为民间生活存录、为民间艺人立传、为民间文艺铸魂，进而增强了我市优秀传统文化传承发展与国际传播的活力，同时深化了作品创作时的当代主题旋律，使广大非遗和民间工艺美术传承人坚持思想精深、艺术精湛、制作精良相统一，加强现实题材创作，不断推出讴歌党、讴歌祖国、讴歌人民、讴歌英雄的精品力作。两次展览结集出版的《薪火传承》工艺美术作品集，是对全市民间文艺工作者的一个肯定，也是中卫民间工艺美术事业发展的一个里程碑。

人物述林

过去，现在，将来，是每个人的生命轨迹。过去是严苛的，那些轻如烟尘的人或事早已飘散，了无痕迹，而一些人或事，却还存活着。他们的存活，是因为事利国家、百姓，是因为境界、理想。他们秉持信念理想，甘于奉献，默默地将平凡人生用一生时光打造，不管顺境逆境，都心怀信念，以利他利人利国的品德境界，铸造着自己的人生根基。他们无怨无悔探索沙漠治理，这一步一走就是四十年；他们奋斗在农业技术战线，田间地头一沉就是一辈子，用生命的绝唱壮美着心中的事业；他们活跃在群众文化舞台，把群众喜爱的艺术用心血谱写出来……大地不会忘记，人民不会忘记，历史不会忘记。这样的人即便生命消失了，他们依然是岁月中的一首歌，或高亢，或激越，或飞扬，或凄婉，演绎着人生的精彩。

怀念老馆长李占山

刘忠群

老馆长李占山离开我们已经 16 年了，时常想起他，感念他在我的人生道路上对我的帮助。作为晚辈，我从 1980 年到他家里拜访，直到他 2008 年去世，与他相识、相知 28 年，我常常聆听他的教诲，感佩他对文化事业的孜孜以求。

几十年了，我还清楚地记得，上班的头一天他跟我就打了招呼，问我多大年龄。他的眼神温暖、谦和，穿着非常朴素，普通话中带着很重的河北口音，给人的印象温文尔雅，真诚豁达。

1979 年 11 月，中卫县文化馆为了参加自治区文艺汇演，排练创编中卫民间歌舞剧《苦豆子与冬青花》（五哥放羊）。当时，老馆长和我是乐队的成员。因我的岗位是美工，有时赶不上乐队的排练，对乐谱还不够熟练。在一次排练中，有一乐句是小提琴独奏，当时我怎么也拉不下来，这时老馆长手把手地给我教指法，怎样从一把位换到三把位来拉，让我闯过了难关。他把自己最擅长的技巧无私地传承给需要的人，这种美德比任何作品都永恒。后来通过别人的介绍才知道，老馆长以前是兰州军区战斗歌舞团乐队的队长，是一位艺术造诣颇深的音乐家。原来我在影剧院舞台上看到小提琴独奏《白风吹》的人就是他。

李占山老馆长于 1923 年 10 月出生于河北省泊头市。1939 年 6 月参加八路军第一二○师，1940 年 1 月加入中国共产党，1943 年毕业于延安鲁迅艺术文学院音乐系和中国人民解放军第二政治学校。1961 年因受到错误处理，他转业到中卫县文化馆任馆长。1980 年 5 月，兰州军区予以平反，恢复了他的党籍与原正团级别。他曾是原中卫县政协第四届委员会常委、宁夏音乐家协会会员，任中卫县音舞戏协会主席、银南地区文联委员等职。1983 年 10 月光荣离休。

当年，他在部队就是一个多才多艺的能人，尤其以演奏二胡、高胡、钢锯、小提琴而著称。步枪和乐器伴随着他参加了抗日战争、解放战争、抗美援朝战争和平息西藏叛乱。在 20 多年戎马生涯中，他历任三五八旅班长、排长、连政治指导员、乐队队长，晋绥军区战斗剧社音乐教员、第一军文工团音乐研究员，步兵第二师文工队长、文化科科长，兰州军区战斗歌舞团演员队队长等职。

他在晋察冀、大西北参加过抗击侵华日军的战争。在米峪镇战斗、保卫陕甘宁边区、保卫延安等重大战役中，他参加大小战斗百余次，在羊马河战斗中负伤不下火线。蟠龙战役时率全排战士冲锋陷阵，全歼守敌，缴获轻机枪 20 余挺、司登式手提机枪 30 余支，受到上级表彰，他的事迹载入程秀山所著《保卫延安的英雄们》一书中。

老馆长学兵、演兵、写兵、唱兵。曾在部队和地方先后创作了《战斗里成长》话剧主题曲，为《王仲勇》《看孙女》《沙都春色》《苦豆子与冬青花》等歌剧作曲。其创作的《烧开水》《行军小唱》《打败鬼子享安康》等，在《晋绥日报》《群众音乐》《战斗报》《人民军队报》发表，并广为传唱。其代表作《慰问解放军小唱》等音乐作品，多次在青海、甘肃、宁夏人民广播电台和电视台播放，受到观众好评。

在晋绥边区及抗日战争和解放战争的战场上，战士都会唱老馆长创作的《打败鬼子享安康》这首歌。无论是在血与火的战斗年代，还是在建设社会主义时期，他都能积极联系群众，深入基层，为老百姓创作了大量喜闻乐见的歌曲，并培养了一些有成就、有建树的艺术家。因成绩卓著，他曾先后荣获西北军政委员会颁发的"人民功臣"奖章、朝鲜民主主义人民共和国军功章、中华人民共和国"三级独立自由勋章"和"三级解放勋章"。

老馆长对党无限忠诚，即使在蒙冤的 20 年中，仍能忍辱负重，为党的文化事业忠心耿耿。

1988 年 12 月银南地区文联集会，热烈祝贺李占山同志从事音乐工作 50 周年。宁夏音协副主席王华元为李占山同志颁发"为工农兵谱曲，振奋民族精神"的金字匾额，著名作曲家潘振声同志做了题为"发扬革命传统、提倡民族音乐"的发言，对他的艺术经历给予高度的评价和肯定。离休后老馆长仍积极参加宁夏老干部艺术团的演出活动，他把关心下一代视为义不容辞的职责，经常向广大青少年进行革命传统教育。其事迹在《银川晚报》、宁夏电视台均有过报道。他以全心全意为人民服务为荣，从不计较个人得失。

值得一提的是，1983 年回到儿子在银川的居所生活之前，他将组织上分配的楼房归还给了国家，生前还留下遗言，把骨灰撒到黄河，回归自然，从而为他的人生画上了一个低调的句号。

一等功臣撒占才 ①

王文革

一等功臣喜报送到家

军地联合慰问组为一等功臣撒占才家庭送喜报

2022 年春节前的一天，海原县郑旗乡郑旗村老瓜川自然村人声鼎沸，只见几个人抬着牌匾向村里走来，牌匾上写着"一等功臣之家"。

他们是代表中卫市、海原县和郑旗乡三级党委、政府和武装部门的军地联合慰问组。他们来到新疆军区某部现役军人撒占才的家乡，向为国争光的英雄撒占才送上立功喜报及党和政府、武装部门的祝贺和关怀。

① 采自《宁夏日报》，2022 年 2 月 18 日。

24 岁的撒占才一身戎装、精神抖擞，在众人的簇拥下迎接慰问组向家中走去。乡亲们纷纷向他道喜祝贺，功臣之家秒变大型"追星"现场。慰问组对撒占才表示热烈祝贺，鼓励他再接再厉，创造更大成绩报效国家，并将"一等功臣之家"牌匾和 1 万元慰问金、慰问品交给撒占才的父母，感谢他们为部队、为国家培养出了优秀人才。

此次上门送喜报、慰问一等功臣军属活动，正值 2022 年全国征兵期间，在当地及周边地区引起强烈的社会反响。适龄应征青年在崇拜、羡慕撒占才的同时，纷纷表示，将以他为榜样，到部队后扎实学习、刻苦训练，为家乡争光。与此同时，海原县各部门、单位联系工作实际，也发起向英雄学习活动，以实际行动营造"让军人成为社会尊崇的职业"的社会氛围，将双拥工作落到实处。

记者从自治区退役军人事务厅获悉，撒占才是宁夏近年来唯一的一等功臣。

众所周知，和平年代军人能够荣立一等功，是十分难得的。那么，青年军人撒占才是如何在短短几年间就获得如此殊荣呢？

百炼成钢铸就铁血战士

天山脚下，新疆腹地，有一支由刘志丹、谢子长、习仲勋等革命先辈创建的红军团，在战争年代创造了传奇而辉煌的战绩。几十年过去了，这支部队一往无前、永不褪色的红色基因传承至今，成为和平年代忠诚的守护者。

2016 年金秋，撒占才光荣参军，成为这支红色队伍中的一员。

海原县的土地上，曾留下彭德怀、朱德、贺龙等老一辈无产阶级革命家的光辉足迹，也书写了红军西征史上的光辉篇章。爷爷带着幼年的撒占才放羊，经常坐在山头给他讲红军当年在海原的战斗故事。

"从小我就对军人特别崇拜，希望自己也能当兵，保护人民、保家卫国。"小时候，家里那台黑白电视机里的军人形象，在撒占才心里种下一颗从军梦的种子。

十年九旱的海原，有一座名字动听的山——凤凰山，山脚下不远处便是撒占才的家。他和小伙伴们像大山里的精灵一样，以爬山、跑山为乐。在大自然中的玩耍，打造出撒占才良好的身体素质。

中学毕业后，撒占才便早早挑起家庭的担子，进入社会打工。"开始征兵了，你回来报名吗？"2016年，在外开塔吊的撒占才接到哥哥的电话，立即辞工返乡，途中委托哥哥帮他报了名。

当年9月，撒占才如愿穿上了军装，圆了从军梦。来到新疆军区某师红军团后，第一次走进团荣誉室，他就被墙上一排排锦旗、奖牌和光辉灿烂的团史震撼了。他才知道，"红军

撒占才带领的中国陆军车组在国际军事比赛中

团"3个字不仅代表着光荣与自豪，更是责任与超乎寻常的自我塑造。

"当兵就要当精兵，我要为红军团争光。"从红色海原到"红军团"，撒占才树立了扎根军营、建功立业的新目标。

然而，撒占才当时的体能与达标线相去甚远。他自我加压、刻苦训练，在新兵连就脱颖而出，获得优秀义务兵、嘉奖等荣誉。2018年，他以1分36秒10的优秀成绩创造了全师400米障碍纪录，后又以1分31秒34刷新自己的纪录，荣立个人三等功。至今，他仍是这项全师纪录的保持者。

机会总是留给有准备的人。2019年，撒占才用过硬的实力赢得为国争光的机会。当年，"国际军事比赛-2019"在中国、俄罗斯、白俄罗斯、哈萨克斯坦等10个国家的多个赛场举办，由中国陆军承办的部

分赛事项目在新疆举行。出战此次国际军事比赛"安全环境"项目的任务，落在了撒占才所在的新疆军区某师身上。

该师随即通过海选、推荐与自愿报名等方式，从全师选拔出95名精兵成立集训队，撒占才以中等成绩名列其中。

"在那之前我以为平常的训练就够艰苦了，但集训开始后，我才明白什么是真正的魔鬼训练。"撒占才回忆，在8个月的集训备赛中，从 –32℃转战42℃的训练环境，到每周一次淘汰的考核机制，训练强度不断提升。

骨子里有股倔劲、有不服输精神的撒占才在高强度训练下，仍然自行增加训练量，甚至一度血洒训练场。

在40米空中索道障碍考核时，撒占才不慎脚下一滑，瞬间就被钢索刮去了小腿前侧的皮肉，露出了骨头，鲜血直流。但他咬牙坚持完成考核，在冲过终点的一刻晕倒在训练场。被紧急送往卫生队救治后，他醒来的第一句话是："我的成绩达标了吗，没有被淘汰吧？"

陆战英雄实力出击为国争光

"别人休息他训练，别人训练他加倍"。当年集训队的教官刘威告诉记者，"撒占才是战狼式的兵，属于特别能吃苦、能投入智慧去训练的兵，也是我带过的令我最自豪的兵。"

经过8个月体能、专项和1.5万发以上实弹射击的地狱式集训，从95名精兵中一路过关斩将的撒占才等6名队员，代表中国军队出征"国际军事比赛 –2019"，参加"安全环境"核生化侦察项目。该项目分为单组赛、射击赛和接力赛三个阶段，检验防化兵驾驶防化侦察车通过复杂道路、遂行核生化侦察和洗消作业的能力。

8月的新疆库尔勒赛场，气温高达42℃以上。来自中国、俄罗斯、亚美尼亚、埃及、越南等国的参赛队展开激烈角逐，中央电视台进行了全程直播。

中国的 2 车 6 人参赛队中，下士撒占才为中国一车车长，带领战友与实力强劲的俄罗斯、越南等队展开沙场较量。他们驾驶防化侦察车过陡坡、雷区等 12 组障碍，完成化学毒剂侦察、辐射沾染源侦察和化学洗消作业。接着，车组成员在全身重装防护状态下，徒手通过高墙、索道、网墙等 12 组障碍。这些障碍最高的 4 米，最长的 40 多米，综合考验车组成员的越障能力。

经过与 18 个参赛组的激烈较量、顽强拼搏，最终，撒占才带领战友以绝对优势斩获"安全环境"项目单组赛、接力赛、射击赛和团体 4 项冠军，被裁判组评为最佳车组。尤其是射击赛，中国两个车组以 600 分的满分成绩夺得第一名，俄罗斯、越南分别以 350 分和 225 分的成绩位居第二、第三名。鲜艳的五星红旗一次次飘扬在国际比武场的上空。撒占才也成为陆战赛场的英雄，受到各国军人的点赞。

因贡献突出，赛后撒占才被部队荣记个人一等功，并提干保送进入陆军炮兵防空兵学院深造。

"我们生在红旗下，长在春风里。人民有信仰，国家有力量，民族有希望。"撒占才在海原县国防教育宣讲报告会和大学生征兵宣传动员会上分享自己的感悟时说，"只要信仰不动摇，梦想终将会实现。"

忆王学仲先生游沙坡头

俞学军

1999 年 6 月，中国西部经贸洽谈会在银川隆重举行。为了推动"文经结合"，主办方邀请了一批全国知名的艺术家到场助兴。其间，他们到沙坡头景区观光游览。我当时是中卫县分管文化旅游的副县长，负责接待他们。在名单中，我看到王学仲、邹德忠、陈曦明、何满宗、纪光明等一批知名艺术家的名字。尤其是王学仲，可是当代享誉世界的艺术大师，在书法、绘画、诗词、治印、文赋、文艺评论等诸多领域建树颇丰，是新文人画派的领军人物，黾学的创始人。如此名人，接待工作马虎不得。

夏日的沙坡头，阳光明媚，万物争荣，景色宜人。下午 5 时许，我们在沙坡山庄前迎来了艺术家观光团，有十七八个人。下车后，我和县旅游局局长徐晓平同他们一一握手。第一次见到王学仲，我看他身材魁梧，精神矍铄，完全看不出是七十多岁的老人。随后，沙坡山庄的工作人员宣布住宿名单，并领他们逐个进入自己的房间。

晚饭后，在接待大厅开始进行笔会。王学仲先生因在天津刚做了手术，身体还需恢复，就没有参加笔会。于是，我和徐晓平便陪他回到房间休息。进入房间，徐晓平指着我向他介绍："王老，这是我们的分管县长，也写字呢！"先生便望着我说："你工作这样忙，还有工夫写字，难得！你写谁呢？"我说："主要临写《圣教序》、《十七帖》、二王手札，才起步，很肤浅。"说着便拿出我写的两幅字让他看。他看着字说："看来下了点工夫，路子是正的。但有些字的笔画还不到位。"接着他又说："字越入古越有味道。你现在写的是二王行草，帖学一路。是否再往前走，写写篆隶，临临摩崖、石刻、墓志一类，可能更好一些。"接着他又给我讲了《峄山碑》《张迁碑》等碑刻的用笔特点和临习要点。听着他的讲解，我连连点头，并由衷地冒出一句："王老是名副其实的大家，听君一席语，胜读十年书。"随后，徐晓平又提出："王老，请你给沙坡头旅游区题个字好不好？"他痛快地答应了："好的好的，等我回天津，写好寄过来。"此后，我们又闲聊了一阵，便退出来让先生早早休息。

第二天上午，分成快慢两个组，由徐晓平带着大部分艺术家按景点分布快速游览；我和县政府办公室副主任李树茂则陪着王学仲先生在童家园子周围慢步行走。我们走在园子里的林荫道上，边走边聊，我向他介绍了沙坡头景区开发建设的前后过程，走着走着来到了"桂王陵"前。先生望着石碑，边念碑文边问："真有这个桂王吗？"我说："没有，这是一个美丽的民间传说。"这时，导游小郭便向王老详细讲解了桂王城的传奇故事。当讲到黄沙压埋了桂王城，在眼前这百米沙山下，至今还能听到报警的钟声和被埋百姓的哭泣声，"泪泉""沙坡鸣钟"的景点便由此而来。先生听着入了神，便饶有兴致地要去实地看看。我们便带他来到"泪泉"旁，果然看到四五眼清泉从百米沙坡下流淌出来，汇成一股清流向林园深处流去。之后，我们又领他走上了百米沙山的顶部。

站在沙坡顶上，纵目远望，大沙坡飞流直下，黄河水奔腾向东，绵延不断的崇山峻岭，郁郁葱葱的田园风光，沙、山、河、园汇集的壮丽景色尽收眼底。看到这里，先生高兴地叫起来："好景！好景！塞上江南真是名不虚传。"说着，便掏出随身携带的速写本，用钢笔画起了速写，刷、刷、刷，连续画了七八张。看着他那十分投入的样子，我不禁想："天才出于勤奋，这话一点不假啊！"随后，导游小郭又领我们来到滑沙场，给大家安排了滑板，我们便慢悠悠地从百米沙山上滑了下来。

滑到坡底，小郭领我们沿着石径向黄河边走去，来到了羊皮筏子漂流处。小郭给王老介绍了羊皮筏子的来历、制作过程及运输、载人等有关情况。听到这里，先生感叹地说："我们的祖先不光是勤劳，也很有智慧啊！"说着，他也想坐羊皮筏子漂流黄河。出于安全的考虑，我们劝他不要坐了。他听了大家的劝告，便和我们沿着河堤回到了沙坡山庄。

下午两点，我们继续陪先生到沙坡头北区游览。一下车，映入眼帘的是波浪起伏、一望无垠的金沙海。先生十分激动，连声说道："震撼，太震撼了！沙海比大海好看多了。"说着来到了骆驼场。工作人员迎了上来，给我们安排骑骆驼。我对拉驼人说："王先生年龄大了，走趟短程就行了。"随行人员把先生扶上骆驼，坐稳后启程。先生骑在驼背上，缓缓向大漠深处走去，不时回头向我们挥手致意。骑罢骆驼，我们来到沙关驿客栈稍事休息，品茶闲聊了一阵，便来到了包兰铁路治沙展览馆。讲解员细心地讲着，先生认真地听着，还不时提出一些问题，如：竺可桢到这里来过几次？中国科学院还有谁来过？世界上有多少国家的学者来这里考察学习过？人工治沙、机械治沙、植物治沙都有哪些特点等等，讲解员都一一作了解答。当他了解到 20 世纪 50 年代修建包兰铁路，是科技人员采用了中卫人的土办法——"麦草方格固沙法"挡住了风沙，使世界上第一条沙漠铁路畅通无阻后，他竖起大拇指对我们说："中卫人了不起，土办法也能创造世界奇迹！"走出展览馆，离约定的时间已很近了，我们快速上车返回南区。到了停车场，其他艺术家都已坐在大巴车上等候。送先生上车后，我们一起向他们挥手道别。这时,王学仲先生从车窗中挥着手向我们喊:"中卫朋友多谢了!多谢了!"

过了半个多月,通讯员给我送来一封邮件,来件地址是天津大学王学仲艺术研究所。打开一看,先生给我寄来了三件东西:第一件是题词,写的是"宁夏中卫沙坡头旅游区 王学仲题"。这个题词后来刻在匾上,并广泛用作纪念品、宣传品的标签;第二件是写给我的一件手札,其内容是《腾格里大沙漠纪游》:"碛里驼行触客怆,平沙浩漠复无疆。薰风卷起金龙帐,人与人归一例黄。"第三件是由他的助手用钢笔誊写的先生此次到宁夏作的四首诗。

银川所见

浩荡黄河依廓流,城隍北塔历兵鞲。

贺兰山险古屏障,羌笛无声西夏丘。

沙湖舟中口占

半铺湖水半堆沙,塞外烟波最可夸。

寒素无涯侵老眼,镜天永驻朔方霞。

影视城赠张贤亮

茅店酒旗影视城,荒村古堡阒无声。

世间腐朽真能化,枯木神奇著盛名。

中卫沙坡头有作

大河萦带水圆湾,秦塞汉营代筑关。

横渡革囊真北埀,风回碛落沙坡山。

从以上作品可以看出,王学仲先生十分喜爱宁夏的山川风物,并且具有深厚的古典诗词功力，即兴赋诗、出口成章，堪称当代诗界大家。

2013 年 10 月，先生以 88 岁高龄谢世，当时我就想写篇回忆文章作为纪念，但因种种原因没有写成。今天写出此文，追忆那次短暂而又难忘的会面，就作为对先生永久的纪念吧！

谭学荣先生中卫印记

范学灵

谭学荣，字云孙，出身书香门第，饱读诗书，学养深厚，为人敦厚善良。1958 年 4 月因"反右"补课在上海划成"右派"，同年 10 月以支宁教师身份被遣送银川集训，翌年春到中卫接受劳动改造，1978 年秋得以平反。其间，虽历经各种政治运动冲击，遭受诸多磨难和不公正待遇，却始终相信共产党，对自己的未来充满信心，无论处境如何都矢志不渝，凡事理性判断，不苟且相求，不患得患失。他曾坦言："我在中卫 40 年，前 20 年无奈留驻，后 20 年不忍离开，中卫人好物好。"诚然，这里的山水和风土人情早已浸透到他的血脉里了，让他成为真正意义上的中卫人，把人生美好时光奉献给了党的教育文化事业，从而赢得师生追捧、民众爱戴和组织信赖。时逢谭先生九十寿诞，本土大批弟子、同僚和故交好友，感怀备至，不胜欣喜，嘱托笔者编撰了横披为"金色恩典"联句，经卫籍儒员张春山审定，呈敬恭贺：

九十载怀揣乾坤，出江南水乡又回归故里，学荣先生执鞭，光耀杏坛兮。思师恩之浩荡，就在于魂牵黄河，抱屈蒙难志未

276

移，传道授业育桃李，期许殷殷，布衣转命运，功德壮波涛。

四十年肩挑日月，入塞北僻壤而力耕不弃，农家子弟折桂，泽被中卫兮。念师情之绵长，那正是梦绕大漠，吐气扬眉自奋蹄，制宜操舻著华章，教诲谆谆，寒门纳祥瑞，风范伴驼铃。

上列辞联本该全方位记载恩师谭学荣先生的生平事迹，却因笔力不逮而止于梗概，只好运用人文链接方式再做微观解读，并以飨读者。

谭先生于 1932 年 11 月在上海出生，2022 年 4 月 15 日作古，祖籍为江苏省南通市海安县。先后毕业于上海市教育干部行政学院、西北大学函授中文系，本科学历。系高级政工师，宁夏回族自治区第五届人大代表。历任上海蓬莱路第二小学教导主任、中卫县柔远中学教导主任、镇罗中学校长，中卫县地方志办公室主任，政协中卫县第八至九届委员会副主席、第十届委员会专职常委，中卫县政协文史资料委员会主任，中卫县志编纂委员会副主任、《中卫县志》编审等职。曾记否，同学们大多赞同冯学忠对老师的描述："他是个典型的知识分子，肥胖的身材，硕大的脑袋，头上没几根头发，一口上海普通话，背起手来站在那儿一脸的威严，而笑起来却开心如孩童般，每根眉毛和头发都充满了笑意。"现如今，他们觉得还应再补充几句："满脸书卷气，浑身正能量，优雅贵气，乐观豁达，说话铿锵有力，办事讲究章法。"这样方可更为客观全面，能让先生之严师、尊长、贤达、智者形象得以真实呈现、呼之欲出。

谭先生来到中卫之初，除接受农业生产劳动和参加时政学习改造，被安排在莫楼小学、雍湖小学任教，嗣后近 30 年兴办教育，厚植文脉。他在柔远中学教书时，几乎全校的学生都怕他。他尤其喜欢管教调皮捣蛋的学生，说学生在家由父母管教，到学校他就是学生的父母。奇怪的是，那些曾被他揪过耳朵的学生回忆往事时都很欣慰，这分明是他们人生的转折点。我的人生阅历同样告诉自己，这岂止是明心见性的感叹，不也正是对正知正见正行的敬畏吗？诸如因夏季逃避午休、晚上偷看电影、夜里熬通宵，以及指定篇目背诵验收不过关等，同学们把挨批评受斥责视为一种幸福，正好应验了"爱的回应是爱"这一哲学观点。我时常利用课余时间擦洗自行车，有一次恰巧被先生发现而严肃叫停，随之他当着全班同学的面加以训诫，并很温和地提醒大家要争分夺秒，把宝贵时间用在学习上，等你们出息了为家里买辆小汽车，是不是更划算些呢？如此话语博得同学们会意的笑声，往后都自觉把心思放在了高考冲刺上。在几十年风雨沧桑里曾也有人注意到，他教的学生从一步入社会，便有本分低调、勤奋朴实的特质，大多喜好文史、擅长文秘并写得一手好字，多数已成长为单位的骨干力量。凡此情愫，其审定的《中卫文化纵横》书稿并为之所题《眷此邦之多君子》跋文已略作表达，学生冯学忠的《仰望恩师》、作家刘健彷的《穿透岁月深度》也分别有详尽记述。

谭先生勤勉敬业，一门心思扑在教书育人上，秉持师道尊严，很在意老师吐辞为经、举足为法、行为世范，学生勤奋苦读、感恩怀德绝不可废弛学业，从而确保教学相长。对女童失学则晓之以理，政策督学、控辍保学；对贫困学子则动之以情，家访劝学、捐资助学；对顽劣厌学者不离不弃，因材施教、导之以矩。在谭先生的班上，总有一种力量让人感动。我们记得，高中阶段农村学校还不具备寄宿办灶条件，到了冬春季节，全班离家远的几十个同学便自带午饭。从此先生的工作日程表里会多出一件事，即在宿舍兼办公室的火炉上煨饭——早上亲手码放、中途操心倒腾、散学准时供给，天天如此不倦怠，宁愿饿肚子也要确保让学生按时吃上热乎饭、喝上放心开水，而他自己的这顿午餐多半吃个油饼凑合了事，因为我正是那个经常被指派上街买油饼的学生之一。如此世道人心令我陶醉，并涤荡着我向善向上的心灵。想必这里的一盒热饭、一杯开水、几滴香油，早已升华为一份充满激情和境界的正能量而徐徐传递，成为学生心中永远磨灭不掉的美好印记。特别是国家恢复高考制度以后，为了让同学们开阔眼界，拓展知识面，早日跨进大学的门槛，他统一管理学生的零花钱，指导以班级订阅报纸杂志，做到学习资源共享；联系从北京、上海、江苏等地购买高考复习资料，每次探亲返回时少不了携带大包小包，尽是些让其他学校师生眼热的课外读物。至高中毕业时，从柔远中学走出来的学生每人能熟练背诵古文、诗词、佳作逾百篇（首），有的兴许已达到默写的程度，从而打下了较为厚实的语言义学功底。就这样，他所带的柔远中学几届高中毕业班，录取率位居同类学校前列，尤其是七九届60名毕业生参加高考，当年有45人被大中专院校录取，之后复读又考取9人，致使该校声名大振。他的教师职业生涯几乎与语文课任相依、与班主任工作相伴，因致力于教学改革而探索运用的一套教学方法，让学生刻骨铭心，诸如诵读经典、签字背书、研讨交流、上晚自习、培养课外阅读能力等，折射出严师般道义，远近闻名；但凡煨热盒饭、烧水供饮、跟班出操、强制午休、揪耳体罚等，彰显着慈父般情怀，闾里称颂。

谭先生酷爱文史，履职尽责，组织领导了中卫县的地方志编纂研究、文史资料挖掘整理工作，他总在与时间赛跑，热切地期盼本地文化脉络再清晰一些，资料再翔实一些。他花费10年时间，严谨考究，精心编纂出版《中卫文史资料》共9辑，约100万字，其中第五辑被全国政协以宁夏唯一样书展览；他策划启动全县第一代社会主义新方志的编纂研究系统工程，耗费8年之功，至精至细，从不轻易放过中卫历史上每一个存有业绩的人名以及历史事件，做到本无者补其阙、旧有者振其废，为新编《中卫县志》审定出版作出了重大贡献。他乐此不疲，先后投身《标点注释中卫县志》（道光版）、《乾隆中卫县志校注》编辑工作，全面完成地方典籍整理出版任务，确保这两本书获得社科奖项。他博览群书，一旦发现有关中卫的资料线索便深挖细研。

曾几何时，中卫山羊这一国家级家畜品种，由专门科研机构进行保种繁育和商品生产。"香岩沙毛字内祈，蒙茸九曲蔽姑衣。旃裘列里承嘉拜，京兆王家见亦稀。"这首赞美中卫地方物产的诗歌，以精美工整的辞藻，直抒作者胸臆，阐释了中卫山羊羔皮的优良、珍稀和名贵。按先生所讲："在卫几十年，能找的典籍大致翻阅过了，找不到出处，山羊终是我没有完成的作业。"此诗作曾以楷书题写并藏于中卫高庙，为了不湮没史料，他于20多年前恳请著名书法家胡公石先生丹书《沙毛山羊》一帧，连同征询函件一并公开发送，不断寻找着诗文的作者。

谭先生历来鄙视自以为是和好为人师这些主观而不虚心的狂妄态度，主张学术民主，认定这是做学问搞研究的基本遵循。他在新旧县志编纂研究和文史资料系列专辑整理出版过程中，于《戊戌变法》家藏版本里搜寻到"公车上书"宁夏中卫仅黄允清一人，探访了中卫知县王树枏之后人、找到了张大千为王树枏画的肖像，其严谨执着的态度令人感动。而他撰写的《饲鹤赠鹤》《于右任与先祖组云公》《关于王树枏》《朱圈奖掖受用终生》等文章，文笔老辣，更是一种精神的象征，因颇具存史、资政、教化价值而被萧乾主编的《全国文史笔记》收载。他通过自己的人脉和方式，为高庙求得一批名人字画，用来充实高庙的文化气息，得到时任宁夏博物馆馆长张心智（张大千先生长子）极高评价："这批字画，自治区博物馆也拿不出，放在全国应为一级文物。"同时，他还恳求文坛大家为中卫名胜景观题撰馈赠——郑逸梅先生的《沙坡头碑记》、何满子先生的《中卫高庙碑记》，请陈虹先生题赠"天下黄河富宁夏，首富中卫"墨宝等，为第二故乡积淀了丰厚的精神文化遗产。他于1993年5月自中卫县政协卸任之后，被县政府返聘为《中卫县志》专职编审，并继续投身于典籍整理和寺庙文化构建，不遗余力，再造功德。

谭先生有着浓厚的中卫情节。他于1998年回祖籍定居，颐养天年，坚持以健康之躯、阳光心态读书学习，研习书画，考辨文史，至今先后三次故地重游，每次都能在中卫待上十天左右。记得 2002 年 9 月上旬为首次，因审定《高庙保安寺》书稿而由本寺住持释元涛邀请，带着老伴和孙儿一同前来，下榻逸兴大酒店，游历沙坡头风景区，由中卫县政协宴请并安排观光了地方建设成就。2005 年 8 月中旬携老伴再次莅临中卫，住学生家里，拜访会晤朋友，考证史料典故，接受弟子们的热情款待，并分别向肖文俊、袁国庆、常占国等十多位有缘人士赠送了由英豪编著、学苑出版社出版发行的《慈悲为怀》一书，落下"中国文学艺术到高层次，就与佛教文化和艺术不可分割"题签。第三次于 2013 年 6 月 18 日—28 日成行，由老伴和亲家母陪同，保姆阿姨全程侍奉，入住天和苑时尚酒店，愉悦地会见了宁夏著名学者周兴华先生、中卫市作家协会副主席刘健彷女士等故交。这次旅行安排紧凑，在中卫逗留 10 天、银川待了 4 天，大部分弟子闻讯登门拜见，并自发凑份子献上"寿"字黄河奇石、"福"字黄金戒指，聊表敬意。时至 2017 年 1 月，再次拜读到《驼铃——上海人忆莫家楼》美文，大伙都纷纷为这些情真意切的追述以及"受过你们养育之恩的谭学荣拜上"落款而动容。

有道是，近水楼台先得月。我的荣幸在于除高中两年做先生的学生外，1979 年高考落榜被召回又复读 1 年、1987 年 11 月经由先生引荐从隆德县调回原籍从事史志工作 13 年，这些时光里被先生加持着，得到了比其他同学更多的庇护和奖掖，为能当面求教做人道理、讨论学术问题、交流时政观点、评述社会现象而怡然自乐。同时，我还是先生家里的常客，时不时品尝着师母亲手烹饪的红烧狮子头、红烧鲫鱼、清炖风干鸡等美味。多少年来，他一直关注着中卫方面的消息，除相互电话联系外，我不定期邮寄《沙坡头》文艺期刊、《中卫日报》以及相关著述资料，并委托妻子女儿赴南通探望，寄送枸杞红枣，惟愿先生多些精神慰藉。人生遇良师得知己，幸耶！诚哉斯言。我俩还习惯于以书信交流，每年春节前夕寄明信片互致问候，现珍藏先生亲笔信函 40 余封，着实感受到因付出与收获、倾诉与抚慰、喜悦与祝福而叠加的那份温情。

谭先生种德造福，融汇90年人生智慧，倾注"但行好事，莫问前程"实践体悟，让诸多期许和教诲至今回荡在时空隧道里，激励吾辈且歌且行：一则，关于"苦读"。谭先生从小受读万卷书家风熏习，养成良好读书习惯、思维品质和分析能力。他极力倡导"读书改变命运"理念，以及"老师苦教、家长苦供，学生苦学"做法，使学生明白"不吃读书的苦，要吃生活的苦"的道理，从而增添内生动力。面对一批批苦寒出身的学生，平素以"孟母三迁""悬梁刺股""凿壁偷光""程门立雪"典故作滋养教化，通常用孟子《生于忧患，死于安乐》、韩愈《师说》、荀子《劝学篇》学说来循循善诱，让吃苦耐劳成为素质、苦尽甘来成为信念、主宰命运成为追求。先生还以作息时间严苛而享有威名，所带班级在全校似乎有点另类，学生到校最早、离校最晚，每天两头见不着太阳，尤其是早上的晨操、午间的休息、下午课间操、晚上自习课，总是现场督办、衔接自如，做得雷打不动。二则，关于"认真"。谭先生起先于上海从事教育工作，因治学严谨，提倡学富五车，不幸毁掉了那个年代自己的锦绣前程。他推崇毛主席"世界上怕就怕'认真'二字，共产党就最讲'认真'"著名论断，把自己摆进去作以诠释，即做任何事都得从大处着眼、小处入手，"认真"是个处事态度，细节决定成败，本质在于"严谨"，力求做好细节基本功，让它凸显工作本领。譬如，多年来的史志文稿出版实践，先生探索运用"五校工作法"，即每校订一遍必出清样，以此往复改排，终校用红笔标注且亲自盯机对红，确保出版物审读抽检达到优秀等次，同时也带出了一批批合格"徒弟"。他认为"认真"是一种社会气象，得靠"正风肃纪反腐"消弭偏颇、慰藉人心、赢得未来，况且共产党只要"认真"起来，党内问题乃至社会时弊一定会迎刃而解。三则，关于"公私"。谭先生的学生至今已人到暮年，都仍然记得他当年经常告诫的"智者不惑，勇者不惧，诚者有信，仁者无敌"话语，努力追求着做人的正直品格。他视"大公无私"为从政警觉，总以为清官廉吏堪称时代价值准绳，而廉洁奉公则是百姓对公平正义的呼唤，秘诀就在于公与私的分明、情与法的自律，恪守公权边界，遏制私欲膨胀，跳出世俗旋涡，如是公职人员方能清正自矢，立于不败之地。四则，关于"政治运动"。谭先生是一个蒙受了极大冤屈的人，在中卫的前20年岁月他被大大小小的政治运动涂抹得面目全非，却仍在风云变幻中维持着教师本色，从容地走出了阴霾。他认为政治磨难也是一笔宝贵精神财富，无论生活露出怎样的面孔，都要坚信春天会来，阳光终将铺洒在未来的路上。谭先生偶尔以此释怀并告诫人们要铭记历史，珍惜来之不易的安定局面和幸福生活，切忌集体发热、胡乱折腾。五则，关于"党内教育"。谭先生人在党外、心在党内，对共产党进行的各类主题教育工作、开展的集中教育活动表示高度赞誉。在他看来，这正是执政党革故鼎新、自我提高的实际举措，只有如此源源不断地鞭策和洗礼，点亮精神灯塔，这个大党才能永葆初心，忠于人民，必将拥有更加美好的前景和光明未来。六则，关于"感恩之心"。谭先生是一个尊享宏大福报的人，在中卫的后20年光景他踏上了一条使自己大脑得以解放、潜能得以释放的道路。至此，他没有忘记在中卫县柔远公社扫大街、淘厕所、挨批斗的窘境，以及在东园公社曹闸三队参加劳动改造的无奈，乡亲们很包容并保护着他，但凡家里做了好一点的饭菜都会请他去吃。他被平反之后，按政策可以调回上海工作，他却选择继续留在了中卫。从此便放弃星期天和节假日，满腔热忱投身地方文化教育事业。他总认为，人的一生要想活得滋润，有一项能力不可或缺，这就是感恩的能力。其实，它贯穿我们生命成长的每个阶段，诚如感恩父母之情让人懂得饮水思源、感恩师生之情让人懂得成长引领、感恩朋友之情让人懂得相互借鉴，从而帮助我们在凡尘俗世里回归天性，成就一个自在圆满的人生。

四十年治沙生涯

张宗朗

宁夏中卫境内腾格里沙漠的治理是伴随着新中国的成立而开始的，中卫人民在党和政府的领导下谱写了一曲"人进沙退"的"绿色交响乐"，终于令黄沙让了步，从而保证我国第一条沙漠铁路——包兰线畅通无阻，还保护了周围大片农田和牧场。当无情的沙漠被郁郁绿树覆盖成为人们惬意的游览、歇身之地时，你可曾想到，这一片片绿色是怎样形成的？这是多少人用汗水浇灌着绿色的梦，从而编织成"草障林带结花缨，风发雷动锁沙龙"的壮丽画卷。

历史是一面镜子，它留下诸多的影子。那些同风沙进行殊死搏斗的治沙者，如今有的已退居二线；有的步入晚年告老还乡；有的辞别人间长眠九泉。他们中有许多连姓名都没留下，但其足迹、身影却永远留在沙岭之巅……

与沙漠结缘

1949 年夏季，我考入中国人民解放军西北大学，毕业后被选为中共中央西北局机要处密码译电员，面前的路可谓一条平坦的大道。可

腾格里沙漠

不安于现状的思想在萌动，于是经组织批准，我自告奋勇地考入北京农业大学干部班，专攻造林专业。1951年4月，当我得知自己被分配到宁夏工作时，内心十分激动，觉得"好男儿志在四方"愿望实现了。经过长途跋涉，我和孙续金同志来到腾格里沙漠前沿阵地——中卫固沙林场，从此我的命运便与荒凉的沙漠结下不解之缘。

这个林场刚筹建不久，设备极其简陋，条件十分艰苦。该场建造在距中卫县城西约10里的滕家滩，这是个三面环沙的小村，由于沙害严重，人民生活困苦不堪，故有"有女不嫁滕家滩，嫁到滩上泪不干"的民谣。光秃秃的沙丘，灰蒙蒙的天空，干巴巴的树枝，抬头看的是沙，脚下踩的是沙，汗水泡的是沙，碗里拌的是沙，被褥上落的是沙，就连七窍里钻的也是沙。更使我好奇的是，这里很多植物名词和科学用语，也都冠以"沙"字，如沙蒿、沙莲、沙米、沙坡、沙角、沙垅、沙链、沙山、沙套、沙法皮等。在沙的海洋里，我们以沙为伴，每天观察沙、了解沙、讨论沙、研究沙，好像离开了沙就失去了依托。也不知是出于强烈的责任感还是倔强性格，那时对于沙漠的许多问题都要问个究竟，弄个明白，好像对沙漠着了迷。那晶莹剔透、小巧玲珑的沙粒，是什么成分，它是怎样风化的，又如风速多大能把沙子吹起来？为什么有的沙粒沿地表移动，有的呈跳跃式前进，有的飞得又高又远以悬浮式运动？再如植物为什么能把沙子挡住，腾格里沙漠为什么占地条件那样复杂，气候与沙漠有什么关系？等等。为了揭开这些秘密，我们一方面向书本学习，向当地群众请教，更重要的还是走实践之路。随着时间的推移，认识也明显提高，使我由对沙漠的陌生到熟悉、从感性到理性，产生了很大的飞跃。初步体会到沙子也具有两重性：原来认为沙子是散乱的，但沙子也是有迹可循的；沙子是丑恶的，它可以积成沙丘，汇成沙海；但它也是美好的，它和水、水泥搅拌在一起，则成为坚不可摧的混凝土，不管什么宏伟的建筑都要靠它支撑。沙子是有害的，它侵占良田，淹没城邑，污浊空气；但也能变害为利，如沙子空隙率大，导热快、比热差、温差大，易于养分积累，特别是它通水透气、疏松，能使根系广泛深扎，这里的人常用它改良盐碱地，俗话说"沙压碱刮金板"。

沙借风势，风借沙威，互为因子，肆虐成灾。在与沙结缘的同时，我们也经常和风打起交道。在风的作用下，观察沙是怎样移动的，风力大小同沙丘流动有什么关系等。久而久之，使我们觉得这里的风也是沙漠的特色之一，不但风大而且频繁。沙风的出现年均达 900 小时之多，约占全年时间的 10%，也就是说每 10 个小时要出现一次风沙现象。为了做到因害设防，我们还不断观察风向。这里冬天受蒙古高气压的控制，以西北风为主，故沙丘向东南移动，夏秋两季，多受太平洋高气压控制，以东南风为主，因而沙丘有往复式迂回现象。对于沙暴现象，我们更是不放过。尽管天昏地暗，狂风挟着流沙，劈头盖脸地打来，我们还是窥探着这个奇怪的表演。经过 1951 年 4 月 19 日、1955 年 4 月 13 日、1957 年 3 月 6 日几次大的沙暴，更加深了我对沙风的了解，为此我还编过一首沙暴顺口溜：

黑莽腾升，沙云翻滚。

狂风骤起，虎啸龙吟。

飞沙走石，遮天蔽日。

跬步之间，不辨人迹。

眼耳口鼻，为沙填积。

树木花草，黯然失色。

日月悲哀，万物抽泣。

在沙漠中履险

历史上关于腾格里沙漠的科技文献几乎是个空白，除了一两名外国旅行家有过只字片语的描述外，档案馆里很难找到有参考价值的文字记载。为了揭开沙漠神秘的面纱，我和我的同行们曾九次赴沙漠深处进行考察和了解，有三次我还是单刀赴会一人前往。

1951年8月，当防沙林宜林地调查外业测量结束进入内业前，由李树荣带队，何尚贤、孙续金和我等5人，第一次赴沙漠腹地考察。当时所谓沙漠之舟的骆驼已打野没有牧场，我们只能徒步前往。当我们来到通湖的北侧，另一种意想不到的险情出现了，几名持枪的边防军挡住我们。当时胆子较大的何尚贤上前对话说："我们是考察沙漠的。"边防军要看证件，可谁也拿不出来，军人用怀疑的目光不断打量着我们，态度也比较严厉，经过一番争辩也无济于事，接着把我们关进一间土屋。在误解中，人不免有些怨气，当时自己觉得调查沙漠是正义的事业，所以也从未感到害怕。两天之后，一位军官抱歉地说："我们已和上面联系了，你们确实是建设厅派来的，植物标准夹和标本都还给你们。"我们被放了出来。于是，有残匪之嫌的我们成了他们的勇士和客人。

1954年春季，铁道部科学研究院和西北勘测设计分局的几位铁道专家，骑着骆驼带着气象仪器来到沙坡头深处的古刹茶房庙建起沙漠观测试验站。在他们的邀请下，场长指派我和该站司连山合作于茶房庙东侧沙漠路基北侧搞植物固沙，但很不成功，除了一些小叶杨和沙枣在落沙坡角成活外，其他成活率很低。为了找适应性强，又耐干旱的树种，1954年8月我和王秀川徒步进入沙漠。在沙漠中任何植物的存在本身就是一种奇迹，哪个沙坡有绿色，我们就往哪里寻觅。有一天，在红日西斜，大漠一派苍茫之时，我们在沙丘顶部突然发现一个绿色身影——花棒，这棵植物高约两米，粉红色花朵下面长出了形似柿子的果实，发达的根枝紧紧抓住沙丘，虽然被风吹得东倒西歪，但枝干上生长着柔嫩的枝条，从直观上看到它很强的生命力。在高兴之余，我们也忘了夜幕的降临。"啊嗥——啊嗥！"突然远处传来几声狼嚎，在荒凉的滨湖地带常有饿狼出没。狼真来了，但我并不慌张，原因是在滕家滩上我不止一次碰见过狼。

这里是一片低矮的沙丘，人与狼遥遥相对。人走狼走，人停狼停，人快狼快，最后几只狼把我们围住。这时大家心里慌乱不安起来，难道这年轻的生命就这样葬送狼口之下。在我定定神之后，忽然想起狼一怕火、二怕光、三怕响，我和王秀川先燃起一堆干枯的沙蒿企图把狼驱散，但效果不大。于是我们又用两种方式进行试探，在出发前我们都拿着手电，同时还随身带着饭盒和铁锅，"当当当"一阵猛响，加上我们声嘶力竭的呼喊，对于瞬时出现的怪诞场景，恶狼为之震惊，忽地一下逃散了。这一次除获得了花棒生长植物学性和开花结实的资料外，还对通湖山和茶房庙的沙冬青、柠条进行了详细摸底。

为了采到柠条和沙冬青种子以培育人工苗木进行固沙试验，1955年仲夏，我独自骑了一头骡子向沙山深处走去。越往里走沙丘越大，只能骑一会儿，走一会儿，大半天才行了30多里路。上了吊坡梁，骡子全身冒汗不断喘着粗气，当时我的心情十分焦急，但无论怎样抽打，骡子干脆摇头赖在沙丘上不起来了，无奈我也只好解下水壶喝水休息。但狡猾的骡子乘机跃起一溜烟向回逃跑了，我急起直追也没有捉到。

在沮丧中我想了许多，回去吧，误了采种时间；前进吧，孤身一人，势单力薄，弄不好将会拿生命做赌注。为了追寻一个绿色的希望，我做出了继续前进的选择，去通湖山有百余里，只要在沙漠中熬过一夜，第二天便可到达。夜终于来了，起伏的沙丘一个一个像坟墓，万物屏住呼吸，沙漠静得出奇。这是我有生以来一个人在万古的荒漠里过夜，觉得自己是那样的渺小和脆弱。虽然很疲劳，但久久不能入睡。次日，走了大半天还不见通湖山的踪影。仲夏的大漠，真是一片火海，干热死闷的鬼天气，使人头昏脑涨，脚开始不听使唤，接着身躯也晃动起来，于是两眼发黑，便开始晕眩地倒在沙丘上。当我苏醒过来时，发现自己躺在破庙里，是被一位老喇嘛救了。第二天，我便采到珍贵的种子，取道南下再到茶房庙采回了柠条。如今沙坡头这里遍地长着花棒、柠条，它们伫立在沙丘上，傲然挺拔，防风固沙。

令黄沙止步

中卫县处于腾格里大沙漠的东南前沿，它的西面和北面全被沙漠包围着，长期以来沙丘随风移动，翻越山岭，飞跨长城，压埋庄园，毁坏良田，逼得人们流离失所。为了改变沙进人退的被动局面，宁夏省人民政府于1950年10月即筹建治沙机构——中卫固沙林场。在1951年6月召开的全省林业会议上，宁夏建设厅厅长郝玉山还为该场拟定了治沙方针，这就是"面向沙漠，治沙布防，沙内设点，连系成带"。根据这一指导思想，我们首先进行防沙林带宜林地的测量和调查工作。

1951年仲夏，当太阳在空中燃烧，烈焰烘烤着大漠的时候，我们肩扛平板仪和标尺，以及标准夹、行李等物体，向沙漠深处奔去。参加这支小队的仅有5人，由场长李树荣带队，在东起胜金关，西至荒草湖，长约40公里，宽约1公里的范围内，不断穿梭。尽管骄阳似火，沙漠像蒸笼一样使人头昏脑涨，但我们还是意志坚定、信心百倍、一丝不苟地工作着。当时条件较差，我们只能靠"一根尺子一杆秤，用嘴尝，用眼瞪"的方法来确定宜林地的好坏。用尺子量面积测沙丘，用秤来称土重量和水分含量，用嘴来尝沙地盐碱化程度，用眼来看沙漠地貌及其特征。由于人少工作量大，所以忙得不可开交，一会儿看看，一会儿闻闻，一会儿尝尝，一会儿称称。当时我们开玩笑地说："一日三餐并未饱，酸甜苦辣肚子装。"40年以前，我们就是靠这些笨拙的方法和手段进行调查的，在科学发展的今天谈论起来都觉得可笑，但在当时却起了很大作用。以郝玉山厅长的话来说："我不管是正规军还是游击队，只要能打仗就是好样的。"在学校我们仅实习过小面积的测量，面对浩瀚的沙海，这简直是蚂蚁见大象，小巫见大巫。但我们谁也没有被困难吓倒。好在李树荣场长过去搞过土地测量，操作仪器得心应手，我和孙绿金同志在他的指导下承担了主要任务。经过三个月的苦战，完成沙漠前沿的调查设计任务，为大面积营造防沙林绘出了第一张蓝图。在此基础上，我们本着因地制宜，因害设防，先易后难，先进后退的原则制定五年规划。根据当地条件确定造林类型，依据区域划分了责任区和范围。

在营造防沙林带的岁月里，出现可歌可泣的场面。每年春秋两季，当数万名防沙大军潮水般涌进这片寂静的沙漠时，在你眼前展示出人类治沙史上最为壮观、最为激动人心的一幕：红旗招展，锣鼓喧天，银锹飞舞，气象万千，人们的呼唤呐喊和欢歌笑语响成一片。在绿化沙漠的行列里，既有少先队员和共青团员，也有年过花甲的老人；既有年轻的大姑娘、小媳妇，也有裹足的老太婆；既有一般职工群众，也有各级领导干部。当时没有汽车可坐，就连自行车也很少看见，人们只能靠"11号"小汽车——双脚迈步。苗子自己挖，栽子自己砍，各级领导也是率先垂范，他们干起活来既没有官位大小之别，更没有级别高低之分，人人都以普通劳动者的姿态赛着干、比着干。1952年春季，郑治华书记肩扛一捆树栽子，徒步到龙宫滩上植树。我说："你们辛苦了。"他干脆利落地用河北话说："不辛苦，在战争年代，我自扛机枪，急行军百余里，接着就是你死我活的恶战，现在这点苦比过去算不了什么。"

防沙林立地条件较好，绿化比较容易，但是这是经历失败而后成功的。如我们对沙丘具有较强的流动性而引起的风蚀沙埋规律缺乏深入的研究，便不分沙丘任何部位直播白茨，致使种子难以立足而受折；又如，盲目引种洋槐，结果因地水位高，加上枝杆风干死亡；再如，沙漠前沿有很多潮湿沙地，我们误认为是最好的宜林地，于是大量插杆造林，但到夏季蒸发量加大，可溶性的盐碱随水上升，形成一层咔咔作响的盐结皮，使苗木皮部腐烂而告终。当时群众不满地说："春天青，夏天黄，冬季烧干柴。"为此，第一任场长李树荣和第二任场长张涛都分别受到行政处分。在失败面前，我们并不气馁，而是更加执着地追求和奋斗。后经反复试验，采取二次造林法，在不设沙障的情况

瞭　望

下，先将沙丘空留，仅在丘间低地栽植，待风将沙丘向前移动后，再占领沙丘阵地。同时，我们还大量培育乡土树种来代替引进树种，在盐碱地上广栽适应性强的红柳和沙枣树。

经过绿与黄的反复较量，我们终于获得胜利。一条绿色长城矗立在沙漠前沿，它像卫士一样严阵以待地守候着中卫西北大门，随时防止沙漠的侵袭。当防沙林带初步建成后，即引起社会的关注和上级领导机关的重视。1956年6月，林业部部长梁希曾邀请苏联林业总局领导前来中卫沙漠视察，中卫县委书记马寅虎、县长王文斌接待了第一批贵宾，由我简单汇报了营造防沙林的概况，接着便赴龙宫滩进行考察。在沙漠前沿，这位森林学家出身的老部长详细询问防沙林总规划、营林规模、树种的配置、防沙效益等，然后他不顾古稀之年的单薄身躯，毅然登上长城烽火台，眺望远景。这年春季雨量比较充沛，加上数千亩红柳正开着万紫千红的花朵，更显得防沙林带的壮观。于是他触景生情地对我们说："中卫人民的实践证明，沙漠是可以治理的。"当陪同的甘肃省林业局工程师蔡子周指着西南方向的沙山说："那就是沙坡头。"这位林业部长说："国家要在那里修包兰铁路，你们还要向沙漠腹地进军。"

向沙坡头进军

1957年春，随着包兰铁路的动工修建，铁道部基建局和甘肃省银川专员公署签订合同，决定组建中卫固沙林场。从防沙到固沙标志着根治沙漠的战斗进入一个新阶段。当时，林场主要任务就是治理迎水桥至一碗泉的铁路沿线40里的沙漠地带，也就是现在所说的沙坡头地段。

这个沙漠地带，同以防沙林为代表的龙宫湖比较起来有很大不同。龙宫湖虽也是沙漠，但它属于滨湖地区，地下水较高，立地条件比较好。而沙坡头这个沙漠地带则截然不同，"茫茫沙海浪滔天，人马惮行沙浮其胫"，即是这里的真实写照。根据我们调查：该地段沙粒来源十分丰富，风积地貌亦很复杂。由于沙丘纵横交错，高低起伏，形成一片浩瀚的沙山。同时沙丘裸露，流动性强，植物难以立足。这里属半荒漠地带，降水量平均只有200毫米，而蒸发量却在3000毫米以上。地下水深达数十米，根本不能为植物根系所利用。这里还有一个大的特点，就是冷热变化极其迅速，最高气温为38℃，最低气温则为零下23℃。夏季沙面气温可达74℃，非一般植物所能忍受。长住这里的人们，可以领略到"早春，午夏，晚中秋，半夜之后像寒冬"的滋味。中外一些专家到这里看了，都认为在这样的地方进行造林，在世界上来说也属比较困难的类型。1957年，我接待了几位外国铁路专家，他们对我说："在这样的沙漠修铁路，几十年内也不要想正常通车。还不是像19世纪在阿什哈巴德沙漠修的铁路那样，走走停停。"有人说："脚踩腾格里，胜过鬼门关；手攀阎王岭，性命交老天；到了沙坡头，白骨无人收。"解放以前不知有多少人走进沙坡头丢了命。把沙固住那真是癞蛤蟆想吃天鹅肉——痴心妄想。但是，时代不同，人也不一样了。我们并没有被险恶的自然条件吓倒，决心征服沙坡头，让包兰铁路畅通，给子孙万代造福。

为了在沙坡头打好固沙、护路的大会战，从中央到地方都很重视并予支持。中卫县委、县政府曾动员成千上万群众，数以千计的畜力和运输工具，组成治沙大军。固沙造林需要青草，县委书记武佑邦向全县人民发出动员令，并指挥大批干部深入千家万户落实收草任务。一场沙暴将数公里高立式栅栏埋没，县长陈建康紧急动员千名机关干部和学校师生前往沙坡头增援。当造林苗木运不来时，副县长王尚功带领钢铁大军，把50多万棵苗木背进沙漠，从而使治沙工作得以顺利展开。

中卫沙坡头的流沙治理是在政府领导下，借助巨大的群众力量来进行的。每年春秋两季，来自中卫县川区各人民公社的数千民工，编成团、营、连、排的军事化建制，分别配制在铁路两侧的风沙线上。

为了争分夺秒，他们"鸡不叫就起床，星出云齐才收工"。在生活上，他们再简单不过了，基本上是"三个土块顶个锅，男女同住一个窝，一口沙子一口馍"。

担任治沙会战前线总指挥的是第一位场长刘安邦和第二任场长马生杰。他们既像身先士卒的将军，又像勇猛冲杀的战士，抢运麦草有他们的身影，扎设沙障有他们的足迹。在会战中，他们肩挂水壶，怀揣干粮，整天奔波于风口和要害地段之间，在最艰苦和最困难的时期，带领治沙者闯过一个个难关，取得一个个胜利。

中卫沙坡头治沙工程是一个大难题，需要多兵种作战，联合攻关，才能奏效。为此，林业部把中卫固沙林场作为重点林场并纳入宏观决策之下，并于1957年派一支测量小分队，对沙坡头调查设计范围进行了测量。1958年4月，造林设计局第四中队组织西北、华北、东北有关林业科研教学人员共50多人，在苏联专家的指导下，对该地区进行了外业调查和内业分析，最后编制出固沙造林技术设计方案，交中卫固沙林场具体实施。

中国科学院林业土壤研究所于1956年曾派出全国有名的植物学家刘慎鄂和李鸣岗等一批科技骨干，千里迢迢来到沙坡头，进行固沙工程和生物固沙的系统研究。铁道部更是一马当先。1954年春节过后，铁路建筑研究所副所长翁之庆和第一设计院赵性存工程师率先于茶房庙建起第一个沙漠观察试验站。兰州铁路局也抽调得力干部会同固沙林场全力奋战于工程工地。宁夏农林厅从大局着眼，在全区抽调五位林业站长，充实加强中卫固沙林场的技术力量。

沙坡头治沙工程是个大的会战，它由许多小的战役汇集而成，如果小的战役出现失误将影响大局。

收运麦草仗

　　扎设沙障需要大量的麦草，20世纪五六十年代，麦草还是中卫传统的燃料，做饭、烧炕，须臾不可离开。当人们得知麦草能固沙护路，便忍痛割爱似的赶着毛驴，把一捆捆麦草运到收购站。麦草容易着火，为了避免意外，职工们以高度的责任感，日夜守护，巡视在草场，从未发生过火灾，这确实是难能可贵的。收购管护麦草不易，而运输更难，这确实是一场苦脏的恶仗。当时主要靠铁路运送，因麦草属于轻物资，一列车装6万斤左右，几百万斤麦草有时就得运几十天。承担装卸任务的职工和林业中学学生，日夜奋战在火车上。鉴于运送麦草是区间卸车，只能利用正常运输的间隙抽空子运行。没有固定的时间，也不分白天黑夜，说走就走，说停就停，有时一趟接一趟地猛跑，有时火车在偏僻的小站一停就是几个小时，吃不上、喝不上，挨冻受饿是家常便饭。因怕着火，都使用铁闷罐车装草，所以车厢里到处弥漫着草屑和灰尘，就是戴上两层口罩也呛得人头晕眼花，每个人的脸上身上都沾满了柴草，尤其是麦芒钻入内衣，同汗水粘在一起，蜇得人奇痒。在空车返回的途中，则特别摇晃震荡，不时出现恶心、呕吐症状，有时饿了却没有食欲。瞌睡、饥饿、紧张、劳累，把人们搞得精疲力竭；但到装车时，人们好像把一切都忘了，又拼命地干起来。卸车则更为紧张，有时赶上刮大风，强劲的西北风破门而入，人们忍受的就不只是干渴、饥饿，还有寒风的撕扯。

　　有了麦草就能扎设沙障，而扎沙障又是锁沙龙的第一步。有人说这里的黄沙没翅能飞，没有脚能走。大风一来无阻挡，根本治不了。参加固沙的职工和群众说："它飞，我们不叫它飞；它走，我们不让它走。"于是，天再热也不怕，天再冷也坚持。经过多年的苦战，终于使铁路沿线的沙丘上罩了一层金甲，把脱缰的野马驯服了。

种苗仗

用草障把流沙初步固定以后，第二步就是植树，但苗木哪里来？必须创建育苗基地，因草木是造林的物质基础，没有良种壮苗，造林的蓝图将是空纸一张。为此，我们先后开过 5 处苗圃，它们是滕家滩、土耳滩、毛茨滩、龙宫滩、茨荜湖。这些苗圃大多是在荒滩口开采出来的。那时没有机械可利用，只能靠肩扛人抬，一背篼一背篼地背，一锹一锹地铲。为了收集优良的固沙植物，我们这些绿色天使饱尝了悲欢离合的滋味和疾病的折磨。1956 年，我们得知科尔沁沙漠有一种黄柳，固沙作用强，组织上派我前往采集。此时正值腊月，寒风刺骨，气温多在零下 30℃。经过两个月的奔波，终于西找东觅采集了 3000 多斤条子。这一年春节，我是在东北沙漠里度过的。1958 年组织上派袁

沙漠苗圃

伟去新疆采集沙拐枣。他不顾长途奔波的劳累，忍受着胃溃疡的折磨，不止一次倒在沙丘上，但当他想到领导的嘱托，一种无法形容的力量便灌注全身。于是，他咬紧牙关，钻进灌丛，采到了 3000 多斤种子。1959 年 1 月，张宝善接到一项紧急任务，带领 10 多名工人去宁夏陶乐县境内的沙漠里采集油茹种子。当时，他的爱女兰兰正出麻疹，但他毅然决然地担负起这个艰苦的使命。当一袋袋种子荣归之后，兰兰却离开了人世。对于沙生植物育苗，在书本上是没有先例可寻的。为此，我们系统地观察这些植物的生长习惯和繁殖规律，并反复实验、分析、论证、筛选，从而在育苗中攻克了浸种、催芽、复土、灌水等技术难题。1960 年，我曾与郑振华合作撰写《几种固沙植物的育苗方法》一书，被中国林业出版社采用。

为了攻克沙坡头这块高地，治沙工作者确实倾注全部心血。在失败的面前，人们毫不气馁，反复变换树种，更替新的方法，在荒漠的土地上，追摄绿色的希望，艰难地探索着植物固沙蹊径。1960—1965 年，我们先后建立实验地 39 个，从苗木的培育、管理、运输、沙丘不同立地条件、植物生物学特性，到造林季节、方法、技术等方面进行了系统的综合研究。

通过无数次科学实验，初步摸清了沙丘不同部位各种植物的相互联系，苗木质量对成活的影响等因素。同时，对造林季节、造林工具、造林密度、树种配置与混交、造林后的抚育和管理等技术也进行了探索研究。当这些难题一一被攻克后，绿色在沙坡头铁路两侧迅速延伸。

引水上沙山

为加速固沙进程，我们从 1964 年开始进行灌水造林试验。在沙漠平沙造田 2000 多亩，铺设管道 1 万多米，砌筑片石主梁 10 多公里、支梁 20 多公里，栽植乔灌木 60 多万株。现在，从迎水桥至孟家湾地段两侧已生长着苗壮的乔灌木，把沙漠点缀得层层翠绿，从而锁住了铁路沿线300米宽的流动沙丘，使包兰铁路沙坡头地段的安全系数大大增强了。昔日那种"眼见风起沙丘移，一年少见草生时"的荒凉景象，现在变为"瀚海喷波扬银珠，乔灌树木得雨露。绿色长城路旁筑，万古荒漠变通途"的游览区。

为什么要把黄河水引上沙山呢？这历来是个争论不休的问题，为此还得把话说远些，因沙障是个临时性的辅助固沙措施，从长远看必须依靠植物固沙达到永久固沙的目的。引水以前中卫固沙林场曾采取沙障和植物固沙相结合的措施，试图以障保苗，以苗代障。但因成活率低、生长慢，仅靠降雨只能勉强供散生耐旱植物生长之用，对于稠密生长的灌木水分则显得不足。特别是在极干旱的年份容易造成植物大面积枯萎，真是"前期汗淋淋，费尽千斤力"，落了个"早期长叹息，树少植被稀"。针对这种情况固沙林场不得不采取重复扎沙障的办法。为了改变这种局面，经过反复论证，认为采用灌水造林进行固沙是十分必要的，同时这里紧靠黄河，具有引黄河之水进行灌溉的有利条件。但因长期存在意见分歧未能实施。1964年9月29日，林业部副部长惠中权来这里检查工作，对这种设想充分给予肯定，并在资金和材料方面大力支持，从此揭开了引水上沙山的序幕。与此同时，铁道部、兰州铁路局、宁夏各级党政机关也十分关心和支持，使这一工作顺利进行。

引水上沙山灌溉造林，这种措施只需在新平整的沙田上设置一次沙障，接着栽植适宜的乔灌木，并及时灌水就可以保证林木成活生长，使植物完全控制流沙，以代替沙障的效果。

由于种种原因，林业部资助的30万元直至1967年2月才拨付。为了促进工程早日开工，决定由我带头管理由许行、李恒、田兴园、张发生、张振华等参加的沙坡头引水工程领导小组。此项工程对我们来说是非常生疏的，我们只能求助于水利部门。经自治区农林厅、林业局吴振亚出面协商，邀请自治区水利局工程处严爽逊和柴奇俊担任设计并组织施工。他们本着边设计边施工的原则，很快拿出设计方案。鉴于此项工程高达 100 多米而且在陡坡上进行，故而采用了高压管道灌形式。工程施工需 1000 多米的无缝钢管，尚无着落。当我们得知银川化肥厂开始筹建，从意大利购进一批无缝钢管，于是经过许多曲折才将材料弄到手。张发生和张振华开着仅有的一部跃进汽车，夜以继日地向沙坡头运送。主管道有了着落，下一步我们便在平罗新生机械厂联系了 4000 多米铁管，接着一场全面施工的战斗便打响了。盛夏的沙漠骄阳似火，干燥高温简直使人喘不过气来，汗水浸透了衣衫，不要说重负荷的劳动，即使空手站着也感到吃力。在这种情况下，我们只能采取早上工、晚收工、中午多休息的办法与气候抗争。当初第一级水泵站安在黄河边的陡坡上，施工时十分危险，稍有不慎，人将掉入黄河。为了保证人身安全，施工时每人的腰间都系一条绳子，真是："人身空中悬，性命属老天"。经过一个多月提心吊胆地奋战，终于在陡坡上开出一个平台地基。

在沙漠里铺设管道更是艰难，因机械无法施展，一切都靠身背肩抬，这 8000 米的管道一根一根地抬进沙漠，接着又一根根地连接就位。当施工进入 1967 年 8 月时，因公路中断，这时需要的几十个铸铁闸阀还未运回。为了不延误工期，我便和几名工人赴银川，每人每次背一个闸阀乘坐火车，经过几次运输，终于将闸阀运回。

泵房输水管路建成后，随即进行平沙造田工程。由于工程浩大，一个大沙丘往往需要几十个民工一两个月才能干完。我们只能采取蚂蚁啃骨头的办法，一个沙丘一个沙丘地啃，一个沙丘一个沙丘地平，截至 1969 年才一次通水成功。

经过几年试运转，发现暗管喷灌形式有一些弊病，反复试验后，最后决定以明渠畦灌为主。此种方法可以就地取材，尤其可用黄河泥沙水灌溉，既省力又能改良沙地。

经长期灌溉，沙坡头生态条件发生许多变化，沙地水分明显增加。从5月到9月沙地水分基本保持在3%以下，同时降低地表温度，提高沙地养分，由黄河水带来的泥沙经长期积累，形成1—3厘米的泥层。这样含氮量增了5倍，有机质含量增加了8倍。原来疏散的沙层经灌水后，黏性增加了4倍。随着物理细粒的增多，使保水能力大大加强。特别值得一提的是经灌水后，促进植物成活生长，原来不适于流沙环境的植物，而今不但生长好且迅速起到了固沙作用。过去试栽了许多针叶树，都以失败而告终。如今这些树种如樟子松、侧柏等也都定居了，还有栽植的苹果、桃树也已开花结果了。从此，沙坡头铁路两侧的灌溉乔木带出现了新的活力。

创沙坡头模式

绿与黄的较量，人与沙的搏斗，并不像人们想象的那么容易。治沙者不但跟大自然进行长期的斗争，克服了意想不到的困难；同时还

扎麦草方格　李旭竹/摄

通过工作实践完善了原固沙造林设计方案，并闯出一条自己的路——沙坡头治沙模式。

1962年，沙坡头按治沙工程总体设计已经进行了4年，通过大面积施工，取得了可喜的成就，但也发现了许多技术难题。其一，铁路防护宽度问题。1958年防护宽度设计为5500米，当时认为只有达到这个宽度，才能有效地防止铁路积沙，保证火车安全通过。我们感到此方案战线较长、工程量大、投资多，但究竟多宽才能符合沙坡头实际？其二，麦草方格沙障规格及丘顶空留问题。原设计方案在第二、第三带分别为1米×2米、2米×2米、2米×3米大规格麦草方格，规定沙丘顶部和落沙坡不设沙障，说这样可以借风力把沙丘削平，结果沙丘顶上被风刮下来的浮沙把周围的草障淹埋了。其三，最佳树种选择问题。原设计认为沙蒿是最好的固沙植物，随着时间和生态环境的变化，原先栽植的1000多万沙苗出现了衰退死亡，少数活的长得又细又弱，好像一炷香。这些技术难题一个个摆在了我们面前，是迎着困难上，闯出一条自己的路，还是被难题吓倒，在沙漠面前后退？当时，我们正在学习《实践论》，从中得到了启发。毛主席说："人们要想得到工作的胜利即得到预想的结果，一定要使自己的思想合于客观外界的规律性，如果不合，就会在实践中失败。"为了摸清自然规律，我们根据铁道和林业治沙科研部门的建议制定新的科研方案，成立三结合调查小组，对一系列关键性的技术问题进行了实际考察。当时参加综合考察的有张宝善、郑振华、孙家岚、肖俊忠、王汉武等一批经验丰富的科研干部。这是对沙坡头治沙工程第一次比较全面系统科学地剖析。职工们一早起来就带着仪器向沙漠走去，天黑才回来，整天在沙漠中间调查研究，细心观察，认真测量，记录下每一个数据和资料。青年工人李金玉、宋福善调查有哪些植物适应当地沙漠的条件，整天在沙漠中，奔忙一个夏季。在这样的恶劣条件下，他们以高度负责的精神进行着细致的工作。经过集中力量深入实际调查研究，仅这一年

沙漠森林

就记录各种数据 19700 多项，通过反复分析、论证，提出了沙坡头铁路防护宽度为 500 米的最佳方案。

最佳沙障规格为 1 米 ×1 米，这种规格能适应各种不同风向和风速，显见其沙面稳定，沙埋风蚀很少发生，经过几年已形成"沙结皮"。

最佳树种为花棒，它成活率高、长得快、发枝条多，同时寿命也比沙蒿长，能起固沙作用。另一种叫柠条，耐旱性强。比起花棒来开始生长慢些，但过三四年之后，生长量即快起来，分枝也逐渐增多，能活几十年，在较长时间内可起固沙作用。再一种就是沙拐枣以及落沙坡角的东北黄柳。从此，我们开始大面积栽植这几种植物，从而使沙漠出现新的景象，覆盖率迅速由 8% 提高到 24%。职工还积极摸索出新的办法，根据春季造林不利因素，采取针对性的措施，使春季也能造林，这样大大加快了造林进度。

我们还创造了因地制宜扎设沙障的方法。原设计不分沙丘部位采取千篇一律的规格。这样在风力大的沙丘顶部草障显得过大，很快被风蚀了，而在平缓和风力小的沙坡，草障又显得小了，形成浪费。以后我们既在沙丘顶部扎起规格小的沙障，又在缓坡扎设大一些的沙障，从而取得较好效果。

沙坡头治沙工程经过无数治沙者四十多年英勇顽强、前仆后继的研究探索和艰苦奋斗，终于形成六结合、六为主、五带一体的绿色防护体系——沙坡头治沙模式。六结合、六为主即沙障治沙和植物固沙相结合，以植物固沙为主；乔木和灌木相结合，以灌木为主；植树与直播相结合，以植树为主；科研与生产相结合，以生产为主；旱路与水路灌溉相结合，以旱路为主；造林与管护相结合，以管护为主。所谓"五带一体"，即防火带、灌乔木带、沙障灌木带、立式沙障阻沙带、封沙育草带。

魏若华：作家的脊梁

拜学英

翻阅 20 年前在新成立的地级市中卫文联工作时的日记和与作家们的通信，魏若华出现在我的眼前，他的气质与风骨，他的愤世嫉俗、忧国忧民的情怀，他犀利的文字与深邃的思索，让我眼前一亮，在黄河之滨的一隅还有这么一位令人肃然起敬的作家，且常与我谈论创作和地方文化教育方面的事，使身处异地他乡的我烦乱的心绪平静了许多。

一

在异地他乡做文联工作，最为迫切的莫过于与当地作家们接触，了解实情，倾听呼声，老作家魏若华第一个来到我尚未收拾就绪的办公室，因着都是搞创作的人，就像多年未见的老朋友，大有相见恨晚之感，没有过多的客套，说着各自的创作，中卫文学的现状。他说让他深感忧虑的是，中卫作为教育文化大县名不符实，作家们一盘散沙，亟待凝聚引领，领导们忙着抓项目、抓经济，对文化上的事情、对文学创作并不看重，致使这些年没有影响力的作家，更无具有影响力的作品，也无文学刊物。对此，他忧虑而着急，寄希望于即将成立的中卫市文联。

在此之前，我多少知道一些他的情况，先创作后转入鲁迅研究，且多有公认成果。一次，他在电话里说退休之人去机关讨嫌，邀我随时来家一叙。忙过一段时间后，我去家里拜访他，想实地感受一番老作家的生活创作现状，更多的是想听听他对中卫文学创作的意见。他领着我先到幽暗的地下室，透过微弱的亮光看去，堆放着一些不忍舍而又无啥用场的杂物，还有几摞码放整齐的书籍，有数千册之多。他说，这里码放的与其说是自己未销的书籍，无疑说是他的心血。擦抹着几册书封面上的灰尘，他颇感慨地说，如今作家写书不难，难的是出书，更难的是销书。官员们的书好销而不好读，作家们的书好读而不好销，这就是现实。像他这样饱蘸心血而成的著作，很难靠正常渠道销售，只能码放在幽暗的地下室里。原来县里部门的人或学生或同事还认识一些，如今县改市，人全换了，也就认识你这个文联主席，又销不了几册。他的困境，也正是当时更多作家所面临的，除了极少数作家的书畅销外，更多的作家所面临的正是老魏的两难境地。一个作家集多年心血的作品因着出版经费的困扰不能面世；一些作家想方设法筹集资金，出版后却销售不了几册，积压在幽暗的贮藏室里落满灰尘，其中有作品质量和影响力的因素。在老魏看来，还是机制的问题，缺少对基层作者应有的关切与扶持。

进得简朴而不失雅致的居室，他礼让我入书房，与我无拘无束地谈论着时下的文学现状，中卫的历史人文，谈论着他对鲁迅的研究……放眼看去，不大的书房里关于鲁迅研究的资料和手稿随处可见。在宁夏，他是研究鲁迅最深入，最有成就者。他随手翻出早期研究鲁迅的著作《鲁海拾零》，在扉页上郑重写下"鲁迅沉思过的，我辈依旧沉思，愿共勉之，奋然前行"寄语。这部编著于1991年的著作，以犀利含蓄、冷峻深沉的笔触，客观真实地展现了"活的鲁迅""人间鲁迅"

的音容笑貌、喜怒哀乐，从不同侧面和角度展示了鲁迅与同时代人的战斗生活、精神风貌。凡阅读者无不感到选材的新颖、史料的翔实，叙述的简洁诙谐，议论的妙趣横生，给人以深刻的启迪与教益，是一部不可或缺的研究鲁迅的必读之书。

书中一段我至今尚记：在南京读书的儿子鲁迅寒假回来，母亲发现黑棉袄破了一个洞，被儿子糊了一层白纸，用浓墨涂黑了。作者感叹说，先生之所以如此，是为了不让母亲难受。而细心的母亲终究还是发现了，又怎能不难受呢？这部书梳理了数百则类似这样的史料轶闻，展示了鲁迅不平凡的人生和战斗精神。阅读着这部著作，我惊叹在黄河之滨的中卫，还有一位老作家致力于鲁迅的研究，写出了如此颇有启迪教益的作品。

二

尘世里的每一个人似乎都有生活的难言和苦衷，作家也不例外。在与老魏的交往中，我深切地感受到他亦是一个在生活中苦苦支撑的人，常年瘫痪在床的女儿需要他与家人随时伺候；终身未娶，小时患小儿麻痹症，后又患老年综合征的老哥与他一起生活，需要他操心照顾；爱玩麻将的老伴常忽略家务，一切都要他操持，忙得不亦乐乎。生活没有压垮他，家务琐事未能消磨他，他照样乐观面对。这次家叙，我感到作为一个地方文联工作者，应对老魏这样的作家以应有的关切，创造条件使他创作出更多更好的作品。毕竟，这样颇有成就的作家在地方上并不多见。

后来，我陆续读到他签名相赠的《沧浪集》和《明史笔记》，前者是他多年创作的诗文自选集，收集了古体诗、序跋、随笔、纪实、书信、问答、文论等，可窥见他创作的多面与丰富。在"题记"里有一段说给作家们的话至今让我深思："真正的作家首先是叉开双腿站立着的人，应该关注人类命运，代表社会良知，同情弱势群体。"这是他对作家责任的深刻体悟，作家首先要做一个大写的人。在随笔《孙亮屯怀古》里，一段话道出的是贯穿他一生的平民精神："我想，在宇宙，在地球，在整个世界，至今恐怕还没有一种物质是永恒不灭的，人们梦寐以求的财富生不带来，死不带去，也压根不属于少数人所有，能够永远属于一个人的，唯有看不见摸不着，独具匠心与特色的平民精神，这种精神将光照千古，地久天长。"从中可窥他对人生、对社会、对物质与精神的态度。从《沧浪集》里我阅读到的是一位知识分子"位卑未敢忘忧国"的家国情怀，是一位平民作家深沉而冷峻的人生思考。在我的阅读经历中，基层具备这样冷峻思考、犀利文风的作家并不多见。遗憾的是，当地阅读他著作的人并不多，而评论他著作的人更是寥若晨星，就连市文联创办的刊物《沙坡头》，我期待着有人能写出评价他著作和研究他创作的文字，却鲜有写出者。他对鲁迅的研究，他的文论、随笔以及《明史笔记》在中卫乃至宁夏之外，阅读者无不叫好，纷纷致信。而在当地却静若湖面，所谓墙内开花墙外红也。

发行万余册的史学著作《明史笔记》正如他在跋中所言，是"半路出家，门外读史的第一本小书"。正是这册小书，使读者看清了"大明一朝，以剥皮始，以剥皮终，始终不变"的封建社会的腐朽残酷本质。他以明史里的"剥皮"现象为突破口，在野史笔记里寻觅梳理珍闻轶事，用深沉冷峻的笔触把明史里不可告人的残酷一面撕开，呈现给当今的读者，以客观真实的叙述，再现明王朝的历史教训，读之无不给人以警示和启迪。明代酷吏们的剥皮既给人以肉体上的苦，又给人以精神上的残，一个活剥人皮的朝代，一个无官不贪、有吏皆污的朝廷岂能长久？难怪崇祯皇帝于绝望中魂归煤山，甲申三百年的教训值得汲取。如此一部严肃有警示性的作品，也许作者身处县域一隅，并未引起各方面的注意，实在令人惋惜。在中卫的日子里，每晚入睡前翻阅着他签名留言的几册著作，我沉思良久。

三

他创作和研究的成果是多方面的，除赠我的三部著作，还有《鲁迅与他的老师》《三人行》《中卫县教育志》，还参编著作多部，在《鲁迅研究资料》等刊物发表论文多篇，撰写教学研究与实践、鲁迅研究、文史探寻、人物传记等方面的文章 150 余篇，在学校里他是一位受学生喜爱和同行敬重的好老师；在创作和研究领域，他是一位艺术性、思想性、平民性兼具的有着不凡成果的作家。中卫以教育大县闻名，其中该有他这位中学语文特级教师付出的心血。

他亦是一个埋头创作，不问俗事的人。有二事可作注脚：其一，一天下午他告诉我说，中午一熟人请他吃饭，他问熟人如今在何单位公干？回答说在保先办。他说正好去年办的保险到期了，正要去续办呢。熟人听了笑着说，老同志咋听话呢，不是"保险"而是"保先"，保持先进性教育办公室是也。老魏说，人老不中用，连"保险"与"保先"都分不清了。其二，一次他在信里说，市教育局来电话组织老同志要去延安参观学习，叫他去，他说像我这样的人已经够艰苦奋斗的了，何以再去受教育，便婉拒了。

与他不闻俗事相反，有着平民情怀的他，却时刻关注着弱势群体——农民。一次，他来办公室，胳膊下夹着一册《中国农民调查》，说中国农民真是太苦了，终于有人替农民说话了。我深知，都是农民出身的人，对农村对农民的关注是一样的。几天后，他让人捎信说，《中国农民调查》一书颇发人深思，请一读。今春清明，我曾绕道京都回老家沧州孙亮屯村为祖母大人扫墓，做了些农民问题调查。村里的孩子们比我以前写《孙亮屯怀古》时的情况更差，学校只剩下了 17 名学生了，过去捐赠的图书也不翼而飞，这次带去的《现代汉语词典》竟剩下许多，又背了回来。吃饭问题尚无法解决，何以供养孩子上学？

感于此，我请京城里的书法家为村支书写了副对联："地瘦栽松柏；家贫子读书。"村支书竟不知我所为何意。他的忧虑，他心境的苍凉可想而知。

四

听说市文联要办刊物，他异常兴奋地说，早该办刊物，没有阵地，何以培养新人出作品？他得知文联正请人题写刊名，自告奋勇，写信给中国文学馆舒乙求写刊名，与他有着交往的舒乙很快从京城寄来了题写的刊名，后来虽未用此刊名，他对办刊一事的关心可鉴。他还应邀为《沙坡头》创刊号赶写了几篇散文，以示对刊物的支持。

那段时间，我不时收到他或寄来或让熟人捎来的书信，与我交流着心得和对一些事情的看法。我刚到中卫不久，他来信说，虽已退休，但心不闲，在做《三人行》人物传记的校订，这是他最后一部文学作品，理应弄得细一些才好，想下个月赴京到中组部、中宣部复查卷宗。他还告诉我，正在同时考虑《中卫教育发展史》的撰写。《三人行》是写史学家尚钺、摄影家沙飞、国画家黄胄的传记作品，他从求学、敬业、做人方面对三人殊途同归的命运，不为穷所困，不为难所移，不为时所趋，不为势所屈，不为名所累，不为利所乞的"生蒙冤难，死备哀荣"的共同经历的沧桑，以及他们纯洁高大的灵魂十分敬重和关切。文章千古事，忧患心相系，正是他撰写《三人行》的初衷。只可惜在他生命的最后，也没有看到该书的面世。而那篇《〈三人行〉题记》的文章却在多年前被多家报刊转载，使更多的人知晓了他正致力于该书的撰写。

五

一天，他捎来一信说，怕你不在，留此一笔。连日伏案，甚苦，颇累矣。人老心气不足，每日数百字校对《三人行》。中卫自视文化大县，其实也无多少文化积淀，览《中卫文库大观》便知底细，我不大出门，也懒于交往，每日给孩子们煮饭，以做家务事打发日子，人老了大约都是这样。信后又附一页，是他抄录《人民日报》有关文化古城常州的成就：其一，自唐代以来，出了1546个进士、9个状元、15个宰相、26个尚书；其二，近现代以来，知名专家学者57人，著名者有《昭明文选》的编纂萧统、《永乐大典》的总纂陈济、《官场现形记》的作者李宝嘉；其三，产生了领一代风骚的学派，如常州画派等；其四，中国共产党的创始人有瞿秋白、张太雷、恽代英；其五，救国会"七君子"有李公朴、史良。他感叹着常州文化传承的厚重辉煌，而以文化县自喻的中卫，到底有多少东西值得提呢？

过了几天，他寄来几篇文章并附信说，要在四月赴京重查尚钺、沙飞、黄胄的档案，让《三人行》早日面世，否则对不起三位的在天之灵，辜负了正伟部长的支持。我到中卫工作的第二个月，他写信三封，与我见面两次，这是他对一个同样写作者的信任，也是对即将成立的市文联的关切与期待。

在2005年5月的一次来信里，他谈了对目前编辑素质的担忧。他说，市文联创办刊物是件好事，办刊物报纸难的是人与经费，区上的报纸字词、语法、逻辑、标点出现的失误搭眼可见，我们将来办刊物，务必严格要求采编人员，尽量细心严谨，如一开始就弄得不像样子，那么以后的局面就打不开了。其实学历并不是主要的，关键是责任心，含糊的字词拿不准，查查字典不就行了，字典就是随身老师，我写东西往往是"字典不离手，冷汗不离身"，该是我劳累成疾的主要因素吧。

建议给市文联的成员每人配一本《现代汉语词典》，编稿一定要养成查字典的习惯。这是他对当下编辑素质、责任心欠缺的忧虑和对编辑的忠告。读他哪怕随意写就的书信，读他的作品，难见别字错句，受益于他"字典不离手，冷汗不离身"的写作习惯。他给我的几封书信，均写在中国作协的长条绿格稿纸上，字迹洒脱而不失工整，标点也写得认真，这在用电脑书写的当下已不多见。

后来他又给我赠书四种：戴尔·卡耐基的名作《人性的弱点》《人性的优点》,《智谋总集》中国卷与外国卷各一册。附信说，这几种书可以让你的孩子看，培养他们广泛涉猎知识。我走动多地，搬来迁去，他的几册签名赠著和所赠这几册书以及写给我的书信，我至今保留着，见证着一位老作家与我简短而有意义的交往。

六

也许从创作转而鲁迅研究，长期的梳理钩沉，耳濡目染，鲁迅的精神、鲁迅的思想、鲁迅的风骨、鲁迅的气质对他的影响潜移默化，深远巨大，不论是写作研究中的他，还是生活中的他，俨然也如鲁迅了。他写在稿子上苍劲有力的字，他行文的语气格调无不有着鲁迅的影子，他几部著作的书名也是集鲁迅手稿里的字而成，就连他的外形神态也似乎与鲁迅无二了，那张印在著作封面上的夹烟沉思的肖像，硬朗的脸庞，冷峻的目光，高挺的鼻梁，额头上的道道皱纹，似在思索着某个重大问题。一位书画家感其不凡的气质与神态，创作了一幅夹烟扶眼镜边沉思的画像，惟妙惟肖，配着他解读平民精神的一段经典文字，真可谓人乎文乎，无不传神生动。生活中的他又是一个鲁迅般的愤世嫉俗者，对现实的不满与批判，对恶行丑事的批驳从来不留情面。可惜的是，现实里像他这般爱憎分明而又愤世嫉俗的人并不多，他的良苦用心并不被人理解，反而常遭误解，这不能不说是时代的悲哀。

七

与他见最后一面是 2005 年 8 月 20 日，我刚奉调回银川的第二天，宁夏作协通知说中国作协创联部副主任孙德全和《作家通讯》主编高伟代表中国作协要去中卫看望患病的魏若华，要我引领作陪。途中，魏若华在电话里说，长期患病卧床的女儿刚刚离世，已被送到殡仪馆。我心里一惊，继而又想，这对他对女儿都是解脱，因为在此之前的几天，我去向他话别，看着他躺在床上皮包骨头的残疾女儿，我有些难受。他说，养育女儿 26 年，还是走了。女儿三岁时因煤烟中毒，致小脑萎缩并发症，他背着到北京、上海等地多次就诊，也未能好转，小时候还能自己走动，十二三岁时已不能走动，最终瘫痪在床，靠他和家人操心伺候。而在一中当老师的大哥也是他照顾着生活起居，一次在回家吃饭的路上突发疾病过世。这一切，要靠他面对和承受，他无疑是位挺直脊梁面对生活种种压力的作家。那次，中国作协为他带来了数千元现金，还有营养品，一套鲁迅、茅盾文学奖图书。孙德全握着老魏的手说，中国作协 7000 多会员，患病的老会员也不少，很少拿钱去看。老魏夫妇对中国作协能来中卫专程看他，深表感谢。见此，我都有些感动。

我调银川后忙于没完没了的工作和事务，少了与他的联系。偶尔与中卫市文联的同志通话，打问他的身体情况，辛劳了大半辈子，到了这把年龄唯身体重要。听说他患了脑出血，行动不便，常年卧床，已很少与外界联系，以致多年再无他的消息。后来得知他与病魔顽强抗争多年，于 2022 年 12 月没能扛过新冠疫情的肆虐离世，享年 83 岁，在作家群里亦是一个高寿者。

他多年照顾患病而又终身未娶的哥哥和伺候残疾女儿的善行感动了人们，他的家庭曾获全国"五好家庭"和宁夏"最美家庭"的荣誉。

一个写作者为一方厚土能留下贯穿其思想的作品；一位父亲能为亲人鞠躬尽瘁，留下伟岸高大的身姿；一个在世俗社会奋争的人，能留下他为人处世独特不凡的气质与表率，又被人念叨着，这一切足矣！

优秀农技站长赵承炳

王洪庆

赵承炳，四川资阳人，1961 年毕业于四川农学院，中共党员，高级农艺师，在原中卫县农场（后改称良种繁殖场）任技术员，20 世纪 80 年代升任副场长、场长。在此期间，他通过开沟排水改良盐碱地，种植绿肥培肥地力，引进并繁育良种，科学种田，使位于腾格里沙漠边缘的一片盐碱地连年增产，平均亩产由 1968 年 243 斤提高到 1984 年的 916 斤，总产量由 69 万斤增至 141 万斤，提供良种由 25 万斤增至 102 万斤，经济效益由连年亏损 9 万元到盈利 2 万元。1983 年良繁场被农业部评为先进良种场。

1984 年，赵承炳调任中卫县农业技术推广站任站长，嗣后改称中卫县农业技术推广中心，任主任。他在任内，根据工作需要和各人所长，把技术干部分成粮作组、植保组、经济作物组、土壤肥料组和耕作制度改革组。在粮作组下又分小麦和水稻组，使农技推广员们一专多能。他常说，农技站的工作就是试验、示范、推广三部曲。此外，就是做好农业科技人员和农民的农业技术培训。无论是外来的科技讯息，还是职工的新想法，先搞十几平方米的小区试验，如获成功，再在数十亩的大田里验证、示范，供农民参观，然后全面推广，这样既

314

积极又稳妥。

作为农技推广单位的领导，不仅要个人干得好，还在于组织和发挥大家的智慧和积极性。他在任内，对全县农业技术发展起了很大推动作用，一时间成为全宁夏农业技术方面的带头羊。比如，小麦亩产全区领先。20 世纪 80 年代初小麦锈病暴发，中卫县发现得最早，各县开始防治时，中卫县已全面防治了一次，又开始了第二次防治。小麦套种玉米，在中卫县率先试验成功，并在全区推广开来。当时专家学者认为，宁夏水稻连年减产的原因是低温冷害所致。中卫农技站率先摸索出一套适合宁夏气候条件的施肥方法和早育秧、早插秧等技术，推广以后，宁夏水稻连年稳产高产，再没有低温冷害这一说法。玉米倒伏问题，也是中卫农技中心率先提出早追拔节肥，防止长成小脚玉米而解决的。还有，当时全宁夏灌区小麦都套种玉米，小麦割倒后，在玉米行间晾晒，由于日晒和通风条件较差，又值阵雨频发季节，小麦不易晒干，影响夏收和玉米追肥，割倒的小麦也常因淋雨而发芽霉烂。中卫农技站率先提出高茬割麦，留茬 20 厘米，麦铺子上下通风，干得快，遇雨不会发芽霉烂，还能给间种的大豆搭个架，秋耕时秸秆还田，成为土壤微生物繁衍生息的碳源。这一措施简单易行，既保证及时夏收、玉米大豆及时追肥灌水，而且对培肥土壤影响深远，很快在全区推开。当时在农业技术方面，全区都跟着中卫学。但是赵承炳从不炫耀个人成绩。

赵承炳为人正直，廉洁奉公，不谋私利，从不钻营。他在任上，中卫农技中心没有歪风邪气，大家都干得很舒心。有一年夏天，上级通知赵承炳和副站长盖生金一同参加外语培训，指定党支部委员鲁长才临时负责。由于各业务组的任务都已明确，大家恪尽职守，年终全年任务圆满完成。然而，中卫农技中心大楼建成后，赵承炳举家仍身居斗室，从未听到他从中谋私的传闻。这与他一贯两袖清风是相一致的。单位工会发福利，每人 40 斤苹果，他从来不多拿一个。

1991 年春，我在新北乡红武滩村蹲点，一天上午我回到农技中心，赵承炳正伏在一张大表格上，埋头制定农技中心全年工作计划。我问，领导跟你谈话，把你调到哪里？他十分惊讶地说没有啊！我说，听村上干部讲，新北乡的李世诚乡长调任农技中心主任，前天乡上的欢送会都开了。他大惊失色，连忙到县农业局去询问。原来各单位的文件都发到了，只有发给农技中心的一份还滞留在县农业局。

对于赵承炳被就地免职一事，多年来大家都不明所以。听说，自治区农技总站站长任武在一次会议上质问中卫县为什么把全区最优秀的农技站长免职了！赵承炳有一段时间确有牢骚，在一次节日职工联欢会上，他高歌一曲岳飞的《满江红》，并朗诵了鲁迅先生的一首小诗："破帽遮颜过闹市，漏船载酒泛中流。躲进小楼成一统，管他冬夏与春秋。"过后，他又照常工作。

心底无私天地宽。宁夏正在推广小麦覆盖地膜打孔种植技术，连农机具都研制出来了。他在城郊乡炭场子村的田间试验证明此项技术没有增产作用。这一结论受到县农业局局长的质疑，但是，在赵承炳的坚持下，这一劳民伤财的栽培措施还是在全区终止了。

1997 年夏，赵承炳被安排在镇罗乡关庄村搞水稻旱育稀植示范推广。一天下午回家时，同行的周红玲请他一起去吃饭，他风趣地说："肚子胀，午饭就没吃，这叫饥饿疗法。"第二天住院检查，已是肝病晚期，错过最佳治疗时间。1997 年 9 月 2 日，赵承炳病逝于宁夏医学院附属医院，时年 58 岁。子女遵照他的遗愿，火化后骨灰安葬在祖籍母亲墓旁。在银川住院期间，他还对本单位陪护人员说单位经费紧张，不要住高级病房。承炳原有肝疾，长期带病工作。当农技中心主任时，可以坐小车下乡。被免职后骑自行车下乡，每天往返七八十里路，以致肝病加重。

赵承炳在宁夏兢兢业业工作了几十年，在平凡岗位上作出了不平凡的贡献。他任期内率先提出的许多农业技术措施，对当时宁夏农业生产发挥了很大推动作用，有一些还延续下来造福子孙后代。赵承炳是在为人民做好事的时候溘然辞世的，实在令人惋叹。斯人已逝，风范长存！

群众文化女杰吴黎明

马建兴

翻阅《古今中卫大事录》一书，欣喜地发现吴黎明有载，让人欣慰不已。其辞条云：1995 年 11 月 28 日由中卫县委宣传部、县文化局组织在县影剧院举办为期两天的"全县农村奔小康文艺汇演"，共有 16 个乡（镇）代表队、400 多名文艺积极分子登台表演。城郊乡等 10 个代表队分获一、二、三等奖，《夸夸咱村的李秀英》等 21 个剧目分获优秀节目奖。其中《夸夸咱村的李秀英》还被宁夏电视台选定为 1996 年春节文艺联欢晚会剧目。

参加全县农村奔小康文艺汇演，系我担任城郊乡党委书记期间中卫县开展的一项大型文化活动，获得大奖并被选定为自治区春晚特别节目，并未感到意外，因为创作编导是我大嫂吴黎明，时任县文化馆副馆长，分管地方群众文化工作。她科班出身，北京舞蹈学院专科毕业，充满朝气，工作富有激情，争强好胜。全县举办的许多大型文艺活动，她总是冲在前面具体落实编排工作，还亲自主持节目。印象中的大嫂是站在舞台上主持节目英姿飒爽、风韵十足的女强人，而在家里她又是一个温、良、恭、俭、让集于一身的贤妻良母，在 5 个妯娌中她是最不爱说话的人，从不论家长里短、说是论非，有修养、有品位。正是这样一个让人尊敬、聪慧能干的大嫂示范做榜样，我们这个家族第三代的女人们从来没出现过公开吵架或争执行为。

人生就是一个起伏无常的过程，辉煌过后是暗淡。就在她的事业如日中天，儿子也考上博士研究生时，病魔却降临到她的身上，不治之症让她备受折磨。刚听到她得了绝症时，我的第一反应是这与她争强好胜、不服输的性格有关。拿《古今中卫大事录》所载的这件大事来说，在排练《小康村的婆姨们》《夸夸咱村的李秀英》节目的关键时刻，因乡上按照上级安排又要开展计划生育统一行动，自治区还下派了工作队，我要求几个节目的主角搞计划生育工作，只能利用晚上时间排练了。有一天，我在办公室开会，乡文化站站长同吴黎明来到办公室请求放人，否则节目就排不下去了，从基层单位抽来的人又不能放走，怎么办？我说："要统筹安排，利用业余时间排练也是可以的。"但她执意说："仅剩几天排练时间，如果此时撤人就无法实现拿一等奖的目标！"我说："若一等奖不行，二等奖、三等奖都可以。"她说："不行，由我执导的节目，拿不到一等奖丢的是我的人，县上举办的多场演出，只要是我执导都是一等奖，此次活动我不能功亏一篑，毁了我的名声！"我知道她是一个很执着的人，只要是为了工作，是不会让步的。经过协调我还是答应了她的要求，没有撤人。后来如前面所述，剧目《小康村的婆姨们》还获得二等奖，更加印证她工作上的一丝不苟和艺术方面的才华。

一经检查吴黎明得了不治之症，家人计划带吴黎明到西安等地去看病。这突如其来的变故让我们每个人都无法相信。在人们心目中，她是一位出色的节目主持人，乐队里手脚并用能打架子鼓，单位里是能把工作干到极致，业务上才华横溢，是一位张嘴就能唱歌、拉开就能跳舞的骨干，回到家操持家务、相夫教子，家族中又是一位少言寡语、温文尔雅的谦谦君子。随着我大哥陪护着到处看病，她先是肌肉萎缩，紧接着是五官僵硬，虽然在我大哥精心护理下少受了不少罪，但仍然没能挽救下她的生命。记得弥留之际，她见到我后张着嘴，强烈地想给我交代一句话，但无论如何她都已经说不出来了，只有我心里知道她要说什么。在病重期间，只要见到我她都会说："给马超找个对象。"我几次说："你的儿子都已经是博士了，你还担心什么！"在我心里，她肯定是想跟我说给儿子找个好对象。作为一个母亲，在弥留之际她最大的心愿就是儿子能够成家立业，她临终前没有说出来的话，竟成了我面对这位红颜薄命的大嫂的最大遗憾，我后悔当初没有在她临终前给她一个承诺，让她安心地离开人世。遗憾也只能是遗憾，世上是没有卖后悔药的。为了弥补遗憾，我竭尽所能，成全马超结婚生子，切实告慰了大嫂在天之灵。

今天钩沉这段往事，只能借助一些档案资料以飨读者了。

吴黎明，1955年生，宁夏中卫人，大专学历，群文专业馆员职称，曾任中卫县文化馆副馆长。中国舞蹈家协会会员。1973年开始艺术生涯及创作活动，自己演唱并填词的歌曲《香山顶上红旗飘》获银南地区创作奖；大型歌舞剧《苦豆子与冬青花》、舞蹈《单鼓乐》获全国少儿舞蹈比赛三等奖、自治区优秀艺术作品奖；舞蹈《单鼓声声庆丰收》《燎街》获全国舞蹈比赛丰收奖和自治区文艺节目选拔赛一等奖。另外，还用3年时间搜集整理出10多万字的民间舞蹈资料，获自治区艺术集成先进工作者、全国艺术集成先进工作者称号。

中卫县人民政府批复《关于破格评定吴黎明为馆员的申请》：吴黎明同志是我县文化馆群文工作的佼佼者，从事群众文化工作多年，系统地掌握本专业理论知识，有丰富的群众文化工作经验，有较高的艺术造诣，在工作中能够独当一面，她多次出色完成组织交给的各项任务，在全国、全区各项文艺活动中，为自治区、中卫县争得荣誉，为群众文化工作作出突出贡献。其主要业绩如下：

一是能刻苦学习，勤于思考，勇于探索，不断前进。1974年作词并演唱的歌曲《香山人民学大寨》获银南地区优秀节目奖；1976年编排演出表演唱《歌唱孟启民》获自治区优秀节目奖；1979年担任歌舞剧《苦豆子与冬青花》舞蹈设计，获银南地区、自治区优秀节目奖；1984年创作少儿舞蹈《单鼓

吴黎明进行舞蹈教学

乐》获自治区优秀节目奖、自治区优秀文学艺术作品奖、全国比赛三等奖；1986年创作的双人舞《单鼓声声庆丰年》获自治区民间舞蹈比赛二等奖、全国比赛丰收奖；1987年创作的舞蹈《燎疳》获自治区艺术节节目选拔赛一等奖，并被选拔参加全国首届艺术节演出，为宁夏赢得了荣誉。她为攀登艺术高峰挥洒了数不尽的汗水，在创作道路上食不甘味，夜不能寐，3次获得全国荣誉是对她辛勤工作的充分肯定。

二是由她主编的《中国民间舞蹈集成·宁夏卷》经过几年艰苦努力，于1987年全部完成，上报自治区民族艺术研究所，并因编写质量较高且完成较早受到自治区文化厅表彰奖励。为了完成这项全国重点科研项目，她熬尽心血、吃尽苦头，不分酷暑严寒、顶风冒雪、上山下乡搜集资料。1985年大年初四，全馆同志忙完春节活动已进入调休，但她为了不失时机搜集一种广场舞蹈，顶着狂风飞沙，来回几十里路去现场搜集资料，在那里一站几个小时，脚冻伤了，失去知觉，过后红肿流脓，又疼又痒。就这样，她不叫苦、不叫累，凭着对文艺事业的无限忠诚和献身精神，硬是挺了下来。众所周知，在十种艺术集成中，舞蹈集成是要求最高、难度最大的一种，整理编写更需要精通业务，废寝忘食，在没有一个模式范本的情况下，她硬是凭着一股韧劲往进钻。白天走乡串户搜集资料，晚上回来将记录的每个动作、每段文字反复推敲修

吴黎明编排舞蹈

改，每天工作到深夜。由于长时间熬夜工作，她的眼病复发了，眼睛红肿疼痛，有时看东西模糊不清但她并不为此而退缩，用顽强毅力一丝不苟地坚持工作着。她出色的工作成绩得到上级部门充分肯定，1986年被评为自治区艺术集成先进工作者，1987年破格吸收为中国舞蹈研究会会员。她编写的民舞概述被《中卫县情》采用，舞蹈论文、研究报告在自治区《艺术交流》杂志和《舞蹈集成通讯》上发表。编写的资料大部分选入省区卷精选本，为抢救民间艺术珍品作出了贡献。

三是为中卫县各单位，自治区艺术学校、师专培养了一批艺术人才，此乃她的又一成果。多年来，她举办了十几个长则达两年、短则有一个月的舞蹈学习班，从编写教材教案到授课都是她一人完成，她用汗水培育出的一批又一批文艺骨干，为群众文化事业蓬勃发展贡献了力量。

四是在开展重大节日群文活动中有较高组织能力和辅导能力。从事群文工作至今，她组织参加过无数次农民文艺汇演、中小学文艺汇演、职工文艺汇演，每次汇演之前，她奔波在基层、农村培训文艺骨干，辅导排练节目，挥洒辛劳汗水。汇演期间，她全面负责后台演出工作，从走台到节目单安排至舞台监督，组织工作严密细致。尤其是有近万人参加的文艺活动也组织得井井有条，无事故、无差错，多次受到上级表扬。在各类文艺大奖赛中多次被聘为评委，对不成熟作品给予热情辅导、加工提高，在同行中享有较高声誉。

她出色的工作业绩被自治区有关部门所重视，自治区群艺馆多次上调创作、修改参加全国比赛的舞蹈作品，自治区民族艺术研究所也多次抽调她到自治区集成办协助编辑工作，由于她坚持文艺工作"二为"方向，工作踏实肯干，积极刻苦，成绩卓著，被中共中卫县委、县政府多次给予记功奖励和奖金奖励。

1988年8月10日，中卫县人民政府上报自治区职称评定委员会办公室的文件强调，按照条例规定："对于不具备规定学历，但确有真才实学，工作成绩显著、贡献突出的，亦可评审其专业职务。"经过考核，吴黎明实际工作能力和业绩已达到馆员标准。因此，破格上报为馆员。

吴黎明于1970年参加工作，始终从事群众文化工作，在文艺创作、歌舞编排、文艺队伍培训、农村基层文化站指导等领域做了大量有效工作，成绩斐然。她英年早逝，给家人留下的最大遗憾就是没能出版病重期间她亲手整理好的《中卫民间舞蹈集成》，好在《中国民间舞蹈集成·宁夏卷》已经留下了她10多万字的历史篇章，足以告慰她的在天之灵。

追忆木工大师冯玉山

张国平

古人云：三十六行，行行出状元。此言高度概括了人生百态，道出了人间真谛。一个人若执着于追求某一件事而穷尽毕生，不畏挫折，不怕艰难，百折不回，那么毫无疑问，这个人肯定是这个行业里拔尖的人才。稍次之，也是腕级人物。最不行，也可算能工巧匠。冯玉山，就是中卫木工行业里建树颇丰的一员。

冯玉山，生于清光绪三十三年（1907年），卒于1998年。陕西凤翔陈村人，少时家贫，兄弟姊妹多，为谋生路，民国十四年（1925年）只身来宁夏学艺谋生，后落户中卫。1954年加入中卫县木业合作社，后转入中卫县建筑公司，为7级木工，曾多年担任中卫县建筑公司木工组组长，对工作认真负责、一丝不苟，精心培养出了多名出类拔萃、技术高超的徒弟，为中卫县建筑事业和建筑公司发展壮大作出了应有的贡献。

冯玉山自幼天资聪颖，勤奋好学，悟性过人，热爱木工工艺。小时候，他会用高粱秸秆做出小风车，随风转动，用小木头雕刻出"猴子捞月亮"模型，用胶泥捏出泥人；和小朋友玩叼花鸽、踢毽子、拍毛弹，一口气能玩多种套数不重样，有他参与大家玩得非常开心，小朋友都很喜欢他。家中吃饭用的木碗盆、舀饭用的木马勺光溜溜的，他拿在手中反复观看；陪父母碾米时他端详东家的碾米工具；和小伙伴们玩耍时，经过陈村村口的寺庙，他反复观看寺庙建筑工艺；街巷深处官宦人家的府第深院，更使他经常驻足远望不愿离去，他深深被这富丽堂皇、气势恢宏、结构严密的建筑折服，暗暗立志学艺。

陈村西边住着一个陈姓木匠，冯玉山一有空就到他家，帮陈爷爷拉线、顺料、熬胶、拿工具，从小受陈爷爷影响，粗通门路。他10岁时，经人介绍到凤翔郊区一个远房亲戚那拜师学艺。师傅为凤翔著名木工，为师十分严厉，看他年龄小，加之有"教会徒弟，饿死师傅"的世俗偏见，借故推辞，不想收他为徒。介绍人一再说好话，师傅转念一想，冯家是他的亲戚，介绍人是他的朋友，如果不收冯玉山，岂不是对不住亲戚朋友，便对冯玉山说："留下试试看我们有没有师徒之缘。"从此，冯玉山不离师傅左右，负责伺候师傅，端水、跑腿、干零杂活，无论严冬酷暑从不懈怠。他根据师傅做活的程序、手势、眼神递家什、顺木头、放线、拉线、吊线。学熬胶时他牢牢记住时令歌诀"冬熬溜、夏熬稠"，熬完胶顺手把炉膛里的火熄灭。他眼疾手快，机灵懂事，一些简单的木工粗活，如拉锯、削椽子及标线活儿抢着干；每天收工时负责把锯子、锛、斧、刨、凿、手摇墨斗、胶锅、尺子、铅笔等工具收齐装在工具箱里，从未出过差错，师傅、师兄渐渐对他有了好感。学艺并非想象的那样简单和顺利，每提高一步都要付出艰苦努力，当看到事主家与自己同龄的孩子天真无邪地捉迷藏、做游戏，师父冷峻严肃的面孔、繁重的木工活计、遇到的困难，使童年的冯玉山饱尝了学艺路上的辛酸与冷暖，他也想到了放弃，毕竟还是个孩子。每当产生这个念头时，他脑海里又浮现父母面朝黄土背朝天，从早到晚辛勤劳作，省吃俭用，但家中还是吃不饱穿不暖，日子过得很清苦的情景，为了分担家庭生活重担，他努力走出了心灵的困境，增强自己学艺的信心和勇气。

俗话说"学艺不如偷艺"，木工讲究的是平、直、光，刨得光亮平展，截得长短合适，凿得榫是榫、卯是卯，全凭眼力，他边干边潜心学艺，留神师傅、师兄锯、砍、刨、旋、凿等木工基本工具使用方法和动作，先学锛砍，胳膊夹紧，旋木头皮，不挑不拣，打眼一打一更，愈打愈深。做活时，师兄耳朵上习惯性夹一根铅笔，一只脚踩住凳子，一只眼时而微闭时而睁开，手里拿着墨斗，时而瞄，时而标，他们拿起木材一看，大料大用，小料小用，刨得光亮平展，长短均匀，凿得天衣无缝，榫卯相扣。冯玉山细心钻研琢磨，心中默记着各种工具使用歌诀，模仿着师傅的动作。晚上睡在被窝里，脑中仍想着白天做工的情景，手中比画着，默默记下每道工序的操作过程。一天，承揽的工程到了关键环节，师傅忙得不可开交，顾不过来画线，冯玉山求师傅让他画线，师傅迟疑地看了看他，点头示意让他试试看。他熟练地拿起铅笔，半闭着眼睛，起线、吊线，线线分明，画线规范，符合画线要求。线画成了，师傅暗暗吃惊，发现他聪明好学，天赋异禀，有培养前途，决定正式收他为徒，诚心授艺。

之后，冯玉山跟随师傅走千阳、闯岐山、上宝鸡，哪里有活去哪里；利用业余时间，参观浏览宝鸡钓鱼台、周公庙、古栈道、太白山等古建筑建造工艺和名胜古迹，博采众长，苦练本领，不断完善自己。冯玉山历尽人生酸甜，深谙人世甘苦，他谦和有礼，勤于思考，常在油灯下琢磨房屋建筑结构、工艺造型和图样，计算用料多少和尺寸，在学习木工技艺实践中不断总结经验，找出规律，提高木工技艺。寒来暑往，秋收冬藏，转眼从师学艺8年，冯玉山已长成英姿勃发的大小伙子，他浑身有使不完的劲，成为师傅的左膀右臂。在修寺建庙、大型房屋建筑中，帮师傅汇料、放线、画样、指挥监督工程建造，哪里最关键，哪里最辛苦，哪里就有冯玉山。那时，木工活多为房屋建造与维修，事主根据家庭经济状况、人口，初步确定建房计划，然后请来木工，按照计划建造的房屋间数，计算所用的桁条、椽子、大梁、土柱子数量。冯玉山因地制宜，利用学到的木工技艺，认真接料，运用掌握的"平、直、方"木工技术，把握好木材的长、短、粗、细，做到大材大用、小材料小用，尽量扩大房屋建筑使用面积。建造房屋，墙体四周墙角要立木柱，柱子是房屋建筑相互牵连制约的重要受力承重部位，土柱矗立在土墙的中间，与梁、桁条、土方相连，以达到稳固房屋大梁的作用，所以冯玉山用学到的房屋建筑经验，用吊线锤把建筑的房屋大梁立得端端正正，大梁、二梁、土梁连接，柱子之间的榫卯扣得严严实实，即使地震、狂风暴雨来袭，岿然矗立。立木上中梁是关键的一环，关系到建筑的房屋能否承重、抗压，是能否顺利完工的重要一步，这是考验木工师傅建房功底的时刻，一般寅时开始，卯时完工。以3间房屋为例，讲究四梁八柱，即3间房屋用4根梁、8根柱，仪式十分隆重。逢立木上梁时，只见冯玉山代替师傅站在房屋中央，沉稳地指挥立木上梁，随着口令升梁、稳梁，一阵子就分毫不差、准确无误地把大梁上到堂屋的正中央，事主随乡入俗，燃放早已准备好的鞭炮，工地上一片欢腾。随着"鞭炮一声响，各位师傅来帮忙，上了中梁观四方，恭喜发财住新房"的奠梁歌声，冯玉山悬着的心才平静下来。圆窗子、做门窗隔扇、碧纱橱雕刻、出沿、出线、刻旋都是冯玉山的拿手绝活，他依照事先绘好的圆窗子小样图，结合事主功名地位、经济状况，行云流水地剪出不同工艺的窗棂，有灯笼红、砖包城、四景圈月、"忠"字形，一般人家剪成方格形、升子座、字圈框、通天柱等形状，一切全凭时下流行式样和事主身份而定。

斗转星移，岁月流逝，转眼十多年过去了，冯玉山走南闯北、博采众长，练就了一手精湛的手艺活儿，修寺、盖庙、建房、栽车、打家具、制作穿衣镜、做碾米风车……样样精通；刻旋、出沿、出线、雕刻都是绝活，到了炉火纯青的地步，他巧妙构思，用精巧的榫卯结构将家具不同受力位置的各个部件紧密组合在一起，做到上、下、左、右、粗、细、斜、直连接合理，面面俱到，让榫子和卯眼相辅相成、完美契合，成为一个结合牢固的整体。他做出的木活样貌周正、精雕细刻，名目繁多，经久耐用，讲究质量，又追求速度，在陕西凤翔赢得了声誉，博得了各处事主一致称赞。

民国时期，兵荒马乱，物价暴涨，苛捐杂税，民不聊生，冯玉山辛勤做工，勤俭度日，但家中还是一天到晚常常吃了上顿没下顿。为了养家糊口，他毅然远离家乡，随师傅来到宁夏银川，在银川干了几年修缮建筑木工杂活，受尽了工头、地痞剥削敲诈，挣到手的工钱很少，又受窝囊气，生活十分艰苦。一天，他碰上了一个同行，劝他到中卫去修学校，既能赚钱养家，又能施展抱负。一齐干活的人也都劝他出去闯闯。他也早有此意，便抱着试试看的思想，打起铺盖卷来到中卫。

1930年的中卫，历经兵燹战乱，城市萧条，房屋低矮，街道狭窄，破烂不堪，教育事业相对落后。青年学生上师范、初中、高中需到银川、兰州甚至北平等省市，交通不便，长途跋涉外地求学非常困难，且多为家庭条件较好的学生。时任中卫县县长吴福申、继任县长柴程霖、邑地文士刘端甫，力主昌文兴教，振兴中卫。县绅联合十八堡知名人士反复建议，县长批准政府出资，加之社会集资，于县城东街中卫副将署（协台衙门）修建中卫初级中学。冯玉山积极争取，接到了承建学校的工程。他大展宏图，凭着自己的智慧、学到的工艺知识、实践经验，创造发挥，运用力学原理，举一反三，率先在大礼堂创造性使用人字梁桁架上顶挂瓦的建筑结构。人字梁，斜坡顶高1.8—2米，三分之二受力点落在了墙体上，这样就减轻了房屋承重，拓宽了室内空间，那时没有工业化的保暖避暑材料，采光、保暖、避暑全靠自然方法，礼堂前后两门畅通，窗户比例增大，便于开关，又流通新鲜空气，冬暖夏凉，光线充沛，精巧的房屋结构，大礼堂外观到里面的各种布局，适应了舒适、宽敞的学校教学环境。冯玉山新颖的建筑造型、精巧的合理设计惊服了中卫木工行业，广大群众一致赞扬。随后又建起教学办公室、总务处、教室、实验室、宿舍、餐厅等共40余间，展露出大匠才艺。整体工程于1929年集资备料开工兴建，1932年8月竣工，1933年春开学招生，从此不仅为中卫地区青年上学创造了有利条件，并且远至青铜峡、同心、靖远等县也有不少学生来此就读，被命名为宁夏省第二中学，中卫成为宁夏最早设立中学的县，受到了社会各界一致好评。冯玉山不仅为中卫早期兴学建校作出了卓越贡献，也为自己脱颖而出、成为出类拔萃的木工艺人奠定了良好声誉。冯玉山成名后，他的名字越传越远，大量建筑工程等他施艺。县城姬家花园姬姓人家有一女儿，年方19岁，长得亭亭玉立，姿容温雅，上门求亲者不乏其人，听说冯玉山勤劳诚实，能干、手艺好，特慕名招他为女婿，生活渐渐安定。

冯玉山会多门手艺。栽车即建造大轱辘牛马车，是门绝活。栽车全靠精准严密的卯榫结合和"窍门"。本活对圆的要求非常高，车轱辘要圆，利于滚动，所谓车轮滚滚。车轮靠十多件弧形车辋套卯组合而成。因组圆结构所需，车辋卯榫相应为斜卯，画线枘凿精度高而严密，故又称"邪活"。旧时栽车上辋时要烧香祭祀，酒肉供奉祖师鲁班爷和土地爷，以保顺利。上辋子，即把造好的车辋部件上在辐条上，辋子卯榫相扣。组成完整车轮是硬件大活，上辋动用大铁锤，两车轮上辋，需全力快速干完，有古语说："木匠上辋子，卤猪肉挂嗓子"。车头中心毂要圆，利于安装生铁毂圈（即原始轴承），插控车轴。车轴工艺更要圆，俗称"率轴"，即旋圆之意。轴与毂圈间隙合辙，转动灵活，以香油润滑。大轱辘车是中国古代发明制造的重要运输工具，用牛马驾拉，可拉千余斤东西，因车轮高大，可在泥泞的土路上行走，如遇车轮陷在泥坑中，赶车人可以肩扛起车轮。

大轱辘车是中国农村生产力发展的历史见证，过去只有士绅富豪家建造使用。20世纪50年代，成为人民公社的先进生产工具，普遍使用。冯玉山建造大轱辘车有窍门，进行了技术创新，大轱辘车更加轻便、牢固、耐用，名闻乡里。

中卫高庙历史悠久，是一处儒、释、道三教一体的古寺庙建筑群，不幸于1942年农历二月十五庙会中，因香火不慎，南天门以上的所有建筑全遭焚毁，中卫人民期盼重修。冯玉山应邀参与了高庙重建，负责门窗、雕格、雕屏、飞檐、拱斗等的工艺制作。他凭借多年实践经验，以驾轻就熟的技艺，尺规墨绳、毫无差错，斫轮量材、巧夺天工，雕工精湛、刻线流畅，截得长短适当，凿得榫卯合套，扣得天衣无缝，层次分明美观。历时4年，方始完工，给塞上古城中卫增添了艺术风采。

1946年，冯玉山应县政府聘请，和陈铭合作为中卫建筑了能容纳千余人的秦腔剧院（新中国成立后改为中卫影剧院），在剧院整体工程建造中，冯玉山负责舞台建造，为了把握好舞台角度，建好舞台，他天天站在剧院施工场地中央，反复勘察预测舞台高度和视线，脑中构思着舞台最佳设计方案，最后商定舞台高度为5米，宽30米（指东墙至西墙的距离），入深为8米，舞台两边拐过来，为半遮蔽体，既能容纳文武乐队、道具和伴唱演艺人员及勤杂工，又不影响演出效果。舞台整体由前厅、月池、化妆室等组成。共拉4道幕布，北边墙上开3个通风换气窗透气纳凉，舞台房顶用人字梁结构并开天窗，构成气流循环系统。舞台底层放置着60多只下河沿烧制的大缸，上面铺设2.5厘米厚的松木板，翻跟斗时有弹性，音响效果好。舞台东西两边各开一个小门，通往剧院，便于上下出进联系事宜。狄正义为剧院设计制作了舞台道具、布景框、锣鼓架、观众座椅，为改善中卫人民文化、娱乐生活，发展地方戏剧文化提供了一个好场所。

1949年，冯玉山结束了四处漂泊的苦难生活，焕发了极大的热情，积极参加了工作，加入了中卫县木业合作社，后转中卫县建筑队，才真正有了用武之地。他浑身有使不完的劲，为建设百废待兴的中卫到处奔走，发挥着他的专业特长。经他精心设计施工建筑的有中卫第一小学、中卫县人民政府、中卫县招待所客房部、东关旅社、北门旅社、中卫县商业局及大门道、北门商店等工程，在建筑风格上推陈出新，不拘一格，采用人字梁房顶两分水、用榫卯和框架结构相互咬合牵制，形成环环相扣的起脊挂瓦框架大木梁结构。大大拓宽了室内空间，增加了使用面积，满足了商业运营和办公功能的需要，既防震、承重、抗压，又以设计新颖、美观大方、节省资金，为发展供销合作商业，繁荣经济作出了贡献，受到普遍好评。经他一手负责修建的房屋，经历多次地震、狂风暴雨，没有发生倾斜变异现象。

建于民国时期的中卫秦腔剧院，对繁荣传播地方戏剧文化，活跃人民群众文化娱乐生活，发挥了积极的作用，但由于当时条件所限，剧院建筑回音大、不隔音，影响演出效果，加之电影事业迅速发展，需要多功能的影院。1956年初，受县政府聘请，中卫县木业合作社委派，冯玉山作为维修剧院技术骨干、项目组长，和另一位技术骨干刘吉寿负责中卫秦腔剧院的修葺工作。他实地勘察、体验，构思制定了维修方案。他凭熟练的木工技艺，和工友们密切配合，把原来使用的人字梁以及天花板装饰物全部拆下做了防漏水处理，房顶重新铺瓦，房顶下装上草纸板，四面墙壁装置上隔音板；补修损坏的窗棂和建筑物木结构残缺部位；对于年久倾斜变异部位，拉正扶直。维修、增饰、改装、粉刷后，中卫秦腔剧院面貌焕然一新，既能演出秦腔戏剧，又能播放电影，音效改善十分明显，广大群众交口称赞。

1956年秋，为支援三门峡水库建设，陕西潼关向中卫移民434户1944人，按照中卫县安排，全部落户在常乐乡。为了安置好移民，帮助移民重建家园，由县民政科、常乐乡具体负责安置移民工作，并抽调木工、泥瓦匠30多人在常乐乡曹家庄南北、香山脚下一片空地上，建设移民居住的新村庄。成立新庄大队。冯玉山应政府邀请参与了潼关移民新村庄建设。盖房子对他来说是小菜一碟，他实地勘察丈量，配合带队干部共同制定新村规划，共建12个巷道，每巷两排房，共24排，每排14个院，即4个小队，每队建3个巷道。在全队生产路南边，建成 7 间"工"字形的大队部。在生产路南边又建 25 间饭厅,村庄南两头建有 24 间饲养组,全部按规划要求如期圆满完成了任务。之后又受县建工队委派,负责承建邮电局营业房、老银行二层楼、藏经阁改造修复工程,使邮电、金融服务设施按期投入运营。

1958 年,全国掀起全民大炼钢铁的热潮,冯玉山应邀主持修建了铁厂职工宿舍和一座高十几米的水塔,解决了炼铁用水需要。尔后又负责规划承建县农具厂厂房,为发展地方工业经济作出了贡献。

1973 年,驻卫部队扩修营房,慕名聘请冯玉山做技术顾问,他愉快地接受委托,深入部队营地勘察丈量、规划设计、指导修建了部队俱乐部放映厅,及 3 个营部和 8 个连部。他以优质高效、建筑坚固、规划设计新颖、合理适用受到了部队首长嘉奖。

1978 年 4 月,冯玉山光荣退休,但他依然关心建筑公司木工组的工作,经常到木工组指导,用自己的人生信念与人格魅力关怀打动徒弟,帮助青年职工提高木工技艺。遇到难度大的项目,和木工组的同志共同研究破解难题的办法。岁月流逝,割不断的是记忆。时隔多年,每当提起冯玉山,人们仍津津乐道,充满了对他的尊敬和爱戴。

冯玉山从小热爱工艺,刻苦钻研,性格开朗,持重睿智,谦逊友善,一生勤勤恳恳、兢兢业业,对木工技术精益求精,在平凡的工作岗位上默默奉献。他一生收了 10 个徒弟,在技术上严格要求,认真指导、传授技艺,帮助徒弟树立良好的行规行德。名师出高徒,诸如尚积录(原中卫县建筑公司经理)等一批技艺高超的徒弟脱颖而出。他以自己的聪明才智为中卫县建筑事业贡献了毕生精力,堪为木工艺界典范。

艺苑鳞爪

非物质文化遗产是一种不可重复的历史遗存和文化记忆，是国家与民族历史文化成就的一个重要标志，是人类共同的文化财富。非物质文化遗产蕴含着深邃的文化基因，承载着特色鲜明的民族记忆，不仅对研究人类文明的演进具有重要的意义，而且对展现世界文化的多样性也起着独特的作用。

　　中卫历史悠久，文化底蕴深厚，自古以来就是多民族聚集地，文化的多样性和丰富性是地域文化的一大特色。从古建筑彩绘、壁画、雕塑，到刺绣、花儿、民间美食……每一项都闪烁着智慧的光芒，肩负着历史的使命，在前辈口传身教下代代相传，以特有的文化内涵和艺术形式被保留下来。这些非物质文化遗产，以其自身的价值，屹立于一方天地，是今天我们窥视、探究和欣赏中卫历史文化的一扇窗口。

王学义：让民间艺术在墙上"开花"

束 蓉

作为中国绚丽多彩的民族艺术的重要组成部分，寺观壁画常见表现形式有人物造像、传说故事、山水花鸟等。这种绘画形式兴于汉晋，盛于唐宋，工艺种类繁多，制作过程不同，

王学义

内容丰富，反映了当时的社会现实，丰富了中国绘画史内容。已年过八旬的王学义老人是自治区级寺观壁画非遗传承人，他将中卫地区的丰富文化遗存用绘画技艺再现于民屋墙壁之上，宛如盛开的一朵朵中华文明之花，向世人展现传统文化魅力。

以画笔为媒　留住文化根脉

穿过中卫市熙攘的闹市区，行至柔远镇莫楼村，这里有一座建筑面积约 500 平方米的老院子，正是 2022 年 1 月建成的王学义美术馆。斑驳之间，墙上、檐上、门拱处的图案色彩艳丽，馆内大量陈设王学义近年来创作的中卫古建筑、中卫农耕文化及寺观壁画，这里是自治区级非遗项目寺观壁画传承基地。

中卫市自古为塞上名城，文化历史发祥久远。据史料记载，明清时期卫宁地区古建绘画之风达到巅峰。这些丰厚的文化现象和历史遗存为中卫寺观壁画产生、发展、传承提供了肥沃土壤。但由于历史原因，至 20 世纪 70 年代，唯有高庙新鼓楼建筑保留少部分壁画，成为研究中卫历史、宗教、美术的珍贵资料。到 20 世纪 80 年代修复古建

王学义绘制的中卫古城图

筑时，在世的几位彩绘老艺人都年事已高，无精力从事壁画工作，年轻人又无人会此技艺，已无寺观壁画人才，只能从青年美术爱好者中选拔培养。酷爱绘画的王学义就是其中的佼佼者。

王学义 1942 年出生在宁夏中卫，早年当过农民、工人，从事中学美术教学及印刷设计 30 余年，有着深厚的绘画功底。20 世纪 80 年代，中卫市修复鼓楼古迹，经推荐参与古建壁画工作，在这里王学义与分别 20 余年的老师王稚春重逢，同台作画。之后，王学义利用假期及业余时间参与多处古建壁画修复工作，此间他结识了擅长国画、精于古建彩绘，并在高庙留下大量作品的著名老艺人王在田，王学义技艺深受其影响。

2002 年，王学义退休后专业从事古建壁画，先后在宁夏、甘肃、内蒙古等地绘制了数千幅画作。2007 年，王学义应邀赴河北、广东等省绘制了数百幅古建字画。他的画作对人物有着细腻生动的表现，收获广泛好评。

三代匠心传承　守住非遗技艺

2019 年，王学义被评为自治区级非物质文化遗产寺观壁画传承人。他告诉记者，按中卫市寺观壁画传承史来论，已知有文字记载的传承技艺始于清朝，首代为牛景春，第二代传承人为民国时期的王道清，至王学义已属第三代传承人。

在现代文明蓬勃发展的当下，王学义认为古老技艺不能丢，需要传承。2016 年初，他应中卫市志办公室邀请，开始创作绘画宁夏地方史话丛书《中卫史话（连环画）》。该作品共有画面 545 幅，从远古时期到现代，时空跨度近万年，是对发生在中卫市（含沙坡头区、中宁县、海原县）的历史事件、人物故事、文物古迹的真实还原。仅挑选收集资料图片就好几千幅，从构思草图到完成画稿，历时一年多辛勤创作。全书包括历史源流、人物春秋和古迹景观，其中远古、包兰铁路建设、沙坡头治沙工程画面226幅，中卫人物画面222幅，古迹景观画面52幅。为此，年逾古稀的王学义在详读连环画文字脚本的基础上查阅大量相关史料、图片，历时一年精心绘制，力求更大程度上还原中卫市的古建筑风采，留住文化根脉。

他不顾自己高龄，笔耕不辍。在创作《中卫史话（连环画）》的同时，依据地方史料，采访知情老人，创作界画《中卫古城图》民国版及明清版两幅，中卫名村莫家楼复原图，中卫古民居的典型吴家大院复原图，以及中卫古建筑中卫文庙、中卫文昌阁、中卫新墩花园复原图等，展现中卫高庙全貌的大型界画《高庙保安寺》，以图画形式再现已消失的历史文化遗产，受到社会高度关注和好评。

王学义笔下的人物细腻妍雅，风神超逸，极富韵致。王学义绘制寺观壁画多采取工笔重彩单线平涂画法，讲究线条节奏、虚实、刚柔等变化，并因地制宜运用多种表现技法。根据宁夏地区风沙大，寺庙建筑门窗较小，采光不足的特点，他的画作多选用艳丽明快的石绿、朱红为主色调，塑造出个性鲜明的场景和人物形象。他说，近年创作的主要有中卫已消失的古建筑、典型村落、民居复原图，中卫古城图和中卫农耕文化长卷，《中卫史话（连环画）》。自己绘画创作时很注重人物表情的描摹，从而传达出不同人物的性格，如展现黄恩锡的博学、郑云亭的忠厚、李天才的刚烈、冯中江的英勇等，都得到生动有致的体现，传达出感人至深的意蕴。画本无言，画家所说的或许都在画中。王学义的古建绘画作品细腻感常常引起观众共情，追寻小时候的家乡记忆。

"回首心牵鼓楼边，乡下进城报春笺。画若廉颇难服老，笔如吴起敢攻坚。"这是王学义的老朋友对他的评价和褒奖。

为确保非遗技艺后继有人，王学义每到一地都会吸收助手和徒弟参与绘画。至今，他有中卫籍及外地籍弟子多人，目前都能独立从事壁画绘画。年逾八十的王学义，还建立了非遗技艺传承基地，不定期举办培训班，潜心培养新人，还编辑寺观壁画著作数本，为弘扬中卫市民间美术文化，重振中卫寺观壁画风采履行着应尽义务。2019年，王学义加入中国民间文艺家协会。

如今，王学义的两个孩子也在积极学习寺观壁画技艺。王学义说，给后辈儿孙和社会留下一笔精神和艺术财富，那样的价值才是不可估量的，也是我需要尽心尽力去做的。他相信：传承是为了看清现在，更好地走向未来。

陈进德：让绘在墙上的非物质文化遗产更有生命力

束 蓉 马 瑞

在古代建筑中，彩绘是其重要的组成部分。在一栋古建筑中，颜色绚丽、雍容典雅的彩绘无疑给建筑增色不少。彩绘，俗称丹青，而古建彩绘就是古代劳动人民在古建筑物上绘制的装饰画，不仅美观，而且有一定的耐水性，可增加建筑物寿命。下面，让我们一起领略国家级非遗项目古建彩绘代表性传承人陈进德的风采。

与色彩相伴　绘出独特风格

七十二行，行行出状元。入到这一行，陈进德可谓是顺理成章。20世纪80年代初，高中毕业的陈进德发挥自己绘画特长，走村串户为村民油漆家具并在家具上作画。他专注细致的工匠口碑被越来越多人所知。1983年，陈进德听说中卫高庙建筑恢复维修，喜爱美术绘画的他第一次来到高庙，看到保安寺山门院内正在施工，几位老画匠正在院内斋房架上描绘图案，绚丽的颜色顿时吸引陈进德的目光。看到古老的图案组合出来的传统文化之美，陈进德对建筑彩绘产生兴趣，抱着试一试的想法，他找到当时的负责人，把自己喜爱美术绘画、走乡串户油画家具的经历告诉对方后，对方给了他三天的试用期。

就这样，陈进德怀着对建筑彩绘的热情和喜爱，留在高庙并完成了这里的彩绘工作。"因

陈进德和他的作品

为对彩绘的独特理解和对建筑彩绘工作的全心付出，领导很器重我，多次带我出外参观学习考察，在这期间我积累了很多关于古建彩绘的知识，业务能力得到了大大提升。"陈进德说。

彩绘是古建筑的灵魂，在中卫这座城市，无论是徜徉于城市中心的鼓楼，还是行走在公园街角的高庙，随处可见各式各样的彩绘图案，通过彩绘师傅匠心巧手修复后，这些古建筑披上一件件华丽的外衣，以不同的色彩和姿态，吸引着人们的视线。

陈进德告诉记者，中卫古建彩绘有着地方传统特色，过去的彩绘配合木结构，引用多种如狗尾巴云子、猫蹄子窝窝、油饼圈子、莲花珠子图案，形成地方特有的彩绘风格。"这主要是因为中卫地区地处黄河金岸，'九寺十八庙'使得彩绘装饰在这里尤为重要。"陈进德说。

为坚守与传承倾尽心力

建筑彩绘并不是件容易的事情。尽管陈进德有良好的绘画功底，但在纸上画和在建筑上画是两个不同的概念，更何况古建彩绘还要遵循传统的绘画规制和手法。"把颜色在建筑上刷匀了，这是为后面图案设计打基础。"陈进德说。古建彩绘讲究的就是手法，打底刷色这是基

陈进德的彩绘作品（局部）

本功。除了刷色，还有沥粉。沥粉是中国彩绘特有的技术，也是画龙点睛的一笔。用矿物质勾勒出凸起的线条，再将金粉等矿物质粉末撒到上面，将平面的图案变得立体，使得图案更加生动。

"古建彩绘工艺复杂，每一处都要精致入微。"陈进德说。这些年来，只要有时间，他就会伏案设计图案，并到各地考察学习，参观优秀的文物古迹，认真汲取其中的彩绘精华。通过不断发掘、探索、创新，去提高古建彩绘的工艺技术。为了能精确判断古建的历史，了解当时彩绘的特点与风格，他还饱读历史书籍。

2009年，陈进德被确定为中卫市非物质文化遗产代表性项目古建彩绘传承人，同时兼任中卫市民间文艺家协会副主席。2017年，他又被确定为第四批自治区非物质文化遗产代表性项目传承人。2019年，陈进德入选"第三届宁夏工艺美术大师"一级工艺美术大师名单。

在成为中卫建筑彩绘方面佼佼者的同时，他也为西北地区古建彩绘的传承发展作出很大贡献。在从事古建彩绘的几十年里，陈进德除了为本地高庙和鼓楼进行彩绘、修缮外，还组建中卫古建彩绘团队，其作品包括灵武市高庙、同心县莲花山道观、兰州卧龙寺、武威青山寺、环县东老爷山等古建彩绘300余处。

"古建筑彩绘是中华传统文化一项重要内容，我希望年轻人继续传承下去，使其发扬光大。"陈进德说。为此，他培养了20多个徒弟，学习并从事建筑彩绘行业，让中卫古建筑彩绘能够传承下去，将这项技艺发扬光大。

高勇：让老水车"转"出黄河岸边新故事

束　蓉

金秋时节，走进黄河岸边的北长滩上滩村，一架建造于20世纪70年代的老水车伴随着河水的流动，吱吱呀呀地转着，仿佛在诉说着这里发生过的动人故事。古老的水车下，不时有游客驻足观

高勇现场绘制水车结构图

赏，惊叹着中华优秀传统文化的工匠技艺。

这架水车正是出自自治区第三代古老水车技艺非遗传承人高勇之手。望着不远处的水车，年过七旬的老人一边忙着手头活计，一边娓娓讲述起他的故事。

老手艺焕发新生

高勇家的仓库里珍藏着一件精美的水车模型，闲时他就忍不住清理、把玩。在高勇眼中，水车就像是母亲，是她用一瓢瓢黄河水哺育着这片土地，让北长滩人得以扎根、繁衍、生息。"水车和北长滩人有着很深的渊源！"高勇说，"有了水，庄稼才能生长，人才能生存，水车和制造技艺成了北长滩人生存的法宝，自此代代相传。"

造水车的"大师傅"一直让高勇既羡慕又敬仰。1963年，高勇高中毕业后，在沙坡头区下滩村任村会计，在此期间接触并系统学习了水车制作技艺。高勇一直对做木工活儿很感兴趣，他经常会在工作之余做些木工小活儿、打打家具，村里建新水车的时候他也能帮着干些运木材、做零件的粗活。彼时，迎水桥镇有个会做水车的民间巧匠，人称张明才，后将技艺传给张存义。一有空闲，好学的高勇就会跑到张存义身旁学技术，尤其喜欢"临摹"水车。日复一日，年复一年，看高勇对水车如此痴迷，张存义就动了收徒的心思。几年后，高勇就在张存义的指点和自身努力下，逐渐从一名小木匠成为村里为数不多的水车制造师傅，成为古老水车技艺第三代传承人。

1978年，北长滩村老水车和老师傅都要退休了，高勇自告奋勇地担负起了制作新水车的重任。"那次是我头回带队，为了不出错，我连夜在谷场画了一个和水车一样大的草图，生怕辜负了乡亲们的嘱托。"高勇说，以前的老水车水斗偏小，灌溉面积只有200多亩，那次他对水车进行了大胆改进，不仅能满足300多亩土地用水，水车的使用寿命也更长了。第一架水车建造成功，让高勇信心倍增，远近闻名。之后的数十年时间里，高勇的水车作品扎在了沙坡头、鸣翠湖、大水湾等知名景区，还为黄河两岸的村民们带去浇灌的希望。不仅如此，近年来随着黄河旅游品牌知名度的日益提高，他也陆续收到了全国的水车制作订单。

为文旅融合贡献非遗力量

作为一项非遗技艺，要做出一部原汁原味的古老水车，在取材、制作上有着近乎苛刻的要求。

高勇介绍，水车是古人发明的最原始的扬水泵站，利用自然水流的动能转化为势能，通过提高水位进行扬水，实现农田灌溉。即使在现代，水车同样兼具实用和观赏功能。制作古老水车一般有5个步骤，第一步是选材，需要用优良的木材。

高勇和技艺传承人共同展示制作的水车

由于宁夏周边无合适的木料，每次高勇制作水车都要去内蒙古二连浩特选择樟子松、柳木及硬杂木，要求木材厚重坚实，抗压及抗弯曲的强度大，而且耐腐蚀性强。这样的木料纹理通直，硬度高，抗磨损力强，切削容易，对钉子和螺丝具有很好的抓钉力。第二步就是选址。选址是水车制作最关键的一步，要顺山势、看地形、测水头，还要垒堰堵水、挖沟引流、修渠分水。考虑到河势左右摆动较大，因此选址时要保证该位置每年必须有水流通过。选择安装的位置上部叫水龙墩，上部距离下部渠底要有5米高。

在中国传统木工技艺中，实木卯榫结构不仅有着严谨的传统美学意义，更是结构学上的一门大学问。高勇说，水车的所有小部件均为实木制作，手工将各部件进行加工后连接全采用卯榫结构，因为卯榫结构遇水后不易松动掉落，这样水车结实耐用。在工作中高勇不断创新，对水车进行改造，将易损件中轴加工为钢轴，延长水车的使用寿命。由于黄河水杂物和泥沙较多，水车组装完成后要定期清理，防止大的杂物将水车堵死，破坏水斗。

2007 年，对北长滩村村民来说是难忘的一年，这一年村里通上了电。"当时，水车面临被水泵取代的命运，虽然是大势所趋，但我心里还是有些不舍。"高勇说，直到多年后，一位负责开发旅游项目的老板找上门来，想请他帮忙建造一架水车，他的生活才再次与水车紧紧地联系到了一起。

北长滩水车　李旭竹／摄

文旅融合发展以来，高勇的老手艺得到了更多游客的赞赏和关注，为全域旅游发展发挥非遗传承人力量。如今，高勇已经年过古稀，但身体还很硬朗，古老水车技艺也有了第四代传承人高吉霖、高吉雷，他们积极参与当地文旅部门开展的文旅融合活动，向世人展示中卫水车的更多美好，继续讲好黄河故事。

"现在，我最大的愿望就是想把这门手艺传承下去，有更多人来传承、发扬它，让北长滩的水车继续福泽乡邻。"高勇笑着说。

古建营造大师俞凤佳

孙振星　王小霞

非物质文化遗产传承人俞凤佳

木雕是我国一项民间雕刻艺术，在众多工种分类中被誉为"精细木工"。木雕也是雕塑的一种，可以分为立体圆雕、根雕、浮雕三大类。将一块平淡无奇的木头制作成一件精美的木雕作品，其中需要花费多少心力，或许只有手艺人才清楚。在过去，木雕与人们的生活息息相关，屋顶、门窗、橱柜等物件都散发着木雕的独特魅力。作为中卫市木雕非物质文化遗产项目代表性传承人俞凤佳，正在将这门流传了千余年的手艺传承下来，

潜心半个世纪，钻研古建技艺

年近 70 岁的俞凤佳，从事木雕行业已有 50 余年，谈及与木雕结缘，还得从他小时候说起。"那时中卫鼓楼对外开放，上去玩的次数多了便被鼓楼上精美的木雕格栅和斗拱所吸引。"俞凤佳说，从小他就喜欢拿着小刀在木头上雕刻各种东西。15 岁时，俞凤佳因家境贫寒而辍学当起了木工学徒，闲暇之余，总是找机会向师傅学习并钻研各种雕刻类书籍，从最初的家具雕花开始一步步钻研。如今，俞凤佳已掌握了古建筑雕刻技艺，这都离不开他的勤学苦练。

雕花、镂刻、描摹……古建筑营造技艺是个技术活，要想雕刻出无法用机械取代的富有中华民族传统文化特色的纹饰图案，其中的艰辛和困难难以言表。俞凤佳拜访多名民间古建前辈，刻苦学习几年后，独自带队从事古建营造并设计施工，其在传承当地老一辈传统技艺基础上大胆尝试新的工艺技巧，在设计施工雕刻等诸多方面都有很深造诣，特别是其设计作品参考多种古建筑文献，结合自己多年的经验，逐步完善了一整套自己的设计理念。

俞凤佳雕刻的古建模型

俞凤佳创作的微雕模型尤具韵味，不仅显示出他的雕功深厚、刀法精湛和飘逸风格，还充分显现出古建筑艺术的感染力。明代斗拱成为他创新项目装修的经典之作，古建木雕文化衍生品创新点更是琳琅满目，美不胜收。木制的匾额、如意、坐地屏风、四季屏风、八仙捧寿果盒特色木雕作品栩栩如生、寓意深刻，甚至流光溢彩、巧夺天工。他创新作品追求卓越的建筑文化，遵循天人合一的宇宙观，布局科学、构思巧妙、施工考究，既有古建筑的韵味，又迎合人群的个性化需求，使古建韵味与现代建筑中式装修风格水乳交融，融入民俗文化、建筑文化和装饰文化等元素。

俞凤佳先后主持建造的古建筑数不胜数，有青铜峡牛首山极乐寺、净途寺、滴水寺、万福阁等古建筑。得到当地各界人士的赞叹和鼓励后又受邀建造宣和的萃营寺、张宏的永安寺、永康的灵塔寺、高墩的永安寺、迎水桥镇的龙宫庙，以及石嘴山赫赫有名的正觉寺。2008年，俞凤佳被选为平罗县"静安寺"建造者。他设计并带领施工，建筑规模以及建筑水平得到各界知名人士的认可，建筑艺术再攀高峰。

用真心赢得诚心，让手工技艺活起来

2008年，俞凤佳被评为中卫市古建木雕技艺非物质文化遗产代表性传承人，填补了当地这一领域的空白，致使越来越多的人参与到古建营造技艺保护行列。为保持企业持续发展和古建技艺延续，他在传统工艺基础上，根据宋代《营造法式》及清代《工程做法则例》，并结合当地建筑习惯，在原有基础上进行改良，其建造的古建筑既保持了当地建筑风格，又逐步完善，追求精益求精，用料讲究，做工精细，对各种规模的建筑群有丰富的施工经验和独到见解。

"在用料方面完全使用木材作为主要建筑材料，创造出独特的木结构形式，以此为骨架既达到实际要求又创造出优美的建筑形体以及相应的建筑风格。每当看到一块块普通木头通过精雕细琢变成艺术品时，我就十分开心和满足。"俞凤佳说，"这是一门苦活，不仅需要体力，还需要审美能力，相比机器雕刻，手工雕刻更有生命力。"

"木雕艺人是中国传统手工的代表，木雕更是中国传统文化的重要组成部分，让更多人喜欢上木雕，让手工技艺活起来、传下去是当下最要紧的事情。"俞凤佳如是言道。在他的影响下，其侄子传承了木雕的传统工艺，致力于为弘扬和传承木雕传统工艺作出积极贡献。

牟相瑞：在传承中赋予泥土生命

束　蓉

泥塑技艺传承人牟相瑞

出生于 1975 年的牟相瑞，籍贯甘肃省兰州市，自幼喜爱绘画、人物雕塑。闲暇时，他经常出神地盯着家中的年画、挂历人物看，"看到那些身穿古装的人物，内心就会觉得祥和平静。后来渐渐长大了，我就开始揣摩这些人物的线条，琢磨着怎么能用泥把这些人物捏出来。"牟相瑞说。随着岁月的沉淀，牟相瑞的泥塑人物越来越有模有样，总是显得很有灵气，在雕塑圈内也小有名气。

1994 年，经人介绍，牟相瑞结识了当地泥塑艺术家侯思荣先生，拜其为师学习泥塑。至此，中卫市泥塑项目有了第五代传承人。拜师后，经过一段时间的认真刻苦学习，牟相瑞成为中卫泥塑项目传承的中坚力量。在他的带动下，更多年轻人关注起这项古老的技艺。如今，牟相瑞将这项古老的技艺传承给了第六代李祥霆和牟相宝。

在老艺术家手把手传授下，2001 年，牟相瑞已具备独立创作的能力，先后被甘肃、内蒙古等多地邀请进行人物造像。他的作品中人物神态自若，动静相宜，千人千面，生动而不浮躁，观之令人称绝。

牟相瑞认为，塑造生动的泥像，需要安静的环境和时间的沉淀。虽然如今很多人经济条件好转，但随着生活节奏加快，不少人显得很浮躁，更需要精神层面的滋养。他认为，沉浸在泥塑创作中，不仅可以让现代人慢下来、静下来，更可以提升一个人的修养和操守。

牟相瑞是个好学不辍的人，先后向自治区级寺观壁画非遗传承人王学义学习壁画技法，后又向中卫多位民间老艺人虚心求教，力求将泥塑人物形象塑造得饱满生动。

泥塑艺术，重点是将看似毫无意义的泥巴点化成"金"，赋予其艺术生命力。牟相瑞介绍，泥塑的功用可分宗教和民俗两类，前者主要供奉在佛寺道观，后者多为陈设品与儿童玩具。在学习传统技艺时，他也注重吸取其他雕塑技法，从而使自己塑造的人物形象生动活泼，性格鲜明。在塑造衣纹手法上他既继承传统，也加入自己的见解，并在塑像中多次

牟相瑞的泥塑作品《军魂》

牟相瑞的泥塑作品《坚守》

进行实践，形成自己的创新风格。牟相瑞不仅继承了老一代泥塑艺人的特点，而且更富创新精神，经过他和多位泥塑手艺人的努力和不断推陈出新，如今中卫泥塑作品不仅人物个性鲜明，而且人物形态与时俱进，形成独具特色的新时代泥塑作品。

2019 年 2 月，牟相瑞的泥塑作品《魁星点斗》参加"匠心神韵 大美中卫"首届民间工艺美术作品展，荣获优秀作品入展奖；2020 年，他创作的《奶奶的针线筐》《水磨情怀》由同心县非物质文化遗产展览馆收藏。

中卫市依偎黄河，是丝绸之路重要节点，文化多元，民间文化艺术丰富灿烂。如何更好地活态化传承泥塑这门技艺，牟相瑞和其他传承人们一直在努力着。"这几年，我也收了不少徒弟。一有空我就手把手教他们泥塑技艺，特别是塑像基本功，我每天都会要求他们练习基本功，毕竟基本功练好才能塑好像，晚上睡前我还会教他们绘画。在教授志愿者和学生时我很开心，泥塑这项技艺后继有人了。"牟相瑞说，他会通过言传身教，毫无保留地免费传授技艺，将自己积累的泥塑制作技艺传承下去。

牟相瑞也希望，通过开展传习活动，让泥塑走进校园，让更多学生了解泥塑的主要原料及制作程序，并教孩子们一些简单的制作技法，使之更深入了解中华优秀传统文化的魅力所在，从而将文化自信根植心中。

牛桂花：用心烹制舌尖上的美味

束　蓉　张韵婕

每当走进牛桂花"桂花香手工面馆"，一股股醇厚的豆香扑面而来，这是中卫人留存在舌尖上的家乡记忆。

"中卫扁豆子面历史悠久，在民间广泛盛行。扁豆子是西北地区特有的食材，主要生长在宁夏、甘肃一带的沙地，扁豆子也是一味中药材，《本草纲目》中记载了其具有温养肠胃、利尿解毒、益气中和等功效，将其添加在面食中，既满足了口腹之欲，又能健体养生，深受当地老百姓的喜爱。"第六批自治区级非遗代表性项目"桂花香"扁豆子面传承人牛桂花说，独特的味觉体验使得扁豆子面成为富有西北大漠人文风情的一道美食佳品，也成为中卫地标性特色面食之一。

家族相传，以醇厚浓香征服人心

在老一辈中卫人的心目中，哪家女子会做面，就是一把当家的好手。牛桂花做面的手艺是家族相承，代代相传下来的。1990 年，21 岁的牛桂花结了婚，平日去婆家看望公婆时，婆婆刘淑芳经常做扁豆子面给她吃。一碗面条下肚后，初次听闻扁豆子面这种食物的她深深喜欢上了这种沙软浓郁的味道，她随即开始向婆婆学习做面技巧，日复一日地擀面、下面，逐渐积累经验，成为扁豆子面第三代传承人。

过去，在粮食匮乏的年代，扁豆子面是中卫地区穷苦百姓的吃食。人们常将野菜、杂粮、扁豆子和仅有的面条混合在一起熬制以充饥饱腹。随着生活水平的提高，扁豆子面也逐渐从过去的"稀汤饭"转变成为时尚养生的食品。"相比精细白面来说，扁豆子更易产生饱腹感。做扁豆子面首先要选豆，选出颗粒饱满、品质优良的扁豆子，并放入水中浸泡，让豆子变软。煎豆是最为关键的一步，面好不好吃就在于豆子煎得红不红、香不香。煎豆的时候要把握好火候、时间、翻炒动作、用水量，稍有差池豆子就烧不红了。煎好豆子后加水熬汤，汤快熬好时下入手擀面，一碗扁豆子面就做好了。"牛桂花说。

前后历时 1 小时的选豆、制面，扁豆子面新鲜出锅，面条爽滑利落，煮熟后的扁豆子口感沙软。面条和面汤混合到一起，一碗香浓醇厚、色泽鲜艳的扁豆子面就端到了食客面前。

学会了这门手艺后，牛桂花决定开家面馆，一来维持生计，二来向人们普及这道中卫地道面食。2012 年，"桂花香"手工面馆开业了，起初店里人手不多，牛桂花独挑大梁，每天凌晨 4 时开始准备食材，煎制豆酱，和面醒发，一直忙到晚上 10 时才关门回家。日复一日，牛桂花的辛勤付出终于得到了回报，清香浓郁的扁豆子面征服了众多食客的味蕾，"桂花香"手工面馆也得到食客普遍好评。

壮大品牌，扩大扁豆子面影响力

由于制作过程烦琐复杂，随着生活节奏的加快，扁豆子面的制作队伍逐渐出现青黄不接的状况，这种技艺也被列入非遗代表性项目。牛桂花也是首次将中卫扁豆子面商业化的代表。"作为传承人，我的责任就是承上启下，传承老一辈人的手艺，再教给后辈，如此反复，让扁豆子面继续流传下去，在宁夏遍地开花，同时也能够带动本地就业，为社会发展作出自己的贡献。"牛桂花说。一碗扁豆子面看似简单，却体现了中卫人民勤劳、善良、淳朴、憨厚的精神风貌，又包含了中华民族以孝为先、爱家勤俭、精益求精的精神气节，吃的是碗面，品的却是文化。

为了让更多人品尝到扁豆子面的美味，牛桂花近年来参加了自治区、中卫市美食比赛、非遗展示会等多种活动，并于2020年、2021年获得沙坡头区文化旅游招商推介活动十佳名小吃第一名、宁夏黄河流域美食大赛最具人气美食奖。2014年，牛桂花决定以其"桂花香手工面"为品牌，开设连锁店，向全区推广扁豆子面。目前，宁夏已开有12家店面，牛桂花通过培养学徒、标准化制作等运营方式保证面条的味道，为慕名而来的食客提供正宗地道的中卫扁豆子面。

如今的牛桂花，不再整日守在面馆里，而是在新开设的中央厨房中把控着扁豆子酱的味道，确保连锁店面条品质如一。"推陈出新是让手艺流传下去的不变法则，我们推出了半成品扁豆子酱，方便顾客食

牛桂花正在擀面

用。下一步我们将针对母婴及病患者推出清淡口味的扁豆子面，并对餐厅模型进行优化，在连锁店的品牌、理念、产品、价格、运营方式等方面加以规划，不断壮大品牌规模，让扁豆子面走出宁夏，让更多人记住。"

乔亚茹：彩色丝线里织着一个梦

刘旭卓

在 2021 年宁夏黄河流域非遗作品创意大赛中，来自海原县的自治区级刺绣项目代表性传承人乔亚茹创作的《剁绣包》获得二等奖。一次次的获奖，让乔亚茹的决心更加坚定，她希望有一天，宁夏的刺绣技艺能够走出去，让更多人了解并喜欢。

独特的剁绣

时间已经过去 12 年，乔亚茹还对自己当初所绣《富贵牡丹》念念不忘，这幅作品用的刺绣手法正是宁夏原汁原味的剁绣技艺。

乔亚茹说，"剁绣"也称为"剁针绣"，是海原县境内广泛流传的一

乔亚茹正在创作

种刺绣针法，据传源于宋夏时期的西北地区，流传至今。与其他刺绣的区别在于绣花针上，一般的绣花针是实心的，而剁绣的绣花针是采用微细钢管做成的管状绣花针。具体做法是：先将极细钢管的一头斜磨成箭头状针头，再在针头上垂直打一穿线孔，针的另一头套上大小合适的管状骨头或缠上细铜丝、银丝之类的东西，便于手指握拿，防止滑落。刺绣时将绣线从针管内穿入，再将线头穿进针头旁边的孔后，即可在绣布上按照描好的图案进行刺绣。

创新传统绣艺

"一般刺绣是平面的，而剁绣有立体感。就像毛巾那样，一边是平的，一边是毛茸茸的，这样在平时的装饰使用过程中，能更加长久保存，丝线不易断裂。"乔亚茹说，剁绣主要用棉麻线和绣布，透气性好，色泽艳丽，经久耐磨。

以前剁绣是以单面为主，乔亚茹经过多年琢磨与研究，把剁绣做成了双面。"原先正面是图案，反面就是凌乱的针脚，不好看，所以我就在这基础上进行了创新。"她说，经过多年积累经验，她更大胆地突破平时的剁绣针法，以剁绣和平针绣、乱针绣相结合的方式创作作品。平针绣和乱针绣做打底，着重突出剁绣技艺，整个画面更生动。"我希望咱们宁夏的剁绣，能够持续传承下去，我相信总有一天，它会走出宁夏，走向全国的。"

刺绣里的色彩

一幅刺绣作品好不好，是否优雅从容，除了刺绣技法外，就看配色。乔亚茹说，有些作品里，光绣线的颜色就能达到12种之多，代表着各自的寓意，如何有机地统一，也是一门学问。

她拿出作品《花开富贵》展示。整幅作品以绿色线为打底色，代表着活力和生机，象征着旺盛的生命力。亮眼的绿色，衬托着牡丹花朵的鲜艳夺目，从整体看上去，牡丹雍容华贵，极富生机。再细看牡丹的花瓣，向上的一面以红线为主，代表富贵、吉祥和热烈情感，提升了整幅作品的视觉美感；花瓣向下的一面是粉色丝线绣的，粉色很梦幻，作为红色的搭配，显得可爱、甜美、天真和温柔，使一朵花富贵而不张扬，艳丽而不庸俗。最后，点睛之笔是黄色花蕊，仿佛让人闻到淡淡花香。

　　乔亚茹的老家山高沟深。她记得自己小时候眼中的海原县，就是土黄色的，山头上没有树，田野里也没有树。长大后，她还梦想着到自己家乡的山上种树，给它们披上绿色的外衣。乔亚茹说，可能是在那样的环境里待久了，所以看见鲜艳的颜色，她总有一种很敏锐的感觉，对配色的把握也比较到位。

乔雅茹的刺绣作品

一个美好的梦

乔雅茹的刺绣作品

"上小学的时候，有一次奶奶在我的一件衬衣领子上绣了两枝梅花，一边一枝，特别好看，我也特别喜欢。有一天回家的时候，因为天热，我就把衣服脱下来绑在书包上，结果回到家才发现衣服不见了，回去找也没找到，为这事我一连哭了好几天。"乔亚茹说自己爱上刺绣，完全是因为奶奶和妈妈的熏陶。打从记事起，奶奶和妈妈就会在被面、枕头上做刺绣，那些精美的图案和鲜艳的丝线让她十分着迷。小时候家庭条件不太好，所以村子里的孩子平常穿的衣服，多是单一色调，对于爱美的女孩子来说，特别渴望衣服上有一些装饰。她认为自己很幸运，因为奶奶和妈妈都会做刺绣，所以她的衣服上经常会有一些好看的图案和花色。

十二三岁时，乔亚茹不再只看奶奶和妈妈做的绣品，而是真正开始上手刺绣。在妈妈的指导下，她自己亲手完成一双鞋垫的制作，从此就更加痴迷刺绣。2004年，乔亚茹正式开始了自己的刺绣生涯；2005年，她创办了自己的手工刺绣销售店，并一直与妈妈一起做刺绣；2009年，乔亚茹以"千珍绣"品牌创建自己的工作室，创新出许多刺绣作品。

如今，她最大的愿望就是将宁夏的刺绣技艺传承下去，让更多人了解并喜欢。"我的脑海中一直有一个场景，特别清晰。记得小时候奶奶和妈妈梳头会梳下来一些头发，我就拿着这些头发去找货郎担换彩色的绣线。每次听到货郎担的叫卖声，我几乎是飞奔出去的。"乔亚茹说，那些彩色的丝线，就像一个美好的梦一样。如今她依旧用手中的丝线，编织着这个美好的梦。

舞狮达人潘正斌

束　蓉　张韵婕

在海原县西安镇胡湾村，每年春节的社火中都少不了胡湾舞狮，这一习俗从清朝起就基本固定下来。几名耍狮人全身狮被披盖，身穿灯笼裤，脚穿金爪蹄靴，在锣鼓声的伴奏下舞动着狮身，走着动感的步伐，"狮子"们个个摇头摆尾，似活了一般。在这一行耍狮人中，舞得最好的当数潘正斌。2008 年，胡湾舞狮被列入自治区级非遗项目保护名录。

家族手艺一脉相承，为节日添彩

狮子一舞，喜气洋洋。"舞狮是我国的一种传统民间艺术。资料记载，舞狮最早出现在三国时期，盛于魏晋南北朝时期，距今已有上千年历史。"潘正斌说，《洛阳伽蓝记》记载了法会行列中的舞狮，最初随佛教进入中国。随后逐渐被普通民众接受，成为我国最具代表性的瑞兽舞之一。每逢佳节或集会庆典，民间都以舞狮来助兴。狮子用彩色布条制作而成，每头狮子由两个人合作表演，一人舞头，一人舞尾。表演者在音乐声中跳跃、翻滚，装扮成狮子的样子，做出各种形态的动作。在古代，狮子被认为是瑞兽，象征吉祥如意，舞狮恰恰寄托了人们对美好生活的向往。

潘正斌的舞狮技法是地地道道的家传手艺。潘正斌家住大山深处，条件艰苦，但百姓的精神生活却丰富十足，每逢节日庆典，潘正斌的父亲潘登选、叔叔潘登基会带领一众舞狮人，身披狮被，表演舞狮绝活，为人们单调贫苦的日子点亮几丝色彩。从小观看舞狮表演长大的潘正斌自然而然对这门手艺产生兴趣。1983 年，年仅 7 岁的他开始跟随父亲学习舞狮。胡湾舞狮是潘家第一代传人潘万斗在民国早期独创沿袭下来的，以家族传承为主，保存较完整。成为家族舞狮第五代传承人后，潘正斌走上一条与金色瑞兽相伴的传承之路。

"想要把狮子舞好，除勤加练习别无他法。"回忆起少时的练功时光，潘正斌说。每天凌晨五点，天还未亮时他就开始练功。传统舞狮套路中的跳四门、跌四角、抢球、翻身、生小狮子都是必须掌握的基本功。胡湾村狮子舞的表演很有特色，形式新颖、花样较多。表演时，

舞狮表演

一般是两只狮子，也可多达四只，并有小狮。狮子的表演动作较为繁杂，主要为翻、滚、钻、跳跃、抖、上高架单腿独立、口或爪接传球高难度动作表演等，在舞狮过程中又融进潘家内传的小红拳、长刀、流星锤等武术动作，其表演独特、内容丰富，有很强的观赏性。

传统舞狮奔放洒脱，保留着民间气派，擅长在桌凳间施展绝技。"跳跃是舞狮中常有的动作，有时能达到三四米高，极其危险。因此练习的时候我们通常会在桌凳周围垫一层海绵，防止有人摔伤，并由专业人员站在一旁，随时准备接住不慎跌落的舞狮人。"潘正斌说。舞狮最难的地方莫过于两人的配合，这需要极高的信任感，才能保证狮头和狮尾动作一致、连贯顺畅。

绝技走进现代，尽心培养接续传承

"舞狮是中华优秀传统文化之一，作为一种大众喜闻乐见的民间艺术，既是丰富日常生活的'染色剂'，又是体现当地风土人情的'万花筒'。把这门技艺传承好、发扬好、接续好，是传承人应担负的责任和使命。我已向海原县文化馆递交了中卫市级舞狮项目代表性传承人的申请，希望能够继续发光发热，为舞狮尽一份力。"潘正斌表示。

近年来，为了将舞狮发扬光大，真正走进现代人的日常生活中，潘正斌积极参加舞狮表演、社火展演、非遗展等各类展示及比赛活动，在2018年中卫市举行的春节大型社火展演中获得三等奖荣誉称号，其精湛高超的技艺和灵巧流畅的身姿赢得在场观众和评委的一致赞扬。借助观众的口碑，胡湾舞狮在当地逐渐小有名气。正如潘正斌所言，他希望通过自己的努力，能够让胡湾舞狮越走越远、越跳越高。

舞狮经长期发展，形成南狮、北狮两个派系。"南狮重传神，以武功动作为主；北狮重模仿，较为接近杂耍。作为北狮的一种，我们胡湾舞狮踢跳翻蹬、立卧滚抖样样包涵，狮子本身所蕴含的正义、勇敢、睿智、吉祥之意也是海原人民的精神体现，反映着海原人敦厚善良、乐观向上的精神风貌。"潘正斌说。

由于缺乏创新、观众流失等原因，舞狮这一传统技艺渐渐褪去了颜色，遗失过去的英勇风采。"传承文化最重要的就是人，截至目前，我培养了16名徒弟，希望他们能够学有所成，牢记自身的责任，一代一代传给后辈。"潘正斌介绍。由于年纪渐长，他的腿脚愈发不便，身体灵活性大不如前，他计划"退居二线"，重

舞　狮　石文轩／摄

点培养几名表现优秀的徒弟，让他们拿过自己手中的接力棒，将胡湾舞狮舞出海原，继续绽放光彩。

撒丽娜：唱出宁夏山花儿真善美

束 蓉

　　山花儿俗称干花儿、山曲子，是广泛传唱于西北民间的一种高腔山歌。它继承了陇山地区古代山歌的一些特征，复合性、多元性文化使这些山歌更多地呈现过渡文化和边缘文化的特征，有着广泛的群众基础和丰富的民俗文化内涵。

山窝窝里飞出一只俏"百灵"

　　中卫市的花儿特色鲜明，源远流长、名扬中外。当地老百姓在劳作之余，都喜欢唱上几嗓子，朴素无华的花儿就是当地群众热爱生活的真实写照。出生于海原县的撒丽娜在周围环境的熏陶下，对山花儿有一种天然的亲近感。2002 年，自小喜欢亮嗓子歌唱的撒丽娜考入固原师范高等专科学校舞蹈音乐教育专业，一开始主修专业为舞蹈，只在业余时间唱民歌。2004 年，在学校组织的一次比赛中，撒丽娜演唱一首《又唱浏阳河》，获得全校第二名好成绩，音乐老师发现她在演唱方面的天赋。从那时起，撒丽娜在专业老师指导下，系统学习民歌演唱，为今后演唱山花儿打下了坚实基础。2005 年，撒丽娜毕业后进入海原县文工团工作，认识了她人生中的花儿启蒙老师马汉东。马汉东认为撒丽娜嗓音条件特别适合花儿演唱，建议她专业学习花儿演唱。在一次演出活动中，撒丽娜和马汉东合唱了一首宴席曲《父母好比江河水》。这次演出开启了撒丽娜的花儿之路。

目前，撒丽娜已获得多个国家级奖项，如第九届中国西部民歌花儿歌会金奖、首届西北花儿王大赛金奖、全国刘三姐山歌邀请赛最佳演唱奖等奖项，被观众及文化界誉为"花儿公主"。即便众多荣誉加身，她那颗传承与发展宁夏山花儿的初心始终未变。

秉持初心让更多人了解山花儿

撒丽娜说，花儿系国家非物质文化遗产，婉转悠扬，曲艺动听。作为花儿第三代传承人，多年来她积极投身山花儿艺术推广，代表宁夏多次登上央视舞台，并通过校园课堂、舞台表演、文化演出交流、

撒丽娜演唱花儿

网络平台等多种形式，向外界弘扬宁夏山花儿。参加了多个全国级比赛及演出后，撒丽娜发现宁夏山花儿在自治区外的传唱度并不高。她萌生一个想法——成为一名宁夏山花儿的推广者与传播者，让山花儿走出宁夏。"宁夏山花儿和青海、甘肃等地的花儿在本质上是一致的，都属于西北地区花儿，因为地域和方言不同，各地的花儿又具有不同特色，宁夏山花儿更直白，以单套短歌形式演唱。希望通过我们非遗传承人、花儿爱好者、政府、企业及社会各界的共同努力，让更多人知道宁夏也有花儿，它叫山花儿。"撒丽娜说。

撒丽娜由衷地说："中华优秀传统文化是中华民族的根和魂，我们要把民俗文化传承下去，发扬下去。"作为花儿传承人，撒丽娜一直秉承"传承本土文化，唱响宁夏花儿"初心与使命，每年参加西北地区花儿的学习交流活动及全国各地的山歌展演，借助政府旅游推广活动，在国际上多次展示宁夏花儿，让中国民间音乐发扬光大。

近年来，撒丽娜将精力放在花儿的传承和创新上。她尝试在花儿演唱中加入新元素，将花儿打磨成被群众接受和受市场欢迎的雅俗共赏艺术。2018年，撒丽娜演唱录制了宁夏文化馆《宁夏山花儿》专辑，演唱作品《拔了麦子拔胡麻》《尔舍草帽绿飘带》等作品，获得广泛好评。

2020年，撒丽娜发行个人首张宁夏山花儿音乐专辑，通过大量搜集、改编创新，选取13首经典作品，其中既有民间传统的原生态花儿，又有时尚创新的流行摇滚花儿，专辑中多种音乐元素的融入和不同风格的展示，使更多听众和音乐爱好者更为直观地感受到花儿的独特魅力。"要传承就必须要创新，近几年，短视频成为大家获取信息的主要方式，我就在抖音、快手、微信视频号等平台均开设账号，向公众发布精心制作的短视频、音乐MV，让年轻人接受花儿、爱上花儿。"撒丽娜表示。

"近日，自治区民间文艺家协会组织成立了花儿专业委员会，将宁夏花儿传承人、花儿歌手以及花儿爱好者集聚在一起，加强对花儿的收集整理、研究改编和推广创新，为花儿的传承与发展共同努力。"撒丽娜说，"花儿迎来了更好的发展时代。"

让中华优秀传统文化扎根校园

随着花儿推广的深入开展，撒丽娜逐渐认识到只有走进日常生活、走到老百姓中，才能更好地传播花儿。2014年，她创办花儿艺术学校，进行花儿非遗课程培训，培养了一批优秀的花儿学生，代表宁夏多次登上央视舞台。她还多次举办花儿进校园、进社区、进机关单位等活动，让学生和社区百姓能近距离接触花儿，获得更多学习花儿的机会。

在2019宁夏·香港经贸文化旅游系列交流活动上，撒丽娜的一曲宁夏花儿《花开少年来》，给现场观众带来了震撼。"当时我在台上唱，台下许多人与我互动，跟着曲调一同哼唱摇摆。"撒丽娜说，"这就是艺术，是非遗的魅力，世界非遗就应当走向世界。"香港之行，是撒丽娜第一次走上国际舞台演唱花儿。她希望借助艺术舞台，把山花儿唱得更远，走向全国，走向世界。

在谈到今后打算时，撒丽娜说："花儿多以情歌为主，不适合中小学生听。接下来我打算邀请花儿非遗传承人，共同编纂《校园里的花儿》音乐教材，在保留原生态曲调的基础上重新填词，使其更加适合中小学生学唱。教材出版后，我们将联合自治区教育厅、文旅厅等单位在校园里推广，让学生从小接触花儿，把西北民歌发扬光大。"

妥燕：命搭上都要唱花儿

雷铁飞

"走咧走咧，走远咧，越走越远咧，心像刀子绞乱咧，眼泪的花儿漂满咧，哎嗨哟，眼泪的花儿把心淹了……"

80年前一个黄昏，六盘山下的和尚铺车马店掌柜"五朵梅"唱出这首浓郁芬芳的花儿，让"西部歌王"王洛宾流连忘返。

80年后，这首《眼泪的花儿把心淹了》，再次成为热播的电视剧《山海情》的插曲，一度高居热搜榜首。

花儿，这个大西北人独有的调调里，深藏着眼泪、饥饿和贫穷，也饱含着人们对美好生活的期冀。

歌手妥燕

在宁夏海原县有这样一位歌手，她用把花儿刻进骨子里的热爱，将自己对生活的丰富想象和美好期冀，全部唱进花儿里，在黄土高原演绎出"醉梦花魂"的佳话。

她，就是宁夏非遗项目花儿代表性传承人妥燕。

歌手妥燕与花儿爱好者们

在妥燕的记忆中，花儿似乎总与眼泪连在一起。小时候，她经常见到外婆纳鞋底时，用一种悲苦的调调在吟唱，眼中不时涌出浑浊的泪水。虽然不懂什么是花儿，但她懵懵懂懂地感觉到，这是外婆在用一种特殊的方式，来表达对去世外公的思念。受外婆影响，她从小就对音乐十分敏感。当时盛行的红色歌曲，听一遍就能记住。尤其是郭兰英的《谁不说俺家乡好》等经典曲目，更是唱得传神。

当时，人们都叫她"小郭兰英"。有一年，一支部队野外拉练经过家乡，妥燕一家为部队专场演出。那天，妥燕的父亲拉二胡，哥哥吹笛子，妥燕上身穿红色白点小褂，下身穿蓝色裤子，脚穿一双黑条绒白毛底鞋，分外亮眼。"都有一颗红亮的心"，当她唱到这个经典唱段时，眼神、手势、唱腔等，让大家感受到李铁梅式的明星范儿。

从那时起，"一辈子唱歌"的梦，就在妥燕心里扎了根。只要有音乐响起，她就会跟着唱起来。听到邻村放电影，即使天再黑、路再远，她也会翻山越岭去看，只为能学到电影里的歌曲。脚底被八角刺穿、被山里的狼嚎惊到，她也毫不畏惧。

可在那个思想相对保守的年代，一个女童的梦想，在现实面前往往显得脆弱不堪。1980年，妥燕一家从海原县搬到同心县，她从初二开始辍学。可这些，都没能阻挡她对唱歌的爱。即便上山打柴，也会和好友顶着大风，将早早砍好的柴火围成一个圈，躲在柴垛里尽情歌唱。1985年，一纸婚约，决定了年仅19岁的妥燕的终身大事。她闻讯后神情恍惚，又遭遇车祸，导致右腿粉碎性骨折。唱歌的梦想像骨头一样被粉碎，青春萌动的少女心也因媒妁之言破碎。妥燕摔成瓣的眼泪，无数次洒落黄土、打湿枕被，一度产生轻生念头。最终，在妈妈的眼泪攻势下，她妥协了，成为一名地地道道的家庭妇女。"没有撕心裂肺的痛，哪来刻骨铭心的爱！"妥燕说，那段被眼泪洗刷的日子，让她更能深刻理解到"花儿"里指甲与肉相剥离的痛感，从而更加用心去唱。

2001 年，宁夏首届花儿大赛在海原举办，虽然之前从未演唱过真正的花儿，可凭借厚实的演唱基础和与生俱来的天赋，还有原生态花儿传承人马生林老师赠送的专业教材，她一举拿下了大赛银奖。

梦醒了，她追逐花儿之路，也变得一发不可收。2004 年，第 13 届中国金鸡百花电影节颁奖典礼，妥燕一曲花儿联唱："上去高山望平川，春风出来百花香，处处传遍着幸福的歌声……"让诸多明星大腕为之鼓掌。2008 年，她应邀到中央电视台，当《富民政策到山庄》里"露珠珠儿滚在叶叶儿上，及时雨浇在根上。富民政策到山庄，聚宝盆捧在手上……"那动情的花儿响彻舞台时，连著名歌手蔡国庆都为她点赞："妥老师是用心在歌唱！"

妥燕说，花儿就是用心在歌唱，进入唱词赋予你的角色，带入自己的感情；欢快也好、悲恸也好，把自己当主角，才能最大程度地唱好花儿。2010 年，首届宁夏农民艺术节，妥燕闪亮登台。那天下起瓢泼大雨，她却非常兴奋，信步走上台去，皮鞋踢起的水花溅得老高，高亢悠扬的花儿，更是引来观众阵阵欢呼。

在初恋般的热情与热爱面前，一切苦难也都不是问题。刚开始唱《黑猫卧在锅台上》时，她的声音没有马生林的苍凉，把握节奏到点不到位，情感与色彩也差点味道。她没有灰心，一遍遍地请搭档马汉东唱，自己一遍遍学，几乎到了走火入魔的地步，最终解决了问题。2006 年，妥燕参加第三届全国少数民族文艺会演开幕式，遭到家人反对。她先是给老公做工作，然后又瞒着婆婆，悄悄地参加了晚会。当"花儿红不过皂角莲，山里头高不过六盘山，人里头欢不过少年"的花儿飞扬在现场时，婆婆也露出赞赏的笑容。

很难想象，一个只有初中文化、不识谱的妇女，如何取得这样的成就：先后获得海原花儿大赛银奖、第四届中国西部民歌邀请赛铜奖、中国南北民族擂台赛银奖等，多次在区内外民歌大赛中取得佳绩，6次赴京为国家重大活动演唱……与她熟识多年的云从德老师道出答案："因为热爱，所以执着；因为执着，所以闪光！"这些年，为唱好花儿，妥燕做过4次大手术，都不能阻挡她对花儿的热爱。"花儿本是心上话，不唱不由得自家，刀子拿来头割下，不死了还这个唱法！"这种"命搭上都要唱"的热爱，让她如痴如醉、魂牵梦绕。

"每当我唱起来，我的热血在沸腾；每当我唱起你来，我的梦开始飞扬……"2021年，妥燕与著名音乐人娄冲合作的《我的花儿》，成为她与花儿的生动写照。无论何时何地，只要有她在的地方，总会有绕梁三日的花儿；只要一提到花儿，她总会激动不已，似乎有永远说不完的话题。在她心里，常怀着一种担忧：受一些传统封建思想的束缚，花儿传承人逐渐减少，尤其是女性传承人，因条件限制多，更是越来越少。有段时间，迫于各方面压力，她也曾产生淡出念头。这时，她遇到了马志仁，一个不会唱花儿，却对花儿情有独钟、愿为花儿无私付出的人。

在马志仁支持下，妥燕开始招收学生。虽然大多是农民，可她始终手把手地教、心贴心地带，既教唱歌，又教做人。

学生们相聚在由300多名歌手组成的群里，互相交流切磋，涌现出马登才、田玉林、杨万志等一大批优秀歌手。她还坚持从娃娃抓起，借助家中开办幼儿园的平台，从最简单的《绿韭菜》教起，让他们把花儿传承下去。

"花儿既要传承，还要敢于创新！"她还尝试在花儿中融入摇滚、

Rap 等现代元素，融入赞美党和祖国的内容，把花儿搬上快手、抖音等网络平台，让花儿更加贴近时代、贴近大众。

那一年，妥燕到三亚演出时，聆听世界无伴奏和声大赛时，被优美的旋律所深深震撼。如同第一次见到大海时的激动，难掩心中的波涛汹涌，她彻夜难眠，反复思考着：为什么没有人为《绿韭菜》也做一个这样的和声？因为她还有一个不敢轻易说出口的梦，就是让花儿走出海原、走出宁夏、走出国门。

一个个梦想，宛如著名歌手苏阳与她合唱的花儿《仓啷啷令》里的"鸽子"，会"仓啷啷啷，扑噜噜噜，啪啦啦啦地飞"，带着她和她的花儿，永远飞扬在南华山巅、黄河岸畔、贺兰山麓。

石建武：结缘黄河石　讲好黄河故事

束　蓉

"黄河水将上游及沿途山涧的石头漩入，碰撞打磨圆润后又将它们滞留所经之处，这就是黄河石。"日前，中卫市非物质文化遗产项目（黄河石鉴赏艺术）代表性传承人石建武说自己对黄河石的热爱是骨子里带的。"或许因为我姓石，所以天生和石头有缘吧。"在诙谐幽默的话语中，石建武讲述了他和黄河石的故事。

石建武收藏的黄河奇石

迷恋于自然冲刷的黄河石

生于中卫市海原县蒿川乡的石建武，自小就对黄河有着与生俱来的亲切感。"黄河石是有文化的、是艺术的,它是另一种形态的生命,蕴含着智慧,也有着独特的趣味。"石建武说。由于黄河沿线地质不同的缘故,石头经过冲刷后就形成各种各样、丰富多彩的黄河石。从源头到小峡口,以麻浪石和星辰石为代表,被称为黄河源头石。"当然,还有体型较大的涡纹石和从湟水河汇入的画面石。"这些石头一路翻滚漂流,到达甘肃境内时,已渐渐显得温润细腻,色调虽少,但很古朴。

1998 年,石建武大学毕业后辗转到了山东,在青岛崂山旅游区工作期间慢慢接触到崂山绿石。机缘巧合下,他有幸认识了潍坊赏石名家侯康乙老师,并跟随其学习观赏石鉴赏技艺。2000 年,石建武回到家乡开始创业,他敏锐地嗅到黄河石的价值,认为黄河石不比玛瑙石的珠光宝气,也不似孔雀石的色彩艳丽,却粗犷中透着古朴,硬朗中又不失典雅。

石建武之所以钟情黄河石,是因其图案色泽反差大,有气势,像旭日东升、月上柳梢、日月同辉等成语名句的诗情画意,都可以从一方石头上栩栩如生地体现出来。

换个角度体验黄河的魅力

在中卫,黄河似乎被美丽的沙坡头迷住了,河水左绕右转,在这里放慢脚步。石建武介绍,历经磨砺的黄河石到了中卫,被自然打磨更显得外形典雅,其质地细腻,纹理包罗万象,个头厚度适中,适合庭堂雅玩。

石头从一种寻常物转化为艺术品,需要懂石爱石的人甄别、发现,并把其中的艺术性以美的形式展示出来。石建武说这看似并不难,实则考验着鉴赏者深厚的文化底蕴和美学基础。"主要从型、质、色、纹、韵五方面来判断甄别,挖掘到真正有内涵的美。"石建武解释说,"型"是指石形要方正或圆润,不能太薄,不能缺角;"质"就是石头的质地，如果石头质地太差，密度疏松或是砂岩质地，会影响石头的评分；"色"是石头上面图案和石头底子之间的色差，色差大者图案容易欣赏，反之需要用水浇湿再看色差如何；"纹"是石头的纹路，有些石头质地一般，但纹路清晰也可入选。"比如黄河麻浪石'九曲黄龙'，虽然石质不好，但是纹路非常形象。"石建武说。至于"韵"，自然就是指石头的艺术表达。"石头上的画面要有韵味、有感觉，似像非像反而最难得、品质最佳，如果太像就感觉是人为画出来的。"

2016 年，石建武负责中卫市黄河奇石博物馆展出 365 件黄河奇石、61 件黄河流域化石、120 件戈壁玛瑙奇石等。只要有单位或学校组织来参观，他都会认真讲解，普及一些地质方面的知识和关于黄河流域奇石的形成特点。在他的讲解下，一块块神奇的石头让世人了解了黄河的另一面和更多不为人知的故事。最具代表性的作品如黄河石饰品系列作品"国画石"、南红玛瑙"枸杞耳坠"、大型沙浮雕"中卫黄河文化"、黄河石鉴赏艺术之"东方八佛"等，均多次获得传统民间工艺美术行业和旅游纪念品的开发设计奖项，多次参加区内外展览。其中位于中卫高铁南站的大型沙浮雕"中卫黄河文化"获宁夏第十届文学艺术突出贡献奖三等奖。

坚守文化阵地创新探索

石建武说，近年来被收藏界关注的黄河奇石资源亟须一个集中展示的平台。2006 年，看准时机的石建武和合作伙伴共同搭建中卫市文化旅游市场，吸引更多痴迷于中卫文化、对中卫文化保持着自信心态，并勇于探索的经营户。石建武采取"引进来、走出去"经营思路，在三年内成功举办多次大型文化活动，连续在中卫及周边城市掀起一浪又一浪文化热潮。通过努力，石建武让原本微不足道的黄河石有了生命、有了故事。

近年来，在中卫市委、市政府支持下，石建武先后承办全国大漠健身运动会暨首届中卫黄河奇石、剪纸刺绣、地方土特产品博览会分会，第二届奇石古玩展览会，第三届珠宝、玉器、景德镇瓷器展览会等，累计吸引全国参展商近 2000 家，累计成交 4000 余万元，有力推动文化旅游产品和工艺美术行业在中卫市的发展。

随着数次大型活动落下帷幕，中卫市文化产业迈上新台阶。2015年，石建武当选为中卫市民间文艺家协会主席，2017 年当选为自治区民间文艺家协会副主席，2018 年被中国民间文学大系出版工程领导小组办公室聘为《中国民间文学大系·故事：宁夏卷》编纂委员会成员和专家委员会成员。石建武说，这些荣誉将进一步鞭策他讲好黄河故事，让更多人认识黄河石、了解黄河石。

岳晓亮：用心讲述黄河人家的乡愁故事

束　蓉

中卫沙坡头区第一代微缩景观建筑营造非遗传承人岳晓亮带着《中卫建筑老院落》微缩景观作品走入人们视野。

"大到梨树、门窗，小至院子里的水缸、泥块，肉眼可见的微缩景观完整呈现了一处黄河岸边的农家院落。这个作品是按照二伯原来的家完整复刻出来的。"看着《二伯的院落》这幅作品，岳晓亮说："去年夏天因

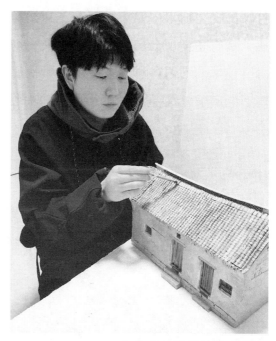

岳晓亮制作微缩景观作品

新农村房屋建设规划，整个家族的老宅子都拆了，加之二伯病故，我们很怀念小时候在二伯家和哥哥姐姐们一起玩耍长大的老院子。所以，我用这样一种特殊的方式制作出这个作品，给二伯的家人和自己留一

点念想。”

作品成型后，岳晓亮将制作过程和成品发布到社交平台，得到身边朋友和老师的喜爱。不少网友留言：“观赏你的作品仿佛回到了过去，这就是记忆中无数次出现的老院子，是我们和家乡割不断的乡愁。”

2022年，微缩景观模型艺术作为中卫第一代微缩景观建筑营造传承手艺，纳入中卫市沙坡头区非遗传承项目。岳晓亮介绍，在建筑营造领域里这项技艺目前是新技艺，是展示当地历史建筑景观风貌的一种新型非遗传承项目。

出生于1993年的岳晓亮，从小对美术就有着浓厚兴趣。2016年，岳晓亮毕业于湖北理工大学艺术学院，大学毕业后从事墙体彩绘、浮雕壁画、微景观制作、平面设计与美术工艺品制作等工作。2022年7月，岳晓亮加入中卫市民间文艺家协会。加入协会后，通过接触和观察，岳晓亮发现会员们都身怀绝技，制作技艺令人惊叹，需要虚心跟协会前辈们学习各种专业技能。一次，他偶然接触到建筑营造（微缩模型老房子建筑复原）这门手艺，对此产生非常浓厚的兴趣。“我学的

岳晓亮制作的微缩作品《二伯的院落》

绘画设计专业，上大学期间也接触过商业模型、军事模型等制作，所以制作起这个来相对得心应手。"岳晓亮说，随后他开始琢磨和研究"建筑营造"这门传统手艺所需要的材料，在原有的制作手法上进行研究创新。

在岳晓亮的工作台上，摆放着黏土、纸板等材料和各式工具。说话间，他先将黏土捏成水缸模样，接着用镊子小心地夹起水缸，将其置放在微缩的院子里。岳晓亮介绍，微缩景观模型建筑营造技艺结合建筑营造、雕塑、雕刻、彩绘、陶艺、书法等多个艺术领域的传统技法，用手中不多的照片经过比例换算，绘出图纸造型，在制作上综合材料运用，以不同材料呈现出不同质感。如高密度泡沫板、挤塑板与PVC板，黏土、陶泥、浮雕料与腻子、石英砂的配比要不断实验制作，最终呈现出的作品采用1:25比例，真实呈现出整体老宅院的微缩景观效果。由于没有任何经验可供参考，岳晓亮每做一个微缩景观模型都要不断实验、修改，在材料选择上反复比对。

在复刻微缩景观的过程中，岳晓亮坦言，由于手头资料不足，老院子拆除时没有留下更多完整的照片，只能根据仅有的照片以及自己的记忆，从绘图到制作再到制作成型，每一处都要尽可能地做到精益求精，有时候打磨一处小细节就会占用大半天时间。最终他历时17天创作复原出微缩版《二伯的院落》。制作完工的艺术作品，力求复原样貌场景的真实感、现实感，让人一眼回到过去，把人们带入当时的真实情景中，沉浸式观赏从而产生情感上的共鸣，品味岁月的悠远。

在岳晓亮的作品中，微缩景观《中卫大河机床厂》尤其引人侧目。原中卫大河机床厂是中卫市现存为数不多的老建筑。从老工厂到如今的责任公司，时代的发展与变迁在这里体现得淋漓尽致，老大河人在这里挥洒了汗水、奉献了青春，大河故事和大河精神也深深打动着岳晓亮。带着这份情感记忆，他专程前往厂区拍下了大门各个角度的照片，采用1:30比例，历时10天，一点点地用各种材料制作了微缩景观模型，真实复原了微缩版大河机床厂大门。

《北长滩民居老院子》则展现了典型的西北土木结构的平顶式传统建筑村落。这里因历史悠久，集军事防御和原始古朴生态于一体而被评为宁夏历史文化村。对于不少年轻人而言，爷爷奶奶辈住过的老院子风格很像北长滩这种院落样式，老式的木质卯榫结构门窗、胡基式土夯墙面、木头式的房梁和椽子，这些和自己的童年息息相关，即使远离故土但一见到还是感到很亲切、很熟悉。

带着这份童年的珍贵记忆，岳晓亮前往北长滩采风，通过各个角度记录拍摄村落中一处院子的相关照片，用手中照片采用1∶25比例历时14天用微缩景观模型创作的方式高度还原了北长滩老院子。

"老院子微缩景观，它不是一件简单冰冷的模型，而是承载着中华儿女几代人对老家的共同回忆。我希望用微缩民居的技艺记录美好场景，做出更多作品，帮助更多有需要的朋友们复原老家场景以及老建筑，留住乡愁，助力乡村振兴。"岳晓亮说。

黄羊钱鞭舞出美好新生活

束 蓉

"黄羊钱鞭"流行于中宁县黄羊村，历经 500 余年，其融合吴起秧歌、安塞腰鼓的精华动作和现代舞的扭摆动作，形成欢快流畅、粗犷豪放的独特风格。如今，这项民间传统舞蹈已经成功列入国家级非物质文化遗产项目，诠释着黄河儿女的独特文化气质。

向往和平，舞出中国人的精气神

2021 年 9 月 23 日是秋分，黄羊村村民按惯例舞起了黄羊钱鞭，表达丰收的喜悦。负责非遗申报传承工作的中宁县文化馆副馆长陶毅说道，据说黄羊钱鞭起源于明朝，最早的形式是把铜钱拴在羊鞭的两端，舞鞭时能产生清脆的响声，后来这种形式也就作为庆祝丰收、祈求平安的仪式流传下来。随着时代发展，虽然鞭作为放牧工具已逐渐退出历史舞台，但钱鞭舞以节奏明快、粗犷豪放、欢乐喜庆的风格一直在黄羊村一带流传，坊间也因此将其称为"黄羊钱鞭"。其作为民间传统文化奇葩，是黄羊村独具一格的特色名片，是国内迄今可查"鞭舞"的源头。如今，黄羊村在发展村级集体经济的同时，始终注重文化建设尤其是钱鞭队伍的培养，钱鞭技艺基本得以普及，全村会表演者有5000余人，参与人数逾万，现已辐射多个市县及乡镇。

走近细看，黄羊钱鞭主体是长1米、直径3厘米的直棍，两头分别凿两个不同方向的竖空心孔，铜钱悬空在孔眼中。两头分别扎上麻染制成的红色、绿色穗子，舞时会发出锵锵喜悦之声。

"这可不是随便蹦蹦跳跳，步伐、身段、队形都是有套路的，手脚要协调，活动量也大，可不比下地干活轻松。"在黄羊钱鞭第四代传承人刘秉国的带领下，队形变化出龙门阵、一字长蛇阵、二龙戏珠、剪梅花、四季发财、五福临门、龙盘柱等十几种样子。舞者舞姿流畅大方，舞步以"十字步"为主，参加人数多为偶数，男女各半，大家身穿彩衣、脚穿彩鞋，表演时多用鞭端磕打四肢，动作循环往复。当钱鞭舞得激昂时，一种民族自豪感油然而生，大鼓、大锣打击出振奋人心、催人奋进的效果，舞者刚柔相济，阵形变化多端，令观众叹为观止。

生生不息，优秀传统文化刻入血脉

据考证，黄羊钱鞭传承形态与黄羊村的地理环境和古老文化有着密不可分的联系。当地广为流传参将韩玉兴兵之说，老百姓为纪念明末清初严明军纪的英雄韩玉，模仿其舞棍的形象来展示自己的威武和勇敢。据《中宁县志》记载，1935年，黄羊村就已成立由民间艺人刘衡组织的钱鞭队。如今，钱鞭已经成为吉祥的象征，打钱鞭意味着人们对幸福生活的向往和追求。

刘秉国回忆，黄羊钱鞭第一代传承人刘衡少时喜欢舞鞭，原居住在甘肃平凉，后流落至中宁县黄羊村。第二代传承人以刘天武、刘洪资为主，他们带着一班人员，逢年过节在附近村庄表演。作为农耕文明与游牧文化相结合的产物，黄羊钱鞭找到了落地生根的沃土。20世纪五六十年代，黄羊钱鞭曾参加自治区文化厅举办的全区文艺会演。

时至七八十年代，第四代传承人以刘秉国为主，逐步补充完善传统武打表演形式，表演时间和岁时相符，逐渐从乡村舞向城市、学校，演变为一种颇具影响力的民俗文化活动。黄羊钱鞭不仅在黄羊村成为男女老幼喜欢的活动，还进入中宁三中、黄羊完小并传播到多个乡镇。2009年，中宁三中将黄羊钱鞭作为大课间活动内容，焕发时代气息，在全区乃至全国都具有典型意义。

刘秉国介绍，中宁有着"中国枸杞之乡"之称，这里有牛首山西寺、金沙双龙山石窟、胜金关古战场等多个具有代表性的旅游景点，旅游资源丰富，在旅游景点进行黄羊钱鞭表演具有良好的推广作用。如今，黄羊钱鞭第五代传承人刘加祥等在继承先辈传统打法基础上予以创新，动作花样已发展到25种，创新了24个武打套路。青年男女对舞时动作强劲、飘逸，彰显时代风貌。

校园传承让文化自信在孩子心中扎根。每逢中宁三中大课间就能听到奋进的鼓点，学生们走出教室，在有节奏的队形变化中打钱鞭，

黄羊钱鞭

强身健体。2008年9月1日，宁夏成功举办首届阳光体育文化节，在开幕式上，中国民间艺术家协会向中宁三中颁授"宁夏回族自治区阳光体育文化之校""宁夏回族自治区非物质文化遗产代表性项目黄羊钱鞭传承保护基地"牌匾，使中宁三中成为全国第一个正式命名的"中国钱鞭文化之校"和唯一的"中国钱鞭文化传承基地"，为这一民间文化发展注入强大生命力。

2008年，中宁县还将黄羊钱鞭确立为中宁三中校本课程，并通过挖掘和整理历史资料编写校本教材《钱鞭情韵》，其中包括历史渊源、道具、服饰、音乐风格、武打动作等内容。至今，已有近万名学生带着黄羊钱鞭文化走出校园。据悉，该校将钱鞭教学内容归纳为表现劳动人民对风调雨顺、幸福安乐生活祈盼的"祝福篇"；表现五谷丰登、硕果累累的丰收喜悦之"丰收篇"；表现与时俱进、开拓创新的生活向往之"欢庆篇"；表现国家富强、民族振兴、人民幸福的"复兴篇"，整体上突出钱鞭表演形式的多样性、内容的丰富性、动作的协调性和表演的艺术性。现在，中宁三中已成为这项非遗实现活态传承的阵地，不仅形成独特的校园文化，更把家乡的传统文化根植于青少年的记忆中。

往事漫忆

时光如流水，静静地远去了，波澜不兴。岁月似烟尘，飘忽间，将昨天轻轻覆盖。流水不驻，但时光的河床上，总有珠贝沉积，等待着有心人去捡拾；岁月难留，拂去岁月的浮尘，历史的面目便会闪现。不管昨天是沧桑，是斑驳，是辉煌，都会储存在历史的记忆里。因为，我们是从祖先的甲骨文起步，读着《春秋》一路走来。我们是一个尊重历史的民族，有文化的守护，昨天就不会消失。

　　也许，五十年只是弹指一挥间，百年只是一梦，但这一挥一梦间，我们在时光的河流里，却书写了一个历史新纪元，树起了一座历史丰碑。"忆往昔峥嵘岁月稠"，记住昨天，是为了更好地创造明天，记住昨天，也是为了守护好今天。

　　岁月更迭，历史在叠加中渐渐厚重。而历史，就是由一些大小事件构成。再过五十年、一百年，今天也便成为了历史。

沙坡头旅游景区开发建设纪略

刘忠群

    沙坡头古称沙陀，元代称沙山，清乾隆年间，因地处沙漠边缘，被誉为"沙都"。乾隆中卫知县黄恩锡在《沙坡吟》中写道："轮辕去弗庸，濡足没人跣。"甚至把这沙漠驿道同蜀道之难相提并论。事实上，过去曾有不少行人途经往返，虽有上下茶房庙里的善僧不辞艰辛，背着瓦罐来往几十里到黄河汲水，供行人解渴，滴水之饮，有人还是毙命于此。由是，不少旅客只能冒生命之虞，走黄河这条布满"阎王碥""洋人招手"等十多处急流险滩的水路。

    腾格里瀚海，西北风长驱直入，推波助澜。这里被崇山峻岭中奔流而下的黄河劈头截住，形成百多米高的陡峭沙坡。随着时间推移，沙丘攒集，沙山耸立，与香山对峙比高。包兰铁路经此，受阻路段长达50公里。1956年以来，中国科学院兰州沙漠研究所沙坡头科学研究站采用麦草方格沙障和种树种草等措施固沙，铁路两侧林草茂盛，治沙成就闻名世界，已接待40多个国家和地区的专家学者参观考察。沙坡头景观奇特，现已建设成为国家5A级旅游景区。

    沙坡头景区拥有"沙坡鸣钟"，古称沙关鸣钟。其南临急流转弯的黄河，北坐腾格里沙漠南缘，是高大而陡峭的沙山。人坐沙顶向下滑

扎麦草方格　余宏／摄

溜，沙坡便发出嗡嗡的响声，犹如金钟轰鸣，故得"沙坡鸣钟"之景胜。《嘉靖宁夏新志·祥异》载："沙关鸣钟，城西40里，沙关朝暮有声如钟。"沙坡头为中国四大鸣沙山之一。坡脚三泉涌流，树木苍翠，黄河内堤、美利渠首、清代水车等景点和瞭望塔、蘑菇亭、闻涛斋等仿古建筑相映成趣。沙坡底下有三眼清泉，相传沙坡头曾有一座古城，名为桂王城，里面有繁华的闹市、富丽堂皇的宫殿、肃穆的庙寺……然而，一场狂风卷来黄沙巨浪，一下就把这里的城池、宫殿、庙宇、田地、庄稼给吞没了。被淹埋在沙丘下的人们，想出来又出不来，只能在沙坡下哭泣，泪水聚集，最终如断线珍珠，从沙丘底层渗涌出来，汇成一股清凉细泉，被称作"泪泉"，滋润着坡下的庄稼、绿树，致使这里的杨柳榆槐葱郁，绿荫遍地，沙枣飘香，水果满园。

旧志记载，明代以前，这里采取泉水灌溉，已开辟出一个庄园。清代以后，名为童家园子，至今尚留下200多年树龄的枣树。童家园子三面沙丘、一面临水，似乎与外界隔绝，有"世外桃源"之誉。游人至此，见童家园子与高大沙丘并存而不被沙丘吞没，更是惊疑称奇。因果园避风背沙山，沙坡底下又有溪流把沙带走，故童家园子不为沙所害。这正是，百米沙山，悬若飞瀑，无染尘之忧；人乘沙流，如从天降，有钟鸣之乐。

1978 年 9 月，受联合国环境规划署委托，国家有关单位在中卫县举办第一期国际沙漠化治理讲习班，来自埃及、印度、阿根廷、利比亚、秘鲁、索马里、尼日利亚等国的十几位专家学者和科技人员对沙坡头治沙工程进行实地考察。这是改革开放以来沙坡头迎接的第一批外国客人。曾涉足五大洲的许多沙漠的专家学者，都为沙坡头的每一块方格、每一种植物产生极大兴趣，他们怀着好奇的心情，个个惊异地瞪大眼睛，审视着这片神奇土地。只见工程规模浩大，景象蔚为壮观，长达 55 公里地段，用麦草方格和沙生植物构成的防护林带，将铁路两侧的高大流动沙丘牢牢地固定，火车在绿色长廊中往返奔驰，他们不由得发出由衷赞叹："奇迹、真了不起！"

1979 年 8 月，应中国科学院邀请，美国国家地理学会沙漠代表团对沙坡头等地进行考察访问。代表团团长理查德·戈尔博士回国后撰写了一篇题为《访问中国西北沙漠地区纪行》的文章，用优美笔调记叙了这次访问，高度评价沙坡头治沙成果。同时，坐在车上的美国国家地理摄影师布鲁斯·戴尔，透过前车窗拍摄到了中卫街头成千上万民众夹道欢迎新中国成立以来第一批美国客人的场景。当时汽车从中卫北大街往西街方向行驶，经过鼓楼、鼓楼百货大楼、鼓楼食堂。这幅照片发表在 1980 年 3 月美国国家地理杂志上。这实际是真正意义上的外事活动，标志着中卫县对外开放的开始。

20 世纪 70 年代末，各国治沙科研人员络绎不绝地到沙坡头学习治沙成果，发现沙坡头风光秀美无比，通过大家口口相传，各国游客频频光顾沙坡头。1983 年，中卫县被国务院批准为第一批对外开放县市之一，沙坡头成为中卫对外开放的一个窗口。为适应对外工作开展，是年，中卫县设立外事办公室（隶属县政府办公室），兼管旅游工作。

1983年9月，联合国教科文组织"人与生物圈"委员会在兰州举行土地沙漠化综合整治国际学术讨论会。美国、苏联、西德、荷兰、澳大利亚等国的十余名学者到沙坡头进行考察。苏联专家哈林教授对中苏两国在治沙领域中的科技合作很感兴趣。他们用不同的语言留下了惊叹和赞誉："这是世界上为控制沙漠而取得的主要成就之一。"

1984年，沙坡头被列为自治区重点旅游区进行开发，国家先后投资150万元新建了大门等硬件设施。当时，县文化馆承担了旅游区闻涛斋、接待室、沙坡山庄宾馆及咖啡厅的设计装修任务，笔者系项目主创负责人。邀请中卫县著名书法家何家麟、任佩瑛分别为"沙坡山庄""闻涛斋"题写了匾额。

依托沙坡头的旅游资源和当地村民较为原始的交通运输工具，相继开发了沙坡鸣钟、羊皮筏漂流黄河、骑骆驼游沙坡、游艇等旅游项

沙坡头铁路运行　师庆和／摄

394

目，具备初步接待能力，从此拉开中卫旅游业序幕。

当时，正值全国旅游业起步阶段，各地纷纷成立旅游管理机构。1986年，中卫县外事旅游局正式挂牌，同年沙坡头旅游区管理所成立，旅游接待工作正式开启。经过多方商榷，初步划定了沙坡头旅游景区的核心区域——东以科研单位"中国科学院兰州冰川冻土研究所沙坡头试验站"为界，西以"阎王碥"为界，南以黄河为界，北以包兰铁路为界。治所位于包兰铁路南侧。旅游项目只有乘坐羊皮筏子和骑骆驼，乘坐羊皮筏子从景区至美利渠，门票价每人1元；从沙坡鸣钟下骑骆驼至沙坡顶，每人0.5元，学生和小孩0.3元。旅游景区经过从无到有、从小到大、从弱到强、从单一到多元的发展历程，慢慢地发展了起来。

为加快中卫旅游业发展的步伐，1996年请国家建设部风景园林设计院编制《沙坡头旅游区总体规划》，1997年请国内旅游界专家郭来喜、张广瑞、李海瑞等人和区内专家一道组成规划评审组讨论、审查和修订，于1998年报请自治区人民政府审批通过。是年，县委、县政府确立沙坡头景区三年内实施规划第一期工程的战略目标，采取多条腿走路的原则，广泛吸纳资金，推进国家、集体、个人项目一起上，并对原有旅游设施进行维修改造，自筹资金建设了上大门区、商业房、矿泉水游泳池和新景点双狮山。

1999年，与银川起重机器厂东方运输进步有限公司合作建设了沙坡头旅游滑沙索道，完成上大门改造，停车场硬化，码头、泉水旅游池附属设施建设，骆驼场、跑马场建设，旅游区主干道路铺筑，园林整治和沟渠路修建，电力增容等基础设施建设，美化提升了旅游区外部形象。在新中国成立50华诞庆典之前，建成毛主席诗词碑林，增加了景区文化内涵，特作献礼。采取请进来、走出去的办法广交旅游界和新闻界朋友，扩大了宣传面，提高了知名度，使沙坡头旅游区扭转了徘徊不前局面。同年，自治区人民政府重新确立沙坡头旅游区在宁夏旅游业中的重要地位，以沙坡头为重点加大对外宣传力度，中卫县政府也把旅游业确立为新兴支柱产业加以发展。

2003年12月，中卫撤县设市，沙坡头旅游景区提质扩容，逐步加大基础设施建设和文旅产品研发，并逐步提升服务质量和标准，相继获得"全国旅游标准化示范单位""全国旅游服务质量标杆单位""国家服务业标准化示范项目单位"等多项殊荣。

2007年，沙坡头旅游景区成功跻身中国首批5A级旅游区；2015年，景区游客人数首次突破100万人次，标志着沙坡头旅游景区正迈向稳步发展阶段。

2016年2月，国家旅游局将中卫市列为首批全域旅游示范市创建单位。同年7月，习近平总书记来宁夏视察时指出："发展全域旅游，路子是对的，要坚持走下去。"从此，沙坡头旅游景区伴随国家级全域旅游示范市创建，加快发展步伐，走上转型发展之路，令人耳目一新

花开季节 李旭竹／摄

的自然风光、深邃厚重的文化内涵、领先世界的治沙成果、新颖刺激的旅游项目使沙坡头的知名度、美誉度与日俱增。中外游客发出了"游遍中国万里路，长忆宁夏沙坡头""黄山游罢不望岳，宁夏游完不望沙"的由衷感慨。沙坡头先后荣获"中国全民健身二十大景观""中国最值得外国人去的50个地方""中国最美的五大沙漠"等殊荣。

"九曲黄河万里沙，浪淘风簸自天涯"。如今，沙坡头旅游景区已持续举办大漠黄河国际文化旅游节、沙漠音乐节等系列活动，通过开展线上线下营销，进一步提升品牌影响力。

一个区域行业发展总会涌现出影响价值取舍的精英分子，总会有值得我们记忆的事件和人物，尤其雷从康这个名字不可或缺。

雷从康于1961年参加工作，1985年任中卫县委常委、常务副县长兼沙坡头自然保护区管理所所长时，创建宁夏首个旅游区——沙坡头旅游区。1986年调任自治区旅游局副局长至1991年退休，一直分管计划、规划、市场、行业管理工作，任自治区旅游协会副会长兼饭店协会会长、星级饭店评定领导小组组长。在职期间主创沙湖旅游区（沙湖与沙坡头均为全国首批5A级旅游区），主持、参与了宁夏回族自治区及各市、县主要旅游区的规划、策划及评审。其退休后应邀主持了20多个省、市的旅游规划、策划编制工作，独立担当多个景区、饭店的管理与提升咨询工作，受聘多地旅游顾问。2007年完成陕北民俗文化大观园的策划、规划，获中国西北旅游规划创意二等奖，至今一直主导该园的建设、经营管理工作。该园为农业部、国家旅游局联合命名的全国乡村旅游示范点。现为宁夏西部开发领导小组办公室和自治区党委组织部人才工作办公室专家库成员、宁夏内陆开放型经济试验区专家咨询委员会委员，宁夏大学资环学院客座教授。主要著作有《沙坡头》《宁夏导游词》《中国旅游大全》（宁夏部分）等，在《旅游学刊》《中国旅游》《中国旅游报》等发表文章多篇，特别是1985年创作的《沙坡头》辞赋颇具文采且广为流传。

近40年来，雷从康全力以赴，孜孜耕耘中卫旅游，也感动着充满无限生机的中卫，用自己的力量，推动着中卫旅游业的点滴进步和发展，诠释着他对旅游行业应该担当的责任和情怀，用自己平凡而励志的人生故事带给家乡感人至深的心灵冲击。

步入深秋，一个关键词映入我们的眼帘，它仿佛一股暖暖的气息流淌在心里，让我们可以一起感受温暖，用一颗火热的心和一双崇敬的眼睛去发现中卫旅游40年的风雨旅程。

沙坡头，是一片钟灵毓秀的宝地；是一片永远在创造着奇迹的沃土，是一部与日俱新、永远也没有结尾且充满深邃韵味的旅游宝典。在全域旅游大潮的带动下，沙坡头旅游景区必将乘势而上，不断提升旅游产品核心竞争力，为中卫市全域旅游的持续发展提供不竭动力。

这是一段值得回味和铭记的历史，也是一部教科书式壮丽画卷。

沙坡头旅游区集大漠、黄河、高山、绿洲于一处，具西北风光之雄奇，兼江南景色之秀美。拥有中国最大的天然滑沙场、横跨黄河的

黄河弄筏　李旭竹／摄

"天下黄河第一索"、黄河文化代表古老水车、黄河上最古老的运输工具羊皮筏子、沙漠中难得一见的海市蜃楼，可以骑骆驼穿越腾格里沙漠、乘坐越野车沙海冲浪。沙坡头旅游区独特的自然风光、天然沙生植被、治沙科研成果、明代古长城、沙坡鸣钟等人文景观及其自然综合体，曾为国家级沙漠生态自然保护区、全球环保500佳单位。"五带一体固沙法"获得国家科技进步特别奖，并于2018中国西北旅游营销大会暨旅游装备展上入围"神奇西北100景"榜单、2018中国黄河旅游大会上被评为"中国黄河50景"，获评2018年度《中国国家旅游》最佳休闲旅游目的地。

四十年太短，塞上中卫，只争朝夕；四十年太长，神奇沙陀，环球溢彩。一路走来，踏遍青山人未老，沧海桑田，这里多少人和事，或耳熟能详，或鲜为人知，总会留在我们的记忆深处。

中卫高铁商圈基础设施项目建设纪实

张国顺　常崇生

　　银川—吴忠—中卫城际铁路是宁夏境内的第一条高速铁路，也是国家中长期铁路网规划中北京—呼和浩特—银川—兰州高速铁路的有机组成部分，全长211公里，设计时速250公里/小时。在这条铁路建成之前，全国未通高铁的省份仅剩宁夏和西藏，因此高铁一直是宁夏人翘首以望的期盼。2019年6月21日上午10时许，当检测动车经过银川东站、吴忠站、中卫南站进入联调联试阶段，和谐号高铁列车正式在宁夏川驰骋，680万宁夏人的由衷期盼得到满足。此时此刻，作为一个中卫人、一个高铁商圈基础设施建设者，感到自豪而又振奋！

　　八月盛夏，蓝天白云，当驱车穿越中卫黄河大桥，沿滨河南路经过倪滩向西1公里，顺着新修的柏油马路方向就到达中卫沙坡头区常乐镇马路滩村——中卫南站。驻足而观，首先映入眼帘的便是"中卫南站"四个苍劲的红色大字，绵亘蜿蜒的站房曲面屋顶代表翻滚的黄河水与连绵起伏的沙丘两种抽象的文化符号，彰显"沙漠水城"城市特色，正立面一层为上下凹凸的长城形状，体现这座历史古城的文化底蕴。在高铁站前广场的正前方，三根屹立的柱子代表两县一区人民团结一致，县区融合发展。北面的南岸公园繁花锦簇，水系波光粼粼，建筑小品姿态迥异，令人目不暇接。西面一桥飞架南北，天堑变通途。这便是中卫人民为迎接高铁时代到来，上千名建设者在方圆1公里内，历尽千辛万苦，鏖战数百日夜，用铁的脊梁撑起的中卫高铁商圈。

中卫高铁商圈距市中心4.5公里，规划总用地面积1836亩，其中建设用地面积1575亩，整个商圈基础设施建设项目主要为中卫南站站房、卫民黄河大桥、站前道路、站前广场、综合客运枢纽一期（地下停车场）、公园水系及道路绿化、污水处理厂、黄河以南农村饮水安全巩固提升八项，建成后主要为银川—吴忠—中卫城际铁路运营提供优质完善的服务保障。

为了抢抓高铁建设项目历史机遇，保障城际铁路安全通车运行，树立中卫城市美好形象，中卫市委于2017年7月31日召开常委会会议，决定由张国顺牵头负责建设高铁站前广场等基础设施建设项目。2017年8月1日，正式成立中卫高铁商圈基础设施项目建设指挥部，王伟任总负责，我任指挥部总指挥，黄玉华任副总指挥，成员包括市发改、交通、财政、国土、环保、住建、林业，以及沙坡头区、常乐镇两级人民政府，国网中卫供电公司、中铁十六局、应理城乡市政产业（集团）有限公司、宁夏水投中卫水务公司等17个部门和单位的一把手，市自然资源局常崇生、王少阳具体负责指挥部办公室的日常办文办会和协调督查工作。指挥部的成立标志着高铁商圈基础设施项目建设正式启动。同时，指挥部于第二天发布《关于印发〈中卫高铁商圈基础设施建设实施方案〉的通知》，由市自然资源局负责高铁商圈总体规划和详细规划编制、土地报批和地上附着物征收，以及高铁商圈公园水系道路绿化工程建设等工作；由市住建局负责站前广场和综合客运枢纽一期（地下停车场）工程建设，由市交通运输局负责站房、黄河大桥和站前道路工程建设；由沙坡头区、常乐镇两级人民政府配合完成高铁商圈范围内土地征收和地上附着物补偿，协调解决各项目建设当地群众阻挡工程问题，负责黄河以南农村饮水安全巩固提升工程建设；

由应理城乡市政产业（集团）有限公司具体负责高铁商圈污水处理厂工程建设。按照"五定工作法"明确各项目具体的建设内容、完成单位、责任人、完成时限和奖惩措施，要求各责任单位尽快成立项目部，明确责任人和驻现场工作人员，积极投身到重点工程建设中，营造"比、学、赶、帮、超"良好氛围。

城市建设，规划先行。为了抓好高铁商圈配套服务基础设施与高铁同建设、同施工、同运营，确保按时顺利通车，市自然资源局委托天津大学城市规划设计研究院高标准高水平编制《中卫高铁站站前广场设计及周边区域用地规划》《中卫高铁商圈控制性详细规划》；各项目责任单位按照以人为本的原则，结合把中卫南站打造成全域旅游的集散中心，融入中卫地域特点和黄河、沙漠等本土历史文化元素，编制中卫南站站房概念性规划设计方案、中卫南站黄河大桥主桥规划设计方案和站前广场、公园水系绿化修建性规划设计方案，先后于2017年8月、10月通过市规划管理委员会的审查。针对高铁商圈北高南低、东低西高的复杂地形，以及南北距离只有350—500米，高差却在3—4米，东西距离2600米，高差却在5米的实际，既要保证高铁站与老城区、香山台地的视觉景观通廊，又要保证整个高铁站各个单元有效衔接，以及给排水等项目的规范设计，这就需要把先期开工建设的高铁线路预留涵洞和站房等纳入整个高铁商圈统一坐标系里考虑。因此，规划编制单位分别与高铁站房和黄河大桥等设计部门积极对接，收集已完成设计的高铁线路、高铁站房、黄河大桥及引道的线路和洞口坐标等资料，多次征求专家意见建议修改完善高铁商圈用地总体规划和控制性详细规划，明确高铁商圈的目标定位与规模，对土地利用、道路交通、竖向设计、市政公用设施、绿地系统和水系、生态环境保护和环卫、综合防灾等专项规划也进行深化，尤其是竖向规划设计，先后制订两套规划方案，并邀请三家区外市政设计单位进行对比审查，最终确定下来较为科学和经济的方案。在城市设计引导、单元地块控

中卫高铁站　陈学仁／摄

制、五线控制、规划实施措施等方面也作出具体规定和要求，整个规划融合"沙漠水城、花儿杞乡、休闲中卫"城市定位，与建设全域旅游城市密切衔接，充分体现水系多、大绿量、密路网、开发强度低的特点，强化规划的科学性、可操作性和落地性，为高铁商圈配套服务设施项目提供建设依据。

　　土地报批征收是高铁商圈基础设施建设项目开工建设的关键环节。面对全市耕地占补平衡和新增建设用地计划指标不足，影响高铁商圈基础设施项目用地报批进度的实际情况，一方面我督促市自然资源局详细核实了高铁商圈区域用地面积和坐标，为高铁商圈基础设施项目用地报批提供依据；另一方面协调市政府与自治区自然资源厅、吴忠市人民政府反复对接，报请自治区自然资源厅为中卫市追加建设用地计划指标1200亩，与吴忠市人民政府借用耕地占补平衡指标900亩，解决高铁商圈基础设施项目建设用地指标问题。同时，沙坡头区人民政府起草高铁商圈基础设施项目用地范围内土地征收与补偿方案、地上附着物征收与补偿方案和征地公告，并向市法制办和市自然资源局等部门就土地征收与补偿方突击征求意见。2017年9月28日，沙坡头区常乐镇人民政府周瑾带领镇村干部开始对高铁商圈范围内用地进行核实，对地上附着物进行登记，涉及马路滩、倪滩两个村用地面积共1836亩。2017年10月13日，经过多方协调、多方努力，高铁商圈基础设施建设项目首批681.7亩用地取得批复。紧接着，市自然资源局、沙坡头区人民政府和常乐镇人民政府机关工作人员、包村干部及村两委成员30余人成立高铁商圈土地征收指挥部，通过走村入户，与老百姓吃住在一起，面对面、心贴心交流，本着"一把尺子量到底"原则，认真、仔细、客观地进行测量和清点，利用一个多月的时间，于2017年11月中旬基本完成中卫南站黄河大桥、高铁商圈站前广场、站前道路、公园水系及道路绿化、污水处理及中水回用、自来水厂等项目建设用地的征收、地上附着物补偿和地表清理工作，为下一步各项目开工建设创造了条件。

各类工程要件的办理是项目合法合规实施的基础。工程再急，工期再紧，整个项目也要合法化。从2017年9月开始，我先后三次召集指挥部成员单位召开会议专题研究解决各项目工程开工要件办理事宜，明确要求各项要件的受理单位要尽全力配合建设单位办理手续，在合法合规的基础上建立绿色通道，加快各项要件办理进程，使高铁商圈基础设施建设项目尽早开工。按照指挥部的要求，各项目责任单位和各要件受理单位相互协作，简化办理流程，采取并联审批方式，压缩办理期限，于2017年11月初将各建设项目选址、土地预审、项目建议书、可行性研究报告审查、环境影响评价、初步设计审查、施工图审查、规划许可证、消防审查等法定要件全部办理完成。由市交通运输局负责组织实施的黄河大桥项目，也先后完成水土保持方案、通航报告、洪水影响评价、压覆矿产资源、能评等评审，以及初步设计文件编制工作，PPP项目社会资本投资人于2017年9月13日开标，确定了社会资本投资人。

兵马未动，粮草先行。2017 年 11 月 16 日上午，中卫市委书记、市财经工作领导小组组长主持召开市财经工作领导小组第 20 次会议，会议原则同意市高铁商圈基础设施项目建设指挥部办公室《关于中卫市高铁商圈基础设施项目建设投资情况的请示》，同时要求要统一规划部署，按照"统一规划、统一征地、统一基础设施设计建设"，科学合理安排施工顺序，避免重复开挖建设和资源浪费；要明确服务定位，妥善处理好商圈经济与旅游经济协调发展的问题；要把握时间节点，严格落实责任，主动作为，抽调精干力量，切实形成高铁建设商圈的强大合力；要合理合规推进，采用综合评标法择优选择建设主体，严格执行基建程序和施工程序，做好各个环节和细节，精益求精，高质高效推进，确保把高铁商圈建设成为优质工程、景观工程、效率工程、廉洁工程。截至 2017 年 12 月底，高铁商圈基础设施建设项目全部完成招标工作，确定施工企业，并办理施工许可证。至此，高铁商圈基础设施建设项目规划设计、各项开工要件、招标采购等前期工作都已完成，全部具备开工条件。

随着 2018 年 1 月 4 日高铁商圈公园水系道路绿化项目、1 月 8 日站前广场及综合客运枢纽一期（地下停车场）项目、1 月 15 日站前道路项目先后开工，1 月 16 日综合客运枢纽一期（地下停车场）项目第一根抗浮桩灌注完成，标志着以中卫南站黄河大桥、站前道路、站前广场、公园水系绿化、自来水厂等为主要内容的高铁商圈 8 个基础设施建设项目全面开工建设。

艰巨的任务，总是要有敢打硬仗、团结协作的队伍去完成。2018 年 1 月至 10 月主要施工期间，各项目建设单位和施工单位认真贯彻落实市委主要领导"为把高铁商圈基础设施项目建成优质、高效、廉洁、精品工程"指示精神，面对工期紧、任务重的实际，克服资金困难，撸起袖子，甩开膀子，鼓足干劲，通力合作，紧盯工期节点和竣工工期不放松，节假日不休息，加班加点，树立力争上游的良好风尚。各项目部成员表现出敢于担当、敢于吃苦、苦干实干的精神面貌，市住建局的仇元定、王建亮，市交通运输局的薛军勇、王健，市自然资源局的刘卫国等同志，牺牲节假日，长期驻守施工现场，与施工人员吃住在一起；黄河大桥施工人员马林军、黄伟，全年没有节假日，很少与外地家里的妻子儿女团聚，面对全长 1150 米（主桥长 270 米），宽 41 米，寓意为丝绸之路托起的"塞上明珠"的异形钢箱拱桥，默默地守候在施工现场，保证施工进度、质量和安全；中卫南站站房施工人员吕太辉、孔德强，面对建筑面积 11843 平方米，高度在 17.6—42 米的站房，说得最多的一句话就是工地在哪，我们的家就在哪，为确保站房按时交工投入运营，他们整天爬高爬低，克服作业面高、施工难度大的困难，每一道施工程序都按照高标准、严要求的原则，力求精益求精。综合客运枢纽一期（地下停车场）施工人员孙涛，在最初开

工的 3 个多月里，几乎昼夜不休息，坚守在施工现场，面对面积 17000 平方米、深度 10 米多（停车场高度 5.8—48 米）的深基坑，生怕地质复杂的深基坑作业面透水漏水，发生安全意外事故。在 10 个月的施工过程中，高铁商圈各施工现场长期呈现热火朝天的景象，每日施工人员多在 1200 人左右，大、中型施工机械及车辆均达 200 台（辆）。各项目建设单位在施工过程中表现出精诚团结、紧密协作的精神，尤其在交叉施工过程中自觉表现出良好的政治意识、大局意识、责任意识和配合意识，严格按照施工程序施工，没有发生一起互不相让阻工挡工的事件，为各项目顺利实施奠定基础。

我深知管理好整个商圈建设项目，一是要领导必须亲临一线，了解实情，靠前指挥；二是要制定好制度，以制度管人管事。为此，指挥部从建立联席会议制度入手，我和常崇生、王少阳坚持每周至少现

中卫高铁站远景　陈学仁／摄

场办公一次，不定期召开会议，专门听取汇报，安排部署下阶段工作，针对项目推进过程中存在的问题，召集责任单位、施工单位和监理单位现场查看、现场商议、现场解决，坚持现场发现一起，解决一起。自指挥部成立以来，共召开各种办公会议48余次，印发文件42份，印发会议纪要36件。同时，指挥部先后制定和印发《中卫市高铁商圈基础设施建设项目月度综合考核评比办法》《关于进一步做好施工现场场尘防治工作的通知》，成立考核组，采取一周一督查，两周一汇报，一月一总结评比，定期对各项目工程进度、施工安全、施工质量、文明施工、责任人在岗履职情况五个方面例行督查，进行月度综合考核打分排名，前三名插红旗通报表扬，后三名插黑旗通报批评，并发文通报市四套班子领导和市委、市政府督察室；先后组织安全生产专项整改行动两次、施工现场扬尘治理专项行动两次，大大提高各项目安全生产和文明施工的管理水平，有效促进工程进度和工程质量，各项目建设单位形成互相追赶的良性竞争氛围。这也是我们能够按期完成高铁商圈基础设施项目建设的保证。

在高铁商圈基础设施项目建设过程中，各级党委、政府主要领导先后莅临施工现场慰问施工人员、指导建设，为施工现场带来融融暖意，鼓舞了士气。市委书记多次在各类文件中批示关于高铁商圈基础设施建设进度、质量和安全等工作，尤其是指挥部每月综合考核评比情况通报存在的问题方面批示最多。其中，在2018年10月8日指挥部《关于九月份高铁商圈基础设施建设项目综合考核评比情况的通报》中这样批示："高铁商圈建设，国顺同志及有关部门、县（区）做了大量卓有成效的工作，成效明显。希望各部门、县（区）继续努力，保证质量、加快进度，科学编排交叉作业，有关问题，请蔡菊、国顺同志专题协调一次。"批示中肯而又充满期望，既是对奋战在高铁商圈基础设施项目建设一线施工人员的鼓励，更是一种无穷的精神动力。截至2018年11月底，除中卫南站黄河大桥和高铁站房外，其他为高铁投入运营的配套基础站前道路、站前广场、综合客运机组一期（地下停车场）、污水处理厂（中水回用）、自来水厂、公园水系等六项工程项目基本完工，与市政协专职常委范学灵共同制定《高铁南站街道命名方案》并付诸实施。2019年5月，中卫南站站房竣工投入使用，中卫南站黄河大桥2020年秋建成通车。

中卫高铁的建成，对今后中卫市连接东进西出，加快融入呼包银经济区，尤其进一步密切内地的经贸交流和人员往来，促进中卫市经济社会发展和民生改善，对推进西部大开发，发挥铁路在推进"一带一路"建设中的服务保障作用，具有重要意义。同时，把黄河作为城市的内河，拓宽中卫城市向南发展的空间，进一步打通与中宁、海原融合发展的廊道，依托交通优势和丰富的旅游资源，以及黄河两岸中卫城市过境段水生态治理与保护，构建以"旅游＋购物＋娱乐"为主题，集交通集散、旅游服务、精品酒店、特色购物、众创空间于一体的中卫城市新门户。

政协中卫市第一届委员会秘书长工作回顾

俞学军

2003年12月31日，国务院批复设立地级中卫市，2004年2月6日，自治区人民政府决定撤县设市，2月12日，自治区党委宣布成立中共中卫市工作委员会，中卫市人大常委会筹备组、市政府筹备组和市政协筹备组。王有才任市政协筹备组组长，随后我被任命为中卫市政协办公室牵头人。从那时起，我们便开始了紧张有序的筹备工作。

2004年4月16日，政协中卫市第一届委员会第一次会议隆重召开，出席会议的政协委员有171人。19日，大会选举产生了市政协第一届常委会，由35人组成。选举王有才为市政协主席，姜中太、李德贵、张金山为副主席，俞学军为秘书长。下面，就我当年的履职情况作一简要回顾。

首先要做的第一件事是建章立制，规范运作。经主席办公会议研究，成立了规章制度起草小组，我任组长，耿学霞、蒋生军、王朝升、范金祥为成员。根据市政协刚成立的实际，借鉴外地经验，我们先后起草了《政协全委会工作规则》《政协常委会工作规则》《政协专委会工作规则》《政协委员考核奖惩办法》《政协办公室工作人员考核办法》《政协办公室学习制度》《政协办公室财务管理制度》《办公室车辆管理制度》等 20 多项规章制度。草稿拟出后，又召开不同层次的会议，广泛征求意见，反复修改完善。像《全委会工作规则》《常委会工作规则》《专委会工作规则》《政协委员考核奖惩办法》等文件，最后都上了市政协主席办公会和常委会，由常委会最后审议通过，印发执行。我印象较深的是，在讨论《政协委员考核奖惩办法》时，气氛热烈，集中的意见是奖罚要严明，特别是惩罚一定要到位，一次大会不参加、两次活动不参与的政协委员要通报批评，全年活动一半以上不参加的政协委员要解除政协委员资格。而且研究制定了年初定目标任务，年中督查落实，年末检查考评的具体细则。这些规章制度的逐步落实，收到了用制度管人管事的良好效果。

针对中卫市政协新人多，新委员多的现状，我抓的第二件事就是培训委员，提高履职能力。我们从银川请来了自治区政协秘书长朱玉华，他在会上做了主题报告，从政协的产生和发展的光辉历程，政协在国家体制中的性质、地位和作用，以及在长期的革命、建设事业中，共产党与各民主党派"肝胆相照，荣辱与共"的光荣历史和新形势下政协委员的使命与担当等方面，作了全面详尽的阐述。朱玉华同志深入浅出、风趣幽默的讲解，使大家深受启迪，会场里笑声掌声不断。随后，我做了《政协委员应主动积极地履行职责发挥作用》的专题辅导。针对新形势和新任务，我主要从四个方面号召大家："一是在发展生产力中发挥'生力军'作用。政协委员处在经济建设的主战场，要自加压力，负重拼搏，带领更多的群众共同致富奔小康。二是在民主政治建设中发挥'先行官'作用。政协委员带头参与社会实践，努力营造正义公平、广开言路、直抒胸臆的民主和谐氛围。三是在维护社会稳定中发挥'调解员'作用。政协委员要利用联系面广、包容性大、上通下达的优势，协助党委、政府多做理顺情绪，排忧解难，安定人心的工作。四是在精神文明建设中发挥'带头人'作用。政协委员要在讲诚守信、邻里团结、家庭和睦、赡养老人、尊师重教、爱护公物、讲究卫生等方面为群众带个好头，作出表率。"之后，又有李国仁、焦兴奋、曾国福等委员走上讲台，以他们的亲身经历做了交流发言，起到了用身边事教育身边人的良好效果。培训会结束后，许多委员都感慨说："讲得好，使我们茅塞顿开，知道了当委员不仅是荣誉，更是责任和担当，清楚了干什么、怎么干。"

为了提高办事效率、优化服务，我还对机关文秘工作进行了整顿和改进。对文书工作，提出了"三快一无"要求，即快收、快发、快转和无纰漏，每月失误不超过两次。对秘书工作，提出了"三吃透、五把关"要求，即吃透上情（党的政策）、吃透下情（基层实际情况）、吃透中情（领导意图），把好政策关、事实关、文字关、数据关、领导审核关，文稿成功率在90%以上。对通讯员也提出了"三早一不"要求，即早到岗、早清扫、早传递、不误时误事。同时，我和文书、秘书、通讯员分别签订了目标管理责任书。以上措施的落实，极大地优化了机关服务，提高了办事效率。

进入新时期，建言献策成为政协委员参政议政的一种重要形式。作为秘书长，我暗下决心，要在这方面起到带头作用。譬如，市委在起草2004年工作要点时向各单位征求意见，我便以市政协办公室的名义草拟了意见报了过去。有一次在走廊中遇见了刘云书记，他对我说："你们提的意见不错，'六个化'有真知灼见，我们研究后要认真采纳吸收。"这"六个化"就是我们在建议中写的"工业园区化、农业产业化、旅游特色化、城建景点化、生态指标化、党建经常化"。又譬如，市人民政府召开由部分政协委员参加的城市新区建设研讨会，李锐市长亲自主持。范学灵、赵益民、刘凤龙等政协委员都已发表了意见。这时，李锐市长指着我说："俞秘书长，你发表高见。"我就说："建设什么样的新区，对新市发展至关重要。我的建议是，要把新区建成行政要地、旅游胜地、文教高地、招商热地。"接着，我便从以上四个方面做了详细的阐述，突出讲了"中卫作为文化旅游城市，一定要树立'城在景中，景在城中'的新理念，用建设景区的力度建设新区、做到一路一景、一街一景、一区一景、一湖一景、一楼一景。同时，还要开展中卫市标、市树、市花、市歌征集评选活动，以此营造国际旅游目的地城市氛围。"我发言时，李锐市长频频点头。最后在总结时，他特别强调了"行政要地、旅游胜地、文教高地、招商热地这个提法好，有创意，应该写入新区建设规划总纲中"。那一年，我们还对教育、旅游、社会保障体系建设、农业产业化等进行了专题视察调研，对形成的视察调研报告，我都逐一把关、认真修改，上报后得到了市委、市政府的认同并予以批转。

同时，我还从关心机关干部和政协委员的生活入手，以此增强政协的凝聚力。譬如，市政协办公室从陶乐等地调入一批新人，如万振林、段建国等，我派蒋生军专门同他们对接，帮助找房子、置灶具、买电器、搬家具等，以减轻他们的后顾之忧。李德贵副主席是回族，每次从海原县来开会，我都派人安排好他的食宿。有的人不耐烦地说把补贴发给他算了。我说："不行，不要偷懒，你一定要把他住的地方和吃的地方落实好，才算完成任务了。"每次开大会和集中搞活动，中宁县、海原县的委员来了，我就吩咐办会人员给他们安排好食宿，投亲靠友不住的，一定发给生活补贴。

经过半年的努力，中卫市政协的各项工作步入正轨，井然有序，机关建设和委员参政议政出现了许多亮点，得到了市委、市政府的肯定，我这个秘书长也得到了领导和委员的认可。

中卫传媒事业发展亲历记

段鹏举

中卫是宁夏最年轻的地级市，像中卫全面发展的脚步一样，传媒事业也繁荣于中卫撤县设市，兴盛于媒体融合改革，特别是《中卫日报》创刊，对中卫传媒事业的成长发展具有里程碑的意义。作为宁夏政协委员、中卫市新闻传媒集团曾经的主要负责人，我亲历、亲见、亲闻了中卫传媒事业发展全进程。

《中卫日报》前期筹备与正式创刊

伴随着中卫市成立，组建中卫日报社、创办《中卫日报》随之被提上议事日程。

2004年10月20日，时任中共中卫市委常委、宣传部部长段振国高度重视，亲自指挥，协调各方，推进工作。中卫市委宣传部向市委上报《关于组建中卫报社的请示》，就办报的方式、规格、宗旨、版面安排，及报社性质、人员编制等事宜作了详细说明。随后，市委宣传部工作人员谈柱、袁海清夜以继日起草办报可行性报告及相关文件。并向国家新闻出版总署上报可行性报告、申请办刊号的相关文件，段

414

振国常委邀请《人民日报》总编辑范敬宜题写了《中卫日报》的报名。

2004年11月5日，中卫市委向自治区党委宣传部、自治区新闻出版局分别上报《关于创办中卫日报的请示》，申请报纸名称为《中卫日报》，主要发行范围为沙坡头区、中宁县、海原县，性质为中卫市委机关报，主管单位为中卫市委。

2004年11月9日，中卫市委机构编制委员会向自治区党委编委上报《关于设立中卫市日报社的请示》，申报设立中卫市日报社，为正处级全额拨款事业单位，处级领导职数4名（1正3副）。

2004年12月13日，中卫市委宣传部上报《关于中卫日报社有关事宜的请示》，提请市委研究人员调入及聘用人员等情况。

2005年3月30日，新闻出版总署下发《关于同意创办〈中卫日报〉的批复》（新出报刊发〔2005〕245号）："同意出版《中卫日报》，编入国内统一连续出版物号。该报周五刊，4开16版，主管主办单位为中共中卫市委员会。""该报办报宗旨和业务范围：坚持正确舆论导向，宣传中卫地区的改革开放和社会全面进步，促进该地区的经济、科学、文化、教育等方面的快速发展，为该地区两个文明建设服务。"同时，批复还要求自治区新闻出版局为《中卫日报》办理有关注册登记手续，并编入国内统一连续出版物号。

2005年4月13日，自治区新闻出版局下发《关于创办〈中卫日报〉的通知》（宁新出发〔2005〕46号），同意中共中卫市委员会出版《中卫日报》，刊号为CN64-0018，并按照《出版管理条例》《报纸管理暂行规定》精神履行主管主办职责。

2005年4月21日，中卫日报社24名第一批招考录用人员齐聚市委宣传部办公楼（原老县委办公楼），我当时任《固原日报》副总编辑，在这里与《固原日报》《吴忠日报》《华兴时报》《银川晚报》等区内新闻媒体的考录人员一起，开始《中卫日报》创刊工作。

如何在短时间内创刊，给市委、市政府一份惊喜，给广大读者一份惊喜，我们翻阅很多日报，吸纳不同的意见和建议，在版面编排、栏目定位、字体运用、报头报眉设计、核定版心大小等方面达成共识，短短一周时间，准备好了32个版面稿件。当时，中卫日报社采编系统还没正式运行，无法组版，我们便带着准备好的资料，于4月27日到宁夏日报报业集团新闻大厦7楼进行集中录入，将所有版面内容转换成电子版后，交给《宁夏日报》美编进行组版。

2005年4月28日，《中卫日报》正式创刊。一份份散发着浓郁墨香的《中卫日报》与中卫读者见面了，广大市民街头积极抢购、竞相阅读。从此，《中卫日报》在构建和谐社会的征程中与新中卫同步共振、合拍飞翔。

《中卫日报》建设与成长见证

《中卫日报》创刊后，仅用半年时间就完成从周一报到周二报、周三报、周四报，即出版日报的跨越，在宁夏报界开创了先例。

2006年12月18日开通中卫日报网，2007年12月15日开通中卫日报多媒体数字报、中卫手机报，2008年6月开通中卫日报电子屏报，当时在全区率先形成"四报一网"的宣传新格局和平面媒体、网络媒体、视频媒体、电子媒体"四位一体"新闻宣传新架构，更好地发挥新闻宣传工作在推动经济发展、引导人民思想、培育社会风尚、促进社会和谐等方面的重要作用。

2009年1月1日，又进行扩版，由原来的对开8版增加为对开12版，同时根据宣传需要相继增加《视点》《新快阅读》等栏目和房产专刊、教育专刊、社会生活、经济生活等版面，增加信息量，增强可读性。

2010年1月6日，中卫日报开办《中卫日报·海原版》，对海原进行全方位宣传，宣传效果好、声势大，受到有关领导的好评。

《中卫日报》创刊到媒体融合前的 2014 年 8 月，报社不断探索运用新的媒体管理方法，按高端、主流、公信的办报理念和贴近生活、贴近百姓、贴近基层的办报原则，实现四个大发展：一是传统媒体实现大发展，《中卫日报》于 2008 年进入自治区一级报纸行列。二是新兴媒体实现大发展，从单一的平面媒体到《中卫日报》、中卫手机报、中卫日报多媒体数字报和中卫日报网立体式宣传架构。三是经营收入实现大发展，《中卫日报》发行量翻了一番，经营收入从 2005 年的空白起步，到 2013 年增长 12 倍多。四是管理水平实现大发展，从最初的单一管理，发展到制度管理与现代企业管理手段相结合，实现报社管理水平上台阶。这些发展变化，无不凝结着一个报人的坚守与奋争。在中卫日报社强力推行全面质量管理（TQM）手段和层级管理、扁平化管理方法，实现对新闻作品产前、产中、产后跟踪全面管理，涌现出一批精品力作，有 130 多件作品受到省级及以上奖励。尤其值得一提的是，《中卫日报》刊发的《2009 年中卫市将为民办 15 件实事》一组漫画，被评为第十九届中国新闻奖漫画作品初评暨 2008 年全国新闻漫画年赛铜奖，成为当年宁夏唯一获奖作品，也是《中卫日报》创刊以来获得的新闻作品的最高奖项。

可以说，《中卫日报》自创刊以来，一步一个脚印，一步一个台阶，一年一分收获，一年一分惊喜，创刊时创办"宁夏一流地市报"和"全区一级报纸"诺言得以实现，《中卫日报》也成为市委、市政府放心有力，让人民满意爱读的报纸。

传媒事业融合发展"中卫模式"

2014 年是中卫传媒事业发展的转折年，也是中卫媒体融合发展的元年。当年 3 月中旬，在中卫市召开的深化改革领导小组会议上，将推进媒体融合发展列入深化文化体制改革任务清单，作为全市 2014 年近百项改革任务之一，明确融合发展目标、构想、政策和路径，中卫市委常委、宣传部部长陶雨芳专门负责落实中卫媒体融合工作，经过深入调研、多次座谈、分析现状、研判等形式，应对挑战，把握趋势，第一时间形成《中卫新闻传媒中心组建方案》。中卫日报社作为筹办牵头部门，由我亲自组织制定"五定"方案，并随市委宣传部、报社、广播电视台、网站的主要负责人，前往成都、牡丹江等地考察调研。

经过 4 个多月不懈努力，2014 年 8 月 4 日，整合中卫日报社、中卫广播电视台、中卫新闻网，组建成立中卫新闻传媒中心，作为当时宁夏第一家、全国第五家媒体融合发展的标志性单位，成为宁夏，乃至中国西部具有示范性、可复制的融媒体改革发展"中卫模式"。

为确保媒体融合顺利进行，我们采取事业单位属性、企业化运营渐进式改革方式，继续保留"中卫日报""中卫广播电视台""中卫新闻网"名称和呼号，以确保报纸年检、频道审核和归口管理的顺畅衔接。通过中层干部竞聘，配齐 15 个部室中层干部，全面启动了 15 个部室的工作，从而实行现代企业制度，推行企业化管理。

随着中卫传媒事业的不断发展，"中卫新闻传媒中心"名称的局限性越来越明显，尤其是在经营上影响了产业的进一步发展，在对外交流上制约了进一步扩大协作。为增强传媒中心影响力，报请市委编办同意，"中卫新闻传媒中心"更名为"中卫新闻传媒集团"，并于 2017 年 7 月 1 日挂牌。

作为传媒集团党委书记、主任，我深感媒体融合，不是报纸、电视与新闻网的简单相加，更不只是把传统媒体的人与新媒体的人拼凑到一起那么简单，要通过融合形式的转换，着力在新媒体建设和提高传播能力上实现新突破，着力在创新新闻媒体体制机制上实现新突破，着力在提升适应市场能力上实现新突破，着力在技术手段、呈现手法上实现新突破，全方位增强新闻媒体的整体实力和竞争力。

实现全媒体集群矩阵。2016 年，一是对《中卫日报》、中卫电视台、中卫广播电台两个频率、中卫新闻网进行全新的改版升级。二是完成广播节目数字化改造和电视节目高清播出，新开播《中卫交通音乐频率》。三是开通上线《云端中卫》手机客户端，抢占移动宣传平台，实现重大新闻30分钟见诸客户端。四是投资700多万元完成演播大厅装修并投入使用。五是投资700多万元建成"中央信息厨房"，建立统一指挥调度的多媒体中央信息厨房采编平台，实现设备集中使用，人员集中调配，报道统一部署，主题统一策划，稿件统一编发，实现新闻信息一次采集、多种生成、多元传播，促进各平台、全媒体协同运作。六是注册3个手机中文域名（中卫市新闻传媒集团、中卫广播电视台、中卫日报）、在中卫日报《掌上中卫》推出《早安中卫》栏目，阅读量、转载人数大幅度攀升，获得社会一致好评。目前，"报、台、网、微、端"一体化运营，形成"1端26媒"立体式传播的全媒体宣传架构。

增加原创栏目数量。2017年1月，对《中卫日报》进行增刊扩版，新增栏目28个，由原来4开12版小报改为对开8版大报，信息量增加60%。另一方面对中卫电视台《中卫新闻联播》进行改版升级，增设《中卫早新闻》《中卫午新闻》《直播中卫》（40分钟电视新闻杂志）和大量专题栏目。新闻资讯由原来每天15分钟增加到现在每天100分钟。截至目前，共新增电视栏目22个、广播栏目16个、报纸栏目28个、网络专栏36个。

建立融合发展双赢机制。一是打破人员身份界限，去"行政化"。大力推行绩效化、扁平化、全面质量等管理方式，在编人员和聘用人员实行同工同酬。二是在组织结构、采编流程、考评体系上打破新媒体和传统媒体壁垒，实现一体化发展、同标准考评。

拓宽媒体融合发展路径。一是集团转变经营创收模式，全力增加经营收入。先后与中卫市纪委、中国邮政中卫分公司、宁夏网络公司中卫分公司、中卫歌舞团等签订了战略合作协议，双方将进一步加强媒体领域、渠道领域、平台领域、物流配送等多方合作，以共享资源，优势互补，增加收入。投资数百万元的数码快印项目，已投入社会化运营。启动了中卫文化创意产业孵化园项目建设；完成绿色印务中心建设。通过政策促动、策划推动、组织带动、部门互动的宽领域、广范围经营策略，开辟新渠道，培育增长点，经营收入连续三年逆势上扬，三年迈出三大步，从当初不足 500 万元，发展到 2015 年的 700 多万、2016 年的 1000 万元，经营发展连年突破 30% 的增长率。2018 年中卫城区户外广告市场交由传媒集团统一经营管理。集团的经营与产业发展工作成为业界发展快、态势好、后劲足的创新驱动、融合发展的典型。二是集团适时成立外宣部，启动宁蒙陕甘毗邻地区及其他媒体战略联盟合作机制，与全国 50 多家媒体签订《媒体联盟战略合作框架协议》，以此为依托，于 2017 年 7 月举办"百家媒体看中卫"活动，中央媒体等全国各地 87 家主流媒体 180 多名记者参加活动，当年在签约媒体平台发稿达 1100 多篇（条）。之后每年举办"百家媒体看中卫"活动，成为外宣工作的一种常态。从最初的单一管理，发展到现在制度管理与现代企业管理手段相结合，实现管理水平上台阶。

中卫市新闻传媒集团先后有 54 件作品获得自治区级以上奖励，12 人次获得自治区级及国家级奖励；中卫新闻传媒集团 2016 年荣获中国报业融合发展项目创新奖称号，2017 年荣获"中国报协推动传统媒体和新兴媒体融合发展项目"三等奖、"中国媒体深度融合 30 强"和"中国地市党报媒体融合十强"等多项称号。2018 年荣获中国报业融合发展创新单位、改革开放四十年报业经营管理先进单位、2017 至 2018 年度中国报业深度融合创新发展优秀单位、2017 年度融合发展先进集体。

中卫市文联几个协会成立及《沙坡头》创刊记事

拜学英

20年前，我有幸在新成立的中卫市工作一段时间，经历了中卫市文联组建和几个协会成立，以及文学刊物《沙坡头》创办，回头一看，恍若昨日。

接通知，赴中卫

2004年2月14日，我在银川参加罢全区精神文明建设工作会议后，接到固原地委组织部电话，说自治区党委组织部调你去新成立的中卫市工作，须在四天内办好行政、党组织关系等转移手续，到自治区党委组织部报到。我虽感到突然，还是按要求办理了手续，告别了家人，于2月18日赶到自治区党委组织部一处报到。2月19日上午，在区党校参加赴中卫市工作干部培训会后，下午便到中卫参加全市领导干部大会，中卫市工委组织部部长刘晓林宣读了自治区党委、政府印发的《关于中卫市有关机构人员编制的批复》，同时宣读了《关于中卫市43名部门牵头人任职的通知》，我被任命为文联牵头人。会后，原中卫县各部门与牵头人接洽，县文联的4名同志与我见面，进行了简短交谈。

3月1日，西吉县委宣传部的同志送我到中卫市，分管宣传工作的市委领导和市委宣传部牵头人共同接待了我们几人。随后，我便投入到新单位紧张工作之中。

3月3日，我与文联的同志座谈交流，商定文联机构设置、人员编制情况。第二天召开会议，原县文联负责人汇报了基本情况、人员分工、近期工作考虑、经费、遗留问题等，其他同志分别谈了各自的工作。我结合市工委的要求和掌握的情况，提出了当前要重点考虑的六项工作：一是文代会各项工作的准备；二是各协会人员的物色推荐摸底考察；三是工作正规化及文联信息的撰写报送；四是市庆文艺演出活动及书画展的举办；五是刊物的创办；六是经费的争取。几位同志纷纷表态，将认真工作，积极配合，做好各项工作。随后几天，陆续与魏若华等几位作家及书法家见面，问计商讨如何做好文联工作。3月9日，分管领导召集宣传文化口牵头人座谈会，了解各单位情况。我就文联基本情况、现状、存在问题等做了汇报，谈了文联五一前后和今后一段时间的工作思路。分管领导要求各单位按各自思路自觉做好工作。3月16日，我率市文联的同志赴海原、中宁两县文联调研，了解两县文联工作情况，征求对市文联近期工作的意见。

呈报告，多奔走

随后一段时间，全力做着庆祝中卫市成立书画展的筹办工作。4月28日，庆祝中卫市成立书画作品展如期举办，所展作品是中卫"两县一区"书画作品的首次集中亮相，接着又进行了评奖活动和获奖书画集的编辑印制工作。我虽在市文联工作时间不长，但之前兼任固原市文联副主席，在西吉任县委宣传部部长分管县文联，自己业余文学创作的经历使我深切地认识到文学刊物的重要性，这块不可或缺的阵地对一个地方新人的培养、创作的繁荣作用是显而易见的，对此我有着清醒的认识，在中卫市文联工作后就及早考虑着创办一份刊物。5月25日，给市里呈报了关于召开中卫市文学艺术界联合会第一次代表大会的报告和关于创办文学刊物《沙坡头》的报告。两份报告报市委和分管领导审阅，6月16日传来了市委领导的批阅意见：文代会待市委将文联正副职班子配齐后召开；办刊一事与市委宣传部就刊物名称等事项沟通后提交常委会。文联呈报给市委的两份报告据分管领导说，是所有群团组织呈报最早最及时的。6月20日，中卫市委党干字〔2004〕4号文件，任命了16位市委部门及群团组织的负责人，我被任命为中卫市文学艺术界联合会主席，并在6月23日召开的全市新任处级干部承诺大会上进行公开承诺；6月30日市委分管领导召开宣传文化口负责人会议，对文联提出两点要求：其一，10月10日前召开市文代会，刊物同期创办；其二，车辆、办公场地问题积极创造条件解决。随即，对市文代会各项准备工作，尤其是会议材料，我及时安排分头准备。7月18日，趁"2004中国宁夏（沙坡头）大漠黄河国际旅游节"举办，文联牵头负责搞了一次文艺采风活动，全国及区内作家、评论家、编辑、书画家20余人参加了旅游节开幕式和采风活动，并召开了一次有当地作者参加的较大规模的文艺创作座谈会，作家、评论家、编辑就文艺创作、评论、刊物编辑交流了心得，给中卫文学创作以启迪指导，使本地作者受到了一次效果较好的培训。

为使市文代会早日召开和刊物早日创办，我极力奔走，多次给有关领导汇报，取得支持。8月上旬两次给市委分管领导汇报市文代会和刊物创办准备情况。分管领导要求完善报告后尽快提交市委常委会会议研究。8月18日收到市委办公室《关于文联"三定"方案的批复》，文联内设机构2个，即办公室和组织联络部，行政编制5个，事业后勤编制1个，设主席、副主席各1人，科级干部2人。其间，我与市文联的同志做着市文代会的各项准备工作，抽空修改把关会议所有材料。

10月3日，我到市委给新任常委、宣传部部长段振国汇报了文代会筹备和刊物创办的想法。他的意见是以宣传部为主，办成以宣传为主的刊物，有文学的内容，不宜单独办纯文学刊物。对此意见，我不敢苟同，找机会多次向他阐述文联办文学刊物的理由，向他梳理全国、全区地级市创办文学刊物的情况，向他阐述办成综合性刊物会不伦不类，遭同行讥笑的情况。在我的坚持和说服下，分管领导的想法最终得以转变，同意办成文学刊物。其间，就市文代会召开和刊物创办，我几次找上级主管领导汇报，以引起市里主要领导的重视。我区其他几个地级市文联都有文学刊物，不办刊物，文联的价值、作用何在？这是我多次寻找领导的原因。12月3日，我找段振国常委继续汇报刊物一事，他说待报纸创刊后，再说刊物的事。看得出来，分管领导的心思仍然在宣传上。12月7日，接到市委办公室电话，市委准备研究文联刊物一事，让打印20份报告呈送市委办公室。这对等待了几个月的我与文联的同志而言，无疑是个令人振奋的消息。

12月8日，中卫市委第二十二次常务会议终于将市文联呈报的创办文学刊物《沙坡头》的报告列入议题，并通知我列席会议。下午四时半，我汇报了创办文学刊物的必要性，以及要求解决的具体问题。主持会议的刘云书记要求与会者就是否办刊物，办成什么样的刊物发表意见。首先发言的是分管副书记，他说学英同志在西吉县任常委兼任固原市文联副主席，多才多艺，出版了多部著作，工作热情高。中国大部分地级市都有文学期刊，宁夏4个地级市也有文学刊物，有这么一份期刊，对宣传中卫很有意义，同意创办文学刊物，刊名为《沙坡头》，双月刊，每期安排经费两万元。接着，市委宣传部部长说，中卫作为文化底蕴深厚的地方，应该有一份自己的刊物作为阵地，培养文学新人，先办成内部刊物，再积累经验，争取正式刊号。其他常委也都发表意见同意创办。刘云书记最后拍板说，文联的拜学英同志在固原就很有影响，尤其人品很好，又很实在，到中卫文联工作以来，找着干工作。办一份刊物对宣传中卫的作用还是非常大的，应该办成大文化视角的刊物，多刊发有中卫特色、宣传中卫各方面成就的稿件，不能只发小说等，办刊物也要与时俱进。财政局局长今天也列席会议，请市财政局列入正式预算。

在常委会上，我见识了刘云书记的风趣幽默。也许为了活跃气氛，在讨论把刊物办得如何有特色时，刘云书记说，区上有份报纸办得挺不错，不过太花哨了一些，美女多了一些，有一期报纸上竟然报道了七对男女接吻的新闻，说有一对竟然长达 12 个小时。一位女常委说那是人家在搞接吻比赛呢。刘云书记接着说 12 个小时接吻也不怕饿肚子。引得与会者笑了一阵，使得严肃的会议气氛一下变得轻松了许多。因为研究的是我关注操心了几个月的议题，又因为这段花絮有趣，被我写在当天的日记里。随后几天，收到了市委办公室发来的第二十二次常务会议纪要，第十个议题是"同意文联创办文学刊物《沙坡头》，为双月刊，经费列入财政预算"。看着这份会议纪要，我踏实了许多，几个月的奔波终于有了结果。

办刊物，搞画展

市委虽然同意了办刊物，但办成一份啥样子的刊物，怎么办？具体要文联来考虑和运作。经过一段时间思考，我有了较为成熟的想法，便很快主持会议，重点研究如何落实市委常委会会议精神，办好刊物《沙坡头》具体事宜。我想先听听其他同事的意见，或许是第一次遇到这么重大的事项，几位同志竟然都谈不出具体思路，我只好讲了自己的想法：其一，首先请书法家吴善璋等题写刊名，请市领导为创刊号题词，请兄弟市县文联题写贺词。其二，撰写精练有深度的创刊词。其三，创设多个栏目，视来稿情况而定。其四，美编很重要，创刊号请自治区有关部门的人士设计。其五，尽快向区内外征集稿件，以文联内部同志编稿为主，外聘人员为辅。其六，拟于 2005 年春节或文代会召开时出创刊号。经讨论，大家认为这些思路可行。我便进行了分工：张永生负责编辑部工作，李玉华负责办公室工作，徐玉石负责联络部工作。面对时间紧、任务重的情况，大家最担心的是稿源。我提议可先向区内外各自熟悉的文学界熟人发征稿函和电话约稿，向"两县一区"的作者同时发征稿函。随之，文联的全体同志在人员少、经费尚不到位的情况下，全力做着刊物创办的各项工作。

元旦过后，我就刊号的批复和封面内页设计等到自治区新闻出版局和宁夏人民出版社找有关负责人审批和专业人士设计，同时联系有名望的人士题写刊名，先通过老作家魏若华联系到了中国文学馆馆长舒乙题写刊名。2005 年 3 月 2 日，舒乙寄来了题词，我看了后觉得并不十分理想。便又于 3 月 25 日通过区文联副主席郭刚向书协主席吴善璋求写了刊名"沙坡头"三字。同时，积极向分管常委和有关领导汇报，尽快配齐文联班子。3 月 30 日，市委副书记刘晓林主持党委及群团部门负责人就先进性教育征求意见会议，我提了两条：一是尽快为文联配齐副主席；二是尽快配备电脑等设备。我利用一切可能利用的机会为文联的事情奔走呼吁着。

与此同时，《沙坡头》创刊号也在紧锣密鼓地策划设计编辑中，我趁周末回银川，几次与昊博等具体负责设计的人员谈思路想法。终于在 4 月 18 日敲定了创刊号封面的设计思路。封一为吴善璋题写的刊名"沙坡头"三字横排，绿中泛黄的整体封面效果，黄河流经沙坡头的情景图，右下方排列着本期的重要稿件题目，分别是冯福宽、谢大光、石舒清、魏若华、杨梓等人的作品；封二是"沙坡头创刊号——献给中卫市成立一周年"几个大红字以及三位市领导的题词；封三是每期一家，创刊号推出书画家俞学军，有个人简介和书画代表作品介绍；封四是当地作者孟达的摄影作品《黄河古韵》。扉页上吴善璋题写的刊名放大，右上竖写着"中共中卫市委宣传部主管、中卫市文学艺术界联合会主办"两行字，左下标注着主编、副主编。目录页上排列着主编、副主编、发稿编辑、封面题词、设计者的名字。本期创刊号设有《特别推荐》《佳作选粹》《小说天地》《散文随笔》《岁月沧桑》《诗歌大观》《文学新人》《民间文艺》《谈文说艺》《文艺动态》10个栏目。《特别推荐》栏目里刊出了著名作家冯福宽、谢大光的散文；《佳作选粹》栏目里选编了石舒清的短篇小说《表弟》；内文首页经我反复修改把关的《创刊词》里有一段这样写道："岁月如歌，前程似锦，我们怀着对文学艺术的真诚，不怕艰难险阻，不畏寂寞清苦，吮吸着母亲的乳汁，采撷着生活的花朵，放飞理想，用真情去叩动文学艺术的神圣殿堂……"

4月18日，在自治区新闻出版局拿到关于《沙坡头》文学刊物的内刊批复件。按照五一出创刊号的时间节点，我全力做着刊物的设计、编校、印刷等各项工作。经过一段时间的努力和艰辛工作，《沙坡头》创刊号和《庆祝建市一周年书画展获奖作品集》在五一前编辑印制完成，《中卫日报》也同时创刊，可谓中卫建市后宣传文化领域的三件大事。《沙坡头》创刊号给市里四套班子及有关部门呈送后反应良好，大家认为市文联能在短期内创办建市以来第一份文学刊物着实不易，大家对封面设计、版式、栏目、内文都给予好评，唯一的不足是封二市政协一位领导的题词将"三贴近"写成了"三贴进"。

打基础，建协会

协会是文联开展活动、做好工作的基础和抓手。鉴于召开文代会及文联成立的报告迟迟得不到市里的批复，为尽快将市文联的各项工作开展起来，我与市文联的同志一方面继续做着文联成立暨第一次文代会的准备工作，一方面考虑着先期成立作家协会、书法家协会、美术家协会等几个重要协会，以尽快开展工作。4月29日，我与书画界的几位同志俞学军、王世立、陈世远等沟通商议书协、美协成立以及协会人员有关事宜。又于 5 月 26 日赴海原、中宁县文联调研沟通市文联所属几个协会成立及人选事宜，并将《沙坡头》创刊号和书画集分送两县文联。同时，还积极准备着刊物发行座谈会的工作，多次与分管领导沟通汇报，鉴于召开市文代会迟迟得不到批复，我于 7 月 13 日给市委宣传部常务部长李生龙呈送了几个协会成立的报告，以便于开展协会成立的工作，答复是他要请示在北京学习的段振国常委后再批复。次日，我修改着协会成立的有关材料，市委宣传部也下发了几个协会组成人员建议名单的批复，先期成立几个协会的外部条件已具备。这时，我与市文联的同志一道准备着几个协会成立的工作。7 月 19 日，我主持召集四个协会的牵头人就如何开好成立大会、会议准备、经费筹集等进行了商议沟通，并就开好成立大会提出具体要求。

经过为期两周的筹备，中卫市作家协会、书法家协会、美术家协会、音乐舞蹈戏剧家协会的成立暨会员代表大会于 7 月 22 日召开，应到代表 152 人，实到 130 人。海原县有 2 人请假外，其余代表均到会，中宁县会员代表到会人数较少。我代表文联通报了会议筹备情况和几个协会人员组成的原则，通过了选举办法，然后分组讨论通过各协会章程，随后选举出各协会理事会。市委宣传部常务副部长李生龙讲话，新当选的四个协会主席张永生、俞学军、王峰、田成玉表态发言，我代表文联讲话。会议开得简洁圆满，气氛融洽活跃，达到了预期目的。8 月 2 日，市文联将几个协会的选举结果批复下发，几个协会工作人员立即着手各自的工作。

正当我全身心投入市文联各项工作中时，8 月 5 日，自治区科协组宣部一行持自治区党委组织部综合处〔2005〕15 号调令来中卫市商讨我工作调动事宜。中卫市委组织部据此开出了两份调令，一份是对自治区党委组织部的，一份是对中卫市文联的。我在市文联和宣传文化口同志们的惊叹和惋惜中离开了工作整整一年半时间的中卫市，踏上了新征途。那天，书协的几位同志欢送我，这样评价：在很短的时间内为中卫市的文学艺术事业发展打下了基础，创办了刊物，成立了协会，在《民族文学》上推出了宣传介绍中卫的专辑，撰写了几篇有分量的宣传中卫文化旅游的文章。工作调动对个人无疑是一件好事，但对中卫的文学艺术事业无疑是损失。

我离开中卫后，市文联第一次代表大会于 2006 年 7 月 12 日召开，选举产生了市文联班子。《沙坡头》延续着创刊时的办刊风格和思路，按期编辑发行，为培养地方文学新人，活跃繁荣创作起到强有力的阵地作用。我虽离开中卫市，在后来的工作生活之余仍然不时翻阅着这份倾注着自己心血的刊物，市文联的同志每期刊印总要寄我一册，我也不时应邀为之撰写文章。每看到新的一期刊物，看到文联丰富多彩的活动，看到一个个文学新人的成长，我倍感高兴。我毕竟曾在这块园地里耕耘过，挥洒过汗水，倾注过心血。弹指一挥间 20 年过去了，中卫市走过了建市以来快速发展的历程。我从 2004 年 2 月 18 日赴中卫报到工作至 2005 年 8 月 18 日离开，整一年半时间，这是一段简短而难忘的经历，与中卫市文联各位同志和文学艺术界各位同仁接触交往的情景恍若昨日，成为一段美好的回忆。在此，我真诚地祝愿中卫的文学艺术事业健康发展，祝愿中卫的明天更加美好。

中卫县文化工作纪实（1949—1999 年）

石宇清

　　中卫县历史悠久，地博物阜，文化昌盛。漫地叠翠，遍野飞红，阡陌纵横的土地上，镌刻着 3 万年历史发展的足迹，先民托举木棒与石器，跳起原始图腾的舞蹈；北方草原民族挥动短剑和莽袖，策马扬鞭，踏响青铜文明的牧歌；秦汉戍边移民传播着中原先进的农业文化；宋元之际凿渠引河，百废渐兴；明清两代楼阁翘展，人文蔚茂，诗、赋、铭、记丰繁浩瀚。绚丽灿烂的历史画卷，闪耀着中卫人民智慧的光芒。厚重的文化积淀，沉甸甸的使命感催促着我们紧跟时代的足音，敲响奋进的鼓点，以励精图治、团结奋斗、只争朝夕的精神，迈上精神文明建设之征程，行风历雨 50 年，谱写了中卫县文化工作新篇章。

　　新中国成立之初，中卫县成立文化馆、新华书店、电影公司、秦腔剧团等文化团体。为配合宣传党的方针政策，文化工作者在艰苦的条件下，经常上山下乡，以饱满的革命热情，克服重重困难，积极开展各种形式的文化宣传活动，群众文化活动十分活跃。文化部门送电影、送戏、送图书和课本下乡，辅导文化，扫除文盲，群众自编自演，自娱自乐，皮影、社火尽展风采，掀起全县第一次真正的群众文化活动高潮。

中卫自古倡儒兴学，崇文重道，十年沉积的寒沙，最终压不住这片古老土地上蓄积的深厚文化底蕴的气息。党的十一届三中全会犹如一缕和煦的春风，唤起往日的记忆，敲响欢乐的音符。在"百花齐放、百家争鸣"文艺方针指引下，全县文化事业冲出樊笼，图书、电影、戏剧、文博等文化单位相继恢复并进入一个崭新阶段。各乡镇、村先后成立文化站室，三级文化网络基本形成，为普及繁荣地方文化事业打开良好局面。文化馆率先创办宁夏第一座较为规范的画室，随之又开办摄影、书法、音乐、舞蹈等形式的培训班，以强大师资力量和良好办学条件，为本县培养一批批青年文艺人才，形成浓厚文化艺术氛围。《中卫文艺》《中卫风物与传说》《卫图文摘》等自编书刊也应时而出。图书馆在仅存的4400册图书基础上，以年均1.3万册的速度增加，图书网点由个别乡镇扩展到大部分乡镇、厂矿、学校、机关。1986年，文化馆、图书馆大楼建成，为群众文化、图书阅览事业带来一片生机。5400多平方米的文化馆、美术馆、书法室、音乐教室、舞蹈排练室、声乐室、游艺室、录像放映室、摄影暗室、旱冰场等群众文化活动场所配备齐全；220多平方米的图书阅览室向读者敞开知识的大门，征订期刊迅速增至320余种，500平方米的书库收藏着大量精美图书；优质服务、读书征文等活动，吸引大批读者。新华书店大力推行经济责任制，强化经营管理，实行"二定三联一保"联销计酬制，每年销售图书100多万册，使全县图书发行网点迅速扩展到1989年的32处。20世纪80年代是电影文化时代。面对广大城乡群众的文化需求，电影公司很快形成一套集发行管理、放映服务于一身的正规管理体系，放映单位从几家增加到105家，放映网点达170个，放映收入也由起初的几万元增加到每年近百万元，每年400多万人次观影。这一时期，电影业为中卫县文化事业的发展创造了不可替代的社会效益。

历史的脚步从容地走到20世纪90年代，当人们的思绪还沉浸在浓郁的传统文化气氛中时，文化事业的发展格局已悄悄地发生变化。

在经济浪潮的冲击下，舞厅、录像厅、台球、酒吧、电子游戏、卡拉OK等不同文化形态的活动急剧升温，电影市场迅速滑坡，部分文化单位由于缺乏资金，难以把握文化与市场经济的变化规律，工作举步维艰。面对困境，文化部门本着"一手抓管理、一手抓繁荣"原则，切实推行文化行政执法责任制，加强管理，及时引导、培育、规划、调整文化市场，在市场经济中逐步摸索发展道路，在困境中繁荣文化事业。群众文化工作者狠抓"5151"阵地建设，在全县建立乡镇文化站16个、村文化室121个、家庭文化室304户。抽调业务干部到各文化站室调研、辅导，形成以文化馆为中心，辐射城乡的四级文化体系，各类文化活动在全县很快展开。以此为典型材料汇编的《农村文化之星》引起自治区、银南地区文化部门的高度重视，经验被介绍到全区交流推广。1991年10月，中卫被评为"全国先进文化县"。在荣誉激励下，文艺工作者紧紧围绕"以科学的理论武装人，以正确的舆论引导人，以高尚的精神塑造人，以优秀的作品鼓舞人"要求，狠抓文艺工作，创作的《单鼓乐》《单鼓声声庆丰年》《划筏子的尕妹子》等节目，分别获文化部二、三等奖和优秀节目奖;《河水哗哗上山台》获全国西北文艺调演三等奖;《簸谷乐》获自治区群文技能大赛一等奖。文化馆组织举办的青年歌手、交谊舞、大家乐等有奖比赛活动好戏连台。"文化搭台，经济唱戏"有效组织，使群众文化呈现出多业发展的良好势头，企业文化、校园文化、军营文化、社区文化、集镇文化开展得有声有色。中卫县博物馆利用国际岩画研讨会在宁夏召开之机，举办大型文物、岩画展览活动，使中卫岩画走出国门。图书发行行业则从提高城市发行质量，加强农村发行两方面入手，从外地调进大量吸引读者的抢手图书，设专架陈列销售;而且随着科技、经济的发展和农民素质的逐步提高，新华书店还特配专兼职农村发行员，常年在农村开展流动供应，建立供销社和个体发行网点63个，选择果树修剪、家畜养殖等一批实用性强、通俗易懂的科普图书100多种，适时投向农村，帮助农民提高技术，基本上形成辐射整个农村市场的图书发行网络。学生课本、复习资料的征订发行，也根据教育教学的要求严格选定，"课前到书、人手一册"的优质服务，为广大师生解除忧虑，受到各中小学校的好评。图书馆在市场经济中寻找着自己的位置，立足物质文明与精神文明相契合的切入点，以高层次的服务管理水平赢得广大读者。馆内藏书量达18.9万册，全县建立乡镇图书室16个、村图书室177个，年均借阅书刊6万多人次、8万多册次。电影业排除干扰，狠抓电影的服务管理工作，实现乡乡有电影队的目标，并以充足的片源供应，使电影逐步在农村落脚生根。在文艺、史志工作者的潜心努力下，《鲁海拾零》《文化明珠中卫》《中卫名胜风光楹联大观》《中卫岩画》《远方交响曲》《中卫县志》《中卫文库大观》《香山酒文化》《长河云帆》等一大批著述相继问世；《枣林曲》《仇杀》《柳树》《灵塔寺记》《燃烧的手指》《送别》等文学作品分别在全国发表并获奖。

各文化单位以极大的热情投入文化建设，取得一项又一项殊荣。中卫县新华书店以优异成绩连续几年被县委、县政府评为"十佳窗口""两个文明建设先进集体"；1998年又被自治区宣传思想工作领导小组评为全区第二届出版系统先进集体。中卫县文化馆先后赢得"全国先进文化馆""全国标准文化馆""全区文化娱乐文明单位"的荣誉。1997年中卫县图书馆以不凡的管理服务水平，被中共中宣部确定为22个首批全国百家期刊阅览室之一，1998年又被中国期刊协会等单位评为全国百家期刊阅览室十佳之一。同年，中卫县广场文化拉开帷幕，各大企业大力支持，先后募集资金9万余元，购置音响、灯具、地毯等器材设施，与文化部门联合组织，有力地推动地方文化的发展。1999年是中卫县文化工作不平凡的一年，全面展现文化工作者在"再塑文化县新形象"工作中付出的热情和努力，把全县文化活动推向时代高潮。中卫县图书馆在全国公共图书馆第三次定级中，被评定为全国二级图书馆，并被全国期刊协会定为第四届全国省市经济期刊评审委员会成员，参加期刊评优工作。新华书店图书发行 300 多万册，销售收入达到 635 万元。中卫县文物管理所（博物馆）也以 100% 的达标率，被自治区文物局定为吴忠市文物"四有"建设示范点。各乡镇文化站（中心）、村文化室共举办各类培训班 156 期，受训人员 6000 余人次。宁夏第二届群文专业技能大赛中，中卫喜夺 1 金、5 银、12 铜的好成绩。城镇、农村的群众文化活动也此起彼伏，如火如荼。节日期间，社火、征联、歌舞、演唱、游艺、烟花、书画展览、舞会、录像等内容的"活动链"全面拉开，欢乐祥和的节日气氛飘荡在人们的眉宇之间。吴忠市首届社火节，美利纸业鼓声雷动，唱响"中卫精神"。"双丰杯"交谊舞大赛，中卫县荣获团体第一。围绕迎接新中国成立五十华诞、中卫和平解放 50 周年、澳门回归祖国和新世纪到来为主题的系列群文活动在全县广泛开展。群众性、公益性的广场文化，形成"你出人员我编排，你出节目我搭台"良好局面，全年组织"颂中华、迎回归、跨世纪"文艺演出 29 场，各机关、企事业单位纷纷登台献艺，96 个部门单位、6000 余名演职人员参加，演出节目 448 个，观众达 28 万人次，优美的旋律回荡在文化广场上空，激动的掌声传达出人们热爱中卫、建设家乡的壮志豪情。群众喜闻乐见、广泛参与的广场文化，有效地带动民间文化的开展。吕瑞英牵头组织老艺人成立中卫秦艺剧团，宣和镇、三眼井乡分别成立业余秦腔剧团，艺人们再也耐不住内心曲调的拨动和文化风潮的涌荡，先后相约高庙公园，"划地为台，以天为幕"，不拘形式，自娱自乐，巡回演出，健康活泼的文化活动走遍山乡。与此同时，纯净的校园绿地上，也掀起一缕文化波澜。为了进一步推动中卫县校园文化的发展，培养跨世纪好少年，中卫县文化馆积极组织人员参加全区庆六一少儿美影书展暨"三小"（小歌手、小乐手、小舞蹈演员）比赛，全县各中小学、幼儿园积极参与，共征集作品 380 余幅，其中 26 幅入选，8 幅获奖；"三小"比赛也一举获一、二等奖各 1 个，三等奖 2 个，辅导奖 1 个的好成绩，中卫县文化馆也获评全区优秀组织奖。"迎回归·跨世纪"中学生演唱会也引来近千名中学生的踊跃参加，把校园文化推向高潮，为素质教育注入无限活力。文艺活动丰富多彩，农村文化建设大步前进。由文艺、图书、电影、文物等文化部门参加的"文化下乡"活动适时展开，农民迫切需要的精神文化食粮和致富信息，在锣鼓欢歌声中得到满足。全县农村文化工作调研为下一步的发展提供依据，跨世纪农村文化站（室）建设也确立奋斗目标。在县委、县政府和文化部门的支持协助下，许多文化站（室）也相继开辟阵地，大力投资，谋求发展。秦腔听唱会童叟欢笑；体育比赛自娱自乐；音响、VCD营造出精神文化的乐章；国策楼、公园的墙壁也为书法、绘画、摄影等文化活动提供展示文艺的一方天地。"中

河畔秋景　石宇清／摄

435

卫县第三届农村奔小康'香山杯'大型文艺调演"主题鲜明，场面恢宏，既证明农村文化建设的成绩，又展现中卫县 50 年的沧桑巨变，格调高雅，富有地方特色和时代气息的精彩表演，博得观众阵阵喝彩。在吴忠市首届小康乡镇文艺调演中，获 3 个一等奖、2 个二等奖、1 个三等奖和 1 个团体第一名的奖项，充分证明中卫县群众文化工作的实力和水平，为文化工作展示广阔的前景，为中卫人民争得荣誉。

黄土地欢声笑语，县城之夜彩灯闪烁，时代的灯火装点着这座美丽的古城，处处透出浓郁的文化气息。"社会主义现代化应该有繁荣的经济，也应该有繁荣的文化"。面对人民群众日益增长的文化需求，在世纪之交的历史时刻，文化管理、传播者们肩负重任，在提高全民文化素质的道路上奋起高歌，各种文化活动一浪高过一浪。

中卫农村文化阵地建设回眸

刘忠群

　　20 世纪 80 年代，让人感触深刻的是，随着农村经济体制改革的推进和深化，乡（镇）文化站（中心）便成为活跃乡村文化生活，满足人民群众日益增长的精神文化需求不可或缺的阵地。它既是群众文化生活的主要场所，又是农村青年、妇女、民兵、青少年科技活动前沿，承担着传播文化知识、陶冶民众情操、了解天下趣闻、开阔视野胸怀的功能，发挥了特殊重要的作用。

　　当年，中卫县各乡（镇）成立文化站（中心）的具体时间与站长（主任）为：永康乡文化中心于 1979 年 10 月成立，主任刘桂礼；三眼井乡文化站于 1979 年 12 月成立，站长张学智；西园乡文化站于 1980 年 4 月成立，站长廉文香；镇罗乡文化中心于 1980 年 5 月成立，主任石安定；宣和乡文化中心于 1981 年 6 月成立，主任徐振江；常乐乡文化中心于 1981 年 10 月成立，主任俞学信；城关镇文化站成立于 1982 年 1 月，站长王淑兰；柔远乡文化中心于 1982 年 7 月成立，主任訾云；红泉乡文化站于 1982 年 7 月成立，站长刘希聪；城郊乡文化站于 1982 年 9 月成立，站长范守和；东园乡文化站于 1982 年 12 月成立，站长孟兆兴；景庄乡文化站于 1983 年 8 月成立，站长冯占郁；甘塘镇文化站于 1985 年 3 月成立，站长丁文渊；东台乡文化站于 1986 年 6 月成立，站长韩治忠；西台乡文化站于 1986 年 6 月成立，站长张平汉。随着农民生活不断提高，乡村文化结构在层次上向新、高、多方面发展，到文化站（中心）来探求知识、寻经觅宝的人越来越多，已普遍不能满足过去"电影电视加书报，逢年过节踩高跷"的固定模式。城镇文明风气逐渐传导到基层，文化站（中心）在传统职能基础上又增加完善多种形式和经营活动，如吹拉弹唱跳、画画照相俏。这样既丰富了文化站（中心）服务内容，又增加了以文补文收入，极大地方便了群众，实为一举三得。尤其在新农村建设中，赋予文化站（中心）不可替代的作用，中卫县文化馆业务干部也增添了下乡到基层开展业务辅导的职责。实际工作中，我切实感受到各级党政部门的坚强领导是办好基层文化站的重要保障，也是推动基层群众文化事业发展的关键因素。实践证明，哪一个基层党政部门重视文化阵地建设和群众文化工作，哪里的文化站（中心）工作就搞得好，文化专干就有信心，反之则不然。对乡（镇）文化站（中心）工作的支持绝不仅仅是出钱出力，更需要乡（镇）领导对文化站（中心）专职人员思想上的指导，业务工作上的支持，让群众文化工作与党的基层工作同步运转。如何正确处理好群众文化事业发展同农业生产及人民生活的关系，提升文化专干业务素质和能力，此乃群众文化工作的决定性因素。哪一个文化站（中心）的专干素质好、工作能力强，哪里的工作就必定搞得出色。

西园乡文化站 1985 年开展以文补文活动，站长廉文香思路开阔，为解决文化站活动经费不足作出显著成绩。

镇罗乡文化中心主任石安定，发挥骨干作用，使全乡文化宣传工作有了起色。如组织创办 14 个家庭文化室，提供阅览、棋牌活动，有的在院内、门前开展乒乓球、羽毛球等活动。在重大节日期间，还组织全乡农民、干部、中小学师生美术、摄影、书法比赛，及全乡农民象棋、乒乓球大奖赛，展出的 111 幅作品中有 86 幅是村干事发动农村青年提交的作品。在象棋、羽毛球比赛中，村村有参加比赛的队伍，示范效应明显，全乡文化宣传工作面貌焕然一新。

城关镇文化站站长王淑兰，为了满足群众的愿望，在群众借阅图书时，打破你借我给，要什么给什么的被动局面，做到借阅图书快、精、准，使读者满意。为了使科技图书发挥作用，有针对性地传递给专业户，帮助他们发展生产。农民白万强，接受新事物快，文化专干抓住他的这一特点，介绍他学习作物栽培学，1985 年新开荒地 10 亩，种植水稻，获利 960 元。1986 年种树 1200 株，成活率达 84%，1987 年在新开荒地上栽 20 亩果树，发展经济果林，走上科学致富道路。前锋村青年张俊峰走自学成才的道路，在文化站工作人员的启发帮助下，认真学习农业技术知识，成为本镇带头推动农业科学技术的示范户。城北村青年王福平经常到文化站学习养鸡等专业知识，当年先后养肉鸡 1100 多只，获纯利润 1500 多元。

城郊乡文化站站长范守和，正确履行群文工作职责，不断扩大阵地，为活动室增加器材，至 1986 年底，全乡办起蔡桥、炭场子、新墩、东关、南园、南关、沙渠桥、官桥、八字渠、韩闸 10 个村文化室、20 个家庭文化室。由于各村办公房屋紧张，场地缺、器材少，活动开展局限，不能适应广大群众需求。在这种情况下，他鼓励各村尽力克服困难，千方百计解决场地小、器材少的难题，有的村合并了办公室，几个村干部挤在一间房子办公，有的只有两三间，只能放电视，其他活动根本无法开展。为了解决场地问题，他们根据实际情况，在资金缺乏的情况下，还是想办法扩大阵地活动，一些村不仅有了电视室、游艺室、图书阅览室，而且还有群众看电影、看戏的场地。为确保文化室有充足的图书供群众借阅，他在加强管理上下功夫，每年拿出一些活动经费购置图书。1982 年以来，新添图书 7000 多册。

文化站干部一般都具备"吹拉弹唱、书画照相"特长，还具有热爱文化事业的强烈责任感以及乐为家乡人造福的高尚情感。专干们在平时工作中不畏艰难，不计个人得失，在基层文化的沃野上辛勤地播种耕耘。他们放弃自己发家致富的念头，一心从事文化站工作，每月只有几十元工资，勤勤恳恳、任劳任怨地工作，一干就是十几年。有的同志没耽误过公家一点事，常常是啃个馒头顶顿饭，晚上睡在文化站。我对他们的这种精神产生了无限的敬慕与赞叹。

通过基层调研，我也发现乡（镇）文化站（中心）确实存在着一些实际困难和问题。一是文化专干普遍待遇偏低，文化专干绝大多数为临时聘用人员，有的专干工作多年，工资普遍偏低，专业技术职称等实际问题一直未得到解决。二是活动经费紧缺，尽管国家每年拨文化站经费1000多元，支付专干工资后所剩无几，无力改善基本设施及添置器材，一遇大型活动，只好求助于基层政府，然而有时得到的资助也是杯水车薪，解决不了根本问题。三是设备奇缺。乡（镇）文化站（中心）除了有一些图书资料、电视机、录音机，及一些简单体育器材外，几乎没有其他设备。四是机构隶属观念模糊。一些基层领导搞不清楚文化站（中心）归哪一级部门领导，有的竟认为是市文化局或文化馆的派出机构，工作不闻不问，给文化站（中心）开展活动造成了困难。

乡镇是城市之末、农村之首，是联络城市与广大农村的桥梁，是当地政治、经济、文化的中心。乡镇具有强大的辐射力，起着一定的示范作用。抓好乡镇文化站、文化中心工作，可以把农村群众文化活动带动起来、活跃起来。文化站（中心）应是农村群众文化工作的重点，也是农村社会主义精神文明的重要依托和主要标志。应该说，它是农村社会主义精神文明建设的显示器，抓好农村文化建设，功在当今，利在后世。

解放初期宁夏干校学习往事

魏占英

1949 年 9 月宁夏解放后，新成立的宁夏省委为了培养国家干部，于同年 10 月成立宁夏省干部学校（宁夏党校前身）。学校成立后，先从社会上招收一批知识青年到校学习。我县的尤明宝、马建华、陈万钧等就是第一批学员。第一批学员结业后，省委于 1950 年 5 月通知各县派在职干部到校学习。我县按照省委要求，抽调 6 名国家干部和 5 名中宁中学在校的新民主主义青年团员参加省干校第二期学习。这次被抽调的国家干部有杨庆祥（县委）、魏占英（鸣沙区）、胡增义（民政科）、朱建华（建设科）、朱兴汉（公安局）、黄诚厚（渠口区）；从中宁中学抽调的新民主主义青年团员有严肃、赵发奎、李玉珍、师贞兰、尚金凤。

5 月的一天中午，去干校学习的人员，到县上集中后，由组织部部长胡树津召集开会，胡部长讲了省上办学习班的目的和路途安全注意事项，并指定带队负责人。第二天被指定负责的杨庆祥带领学习人员起身。因为当时缺乏交通工具，县上事先雇佣了康滩渡口一家的大木船，让我们这批人员从水上赶赴银川。这天早上，我们背上行李卷赶到康滩渡口。到渡口时，这船正在装运一批运往永宁的羊只，我们等到中午才上了船。上船后随着木船在河面上的漂流，我们这批青年人就无拘无束地耍开了，有的人耍扑克，有的人讲故事，有的人"石头打砂锅"。虽然大家都是初次见面，但是为了同一个目标聚集在一起，都像熟人似的开着玩笑，木船像活动俱乐部似的前进着。中午过后，木船不知不觉地漂流到青铜峡口哆啰咀附近，这时因船工的疏忽，没看准水线，把船驶在浅水上搁浅了。不巧的是船刚一搁浅，后面又漂来一架又大又笨的木筏，这木筏因来不及躲避一头撞在我们的船尾，木筏一转身划走了，可我们的船却一动不动地停了下来，而且船尾被撞了个大洞。船搁浅后，老船工带人下船，边推船边检查。当检测到木船被筏撞了个大洞时，老汉气愤地斥责说："你们这些年轻人在船上就不说个吉利话，什么石头打砂锅啦，这下把船打坏了看怎么走？"我们听了老船翁的话以后，虽然不信迷信，但什么都没敢说。这时，我们男同志一起跳下水去帮着推船，船工找了一块木板把撞出的洞补好后，在大家的推动下，船慢慢开始走动，大家才上了船，又漂流在青铜峡口。由于时间的延误，这天到秦马关渡口（吴忠古城河边）就住宿了。第二天船又起身赶到王太堡渡口，已是中午时分，我们下船背上行李向银川赶路，下午到达宁夏干校报到。

宁夏干部学校原址设在银川北街，原马鸿逵大公馆后保安处部队驻扎过的旧军营内。院内有十几间较好的房子是干校干部职工住所，东西两侧原来旧部队住过的七八排土木结构大土房，就是学员住所。当时，干校校长是由省委书记朱敏兼任，专职副校长苏晓蒙（是陕北老干部），还有郭、曹等几位教师，各队的队长是从华大来宁的干部。我们中宁去的 11 名人员被分编在九、十、十一、十二、十三队，我和杨庆祥、李玉珍分在十二队，队长是华大来的王某某担任，我被分在这个队的第一组担任组长。朱兴汉、杨庆祥、胡增义、朱建华也分别在所在的组担任组长。

分队编组后，学校先召开新学员开学典礼。典礼会上省委派去的干部和副校长等人讲了话，接着由管理后勤的负责人讲了生活安排和学校纪律。从此，我们就投入到紧张的学习阶段。

我们这期学员学习的主要内容是社会发展简史和政治经济学。社会发展简史的中心是教育人们要树立劳动创造世界的观点，人类要想进步，必须用自己的双手进行劳动，必须消灭剥削制度，必须树立唯物主义思想，反对唯心主义。这项教育内容里面，首先遇到的是"人是从类人猿进化而来的"。老师给我们作了辅导报告后，各组讨论这个问题时，有几个同学接受不了这个理论，学校经过研究后，允许这几个同学退学。

我们学习的方法是，以小组讨论为主，自学和大会辅导相结合。学习会上大家非常认真，讨论时人人争先恐后发言，有时候为一个问题还辩得面红耳赤，显得非常认真。那时，学习条件是极其简陋的，三间大的房子组成一个组，大家都睡在麦柴铺垫的草铺上。白天学习没有桌凳，就把门板摘下来支垫在炕头上当桌子，大家坐在一起做笔记和写发言提纲，学习热情非常高涨。学员学习纸笔都是自购的，从街上买一瓶蓝颜色用水泡开，就是最好的墨水。教室设在一个五间大敞棚里，这个大棚既是课堂，又是饭厅，开饭时全校的学员聚在一起吃饭，真有意思。遇到大会辅导时，教员还给学员教唱革命歌曲，《没有共产党就没有新中国》《咱们工人有力量》等歌曲就是那时候学会的。开大会休息的时候，各组都开始唱歌，唱完后各组再互相拉着唱，气氛非常热烈。在这期学习中，省委还安排团委书记李子奇和妇联主任白烈飞到校作辅导报告，我记得这两人的报告是专讲共青团和妇联业务的。

我们去的这年，国家对这批干部实行供给制待遇，生活和工资、服装全由国家供给，伙食由学校负责调剂。主食以黄小米为主，一个礼拜能吃上一两顿白米饭和馒头。但吃馒头时气氛非常紧张，炊管人员把馒头筐篮往饭厅一放，学员就抢开了。给我影响最深的是有一次学员们抢馒头时，把一个学员挤倒在笸篮里面，大家把他拉起来再抢，闹得哄堂大笑。从此以后，学校更注重管理，除了多吃几次馒头外，还教育学员多谦让，不要再出现不礼貌的举动。就餐以小组为一桌，学员每天轮流到饭厅打饭、打菜，很有规律。

学生的服装也是由国家统一配给。不巧的是这年夏季换装时，地方土匪泛滥。平罗、石嘴山一带有郭栓子一帮土匪到处抢劫，同心到固原一带有土匪马绍武和张海禄横行。由于土匪骚扰，中宁至西安的交通一度中断，给我们更换的夏季服装迟迟从西安运不过来，大部分同学都穿着从家里来时带的便服，有的人换不上单衣，热得满头大汗。我也穿着从家里起身时，买的几尺白老布缝制的一件白衬衫度日。直到 7 月中旬，中宁至西安的交通得以恢复，给我们换季的一身灰单衣才从西安运到宁夏。换上服装后不仅高兴，而且全校学员的服装统一后，显得整齐划一，非常好看。

解放初期土匪被消灭是必然的。因为有强大的人民武装，他们只能得势于一时，不能得势于一世。但是消灭这帮土匪时，我们也付出了血的代价，有的战士在剿匪中阵亡，有的负伤。最典型的是 1950 年 6 月，土匪郭永胜（俗称郭栓子）在袭击定远营（今巴音浩特）以后，不仅抢走了我方电台设备，还在半途埋伏，将在银川开会后骑马返回巴音浩特途中的巴盟书记曹动之同志和通讯员一同杀害在半路。事件发生后，对社会震动很大。曹动之的侄儿曹某是我校教员，得知此事后，他臂戴黑袖章成天奔于叔父的丧事，我们看了也为之惋惜。我组的两个巴盟女同学听到此事后，整天心事重重，到处打听家里的消息，直到一天到新华街达里扎雅（巴盟主席）开设的宝珍照相馆打听到家人平安的消息后，才安下心来学习。土匪平息后，我组一个贺兰的同学李文卿（部队干部），利用周日约我到他工作过的银川北塔西的一个村庄看土匪骚扰的痕迹。当到这个村庄后，他介绍土匪绑架人质、留在屋内墙上的弹孔时，我心中不寒而栗。这时土匪郭栓子一伙已经被逮捕，社会治安好多了，该村的热心村民招待我俩吃了中午饭后，我们就返回学校。

1950 年 6 月 25 日，美帝国主义侵略朝鲜战争爆发，消息传到宁夏后，省委通知各机关学校立即发起声讨。这时我们学校原本平静的学习气氛又紧张起来。每周的教学时间中又安排上了抗美援朝教育课，教员在讲抗美援朝的意义时，神态非常严肃。当讲到美帝国主义的飞机在我们东北边境骚扰时，气愤地振臂高呼"打倒美帝国主义！"同学们都跟着高呼，气氛非常庄严。这时音乐老师又教我们唱《中国人民志愿军战歌》，激发全校师生的爱国热情。为了配合省上的抗美援朝宣传，学校组织了宣传队，到街上巷道向群众宣传。有些文艺团体的宣传队，也来到学校进行宣传，使美帝国主义的野蛮罪行人人皆知，全国声讨。1950 年 10 月 19 日，中央决定出兵朝鲜，消息传到我们学校后，大家都非常振奋，人人奔走相告。抗美援朝战争，最终以美帝国主义的失败而告终。

我们在干校学习的这半年中，虽然时间较短，但因为是新中国成立后组织的干部培训，不仅学员学习热情高，学到了许多革命知识，而且精神生活非常愉快。每天下午，学员都自愿参加体育文化活动，有的人打篮球，有的人下象棋，有的人打康乐球等。过一段时间，学校还组织看几次电影和省上的文艺节目，调剂学员的精神生活。大约是 9 月份，学校还参与了省文化部门组织的文艺演出，在这次演出中，我组选派巴盟一位张姓女同学上台演唱了一段秦腔，获得好评。

我们在学习期间，听人说逢周日宁夏人民银行在南街的一个大会议厅组织交际舞会，参与的人很多。我们出于好奇心理，有时也在周日到现场看人家跳舞。起初觉得男女二人跳起来挺有意思的，他（她）们伴随着音乐在大厅里翩翩起舞，穿来穿去，有时是二步跳，有时是四步跳，变化无穷。跳舞的大部分是银行职员，也有省委、省政府的首长。跳交际舞反映了解放后人们的愉快心情，也体现了男女平等和淡化封建意识的作用。所以，这种娱乐方式一直延续至今。自看了跳交际舞的情况后，我们组的有些人也学着跳。一天，有个马姓同学因为没有舞伴，自己就抱上一个小板凳在房里扭开了，惹得大家哄堂大笑。

　　进入 10 月以后，我们学习快结束时，学校布置写学习论文和自传材料，每个学员都一边思考，一边书写起来，大约用了一周的时间，都交了卷。这时，组织上对学员的去向除个别做适当调整，大部分学员都回原县工作。1950 年 10 月，省委决定在宁朔县（今青铜峡市）和盐池县实行土改试点，需要干部，就把我县去学习的胡增义、赵发奎两位同学分别派到这两个县参加土改去了，其余人员回到县上工作。回县后，除少部分人员的工作单位作了调整，大多数仍回原单位工作。组织上调我到县农民协会工作，紧接着我就投入土地改革工作中去了。

新中国成立前后的中宁县城市场

杨应林

中宁县城原名宁安堡，始建于明成化二十二年（1486年），原属中卫县管辖，民国二十二年（1933年），中宁县从中卫县析置。

中华人民共和国成立前，县城仅有3000人，百十家店铺及一些小摊贩，市面比较冷清，但它是全县政治、经济、文化中心。就工商业而言，它是由商务会（民间团体组织）管理的，税收则由税务稽征。商业中有坐商、行商之别，另有二者兼之的几个专业市场，比如米粮市、菜市、炭市、草市、人市等。

米粮市位于城北山西会馆门前的场地上（现城镇中学教学楼处）。清晨，十里八乡的农民驴驮车拉地把要粜的各色粮食运到市上，自动排列成行待粜，每天不少于万斤粮食。粜籴米双方经过一番讨价还价后成交，然后粜方把粮食移至张、袁、杜三姓任何一斗行处。斗行用财政厅颁发的标准升斗过粮，并用刮板把粮食刮平，刮一报一，并重复之，互相监督，免生差错。货款两清后，籴主将粮食送到附近企业主家里，距离远的不送。斗行的佣金规定每斗5分，由粜籴双方各承担一半，但因历史原因执行困难，一直未用，而是沿袭传统的"折底子"方法，即把剩的少数粮食留作佣金。斗行是报经省财政厅注册的，一届3年，每年要缴纳较多的税款。市场上还有一些卖吃喝的流动摊贩，往返叫卖，加上粜籴双方的讨价还价声很是热闹。

菜市在现灯光球场处，紧靠南城墙根，约2亩地大，有3个出入口。菜市上有固定菜贩20余家，终日营业，更多的是来自城郊的菜农。菜的品种依季节变换而不同，春夏之交主要是韭菜、白萝卜、菠菜，还有苦苦菜等野菜。夏秋季蔬菜品种最多，有茄子、辣子、刀豆、黄瓜、菜瓜、莴苣、葫芦、山芋、莲花菜、蘑菇及沙葱等。但没有西红柿、菜花、大白菜、油菜等，因为那时还没有引进这些品种。冬春时节蔬菜品种最少，主要有山芋、胡萝卜、莲花菜、豆芽菜。豆腐常年都有。

炭市初在西头道巷理门公所西侧空地上（现为县旅游和文化体育广电局西端），后迁西二道巷。最后一个牙行名叫冯运林（笔者同学），他还有几个伙伴。他们经商务会允准控制着炭市，其计量工具是大杆秤和升、斗。大杆秤用来挂炭块，升、斗用来称炭末。收取佣金的方法是每过秤一块炭，牙行便留下卖主的一块三五斤重的炭；炭末视金额大小收取不等的底子罢了。炭块价比炭末价高出几乎一倍。当时炭来自北山（碱沟山）、土坡（现属同心）、上河沿（属中卫管辖）和灵武四处。北山和土坡产的无烟炭，论质量，前者优，后者劣。上河沿产的是烟炭，灵武的是磁窑堡和石沟驿的砟子炭。因产地距县城较远，所以运输方法也不同。北山炭是中宁用炭的主要来源，距县城约35公里，还有黄河相隔，运输很不方便。春、夏、秋三季先用木轮大车和畜力把炭运至北河岸边，装船渡过南岸，再运至县城。冬季黄河封冻，可直接运输，这时也是河南农民买炭存炭的大好时机。土坡与北山距离相等，不过河，只因炭质松软，燃烧时间短和烟气呛人，虽然价格低，但买的人少。烟炭多用于铁匠炉、砖窑及有钱人冬季烧炕，一般是用木船和排子从黄河运来，价格也不低。最贵的是砟子炭，从磁窑堡和石沟驿用骆驼驮来，有钱人家冬季用来取暖。

草市名曰草市，实际上还有柴，地处东南门外拐角处。这里车马店较多，脚户买草喂牲口十分方便。草有谷草、稻草、青草等，柴有麦柴、胡麻柴、毛刺柴、蒿柴、干柴等。草多由附近农民经营，乡下农民运来的多是毛刺柴、蒿柴和干柴。草市无牙行，也不上税。

人市。旧中国私有经济是主体经济，雇工剥削合理合法，农村的地主、富农除雇长工外，农忙时还要雇些短工，因之人市应需而生。人市一贯设在南桥（现为南街柳青渠暗桥处），冬春两季无人上市，夏秋季才有。黎明时分，打工的贫雇农就三三两两带着锹、权棍等小农具匆匆赶来应市。雇主也来得早。双方在经过一番讨价还价达成口头协议后，打工者便随雇主而去。打工者除拿工钱外，割麦子必须吃大卷子和花豆米汤，回家还要拿一个大卷子。干活中雇主不许打骂。如果连续干几天活，雇主还要免费提供住宿。那时干活没有现在的包工和8小时工作制，必须干到天黑才收工吃饭、领钱回家。

新中国成立后，中宁县的市场变化很大。从1950年开始，因土改而无人敢雇工了。1953年，实行粮食统购统销后，不准个人经营粮食，米粮市不复存在。1958年成立政社合一的人民公社后，生产资料悉归集体所有，骡马市、菜市、炭市和草市均被淘汰。1959—1961年困难时期，党和政府重新调整了国民经济，1962年给农民分配了小量自留地，又恢复了米粮、菜和骡马诸市，市场又趋活跃，只是上市物资比较匮乏。党的十一届三中全会以来，实行以经济建设为中心和改革开放的政策，自1982年农村实行家庭联产承包责任制后，中宁县的市场发生了翻天覆地的变化，除草市外，其余诸市不但全面恢复，而且随着经济发展，人民群众收入和购买力的提高，又陆续增加了肉禽蛋、调料、小吃、水果、服装鞋帽、小商品、专业修理等近20种专业市场，应有尽有，非昔日的市场可比拟。

政协的路越走越宽

徐延龄

1999 年，中华人民共和国成立 50 周年，也是人民政协成立 50 周年。1949 年 10 月 1 日，毛主席在北京天安门向全世界庄严宣告中国人民从此站起来了。全国各族人民和各民主党派与中国共产党风雨同舟，艰苦奋斗，把一个贫穷落后的旧中国，建设成为初步繁荣、民主、富强的新中国，我们的社会主义事业欣欣向荣，蒸蒸日上。在中国共产党的领导下，人民沿着建设有中国特色的社会主义道路，迈着坚实的步伐，向着更加美好的明天前进。

回顾中宁县政协，至 1999 年，大致经历了初步建立政协组织、"文革"中受挫停止活动、中共十一届三中全会后恢复发展 3 个阶段。

中宁县政协的初建

1959 年下半年，根据自治区党委统战部的指示，我县组织建立了各界人士学习委员会，县委宣传部写了建立各界人士学习委员会的请示报告，县委于 1959 年 6 月 21 日批复了该报告，学习委员会随之成立。学习委员会由民革、民盟小组的负责人，工商联合会负责人，民族宗教界、教育界、卫生界的代表人士共 40 多人组成，指定了主任和副主任。学习委员会的主要任务是：其一，通过学习政治时事，进行自我教育，自我改造，转变阶级立场，更好地为社会主义服务。其二，联系群众，听取他们的意见和反映。学习委员会当时是以群众团体对待的，没有常设机构，没有专职干部，由县委宣传部负责组织学习，每季度一次，到时由县委宣传部负责通知（当时县委统战部已撤销，业务交县委宣传部管，对外两个牌子，对内一套人员）。学习委员会成立后，只学习了两次，便接到自治区党委通知，要求成立政协中宁县委员会。政协中宁县第一届委员会的成立标志着学习委员会使命的结束。

政协中宁县第一届委员会第一次全委会议是 1961 年 6 月 22 日至 28 日召开的，委员 41 人。选举杨胜元（书记处书记、县长）为主席，周记三为副主席，徐延龄为秘书长，常委 13 人。

中宁县政协筹建时，由于我们业务不熟，对政协的性质、职能缺乏认识，所以在提名时共产党员占了多数，而且把部分政府部门，公、检、法的负责人也提名为政协委员。上报自治区党委审批时，受到了自治区党委统战部的批评。他们指出，政协是中国共产党领导下的统一战线组织，委员应当以各民主党派、各族、各界的代表人物为主，你们把一部分政府部门和公、检、法的负责人也组织到政协，谁还敢讲话呢？他们对党委、政府的工作有意见也不敢提。随后经过审查，我们又提出了新的名单报批，政协中宁县第一届委员会成立后，没有专职的领导干部，没有工作人员，实际是空架子，一切具体事务都由党委宣传部负责，每年召开一次全委会，半年召开一次常委扩大会，很少涉及具体工作，多数是传达学习文件，有时请县委领导讲一次话，活动单一，当时有人批评说："统战统战，请客吃饭。"这个批评是中肯的，由于认识上的原因，政协中宁县第一届委员会的作用并没有充分发挥出来，到 1964 年已届期满。

遭受挫折，停止活动

1964 年 12 月 22 日至 29 日召开了政协中宁县第二届委员会第一次全委会议，委员 45 人。选举邢善贵（县委书记）为主席，刘珂章、胡彦景为副主席，徐延龄为秘书长，常委 15 人。本届只有专职副主席 1 名，专职干部 1 名。

这次会议还列席了中宁县第五届人民代表大会第一次会议，听取了县人民政府的工作报告和其他报告，会议继续贯彻"神仙会"的精神，开得很好，讨论了政府工作报告及其他报告，发表了对工作的意见建议，气氛活跃，民主气氛很浓。

政协中宁县第二届委员会 3 年任期，正是以阶级斗争为纲的年代，同时中共中央已决定在全国分期分批地进行社会主义教育运动，中宁县在城关公社也搞了试点，接着又分期在舟塔、康滩、石空、关帝，以及县级机关部分单位进行了社教。

第一次全委会议后，又召开了一次常委扩大会，到会 20 多人，传达了八届十中全会和中央工作会议精神，着重讨论了如何积极行动投入运动，接受教育，"洗手洗澡放包袱，争取早日下楼"。到会委员都作了表态性发言，大部分人思想包袱沉重，情绪低落。

1965 年 12 月，自治区社教工作团先遣队进驻中宁，从此中宁点上社教运动开始了。接着又根据中央 1966 年 5 月 16 日通知精神，开展了"文革"，政协组织一切活动都被迫停止了。

中宁县政协的恢复和发展

十一届三中全会后，党中央把工作重点转移到以经济建设为中心的轨道上来，大力提倡解放思想、实事求是的思想路线，各项工作都在拨乱反正、正本清源，快速向前发展，呈现出一派欣欣向荣的大好局面。在这样的大好形势下，中宁县政协恢复了，1980 年 2 月 21 日至 26 日召开政协中宁县第三届委员会第一次全委会议，委员 51 人。县委、人大、县政府的领导到会祝贺，会议选举徐延龄为主席，刘延相、郑国华、刘珂章，康集中、袁洪国、胡彦景、胡天禄为副主席，常委 21 人。机构健全、人员齐备，设立了办公室，有专职主席、副主席 3 人，工作人员 6 人，办公室主任 1 人，根据委员的个人专长组成了提案、民族宗教、文教卫生、科技、三胞亲属联谊、文史资料等工作组。

中宁县政协刚恢复时没有办公地方，县上在招待所租了几间房子，1982 年又为政协建了一幢办公楼，配备了车辆，购置了办公设备。中宁县政协建立了主席办公会、常委会等会议制度和工作制度。

为了贯彻解放思想，实事求是的思想路线，调动各方面的积极性，新一届政协组织先后召开了文教、卫生、科技、文艺、民族宗教等一系列座谈会。除各方面的代表外，还邀请县委、县政府及职能部门的负责同志参加，听取会上反映的意见和要求。会后对有价值的意见和要求，均整理了材料报送县委，这些座谈会，对发扬民主，改进工作，调动各方面的积极性都起了良好的作用。

为了清除"文革"和"四清"中对政协工作造成的错误，批判在群众中造成的恶劣影响，使干部群众对政协的性质、基本职能有所了解，在广播站开设专栏，由政协同志分工编辑讲稿，广播站向全县广播，每周讲一个题目，共用了大约 8 个周的时间；还给县委主管领导及每个政协委员订了《人民政协报》。

当时中宁县只有民革、民盟两个民主党派基层组织，人数只有十几人，负责人都是兼职，既没有经费，又没有办公场地。鉴于这种情况，每年的全委会和常委会扩大会都吸收两个党派的全体成员参加，以便在会议后进行各自的活动，经费由中宁县政协开支。还把政协委员和民主党派成员共同组成学习小组进行学习，根据居住地区分县城、关帝、鸣沙3个片，每个月活动1次，每次按会议标准给一天的补助。

政协中宁县第四届委员会第一次全委会1984年3月26日至4月1日召开，有委员51人、常委17人。会议选举徐延龄为主席，袁洪国、康集中、刘培英、高秀珍为副主席。委员会下设科技、教育、卫生、民族宗教等6个专委会，每个委员根据各自的特长参加一至两个专门委员会工作。

这一届委员会着重抓了专委会的工作，每个专委会每年选择开展一至两项活动。

1985年，根据中宁县枸杞种植严重退化、品质下降的问题，召开了一次枸杞座谈会。这次会议由副主席兼科技工作委员会主任刘培英会同县科协主席李松时和枸杞管理站的同志进行重点调查，物色参加会议的人员，一切准备工作完成后又到区上请来了专家钟生元和中宁县科技人员、枸杞老农共同研讨，最后找出了枸杞品质下降是以往育苗采取的籽育方法使枸杞串花所致。要保持枸杞品质，必须采取扦插的办法。会后，刘培英同志综合了专家和老农的意见，向县委写了专题报告，县委采纳了专委会的意见，并在舟塔乡召开了全县枸杞栽培现场会，改变了过去的育苗方法。县政府还给枸杞管理站拨了经费。在农业方面，刘培英建立了小麦良种试验基地，试验9711、9714、2014小麦品种繁育推广，取得了很好的成绩，其中2014品种通过了区试，并定名为"宁春11号"，在甘肃、内蒙古得到了推广。在育种期间每年还要去云南加代繁殖，技术人员和资金方面遇到了困难，中宁县政协通过有关渠道帮助解决了助手的户口、公职问题，每年春季由政协搭台子，举办全县小麦新品种栽培学习班。

为帮助少数民族发展教育，提高少数民族的文化素质，民族宗教工作委员会在白马乡跃进村完小进行了调查，发现学生流失较多，升学率也较低。主要原因是地处边远，教学设备差，教师不够安心，教学质量差。中宁县政协把这个学校作为重点联系对象，和县教育局协商调整了领导和教师。专委会还和县妇联、共青团、教育局转了一部分资金，购置了体育和教学设备，每年专委会都去人听取汇报，和他们共同研究如何提高教学质量，经过几年的连续帮助，面貌有了改观。

由中宁县政协常委赵成浩、曾祥鑫倡议，其他委员积极参加，教育工作委员会利用暑假举行了一次数学、物理、化学的教学研讨会，征集了论文20多篇，进行了交流。

卫生工作委员会在副主席高秀珍，委员戴洪文、邹佐鑫的带领下从宁夏医学院附属医院请来了专家，举办了学术报告会并开展了向边远地区送医送药等活动。

文史资料工作委员会于1985年开始了《中宁文史资料（第一辑）》的征集工作。第一辑征集的主要是民主革命时期的史料，特别是早期参加革命的孙殿才及其一家，张子华、王栋、李天才等人的革命事迹，对保存历史、教育后人起到很好的作用，征集这些资料是有难度的，主要是他们进行革命活动都在北京、天津、上海、湖北、河南、安徽、延安等地区，又相隔几十年，有的在战争年代已壮烈牺牲，部分幸存者也已作古。鉴于这种情况，召集了一次文史资料征集座谈会，参加会议的20多人，有的约了稿子，有的口述别人记录整理，有的提供了一些资料征集重要线索。会后对一些重要资料由政协干部李福寿、宋泉礼等同志调查整理。这一期共征集稿件20篇，第一辑采用了11篇。第一辑的审稿工作由袁洪国、李福寿、张永堂同志负责，县志办也给予了积极配合。

从政协中宁县第二届委员会开始，每年都列席人民代表大会，听取县政府的工作报告及其他会议报告，从第四届起每半年县政府都向政协常委扩大会通报一次工作情况。县委在一些重大决策之前，也征求政协委员的意见。委员的参政议政意识有了进一步增强。从政协中宁县第三届委员会第二次全委会起，办理委员提案已经形成制度，每年召开一次提案交办会，办理完后回复政协，基本上做到了事事有交代。

　　通过政协中宁县第一至第四届委员会的部分工作，使我认识到政协工作的道路越走越宽广，政治协商、民主监督已经成为我国政治制度不可缺少的内容和形式，政协已经成为党和政府联系群众的桥梁和纽带，发扬民主的重要渠道，是各民主党派和各界人士参政议政的大舞台，政协工作大有可为。

中宁县地政科向人民政府移交纪实

杨应林

解放前，国民党统治下的中宁县政府，设有民政、财政、建设、教育、军事、地政6科。地政科设科长1人，有一、二等科员各1人，三等科员2人，雇员与公役10人，共15人。地政科的职责是负责管理全县土地，主要有地籍、放领荒地和房地产转移三项，其中以房地产转移居多。房地产转移包括买卖、典当、交换、赠与、分拆、继承6项。科长负责全科工作，科员分别管理地籍、放领荒地和房地产转移等工作。雇员由科长和科员指派做调查和缮写工作，公役做丈测辅助和后勤体力工作。办公条件很差，全科人员常年挤在3间土房内，桌椅板凳和卷宗柜架只有6个，仪器是平板仪和方框罗盘（各有1架），另有油印机1台。办公用的是白麻纸、毛笔、铅笔，照明点的是胡麻油灯，取暖用的是无烟囱火炉子，下乡全凭步行。工作人员薪金没有保障，时发时欠，生活比较困难。

1949年9月上旬，国民党马家军节节败退，县城商号关门，县政府各科、处大小官员惊作鸟兽，县政府处于无人管理的状态。而地政科的科长陈国英及科员陈世统、尤长先3人却主动把科里文件档案、仪器等公物一一整理封存保管，留待向解放军移交，并且每天还来查看一下是否完好。此时，住在县政府大门口赵保山家的地下党组织负责人樊实效在暂不暴露身份的情形下，策动县参议会、商务会和开明士绅，于9月9日把县政府各科、处、局大门一律上锁加封，以迎接解放军到来。9月14日，解放军第六十四军分两路先后到达县城，中宁解放了。在樊实效同志的引导下，县政府大门开锁启封，部队进驻。次日，陈国英、陈世统、尤长先3人随同县城工农商学各界代表人士30余人去城外迎接解放军第六十四军军长曾思玉。曾军长告慰大家要协助解放军维持好地方治安，保护好公共财产，大力支前。9月16日，解放军第六十三军赵民先、霍怡民等官兵24人接收中宁政权。9月18日召开大会，宣布中共中宁县委成立，书记赵民先；中宁县人民政府成立，县长霍怡民。

会后，部队文工团还表演了话剧和歌舞等节目。9月24日，解放军第十九兵团司令员杨得志到达中宁，紧接着孙殿才（中宁人）带领宁夏工委的冯继祖、刘安邦等人（均为中宁人）来到中宁，冯继祖任中宁县人民政府秘书兼民政科科长。陈国英将地政科文件、档案、财物于9月28日造册向冯继祖进行了移交，计有各乡镇地籍图58张、地户清册141本，垦荒证戳、市农地书戳、奉令更正戳、会计戳各1枚，平板仪、方框罗盘各1架，油印机1台，桌椅板凳、卷柜卷架6件。之后，陈国英到省干校学习，3个月后被分配到宁夏民政厅工作，陈世统、尤长先留中宁县民政科工作。从此，他们的生活翻开了新的一页。

明代中宁移民杂谈

窦仰仪

在中宁县凡提到人们的祖籍，大部分都不约而同地说："山西省洪洞县大槐树下老鹳窝。"数百年来这种传闻经久不衰妇幼皆知，甚至有的人只知"大槐树下老鹳窝"，而不知大槐树在何省何县。今将县境内流传的许多有关洪洞县移民的轶事综述如下。

家谱的传闻

宁安乡殷庄村农民郭凤召说："我们郭家原有家谱，有祠堂。家谱在清同治年间因兵祸遗失。听祖辈代代相传，家谱载明祖籍山西省汾阳府洪洞县北社里村。于明洪武九年（1376 年）由官府强制迁移至此，同时从北社里村迁来的郭姓 18 户（每户先来 1 人），每户发耕牛 1 头、犁 1 张，因此住的小地名叫十八犁。当时迁来户与原洪洞县未迁的郭姓各执铜牌半个，以备日后探亲寻祖时为证，有牌证者老家人可招待食宿、供给路费。后来回乡探亲者往往长居不走甚至多要路费，惹怒了祖籍的人们，便把铜牌收回。从此双方断绝来往。现在郭姓在中宁县是大户，人口众多，住地分散，宁安乡的郭庄村、殷庄村，康滩乡的大滩村，余丁乡的黄羊村、余丁村，石空镇关帝村的郭姓人家都是明代迁移来的。"

舟塔乡潘营村农民光银盘说："我们光家原有家谱，同治年间因战乱丢失。我们光家原籍是山西省绛州府城内光家巷人。明洪武年间由洪洞大槐树下迁徙于此地。同时迁来的还有潘、严、李、赵、叶5家。现在舟塔乡的光、潘、严、李4姓户族较大，人丁繁盛，赵、叶两姓于同治年间因避兵祸逃往他乡。"

两棵大树是移民的见证

县城西门外2里许的王家桥（今宁安乡郭庄村二队）的大榆树是县内外有名的树王。树主人张发达老人生前曾讲："我们祖先原是山西汾阳府洪洞县人，明朝洪武初年迁徙至此。迁来后定居王家桥分到了土地，不久在分到的一块土地上长出一棵小榆树苗，祖先们为了怀念山西祖籍的大槐树，对这棵小榆树特别爱护，过了十几年它长成大树。为了保护这棵榆树，我们祖先还把坟地也选在大榆树下，因为有种迷信，坟地里的树木人们不敢随便砍伐，更不敢用这种树木做用具，所以才能长成这么大。"这棵大榆树不但因古老有名，而且也因高大出奇。说它古老是因为从明洪武初年长出到砍伐前已有500多年的历史。说它高大是因为其主干需由7个成人伸开膀子才能合抱过来，古树身高10余丈，树冠呈伞状，占空间一亩地的地方。这棵榆树历经5个世纪几个朝代，曾遭过不少天灾人祸，依然活到1958年。如果不遇上大炼钢铁被砍伐，到现在它会是引人瞩目的文物，也是研究移民的佐证。

县城西门外朱家庄（今宁安镇郭庄村）农民朱廷玺家的西耳房内长着一棵大槐树。树为什么长到屋内？自有它的原因。据朱家人说："我们祖先由山西大槐树下迁移至此，祖先们为了不忘祖籍的大槐树，迁来定居后，就在居屋前种上一棵槐树以示纪念。后来树长大了，人口也发展了，居屋需扩建，为了留下对祖籍大槐树的怀念，宁肯把树留在屋内也不愿把它砍伐掉。这棵槐树直到 1976 年国家规划时才被砍伐掉。"

移民时留下的风俗习惯——"解手"一词的来历

中宁县群众称大小便为"解手"。传说当时由洪洞县移民时，将移民双手背绑，遇有人大小便时要向解押官兵报告"请解开我的手，要去大（小）便"，时间久了这种报告词也简化了，只报告一声"解手"，押送官兵就知要大（小）便。这一称谓从当时一直流传到今天仍未改变。

史志记载：明初鸣沙州和宁夏府被撤销，移宁夏路人于长安。明洪武六年（1373 年）太仆丞也先帖木儿奏请宁夏境内土地肥沃，又有黄河之利，应召集流亡百姓屯田，朱元璋从之，改置宁夏卫，移五方之人实之。《宁夏府志》与《乾隆中卫县志》均有记载，所以这些传说可谓事出有因，不是无稽之谈。

湘川客商担枸杞

杨应林

枸杞系中药材，故乡在中宁。民国二十二年（1933年），国民政府在中宁设县，年产枸杞约15.6万斤，价值7.8万法币。这些枸杞基本外销，属全县最大的一笔收入。清末至民国年间，运销枸杞经北路由黄河水运至包头，用骆驼（前期）、火车运至北平、天津，从天津出口。抗战初期包头失守，改走南路。南路主要用大车、骆驼运至西安上火车，转运至上海、广州、香港等地销售。

每年农历四月中下旬，四川、湖南一带的贫苦青壮年农民，在老师傅带领下，结伴徒步跋涉，风餐露宿，不远千里来到中宁县宁安堡，每年都在百人以上。他们来时各自用竹筐担着当地的特产茶叶、卷烟、丝帕、丝线、木梳、篾子及竹器等。四川客商住在菜市刘德胜店内，湖南客商住在西街任早思店内。选择这两家的原因，一是皆为同乡，好照顾；二是店主与客人都是哥老会成员，彼此可以保护，不受欺压；三是房租低廉，两三人住在一间小房内，自己做饭吃，生活很简朴。他们沿街叫卖带来的土特产品，现金到手后便采购枸杞。买时，有熟人的直接下乡向茨农采购，没熟人的就到市场上选购。他们买来的一般都是未经拣选的，有的自己拣，有的请人拣，分成不同等级，以便

462

枸　杞

分装出售。他们请木匠给每人做两个箱子，长约 53 厘米，宽、高各 40
厘米，每箱可装 60 斤枸杞。

　　箱内层有白布袋相衬，袋与箱大小等同。装箱前先将枸杞暴晒，
趁热分层用脚踩实，越实越好，一般要踩 4 次。然后，把袋口缝好钉
上箱盖，缝隙须再贴纸或填实。经处理，木箱严严实实，既防水又防
虫蛀，长期保存，万无一失。

　　他们回乡之前，要办理纳税手续，但多年是免税的。他们绝不独
行，这是因为当时沿途多为荒野，强人出没，结伴可以增强自卫能力。
他们头戴斗笠，脚穿草鞋，肩上担着两个箱子及其他杂物，持顶叉缓
缓前进，走约数里，集体歇一阵。歇息时用顶叉把前面箱子支起即可，
后面箱子自然落地。所用扁担系桑木制成，结实有弹性，不易折断。
顶叉杆用擀面杖粗细的竹管制成，漆成黄色或红色，高与肩齐，叉头
铁制，宽度与扁担宽窄相适应，叉杆接合部缀有彩色穗子，杆底有铁

箍，防止杆裂和平稳支撑。顶叉除用来支撑扁担歇息，还可作为防御强人的武器。为了赶路，他们日行 60—80 里，从中宁至平凉要走 8 天。平凉是个大站，到这里休息一二天，湘川商客就分道扬镳了。湖南客商向东至西安或乘车或步行前进，四川客商向南经华亭、陇县、千阳至宝鸡，通过栈道从汉中入川，直抵绵阳。当然，走宝鸡、汉中还要歇缓几天。据说到家后，他们中的大多数人并不感觉十分劳累，刚启程时较累，两三天后也就习惯了。

俗语说："近庄稼，远买卖。"担回的枸杞，一般卖给城里的大药店，价格是产地的 3—4 倍，赚的钱可供全家一年的花销。

两地客商中，有的因来中宁县次数多，还和当地的姑娘喜结良缘。如绵阳籍的贾昆成找的就是中宁西乡的姑娘。他不担枸杞后，便在家乡药材公司工作，1996 年谢世，其妻尚健在，每隔几年要回一次中宁娘家。

史迹寻踪

当人类文明还处于雏形阶段，祖先那稚嫩的文明之笔，就在中卫大地上刻下了无法磨灭的一笔。原始社会人类不仅在这里开始了居住环境的建设与改善，而且对生产生活工具也有了极大创造。他们制作的石斧、石磨、石镞、石刀等，在提高和改善古人类生产生活的同时，也创造了灿烂的莱园文化。

中卫地区自古就是人类狩猎畜牧的天然场所，也是岩画富集区。著名的大麦地岩画，在遗存的史前岩画中，有维纳斯、神龙、伏羲、女娲等图腾崇拜。岩画是古人类留下的一笔珍贵的文化财富，同时也证明了中卫远古文化的灿烂。

中卫位于河西走廊东端，是沙漠绿洲丝绸之路河西道的东大门，在丝绸之路占有重要地位，历史上就有"金张掖，银武威，聚宝盆是中卫"的歌谣流传。

新石器时代菜园古人类遗址探微

李进兴

彩陶烧制

在海原县博物馆内陈列着较多非常精美的彩陶，大小不一、造型优美、色彩艳丽，堪称新石器时代的三彩艺术精品，大多都是1984—1987年在海原县西安镇菜园村考古发掘出来的。新石器时代彩陶是怎样制作出来的，又是用什么矿物质颜料绘制色彩，并经历5000多年的风雨仍色泽如初？让我们沿着考古学家的足迹，走进新石器时代彩陶窑场的制作空间，揭示彩陶制作流程。

首先，让我们了解一下海原县博物馆陈列的几件精美彩陶：

双耳彩陶瓮，高58厘米，器形硕大浑圆，圆肩圆腹，下腹内收，平底，双腹耳。此彩陶出土后，发现者为便于储物，将陶瓮口部锯掉，其余部分保存完整。腹部绘四个大旋涡纹，旋涡中心用黑彩绘菱形纹。此彩陶器形硕大饱满，纹饰绚丽多彩，充分体现了新石器时代菜园古人彩陶制作的高超技术。1984年文物普查时在菜园村被发现征集。

双耳彩陶罐Ⅰ，高44厘米，细直长颈，颈部用黑彩绘双层锯齿纹；圆唇口，口部塑有鸡冠雕塑；腹部浑圆，用褐黑彩绘锯齿纹、旋涡纹，

双耳彩陶罐

圆圈内画"×";腹下绘垂帘纹，腹下至足部不施彩绘，造型优美，堪称艺术珍品。

双耳彩陶罐Ⅱ，高45厘米，长颈，颈部绘网格纹；腹部浑圆，用黑、褐色彩绘曲折线纹、锯齿纹；腹下部绘垂帘纹，腹下至足部不施彩，造型优美，花纹较为奇特。

双耳彩陶罐Ⅲ，高37厘米，广口，口部用黑彩绘垂弧双线纹；短颈，颈部用黑红彩绘锯齿纹；腹部绘以五个大圆圈，内填菱格纹、网格纹，圆圈以锯齿纹间隔开，圆圈之间空白处用"×"填补；腹下部绘垂帘纹一周，不施彩绘，造型优美，彩绘华丽，显示出先民高超的制陶技术。

其次，我们来了解一下彩陶的制作过程。新石器时代菜园古人类制作彩陶，考古学家在发掘遗址时就给出很多答案，在《宁夏菜园——新石器时代遗址、墓葬发掘报告》中是这样描述菜园古人制作彩陶的过程的：制法上均为手制，小件器物有用手捏塑和片塑成型的，一般器物用泥条盘筑法成器，具体操作流程是，先将器底拍打成饼状，边缘薄而上翘，泥条贴在边缘上，或连续螺旋上升，盘成器壁；或每盘筑一周便切断泥条，将断口捏合，间断式叠筑成器壁，再进行修整。整修技术以陶拍实刮抹，用湿手抹平，慢轮修整法迹象不明朗（未见），许多陶器内壁存留着陶垫的窝痕和由上而下的刮削、抹平的擦痕。

新石器时期菜园古人用什么陶土和颜料来制作陶罐和彩绘呢？在菜园村新石器时期遗址上，考古专家们在考古发掘现场发现了一块用作颜料的赭石，这种赭石有四种色彩，陶土也是海原当地所产，《宁夏菜园——新石器时代遗址、墓葬发掘报告》这样描述：彩陶均为泥质陶，橙红陶居首，橙黄陶居次，外表磨光，绘以黑彩、红彩和黑紫彩相间，个别绘以湖蓝彩。黑彩最多，黑紫彩相间少量，红彩和湖蓝彩最少。多数器物只装饰外表，少数器物内外兼施。

有关新石器时代菜园古人烧制彩陶的窑炉，在林子梁遗址已发现多处窑址。在一座保存完整的彩陶烧制窑址里，还在窑炉火膛里发现一件尚未烧制的小口罐坯体，经测定与出土的彩陶罐胎土、颜料成分完全一致。可以肯定，海原县菜园村新石器遗址出土的彩陶均为当地的古代工匠所烧。其窑址、窑炉，在《宁夏菜园——新石器时代遗址、墓葬发掘报告》中有考古发掘的平面、剖面图，还有详细的文字记载：窑址，位于林子梁东坡的 LT104 内，窑址直接建在原生黄土中。窑壁上部因长期被雨水冲蚀，窑址早已暴露在地表层外。根据地势西南高、东北低，坡度 45°—50°，以及风向走势看，具有适合建窑的基本要素。为竖穴窑，由火口、火塘、窑室三部分构成，火塘前还有一个烧窑的工作场地兼储灰坑。窑火口位于下坡处，窑室位于上坡处。火塘北端有宽 30 厘米，高 15 厘米的椭圆形火口。窑室呈圆形，直径 68 厘米。窑壁竖直，与窑床相接，东部保存较好，高 62 厘米，西北部被雨水冲淘破坏，残存 37 厘米。窑室下接"U"字形窑床。窑床平整坚硬，下连圆角长方形火膛。火膛东西两壁直立，南壁凹进，长 57 厘米，宽 39 厘米，深 28 厘米。平底。经过长期烧烤，窑室火膛的壁已成坚硬的红烧土，厚 7.5—35 厘米。火口外的储灰坑呈梯形，长 130 厘米，宽 57—102 厘米，深 15—25 厘米。火膛内放置一件尚未烧制的小口罐坯体。类似灰褐色陶，施竖绳纹，已残破。还有一堆坯体碎块，饰有篮纹。储灰坑底部有一层厚约 2 厘米的灰烬，一直延伸到火口。坑内出土一些彩陶片，上绘有黑彩网格纹、锯齿纹、连弧纹和宽带纹等。储灰坑出土的彩陶片，如火塘内保留的泥质罐坯体，经中国社会科学院考古研究所实验室黄素英用光谱分析法测定化学组成。

为弄清新石器时代菜园古人使用的颜料赭石，笔者在菜园村河道里发现了黑色、褐色赭石，海原县文联原副主席仇建国是一位书法家，喜欢收藏一些砚台和墨汁颜料等。他收藏了一块暗红色赭石，还收藏了几块新石器时代的石头做成砚台，其中一块圆形青石砚台制作比较规整精美。在海原县博物馆新石器时代展厅还展出一个"T"形研磨器，高8厘米，青石做成，柄为圆柱形，研磨面为足形，这些都是制作彩绘陶器的必备材料和工具。

由此可以看出，新石器时代菜园古人已经熟练掌握彩陶制作技术、彩绘技术、烧制技术，创造出绚烂多彩的生活艺术品。

农耕器具

自从有了原始农业，人类便开始创造运用农业工具。西汉刘安在《淮南子·修务训》一文中说："古者民茹草饮水，采树木之实，食赢蚘之肉，时多疾病毒伤之害，于是神农乃始教民播种五谷，相土地宜，燥湿肥硗高下，尝百草之滋味，水泉之甘苦，令民知所辟就。"由此得知，原始农业是从人类采集野生植物果实开始的，采摘所使用的简单工具也逐渐发展演化为原始农具。在距今200万年至6000年的石器时代，人类主要用石头来制造各种工具和武器。南华山及其北麓菜园村，属于清水河支流区域，考古发现很多旧石器和新石器时代的文化遗址，不仅出土了农作物"粟"（即糜谷种子的碳化物），还出土了石斧、石锛、石铲、石镰、骨镰、陶镰、骨铲、骨耜等实物农具，以及储藏粮食的陶罐、陶瓮，加工粮食作物的石磨盘、石杵棒等器具，标志着菜园新石器时代农业相对比较发达。

石斧。菜园考古发掘出土比较多，海原县博物馆、宁夏博物馆也多有陈列。其形体厚重，呈梯形或者长条形，自最厚处开始磨刃，刃部两面往往不对称，有弧刃、平刃等，器身可见麻点状打琢痕迹。石斧柄是截取分叉的树枝或鹿角制成的，较细长的一端作手握柄部，粗壮的短权下端截取右半边，留下半边做成榫头状的捆扎面，安装时把石斧柄部较长一面平贴在器柄头部短权下榫头处，然后用绳索捆扎结实。这种安柄方式易于斜向挥动，提高了小型石斧砍伐树木的效能。在人们的印象中，石斧与农业耕作没有多大关系，但石斧是一种用途比较广泛的工具，既可用于狩猎，又可作防身武器，还可作加工工具，最主要的是石斧可用于砍伐树木、开辟耕地。有人曾提出"斧耕农业"的概念用以替代"刀耕火种"。因此，原始农业的最初时期应为"斧耕阶段"。在海原县博物馆陈列有很多石斧，其中一件长16.5厘米，宽6.8厘米，厚4.2厘米。长条形，扁平状，用黑曜

石斧

石磨制，器表光滑，双面锋，弧形刃，刃口较钝。宁夏博物馆陈列有菜园文化类型的石斧，长19.5厘米，宽5.9厘米，厚4厘米。长条形，也是用黑曜石磨制，器表光滑，弧背，背窄刃宽，双面锋，弧形刃，刃缘两侧残留细小石片疤，系使用痕迹。在海原县李正山老师的菜园文化工作室也收藏有一件石斧，长23厘米，宽8.2厘米，厚5.2厘米。青白石磨制而成，表面光滑，顶窄刃宽，呈梯形，扁平状，修长，两侧弧圆，刃口较窄且锋利，有使用后形成的豁口，外表黄中泛淡绿。

石锛、石锄。石锛多为单面刃，上部两侧打出或磨出小槽或小缺口，似为缚柄而设，很有代表性。一般石锛上夹绑一根横向木柄，有研究者认为它是用来采伐和加工木材的工具，也有人认为它是先民锄耕时的用具，作用大致与掘土用的镢头一样，或者相当于刨土用的锄头。这种石锛在安装柄时，因角度不同，称谓也不同。安柄时，刃的宽面横向与柄相交，如果锄体与柄的夹角为60°—80°，可用于挖土，相当于现代的镢头。如果夹角接近于平角，则变为耜。海原县博物馆

石 锛

陈列的石锛，青石质，长 16.5 厘米，近似梯形，顶面微弧，器上端居中单面钻有一穿孔，上窄下宽，单面平刃，较为锋利。宁夏博物馆陈列的石锛，也属于菜园文化类型，石英岩质，通长 9.7 厘米，最宽处 4.5 厘米，孔径 0.85—1 厘米。保存完整，先琢坯后磨制，刃稍偏而近于梯形，横剖面近似长方形，两腰及刃上分布有石片疤痕，有使用痕迹，顶面微弧，器上端居中单面钻有一穿孔，上窄下宽，单面平刃，较为锋利。而在宁夏博物馆陈列的白石玉锄，自海原县征集，长 8.8 厘米，宽 4.1 厘米。通体呈白色，玉料不纯，磨制，琢出双肩，无穿孔，柄呈长方形，柄面较为光滑，两侧粗糙，残留琢痕，器下部呈梯形，磨光，近肩处略窄，刃部略弧较宽，两侧平直，刃面稍残。

玉石铲。系除草农具或采集工具，一般均经过加工，比石耜小，形制多样，呈长方形、梯形、椭圆形和有肩等多种类型，有些安装短柄，有些直接手持操作。海原县曾征集一件黑玉铲，现陈列于宁夏博物馆，玉石质，长 20.9 厘米，宽 9.5 厘米，厚 0.6 厘米。长条形，通体磨光，器身中稍凹，两侧平直，器身刃端向下稍宽，顶侧有一缺角。器身上端居中有一单面穿孔，穿孔呈锥形，通体呈黑色，双面刃，直刃稍弧，刃部无损。此玉铲表面光滑，无使用痕迹，可能是作为礼器，象征主人的身份、地位和权力。雕琢光滑平整，磨工细腻，充分显示了新石器时代的制玉技艺。

镰刀。主要用于收割粮食作物，以及收割牧草来喂养已经驯化的动物等，是人类最早使用的劳动工具。海原县研究菜园文化的李正山收藏有一件青石镰，长方形，长 13.5 厘米，宽 3.5 厘米，厚 2.6 厘米。弓背部较厚，链刃弧形，双面窄刃。另一件石刀，青白石，长 21.8 厘米，宽 4.2 厘米，厚 0.7 厘米。

海原县曾征集到过一件带点纹四鋬彩陶盂，现于宁夏博物馆展出。为泥质红陶，高 8.3 厘米，口径 4.8 厘米、腹径 11.6 厘米、底径 5.4 厘米。圆唇，敛口，溜肩，扁鼓腹，下腹渐收，小平底。口沿处等分置四鋬耳，通体施黑彩。肩至鼓腹饰几周黑色条带纹，间饰黑色点状纹，下腹处饰黑色条带纹。器物小巧精妙，用色沉稳。如果仔细观察，就会发现这件带点纹四鋬彩陶盂的肩至鼓腹饰几周黑色条带纹，很像古人在一道山梁上开了一圈带状梯田，黑色点状纹很像古人在带状梯田上播撒下的种子。因此，这件彩陶纹饰应是播种纹。这件彩陶被宁夏博物馆专家命名为"盂"，应是用于盛水和盛饭之器。《说文》："盂，饮器也。"颜师古注《急就篇》云："杅，盛饭之器也。"诚然，古人也是毫不放松地抓好粮食生产，做好粮食安全保障工作，把饭碗牢牢端在自己的手中。

宁夏博物馆还展出一件双耳彩陶罐，系 1984—1987 年自宁夏海原县菜园村新石器时代遗址切刀把墓地考古发掘出土，泥质红陶，高 19 厘米，口径 7 厘米、腹径 20.6 厘米、底径 7 厘米，小口外侈，窄卷沿，圆唇，高领。在外唇部两侧置一对鋬状耳。其圆溜肩，鼓腹，腹置一对半环形带状耳，小平底，黑红相间彩，颈饰网格纹，腹部黑红相间的宽带纹间饰锯齿纹，下饰一周水波纹，鼓腹至器底渐收无彩绘。该器物端庄稳重，保存完好。其纹饰非常像当地曾盛行的草编粮囤。因此，彩陶罐也是存储粮食的器皿之一，可以防止鼠害、尘土污染，及居住在窑洞中因潮湿而发生的霉变等问题。考古发掘中发现陶罐中有粟的碳化物，从而证明陶罐具有盛装粮食的功用。

狩猎生活

在海原县博物馆陈列着很多石镞、骨镞、石球、陶球、石刀、骨刀、骨匕、石斧、陶灶以及栅栏纹彩陶等，大多是在菜园村新石器时代遗址的考古发掘中出土的。由此可知，早在5000多年前的新石器时代，菜园先民猎杀、煮食已使用简单工具和灶具，而栅栏纹彩陶罐的出现则标志着该地先民已开始圈养动物，标志着畜牧业的发展。

弓箭，菜园先民首先使用的狩猎工具之一。由于时代久远，木、皮革制的部分已经腐烂，仅剩石器和骨器部分的镞。镞，古代寓意为锋利的箭头。高诱注："镞，矢轻利也。小曰镞矢，大曰篇矢。"《庄子·天下》："镞矢之疾，而有不行不止之时。"《鹖冠子·世兵》："避实击虚，禽将破军，发如镞矢，动如雷霆。"《吕氏春秋·贵卒》："所为贵镞矢者，为其应声而至。"可见，镞是古代狩猎中最实用的工具和兵器。关于镞的来源，春秋时期《国语·鲁语》曾记载这样一件事情：春秋时，有一只凶猛的鸟因中箭而坠落至陈国，而这支箭无人识得，它造型奇特，用楛木作箭矢、青石作箭镞。于是，陈惠公派人前往孔子下榻的驿馆请教。孔子端详了一番便说："这鸟来自北方，这箭叫楛矢石砮，是北方肃慎人所造。"因此，镞的发源地为北方，海原县地处祖国西北，正是镞的发源地之一。

青石镞，一件典型的弓箭之镞，长7.2厘米，尾部宽2.2厘米，厚0.8厘米，青石质，头部尖状，镞体呈长菱形，横截面呈扁菱形，脊部凸起，两翼呈刃状，磨制精细，器型规整。在菜园村新石器时代遗址考古发掘出土的石镞有两种类型：Ⅰ式石镞，长3.9厘米，宽1.5厘米，厚0.1厘米，青灰色，充分利用当地所产的页岩切割磨制而成。圭形，扁薄体，两侧及锋部两面磨制成刃，一侧残留切割磨痕，单翼，平底。Ⅱ式石镞，圭形，扁体，锋残，残长3.5厘米，宽1.5厘米，厚0.1厘米，灰色，也是利用当地页岩磨制而成，锋及两侧磨制成两面刃和小双翼，底部微内凹。

骨镞，也属于使用较为普遍的狩猎工具。圆尾形骨镞，长10.1厘米，直径0.5厘米，利用当地野生黄羊肢骨磨制而成，器表光滑，尾部圆钝，尖部锥形较锋利。方尾形骨镞，长 10.6 厘米，尾部宽 0.8 厘米，厚 0.6 厘米，用野生黄羊肢骨磨制而成，器表光滑，锋部圆尖，体型呈圆锥状，尾部磨制成方形，两边磨制有凹圆点，可能用于固定在箭杆上。发掘出土的 I 式骨镞，长 9.8 厘米，厚 0.5 厘米，径宽 0.7 厘米。铤部圆钝，器表光滑，剖面一端呈四棱锥形，刃端急收成圆锥形锋尖。II 式骨镞，长 6.4 厘米，直径 0.9 厘米，圆身，圆铤，尖部锐利，修磨精致。

骨　镞

弹弓，菜园先民的狩猎工具之一。古时弹弓形制与弓箭相仿，弹弓甚至可能出现在弓箭之前，弓弦中间有弹兜，以装弹丸。汉代《弹铭》载："昔之造弹，起意弦木，以丸为矢，合竹为朴，漆饰胶治，不用筋角。"如今说弹弓，均是常见的"Y"形弹弓，也叫树杈形弹弓，需用橡胶筋条做弓弦，大概迟至民国才出现。所用弹丸，有磨制或天然石球，也有烧制陶球。

石球，有大有小，有自然形成的，也有利用天然造型稍加磨制而成的。青灰石球，直径 5.5 厘米，光滑匀整。花岗岩石球，直径 4.0 厘米，器形呈椭圆形，表面光滑匀整。

陶球，均采用当地黏土烧制而成，有红陶、夹砂黑陶等。红陶球，直径 3.5 厘米，球体完整，表面较为光滑。指甲纹红陶球，直径 3.6 厘米，球体完整，表面较为光滑，留有制作者指甲痕迹。

匕首，系近距离搏杀猎物的工具，发掘出土以骨质匕首为多，石质匕首较少。海原县博物馆陈列的匕首多为牛羊角或者腿骨磨制而成，与现代军用匕首类似。在菜园村林子梁新石器时代遗址发掘出土的骨匕较多，其中一件还绘制有图案，长 15.7 厘米，宽 0.5—2.5 厘米，厚 0.1—0.2 厘米，孔径 0.4 厘米。牛角磨制而成，器表完整光滑，圭形，器体扁平微弯，剖面呈圆角扁状，上窄下宽，柄部下端圆折角平背，下端中部钻有一圆孔，末端渐斜收成圆钝舌状钝刃。在骨匕的下半部遗留有黑色胶状物粘绘成松树折枝状凸起的图案。在宁夏博物馆陈列着3件骨匕，长分别为21.6厘米、21厘米、19.5厘米，于海原县菜园村林子梁新石器时代遗址考古发掘出土。这些骨匕属于新发现的器类，将动物骨骼劈成条状再磨制而成，器表光滑，圭形，器体扁平微弯，刃窄柄宽，靠柄端中部钻有一圆孔，末端渐斜收成舌状钝刃，其中一件两侧均有浅凹槽，另两件只在一侧有浅凹槽。这些骨匕上的侧槽，是动物骨自然生成，还是先人专门磨制出另有用处，现未有定论。

新石器时代菜园先民狩猎除使用上述狩猎工具，还用网捕捉野生动物。在出土彩陶上，绘有网格纹，就是一个例证。鸭形网纹彩陶壶，高20.4厘米，口径8厘米、腹径25.6厘米、底径8厘米。1984—1987年海原县菜园村遗址切刀把墓地出土，尖唇，侈口，偏颈微曲，溜肩，鼓腹，下腹内收，平底。腹中下部置两对称的环形耳，一侧置鸭尾状单望。泥质红陶，外施黑红相间彩。颈部饰网格纹，腹部饰锯齿纹兼带状鱼鳞纹。器物造型生动活泼，充满生活气息。

菜园村位于海原县南华山北麓，这里属于阴湿区，森林茂密，自然植被非常好，生长生存着种类较多的野生动物。在《宁夏菜园——新石器时代遗址、墓葬发掘报告》中有这样一段记载：分段的动物骨骼鉴定结果也与之不谋而合。林子梁出土兽骨大多比较破碎，可以辨认的种属有黄羊、猪、黄牛、梅花鹿、马、野兔、鼠和鹭，其中黄羊、猪、黄牛和梅花鹿，可能是这一动物种群中较多的种类，猪、牛有可能是畜养的；马类是否为家畜，尚不能确定；鹿类和黄羊是野生狩猎的对象。上述动物都是适宜于在半荒漠山坡草地生活的北方草原动物种群。如今生活在这里的人们，仍然保留着狩猎的习俗。特别是在秋收之后，人们架上猎鹰，带上猎狗，及狩猎网、弹弓等工具，结伴去狩猎。当地有一句谚语："看了鹰抓兔，庄家买卖没人做。"可见狩猎时的热闹程度。

在新石器时代菜园先民制造生活用的陶制品，因受烧制技术所限，仅制作一些中小型炊具，大型的炊具无法烧制，故烹饪野生动物时因受炊具大小的限制，均要剁碎，才能煮熟食用。在《宁夏菜园——新石器时代遗址、墓葬发掘报告》中就有"林子梁出土兽骨大多比较破碎"的记载，充分证明了这一点。菜园先民用石刀剥兽皮、切割肉等，石刀形似梳子，一边磨制有刃，较直，锋利，弓背敦厚，圆弧形，便于握拿和切割。青石刀，长 11 厘米，半圆形，弓背较厚，刀刃较薄且锋利，打磨光滑。石刀，长 9.1 厘米，宽 2.5 厘米，青石磨成，器表光滑，长方形，平刃，双面锋，中部钻孔。

菜园先民用石斧砍碎兽骨后，再放在陶釜里煮。在海原县博物馆陈列有很多石斧，种类较多，恕不一一详述，仅选一件阐述之。这件青石斧长 9.4 厘米，宽 4.8—6 厘米，厚 3.1 厘米。器体较厚重，磨制，平面、剖面都为椭圆体，长方形，上端微窄，弧顶，两腰及柄部残留琢磨痕迹，其余部位磨光，刃缘一侧有打击使用时剥落的石片痕。弧刃，使用痕迹明显。在海原县博物馆陈列有新石器时代的红陶灶和陶釜，很可能是煮食猎物的炊具。

在菜园村寨子梁新石器时代遗址出土一件彩陶双耳罐，口径 10.4 厘米、腹径 16.8 厘米、底径 7.8 厘米，高 18 厘米。红褐陶，通体饰斜线纹，颈抹平，颈饰一周戳印纹，肩腹部加饰网状划纹。艺术源于生活，这种网状划纹展开之后来看，很像圈养牲畜的栅栏，故名"栅栏纹"。栅栏纹的出现，标志着菜园先民早已开始将捕捉的黄羊、梅花鹿、猪等动物圈养起来，开始饲养驯化，从而奠定畜牧业发展基础。

在宁夏海原菜园村新石器时代遗址一带，曾经生存着许多适宜于北方草原的动物群。从考古遗存来看，这个遗址有明显的农业定居性质，那里的古代居民还兼养某些家畜和捕捉野生动物作为生活的补充。先民们通过数千年艰辛劳作，创造出以农业为主，畜牧业为辅，兼营渔猎的生产形态，以及长期定居、近地放牧的生活方式，形成具有浓郁地方特色和时代特征的菜园文化。

石　磨

石磨，是用两块石器，把谷物、小麦、豆类等粮食颗粒碾磨成面粉、浆的重要工具。磨，起初称硙，汉代才称作磨，它究竟诞生于什么时代，目前很少有人能回答清楚这个问题。据《世本》等文献所记的"公输般作硙"推断，公输般即指鲁班，鲁班发明了旋转式的石磨，使粮食加工变得容易多了。鲁班与墨子为同时代人，圆形石磨在我国战国早期即已开始使用。但是，《世本》记载是否准确，人们长期持怀疑态度。著名机械学家刘仙洲教授引证这一资料时，只是谨慎地推断道：石磨的使用至少应在 2000 年以前。但随着考古发现，早在 5000 年前古人就开始使用石磨了，但不是旋转的，而是来回推搡式那一种。

1985—1987 年，宁夏文物考古研究所与中国历史博物馆考古部合作，在宁夏南华山北麓地区菜园村南的山坡上，进行为期三年的考古发掘，在林子梁窑洞式房屋遗址群储存粮食的库房里发现了多件石磨盘。这也是首次在全世界范围内发现古人磨碎农作物颗粒所使用的石磨，故被列入新石器菜园文化范畴。载录于《宁夏菜园——新石器时代遗址、墓葬发掘报告》。

石磨盘分上下两扇，上扇为推磨盘，或称"碾磨盘"，下扇为底磨盘，扁而薄，经琢制修整后使用，为磨制谷物颗粒工具，以来回推搡方式碾压粉碎谷物颗粒成为面粉，做面饼等面食。当时，磨盘采用的石质类型较多，有花岗岩、细砂岩质、紫砂岩质三种类型，均为新发现的器形。

底磨盘有两种制式，分为Ⅰ式和Ⅱ式：

Ⅰ式底磨盘：标本一，完整，花岗岩，青白色。扁平，平面呈圆角梯形，边缘弧形上翘，摩擦面凹陷。长 31.2 厘米，宽 12.5—18 厘米，厚 1.2—2 厘米。标本二，残缺，紫砂岩，紫色。扁平，表面磨光，底部琢制，仅存磨盘一侧，弧边，表面有使用痕迹。残长9.6厘米，宽11厘米，厚2.8厘米。

石磨盘

Ⅱ式底磨盘：标本一，可复原，选自然椭圆形扁状细砂岩琢制而成，表面因长期使用被磨成浅凹槽状。长36.8厘米，宽17.2厘米。标本二，残缺，细砂岩，浅青色。扁平，表面磨光，底面琢制，仅存磨盘一角，圆形折角，有使用痕迹。残长9.4厘米，宽8.8厘米，厚2.8厘米。

推磨盘，属花岗岩或细砂岩岩质，琢制而成，和底磨盘配套使用来磨制谷物。亦属新出现的器形。有三种类型：

Ⅰ式推磨盘：在底磨盘之上的石器为推磨盘，完整，花岗岩，浅紫色。琢、磨制，半月形，弧背，底部磨成斜平面。宽16.8厘米，高8.6厘米，厚3.7厘米。

Ⅱ式推磨盘：标本一，残缺，选自细砂岩，青绿色。琢制，扁状，微弧背，斜磨面平整。残长12厘米，宽5—7.5厘米，厚3.6厘米。标本二，灰褐色砂岩。磨制，略呈梯形，两腰斜直，背面平整。长11厘米，宽6.8厘米，厚3.4厘米。

Ⅲ式推磨盘：完整，花岗岩，浅紫色。琢制，弧背，扁状半椭圆形，斜磨面平整，剖面呈等腰三角形。长15.7厘米，宽4.16厘米，厚3.1厘米。

上述考古发掘的标本均在宁夏考古研究所的库房内，平时难得一见。但海原县博物馆也陈列着类似的石磨盘，只不过展陈时，陈列人员不懂石磨盘是如何使用的，竟然多放上去了一件，有点画蛇添足了。在彭阳县博物馆也陈列着一套完整的石磨盘，标明是新石器菜园文化

479

类型。菜园村新石器遗址的周边也经常发现这种类型的石磨盘，民间多有收藏。曾记得研究菜园文化的学者李正山也有丰富的收藏，便去做了采访。他说："以前收藏的石磨盘挺多，都捐给了博物馆，现在只剩下一件石磨盘了。"说着他拿出了仅存的一件，第一眼看去，它并不惊艳，甚至有些平淡无奇，有点像现在孩子们玩的滑板，也有点像切菜用的案板。这件石磨盘的底磨盘近似于长方形，长40厘米，宽26厘米，厚6厘米，推磨盘形似一个梳头的梳子，个头较小，长16厘米，高4厘米，厚4厘米。石磨盘表面微凹，底部平整。试想，在当时生产工具极度落后的年代，制作如此大而规整的一个石磨盘，需要花上多少时间、耗费多么巨大的劳动量，才能打磨出这么平坦光致的效果？也正因如此，石磨盘成为当时菜园先民们的贵重财产之一。

海原菜园文化遗址

菜园古人处于母系氏族社会晚期，男女有着明确的社会分工。男人们用磨光的石斧砍伐树木，用石铲铲除杂草，用石镰收割庄稼，而女人们则在窑洞式房子里，在石磨盘上耐心地碾磨着谷物，为一家早晚的食物忙碌着。她们双手紧握推磨盘，使劲地按在底磨盘上，将谷物磨成面粉，然后筛去谷糠，一盆面粉就这样磨制出来了。当今很多人对这种石磨盘的使用方法不甚了解，总认为这类石磨盘是去掉粟壳成米的工具，当我们看到朋友拍摄的非洲黑人至今仍然用这种古老的石磨盘磨制面粉的镜头，恍然大悟。

妇女们取一盆清澈的泉水，将磨好的面粉和成面，烙成饼、烤成馕，再熬上一罐罐茶，等待劳作、狩猎而归的男人。回家的男人看到如此丰盛的茶饭，露出了满足的笑容。这石磨盘，既是菜园及周边地区原始农业水平高度发达的实物见证，也是菜园作为狩猎和农耕文明发源地的一个缩影。

从大麦地维纳斯岩画推测神龙岩画的产生年代

周兴华

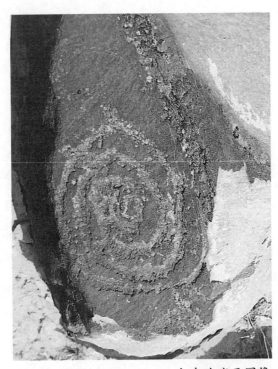

大麦地岩画图像

从全球范围看，大麦地岩画在题材内容、图像特征、制作技法、位置选择等方面与欧洲同类型的岩画有着惊人的相似性。

追溯人类的艺术史，就石雕人物造像而言，现所见最早最多的史前遗物，当数写实和具象的岩画人物与岩面浮雕人物。

1986 年，中国发现了大麦地岩画维纳斯。大麦地岩雕女性裸像敲凿在高60 厘米、宽 50 厘米的红砂岩山体岩面上，岩晒泛黑，敲凿沟槽开口宽阔，边缘不齐，深浅不一。裸像通高 17 厘米、体宽 16 厘米，最宽处在双乳下部，双乳的长、

大麦地岩画拓片

宽各占身高与体宽的三分之一。裸像体态矮小丰腴，头圆无耳，眉眼明显，张口露齿。两只乳房硕大饱满，腹部滚圆似孕。两臂纤弱，右臂里曲，抚于肚腹之间；左臂弯曲向上，手持角形器。从类型学来看，宁夏大麦地岩雕女性裸像具备了旧石器时代晚期欧洲石雕女性裸像的所有典型特征，与法国岩雕洛赛尔维纳斯造型一样，与奥地利维伦多夫的维纳斯形象特征相同。法国洛赛尔维纳斯距今 4 万年，奥地利维伦多夫维纳斯制作于公元前 2.5 万年。

史前考古学家、艺术史家普遍认为，在全球范围内，石器时代的文化具有同质性。

水洞沟欧洲技术传统类型与亚洲技术传统类型两类石器共生的现象，对大麦地岩画维纳斯断代研究极具启发性。

水洞沟遗址出土的石器说明，欧洲莫斯特文化、奥瑞纳文化技术传统类型的石器与中国华北地区旧石器中的小石器传统共生共存。大麦地岩画区发现的石雕女性裸像说明，法国洛赛尔维纳斯、奥地利维

大麦地岩画维纳斯

伦多夫维纳斯与中国大麦地史前岩画维纳斯在产生时代、雕凿材料、图像形态上相似。这不是巧合，在全球范围内，各地区的史前岩画原本就存在着大量的相似现象。中国大麦地史前岩画维纳斯等同类图像应是水洞沟遗址出土的欧洲旧石器时代中期、晚期的莫斯特文化、奥瑞纳文化技术传统石器的启示和证据。应该说，中国大麦地史前岩画维纳斯与水洞沟莫斯特文化、奥瑞纳文化技术传统的石器，都是在旧石器时代中、晚期文化层中共生共存

法国洛赛尔维纳斯

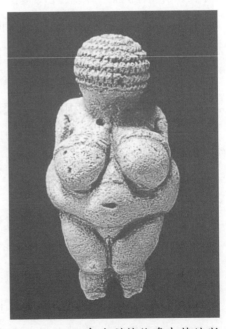

奥地利维伦多夫维纳斯

的，两者是有内在联系的，前者应是后者的地上印证和成果。

　　同样的岩画遗存在同样的史前环境中，只要排除了模仿或作伪，双方在某些方面的对比互证是具有说服力的。我们之所以把欧洲史前维纳斯引以为例证，是因为学术界通过考古学、年代学、类型学的研究，已将它们确认为史前维纳斯，而且这种确认，早已得到学术界的普遍肯定与认可。我们之所以将大麦地岩雕女性裸像称之为"史前岩画维纳斯"，是因为它在考古学、年代学、类型学上与欧洲史前维纳斯相似。

　　将大麦地岩画维纳斯与法国洛赛尔的维纳斯、奥地利维伦多夫维纳斯互相比照，大麦地岩画维纳斯属平面敲凿，法国洛赛尔的维纳斯属浅浮雕，距今4万年，奥地利维伦多夫的维纳斯属圆雕，距今2.5万年。纵观史前考古和史前艺术史，在岩石上敲凿、刻画、平面敲凿、线雕的作品，要早于浮雕、圆雕作品，据此，大麦地岩画维纳斯早于浅浮雕的法国洛赛尔的维纳斯，远早于圆雕的奥地利维伦多夫的维纳斯，大麦地岩画维纳斯的产生年代当在距今3万—4万年。

大麦地岩画图像

大麦地岩画神龙与大麦地岩画维纳斯的产生地点相距约 200 米，两者遗存环境、位置地形、岩画石质、敲凿技法、图像风格、凿痕色泽完全一样。以大麦地岩画维纳斯的产生年代推测大麦地岩画神龙的产生年代，大麦地岩画神龙当制作于距今 2 万—3 万年。

龙的起源与炎黄古族

周兴华

史前岩画与考古资料证实，中国的龙崇拜最早出现于西北地区的草原地带。

考古资料显示，在华夏大地上所发现的称之为"龙"的资料，见于报道的迄今有：宁夏中卫香山螺旋纹龙岩画，距今2万—3万年；宁夏中卫大麦地神龙岩画，距今2万—3万年；辽宁查海遗址的石块堆塑龙，距今8000年；内蒙古赤峰赵宝沟出土的陶纹龙，距今7000年；陕西宝鸡北首岭出土的彩陶龙，距今约7000年；内蒙古清水河岔河口出土的黄土夯筑龙，距今6000年；河南濮阳西水坡出土的蚌塑龙，距今6000余年；湖北黄梅焦墩出土的河卵石摆塑龙，距今近6000年；甘肃甘谷西坪出土的彩陶龙，距今5500年；内蒙古翁牛特旗三星他拉出土的玉龙，距今5000年以上；山西襄汾陶寺出土的彩陶盘龙，距今近5000年；安徽含山凌家滩出土的白玉龙，距今5000多年。

从以上群"龙"产生的年代看，位于中国西北的宁夏中卫香山螺旋纹龙岩画、中卫大麦地神龙岩画产生于旧石器时代晚期，其他各龙均产生于新石器时代。目前，在中原等地区尚未发现比香山螺旋纹龙岩画、大麦地神龙岩画更早年代的"龙"形象。由此证明，中国的龙文化是由西北向南、向东南沿海演进的。

中国西北地区史前遗迹、遗址中最早出现龙文化的现象绝非偶然，这与华夏古族及其先民早期活动的区域密切相关。三皇之首的伏羲氏生于今甘肃秦安县。司马贞补《史记·三皇本纪》载："太皞庖牺氏，风姓，代燧人氏，继天而王。母曰华胥，履大人迹于雷泽，而生庖牺氏于成纪。蛇身人首。"庖牺氏即伏羲氏，相传生于成纪，即今甘肃秦安县。秦安地属陇右，陇右主要指陇山（今六盘山）以西、黄河以东之地，大致包括今甘肃、青海东南和宁夏西南，广义的陇右还包括上述地区的西北和新疆东部。

伏羲、炎帝、黄帝均出生于黄河上游。《国语·晋语》说："昔少典娶于有蟜氏，生黄帝、炎帝。黄帝以姬水成，炎帝以姜水成。成而异德，故黄帝为姬，炎帝为姜，二帝用师，以相济也。异德之故也。"姬水之地名多在宁、甘境内。宁夏中卫香山古有姬家水、姬姓村落、姬姓居民，姬姓水名、地名、居民一直延续至今；甘肃临夏有姬家川，应与姬姓水名、居民有关；也有说姬水即今渭水上游。以上各说不管具体指何处，但大体都在陇右地区。姬水、姜水均在今陇右及其毗邻地区，也就是说，伏羲、炎帝、黄帝族系早期均出生繁衍于陇右及其毗邻地区。

关于伏羲、炎帝、黄帝族系早期活动的区域。徐旭生说："这以上所述文献内的材料，考古方面的材料，民间传说的材料似乎完全相合，足以证明炎帝氏族的发祥地就在今陕西境内渭水上游一带。"（《中国古史的传说时代》）渭水源出甘肃省渭源县西北鸟鼠山，东南流经清水县后入陕西，其上游在陇右。范文澜说："姜姓是西戎羌族的一支，自西方游牧先入中部……黄帝族原先居住在西北方"（《中国通史简编》）。以上说明，中国西北方确系伏羲、炎帝、黄帝族系的发祥地。

《山海经》在"西山经"中共记载了今宁夏中卫以西的22座大山，第一座神山是轩辕黄帝搏兽的"崇吾之山"，第五座是烛龙之子鼓所居的以"人面而龙身"为图腾的钟山，第八座是轩辕国的都城"昆仑之丘"，第十二座是轩辕黄帝所居的"轩辕之丘"。《史记·五帝本纪》载："黄帝者，少典之子，姓公孙，名曰轩辕。"关于轩辕国的疆域，《山海经·海外西经》载："轩辕之国在此穷山之际……人面蛇身，尾交首上。穷山在其北，不敢西射，畏轩辕之丘。在轩辕国北。其丘方，四蛇相绕。"郭璞注："黄帝居此丘，娶西陵氏女，因号轩辕丘。"黄帝"西至于空桐，登鸡头……北逐獯鬻……而鬼神山川封禅与为多焉"（《史记·五帝本纪》）。空桐山（即今崆峒山）、鸡头山（即今六盘山）均在今甘肃、宁夏陇右地区，獯鬻（匈奴的先祖）是原始社会的古族，活动在今宁夏的黄河南北。以上说明，中国大西北显然是黄帝族群早期活动的地域。炎帝、黄帝族系是沿着祁连山地、河西走廊自西向东进入黄土高原的西部族系。炎黄族系进入黄土高原走近黄河岸边的第一座神山就是"崇吾之山"。

《山海经》西次三经之首记载的第一座神山是轩辕黄帝搏兽的"崇吾之山"。据我国历史地理学科主要奠基人和开拓者谭其骧等学者考证，今宁夏中卫香山即《山海经》西次三经之首的"崇吾之山"。中卫香山螺旋纹龙岩画所在的香山、中卫大麦地神龙岩画所在的卫宁北山，属祁连山余脉，在陇右、河西地区。《山海经》记载，香山是炎帝、黄帝的"搏兽之丘"，即炎帝、黄帝狩猎和图腾崇拜的神山。香山地（崇吾山）属陇山（今六盘山）西北麓，陇右、陇西、陇东、陇阪均以"陇山"得名。传说伏羲生于陇右成纪，其形象是"蛇身人首""龙身牛首"，由是观之，上述与"陇"字有关的地名抑或均源于伏羲之"龙"图腾。追溯"陇山"一名之来龙去脉，应是伏羲、炎帝、黄帝族系早期发祥于"陇山"以西的陇右地区，他们以"龙"为图腾，故其发祥地以"龙"命名之。"陇山"的"陇"字发音"龙"声，"陇山"最早应叫"龙山"，后人造字，因表示地势地名，便在"龙"字的左边加了个与地势上下高低有关的"阜"字旁，"龙"字就变成了"陇"字，写作"陇山"了。

陇右地区自古以来就是许多族群的混居地。龙是华夏族群的先民以蛇为原形创造的许多族群共有的图腾形象。在中国历史发展的长河中，"龙"是中华民族文化和民族感情的积淀凝聚，是中国文化的象征，中华民族的象征，中国的象征。

考古材料证实，中国的龙崇拜最早出现于西北地区的草原地带。中卫香山、大麦地龙岩画的发现，说明香山、大麦地是龙文化的发祥地之一，对中国龙文化的研究提供了最古老的形象证据，证实了中国大西北是以龙图腾崇拜为标志的炎、黄古族的发源地。

长流水丝路古道

周兴华

秦汉以来，自中原通往西域的丝绸之路，都是在先秦已经探寻开通的东西方古道上的拓展延伸。中卫以西的河西走廊至西域的东西方古道最早见载于《山海经·西次三经》等先秦典籍，后世称之为沙漠绿洲丝绸之路。

古代自长安到河西走廊的东西方交通大道由周秦大道沿泾水河谷经回中道、高平道、萧关道、灵州道北渡黄河进入河西道。河西道从中卫黄河北岸开始，自东向西为祁连山脉与北山（卫宁北山、骆驼山、龙首山、合黎山、马鬃山）南、北夹峙，这两列山脉中间系狭长的沙漠绿洲地带，是中国古代中原通往西域的交通要道，现代学者从自然地貌上称之为河西走廊。

宁夏中卫位于河西走廊的东端，是沙漠绿洲丝绸之路河西道的东大门。通常将古代从长安到河西走廊的东西方交通大道称之为沙漠绿洲丝绸之路东段，该段又有南道、中道、北道的说法。沙漠绿洲丝绸之路东段北道经过宁夏中卫见诸许多古代文献记载，秦、汉、唐、宋至明清以来史不绝书，现存丝绸之路古道遗址保存较好。

文献记载，秦始皇称帝后第一次出巡陇西、北地，是从咸阳出发，

长流水河谷 李旭竹/摄

经回中道，翻越陇山，进入宁夏固原和甘肃东部。《史记·秦始皇本纪》载："二十七年，始皇巡陇西、北地（陇西，今陇右；北地，今宁州也）。出鸡头山（《括地志》云：'鸡头山在成州上禄县东北二十里，在京西南九百六十里。郦元云盖大陇山异名也。《后汉书·隗嚣传》云"王莽塞鸡头"，即此也。'按：原州平高县西百里亦有笄头山，在京西北八百里，黄帝鸡山之所。）过回中（应劭曰：'回中在安定高平。'孟康曰：'回中在北地。'《括地志》云：'回中宫在岐州雍县西四十里。'言始皇欲西巡陇西之北，从咸阳向西北出宁州，西南行至成州，出鸡头山，东还，过岐州回中宫。）"秦始皇西巡陇西、北地，沿泾水道（过回中）翻越六盘山（出鸡头山，即大陇山），经固原（高平道）至陇西、北地。今宁夏中卫市海原县属秦始皇出巡陇西之地，丝绸之路回中道宁夏段在秦始皇时代即车马通行的国道。

汉武帝出巡北地、河东，是从长安出发，经回中道、萧关道，直达今宁夏中卫黄河南岸，再东转代郡至河东。《汉书·武帝纪》载："元封四年冬十月，行幸雍，祠五畤。通回中道，遂北出萧关，历独鹿、鸣泽，自代而还，幸河东。""独鹿"即独鹿山，据《元和郡县图志》"灵州条"载："长乐山，旧名达乐山，亦曰铎洛山，以山下有铎洛泉水，故名。旧吐谷浑部落所居，今吐蕃置兵守之。"《太平寰宇记》"灵州条"载："废鸣沙县：长乐山，按《十道记》云：安乐州，在灵武南稍东一百八十里，近长乐山下，此山一名铎乐山，以山下有铎落泉水，故以为名。旧吐谷浑部落所居。"《宋史·郑文宝传》载："威州在清远军西北八十里，乐山之西。"《嘉靖宁夏新志》"韦州条"载："蠡山，在城西二十余里……旧不知何名。"由上可知，长乐山、达乐山、铎洛山、乐山、蠡（《唐韵古音》落戈切，音同"骡"）山实为一山，同音异写，均指今宁夏同心县之罗山。罗山汉代写作"独鹿山"，后世讹为铎洛山、长乐山、达乐山、乐山、蠡山诸名。所以，"独鹿山"即"铎洛山"。"鸣泽"即今宁夏卫宁平原"鸣沙河"南的湖泊沼泽。黄河中卫段古称"鸣沙河"，沙坡头古称"鸣沙山"，中卫黄河两岸的湖泊沼泽古称"鸣泽"。

汉简《驿置道里簿》记载的从长安到姑臧（今甘肃武威）的这条古道，在汉唐《铙歌》《鼓吹曲》中曾有传唱。古乐府歌颂汉武帝曰："上之回，所中益，夏将至，行将北，以承甘泉宫。寒暑德，游石关，望

丝绸之路上的古城堡　焦兴全／摄

诸国，月氏臣，匈奴服。令从百官疾驰驱，千秋万岁乐无极。"颜师古注说："应劭曰：'回中在安定高平，有险阻，萧关在其北，通治至长安也。'……盖自回中通道以出萧关。"唐卢照邻《回中曲》唱道："回中道路险，萧关烽堠多。五营屯北地，万乘出西河。"回中道北接高平道，是从长安通西域的必经之路。萧关自古就是"灵武咽喉，西凉襟带"。汉萧关在今宁夏固原长城附近的清水河道上，唐萧关在今宁夏海原县清水河道高崖乡石峡口附近。西河指今宁夏黄河段，西凉即姑臧。卢照邻诗中的"万乘出西河"是说浩浩荡荡的车马大队从今中卫渡过黄河，向西沿腾格里沙漠南缘的古丝绸之路进入河西走廊，通往西域。从中卫渡过黄河，经武威、张掖、酒泉、敦煌、玉门关的这条丝绸古道，史称河西道。汉唐《铙歌》《鼓吹曲》叙写的长安—回中—高平—萧关—古灵州—出西河，这正是秦、汉、唐时期即已开通的"回中道""高平道""萧关道""灵州道""河西道"，这是从中原长安、洛阳等地通往西域的丝绸古道。

东汉光武帝建武八年（32年），凉州牧窦融率5000多乘辎重，从凉州东进，在中卫渡河南下，沿清水河道与刘秀会师于高平，消灭了隗嚣割据势力。西汉末年，天水成纪（今甘肃陇西秦安）人隗嚣割据陇右，称霸一方。《后汉书·窦融列传》载：东汉建武八年夏，"车驾西征隗嚣，融率五郡太守及羌虏小月氏等步骑数万，辎重五千余辆，与大军会高平第一……遂共进军，嚣众大溃，城邑皆降"。汉光武帝刘秀率大军征伐隗嚣，命令凉州牧窦融率五郡（敦煌、酒泉、张掖、武威、金城）太守与自己先会师高平，然后共同讨伐隗嚣。窦融遵照刘秀命令，统率河西五郡数万大军及5000多乘辎重，从凉州出发东进，在古灵州渡过黄河（指黄河古渡，在今中卫黄河段，见《汉书·地理志》、旧本《范文正公文集》所载"西夏地形图"），沿着萧关道与刘秀会师于高平，然后联兵进军陇右，消灭了隗嚣割据势力（《后汉书·窦融列传》）。当时，陇西本属隗嚣割据之地，天水附近的16县均被隗嚣

494

占领，窦融所率5000多乘辎重不可能从兰州、靖远渡过黄河，经陇西，翻越六盘山到固原与刘秀会师，他只能从今甘肃武威经过今宁夏中卫黄河古渡直达固原与刘秀会师。对窦融统率数万大军及5000多乘辎重从今中卫黄河段渡过黄河沿清水河道与刘秀会师于高平的进军道路，南北朝著名地理学家郦道元在其《水经注》中说得很清楚："河水又东北径于黑城北，又东北，高平川水注之。（郦道元注释）即苦水也。水出高平大垄（陇）山苦水谷。建武八年，世祖征隗嚣，吴汉从高平第一城苦水谷入，即是谷也。东北流径高平县故城东。汉武帝元鼎三年置，安定郡治也。"高平川水即苦水，今称清水河，中卫俗称山河，自南向北流经固原、海原、同心，至中卫市沙坡头区宣和镇东注入黄河，全长320公里。显而易见，汉代数万大军及5000多乘辎重从今甘肃武威经今宁夏中卫黄河古渡沿清水河道直达固原的道路，毫无疑问是一条非常宽阔的车马古道，这条车马古道就是沙漠绿洲丝绸之路东段北道宁夏段。

《后汉书·段颎传》载：汉桓帝采纳了段颎"骑五千，步万人，车三千辆，三冬二夏，足以破定"先零羌的建议，于"建宁元年（168年）春，颎将兵万余人，赍十五日粮，从彭阳直指高平，与先零诸种战于逢义山……斩首八千余级……且斗且引，及于灵武谷。颎乃被甲先登，士卒无敢后者，羌遂大败，弃兵而走。追之三日三夜，士皆重茧。既到泾阳，余寇四千落，悉散入汉阳山谷间"。段颎统率15000多骑兵、步兵及3000多乘车辆，先从彭阳北上高平，沿清水河道从今黄河中卫段北渡黄河进军灵武谷攻打先零羌；又南渡黄河，再沿清水河道追击先零羌至泾阳。对段颎往返于泾阳、高平、清水河道、古灵州、灵武谷追击先零羌的行军道路，郦道元在其《水经注》中亦有明确记载："段颎为护羌校尉，于安定、高平、苦水讨先零，斩首八千级于是水之上。""是水"指苦水，即今宁夏清水河道。段颎统率15000多骑兵、步兵及3000辆兵车从长安出发，转战于泾阳—彭阳—高平—清水河道—

古灵州—灵武谷一线，说明沿泾水、清水河一线的泾水道（回中道）、高平道、萧关道、灵州道、河西道都是车马驰驱之路，是中原长安、洛阳等地通往西域的丝绸古道。

　　至德元载（756 年）安史之乱，太子李亨平叛，北上朔方搬兵。他从长安出发，经乌氏驿（平凉郡南）、平凉郡，行至丰安南（今中卫黄河南岸），正想北渡黄河保丰安（中卫古城），因"忽大风飞沙"，才"回军趋灵武（今灵武境）"即位。唐肃宗北上朔方搬兵，走的正是汉简《驿置道里簿》记载的"回中道""萧关道""灵州道"这条丝绸古道（《旧唐书·肃宗本纪》）。

沙漠中的古长城　焦兴全／摄

　　五代时期，从长安通往西域的丝绸之路抵达高平后，再北上萧关道，过萧关后继续北上，从今中卫黄河渡口渡过黄河前往西域。后晋高祖天福三年（938 年），派遣供奉官张匡业出使于阗。使团成员彰武军节度判官平（误为"高"）居诲记述："自灵州过黄河（今中卫黄河古渡），行三十里，始涉沙入党项界，曰细腰沙、神点沙（今中卫沙坡头）。至三公沙，宿月支都督帐。自此沙行四百余里，至黑堡沙，沙尤广，遂登沙岭……渡白亭河（今武威市民勤县石羊河）至凉州，自凉州西行五百里至甘州……又行二日至安军州，遂至于阗"。后晋都开封，彰武军节度驻延州，于阗即今新疆和田一带。从《平居诲使于阗记》可知，张匡业等从今河南省开封市、陕西省延安市出使新疆和田一带，也要"自灵州过黄河"到武威，沿河西走廊丝绸之路抵达西域，这足以证明沙漠绿洲丝绸之路东段北道必经中卫黄河古渡西至武威（《新五代史》附录《平居诲使于阗记》）。

北宋佛教徒王继业等300僧人自甘肃武都地区前往印度取经，亦从灵州道渡黄河，经今中卫沿丝绸之路西入河西走廊前往印度。宋代东京（今河南省开封市）天寿院的王继业等300僧人，从今甘肃武都地区出发，前往印度取经。宋范成大《吴船录》载："业姓王氏，耀州人。隶东京天寿院。乾德二年（964年），诏沙门三百人，入天竺求舍利及贝多叶书，业预遣中。至开宝九年（976年）始归寺……业自阶州出塞西行，由灵武、西凉、甘、肃、瓜、沙等州入伊吾、高昌、焉耆、于阗、疏勒、大石诸国，度雪岭至布路州国（今克什米尔地区）。"王继业等本在陇南（阶州，今甘肃武都），其地北与天水接壤，西北与宕昌搭界，从阶州西北出陇西经兰州即可至武威、张掖以西。但王继业等300僧人从武都地区出发，却选择北上天水，沿泾水至固原，过固原后还要继续沿清水河北上高平道、萧关道，由灵州道北渡黄河入凉州道（中卫至武威）前往印度取经，这说明灵州道是汉唐以来众所周知的丝绸国道。

北宋佛教徒行勤等157人自今河南省开封市前往印度取经，从古灵州渡黄河，沿着经过中卫的丝绸国道西入河西走廊前往印度。据伦敦博物馆所藏写本敦煌遗书《西天路竟》记载，北宋乾德四年（966年）行勤等157人前往天竺取经，同行的僧人在西行中明确记载："东京至灵州四千里地""灵州西行二十日至甘州，是汗王。又西行五日至肃州。又西行一日至玉门关……又南行一年七个月至南天竹（竺）国。"从《西天路竟》记载看出，北宋时期的僧人团队从中原开封前往古印度取经，所走路线是从东京（今河南省开封市）出发，经中卫地区，甘州、肃州，出古玉门关，抵达南天竺国（古印度）。所以，伦敦博物馆收藏的敦煌遗书《西天路竟》记载"东京至灵州四千里"，从灵州西行二十日至甘州，再至肃州、玉门关以西各地，终达南天竺国（古印度）的路线，这是汉唐以来从中国中原地区通往西域、中亚、非洲及欧洲的沙漠绿洲丝绸之路的主干国道（车马大道）。

成吉思汗率领的大部队从漠北征伐西夏，走的还是"河西道""灵州道""萧关道"。1226 年，成吉思汗养好了伤，沿着河西走廊的丝绸之路攻入了西夏国境。据《元史·太祖本纪》记载，成吉思汗的军队经黑水城（今内蒙古额济纳旗）、甘州、肃州、西凉府、搠罗、河罗（宋皋兰县东境，即今甘肃景泰地区）等地。随后，成吉思汗的军队又翻越了沙陀（今中卫沙坡头），抵达了西夏应理州境内的黄河九渡（西夏时期今中卫市黄河两岸的郭家渡、应理渡等九个渡口），再次夺取了应理（今中卫）等县。蒙古军队从中卫黄河九渡渡河以后，继续攻占黄河南岸、东岸的西夏城寨（《元史·太祖本纪》）。

从《平居诲使于阗记》《吴船录》《西天路竟》记载看，张匡业、王继业、行勤都是带领大队人马从河南开封等中原地区前往西域、印度出使或取经的。他们从今河南开封、甘肃武都出发，抵达固原后继续北上，沿萧关道、灵州道从古灵州渡过黄河，再沿着途经中卫的河西道进入武威以西，他们抵达固原后并没有经石门关（须弥山谷）向西北经海原县，抵黄河东岸的靖远，过黄河达景泰县，抵武威。以上出使西域或到印度取经的大型团队行程证明，沙漠绿洲丝绸之路东段北道主干国道是从长安、开封等中原地区出发，自南向北经固原到古灵州渡过黄河进入河西道穿越宁夏全境。

由固原向北经石门关（须弥山谷）折向西北经海原、靖远县过黄河抵武威的道路，现今学界一些人称之为丝绸之路东段北道。实际上，此道开通于东汉至南北朝时期，是丝绸之路东段北道的支线之一。从甘肃靖远县过黄河抵武威，除季节性的冰桥渡外，开河后的舟船渡口主要有鹯阴口、索桥、乌兰津等。鹯阴口见于曹魏时：凉州卢水胡反，武威危急，张既"遂渡河。贼七千余骑逆拒军于鹯阴口，既扬声军由鹯阴，乃潜由且次出至武威"（《三国志·魏书》）。鹯阴口后演变为索桥渡，亦称迭烈逊渡，位于靖远县水泉镇黄湾中村黄河渡口处，舟船渡口建置于宋夏时期，兴废无常。清康熙《靖远县志》载："大、小口子，即昔初建索桥地，明隆庆初到船渡，以通往来""明初设立巡检司防守，建置船只，索桥通凉庄路"。对索桥渡，清《秦边纪略》"靖远卫条"载："索桥，黄河之津处也，名桥而实无之……索桥不过鼓棹浮舟，往来津渡而已……桥非大道，盖宁夏、固原往河西之捷径耳。然西安商旅亦有不由兰州往河西，而取道靖虏以渡索桥者，路捷三日也。"乌兰津位于靖远县双龙乡北城滩黄河渡口处，最早见于魏晋南北朝时期。魏晋称其为阳武下峡：晋义熙三年（407年），赫连勃勃击南凉，入枝阳，驱掠而还。秃发傉檀引兵追之，勃勃于阳武下峡凿凌埋车以塞路，逆击傉檀，大破之（《晋书·赫连勃勃载记》）。南北朝称为乌兰津，《北齐书·可朱浑元传》载：可朱浑元"乃率所部发自渭州，西北渡乌兰津"。唐代称会宁关渡："在会宁关有渡船50只"（敦煌遗书《水部式·鸣沙石室书》）。宋、元、明称孛罗口、北卜渡，清以来称大庙渡。

对于从平凉、隆德或经海原县向西北翻越六盘山从陇西榆中、靖远渡黄河的"中道""北道"，明人的介绍符合实际情况。《明会要》卷七五载："（宣德）七年五月，复开平凉府开城县迭烈孙道路。先是，陕西参政杨善言：'西安诸府州，岁运粮饷赴甘州、凉州、山丹、永昌诸卫，皆经平凉府隆德县六盘山蝎蜥岭。山涧陡绝，人力艰难。开城县旧有路，经迭烈孙黄河，平坦径直，抵甘州诸卫，近五百余里。洪武中，官置渡船，平凉拔军造济，人以为便，既乃罢之。今请如旧开通，以利民。'从之。"由上可知，经隆德从榆中渡河的六盘山蝎蜥岭史称"鸟道"，位于靖远县黄河段的各渡口开通于东汉至南北朝时期，距张骞通西域时代较晚。从西安到武威的路程看，通过靖远县乌兰津、索桥的道路是一条捷径，但此道远离黄河绿洲，干旱荒凉，人烟稀少，补给困难，路况艰难，时通时断，商贸车辆行驶不易。

多年来周兴华一直不懈地探索着丝路古道，根据古代文献记载，和一些文物爱好者对沙漠绿洲丝绸之路进行田野考察。近年，在中卫市新发现了几段古道遗址，与古代文献记载的经过中卫的沙漠绿洲丝绸之路的地理方位完全吻合。

新发现的古道遗址位于中卫市沙坡头区迎水镇至甘塘地区，长三四十公里，断续可见，是一条宽畅的车马大道。第一段位于迎水镇孟家湾骆驼峰子山北坡下，第二段位于长流水笈笈湖口，第三段位于长流水沟北岸，第四段位于上茶房庙至一碗泉，第五段位于老营盘水、双墩梁。五段古道遗址互相连接，呈东西走向，长数十公里，宽约4米。古道遗址因世代车辆碾压，人畜践踏，路面僵硬泛白，杂草稀少，道路明显，车辙犹存，沿途古代石器、陶片、瓷片、钱币等遗物多有所见。

从新发现的古道遗址看，古人为保障道路畅通，因地制宜，采取了多种修路技术。如骆驼峰子山下北坡古道现存遗址长约千米，宽约4米，路面明显，车辙清楚。这条古道与笈笈湖口古道相接之处，自古以来被一条自北向南的流水山沟切断。古人为了接通山水沟两边的古道，就在山水沟上放置天然大石板，以便人畜及车辆通过，古代称该路为石桥路，当地80岁左右的老人至今记忆犹新。20世纪50年代修包兰铁路时，才将石桥拆毁，修筑为铁路通过的涵洞。笈笈湖口古道，一面是山水沟，一面是山坡。古人为了加宽路面，在个别地方将山坡劈削，使之成路；为防止降雨从山坡流下冲塌山水沟边的路基，便在山水沟边垒砌天然大石块作护坡，防止路基崩塌。该段现遗存有铺垫、垒砌天然大石块的路面多处，其中最长的一处古道宽约4米，长约50米。上述古道上铺垫、垒砌的天然大石块因世代行旅车辆碾压，人畜践踏，风雨剥蚀，表层破碎，色泽古旧，垒砌石块的缝隙中地衣、苔藓遍布，其年代之久远由此可知。

新发现的这条古道西北连接通往武威的丝绸之路，东南连接从古灵州渡过黄河通往固原、西安的丝绸之路。古道沿途建有烽火墩，如孟家湾墩、头道墩、二道墩、三道墩、土墩子、双墩子等，与河西走廊汉、明长城烽燧相望。地方古文献记载的丝绸之路驿站亦位于古道沿途，遗址尚存，如沙坡头驿、下茶房庙驿、长流水驿、上茶房庙驿、一碗泉驿、甘塘驿、营盘驿等。

宁夏中卫新发现的丝绸之路古道遗址证明，汉代以来从陕西西安、河南开封等中原地区经过河西走廊通往西域的沙漠绿洲丝绸之路东段北道一般是从今西安、洛阳、开封等地出发，沿回中道（泾水道）北上，

丝路古道

501

经甘肃平凉进入六盘山高平道，从高平沿萧关道、古灵州道渡过黄河（今宁夏中卫市沙坡头区黄河古渡），然后向西进入河西道（经过今宁夏中卫、甘肃景泰至武威以西的河西走廊丝绸之路），这是先秦以来从长安、开封等中原地区通往西域、中亚、非洲及欧洲的沙漠绿洲丝绸之路东段北道的主干国道（车马大道）。

丝路古村落撒台村纪实

佘贵孝

2016 年 5 月 28 日，我们一行考察了丝绸之路上著名的古村落海原县郑旗乡撒台村。在这里我们看到了古城（寨）古堡，还有当地一种名叫"嘎拉木"的珍稀植物。

撒台村是丝绸之路上的一个节点

汉唐时期，丝绸之路从长安开始，途经咸阳、彬县、长武及泾川、平凉进入宁夏固原境；过三关口，再由瓦亭折而向北，经青石嘴至开城抵达固原城；沿清水河向北行，再经三营、黑城，沿苋麻河谷至海原的郑旗、贾塘，过海原县城、西安州、甘盐池，再次进入甘肃；在甘肃靖远县东北的石门附近渡黄河，经景泰抵凉州（今甘肃武威）。丝绸之路从原州区进入海原县后有三条通道，即南线杨明河谷道、中线苋麻河谷道（古没烟峡）、北线清水河谷道。

郑旗乡的撒台村正是当年中西文化交流的途经之地，它处在中线苋麻河谷道上，即从原州区沿清水河到黑城后，折向西北，沿苋麻河谷到郑旗、贾塘，到海原县城、西安州，从甘盐池再到甘肃省靖远县，直至西域。

没烟峡是宋夏时期的军事线路

北宋仁宗景祐五年（1038年），李元昊称帝，建立西夏政权。李元昊为扩充疆域，不断侵掠宋朝边境，先后与北宋在固原境内发生了三

没烟峡　马明保／摄

川口之战、好水川之战、定川寨之战，其中多次兵行没烟峡谷。为了防御西夏，宋朝在固原境内修筑了很多寨堡，驻兵防守。宋哲宗绍圣五年（1098年），宋朝在葫芦河下游修筑了平夏城（今黄铎堡古城）、灵平寨（今黄铎堡王浩村古城），对西夏在葫芦河下游活动构成威胁。当即，西夏国主李乾顺及其母梁氏亲率数十万大军从天都山（今海原县西华山、南华山）进军没烟峡，发动平夏城战役，企图夺回失地。鏖战十余日，西夏大败而归。可以想象地处没烟峡谷的撒台村也经受了战争的创伤。

荡羌寨是防御西夏军队的军营

自李元昊建立西夏政权，宋夏对峙已久，从宋神宗元丰四年（1081年）始，北宋转入战略反攻，至元符二年（1099年），为北宋在今宁夏南部军事防御的第三阶段。其间，北宋进一步加强镇戎军熙宁寨以北陇山两侧的防务体系的建立，于元符元年（1098年），在没烟峡筑荡羌寨，又名没烟后峡。荡羌寨修筑后，宋朝政府即派兵驻守。明清沿用，民国九年（1920年）在海原大地震时坍塌。至今，荡羌寨城址保存基本完好，周长1里左右，唯东南角城址因河水冲刷塌毁。当地老百姓称荡羌寨为撒台古城。城内建筑物如砖瓦、生活用具盆罐碎片随处可见。也曾出土铜钱等。现在，荡羌寨是自治区级文物保护单位。

双堡犹如姊妹城

在撒台村王家树沟自然村有东西两座建于清末民国初年的土堡。王家树沟，顾名思义，因王姓家族曾居住于此。据当地老百姓讲，民

海原撒台古堡　马明保／摄

505

国年间到解放初期，这里树木成林，沟里全是杨树、柳树。这里还生产一种红根韭菜，特别有韭菜味，是其他品种韭菜无法比拟的。

现在，这两座土堡保存完好。西堡建于形似馒头的山顶，堡内有两亩多地，住房全部拆除，夷为平地。20世纪60年代建水库时，将偌大一座山的土全都用来打了水坝，发现阳坡有很多坟墓。这次，我们考察时，看到很多青砖散落山坡地头，都是用来箍坟墓的。有人一镢头下去将一面唐朝铜镜劈为两半。当我们问及有无出土文物时，在场的村民缄口不言，非常忌讳这一话题。东堡略小于西堡，约有两亩地大。堡内无人家，砖块散落一地。两堡呈荒凉状态。

珍稀植物嘎拉木

嘎拉木红了　马明保／摄

在撒台村一带的盐碱地山崖、山坡、河滩生长着一种多年生植物，当地人称嘎拉木。显然，嘎拉木不是汉语，可能是吐蕃语（藏语）或是蒙古语。唐朝时吐蕃占据三关口以北地区80多年（唐代宗广德元年至唐宣宗大中三年，即763—849年），吐蕃的语言、习俗一定会影响到这一带。元朝时蒙古族统治又是近百年，无疑蒙古族的影响又会加深。所以，"嘎拉木"属少数民族称谓。

嘎拉木是一种独特的天然野果。每年农历四月下旬到五月上旬是嘎拉木花开时节，八瓣小白花爬满整根枝条，七月时红色的圆形果实晶莹剔透，一串串犹如玛瑙。无论是花开季节，还是果实成熟季节都有很好的观赏价值。嘎拉木枝叶形似枸杞，但比枸杞枝叶柔软，果实是红色的，不同之处是枸杞果实是椭圆形的，嘎拉木的果实是圆形的。

嘎拉木浑身是宝。红果酸甜，品尝时略有咸味，既解渴又解馋。同时还有药用价值，人身上有疮或瘙痒，将红果水涂抹在上面，炎症可迅速缓解，所以当地人都喜欢采摘。果实未成熟时，用枝叶水涂抹皮肤，也能起到消炎作用。

2016年6月4日，郑旗乡人民政府在撒台村举办海原县郑旗乡嘎拉木节暨文化旅游采风节。来自自治区、中卫市、海原县文化旅游单位的50多名代表建言献策，就"保护古城堡，发展嘎拉木"提出建议。尤其是像这样保存完整的土堡已为数不多，需要纳入县级文物保护单位。嘎拉木是珍稀植物，又有药用价值，予以广泛栽培，扩大种植面积，开发嘎拉木果实产业，增加经济收入。

撒台村地处原州区至海原县公路沿线，交通便捷，人民群众朴实勤劳，踏实肯干，只要努力打造，定会成为一块旅游观光之地。

后　记

　　《中卫文史资料》（第四辑·文化旅游），在政协中卫市第五届委员会编委会的精心策划和广大市政协委员及所联系各方面人士的共同努力下，历时一年三个月，终得编纂出版。

　　文史资料具有"存史、资政、团结、育人"的重要特点，发挥着为地方经济社会发展提供历史经验和承载历史、传承文化、弘扬传统、服务大局的重要作用，是一项富有统一战线性质的重要工作。政协中卫市第五届委员会常务委员会高度重视文史资料的挖掘、整理、编纂、研究、出版工作，自2022年以来把文史资料工作作为重要工作安排部署，制定印发了《中卫市政协文史资料征编工作五年规划（2022—2026年）》。2023年8月向全社会发出《关于征集中卫市文史资料的通知》，深入沙坡头区、中宁县和海原县组织召开征集文史资料座谈会，广泛动员各县（区）政协机关干部、广大政协委员及所联系各方面人士积极参与征集工作，全面系统地收集整理文史资料。2023年10月19日，中卫市政协党组第10次（扩大）会议决定编辑并正式出版《中卫文史资料》（第四辑·文化旅游）。杨文生主席对征编工作高度重视，提出明确要求："要突出文化旅游特色，准确把好政治关，精确把好史实关，精准把好文字关，确保出一辑高质量的文史资料。"在人员配备方面，聘请了25名同志为"中卫市文史资料编纂人员"，确定了编委会成员和编写组人员。委派市政协民族宗教和港澳台侨委员会谈柱同志负责文史资料的征集编辑统稿出版工作，聘请市政协原常委范学灵，市作家协会原主席、《沙坡头》文学期刊原责任主编张永生担任编辑，确保了编纂出版工作顺利进行。

市政协文化文史和学习委员会组织专人认真负责实施，征集文史资料，截至2023年11月底，共征集稿件203篇，其中沙坡头区82篇，中宁县31篇，海原县62篇，自治区及区外28篇，为编纂工作奠定了坚实基础。

在本书编纂过程中，我们始终坚持"广征博采、精编细审"原则，注重亲历、亲见、亲闻的"三亲"理念，按照"征集无禁区、出版有纪律"要求，严格把好政治关、史实关、文字关，着力编辑史料价值珍贵、富有教育意义、体现政协特点的文史资料。侧重未发表的文章，高度重视文章的质量，力求真实地反映中卫文化旅游的重大事件、重要活动、重要人物和重要文化遗产，秉持拾遗补阙、兼收并蓄、去伪存真、去粗取精的史学态度，对征集到的203篇稿件进行了认真阅读、筛选、分类、编目、定稿。编辑范学灵、张永生两位同志分头对全部文稿进行认真审读、精心取舍、修改完善，提出了分类建议。在统稿审定过程中，谈柱同志逐篇逐句逐字批阅，对稿件中涉及史料有疑问的地方不辞辛苦，查证核实，补充完善，并统编把关审定；张永生起草了序文、各章概语，查核重复文章等；谈柱、范学灵、张永生、房继农校对清样，优化版式，勘误补漏。在编纂出版过程中，杨文生主席、吕玉兰副主席给予悉心指导，市政协其他各位副主席、秘书长及各专门委员会负责人给予了热情关心和大力支持，促进工作顺利进行。经过编纂人员5个月的辛勤努力，终于完成此书的编纂任务。全书设"红色记忆""山川胜迹""览胜怀古""古今纵谈""人物述林""艺苑麟爪""往事漫忆""史迹寻踪"8个栏目，收入78篇稿件。此书的编纂出版得到中卫市委、人大、政府领导的亲切关怀和指导。市政协委员、宁夏书法家协会副主席潘志骞题写了书名。藉此对广大政协委员及社会各界人士的大力支持表示诚挚谢意！对收集整理稿件的工作人员、撰稿者、编辑以及给予财务支持者辛勤付出，表示衷心感谢！

　　这次征集的稿件较多，资料信息量大，但受文化旅游专辑主题和篇幅限制，还有大量优秀稿件未能入书，只能忍痛割爱，留待下辑选用。这次入选的文章尽量保持原貌，但为了保证成书质量，根据出版要求，对部分文章适当进行了删节，涉及史料有误或不全的地方，给予了补充完善；对有的文章标题、格式进行了更换，敬祈作者谅解！

　　在编纂工作中，由于来稿叙事风格不一，加上时间紧以及经验不足等方面原因，难免会出现疏漏、谬误和缺陷，在此恳请读者予以批评指正。

编　者

2024 年 4 月